《 继续（网络）教育系列规划教材
JIXU (WANGLUO) JIAOYU XILIE GUIHUA JIAOCAI
荣获全国高校现代远程教育协作组评比“网络教育教 材建设金奖”

投资学

（第二版）

TOUZIXUE

D I E R B A N

卢 岚○主编

西南财经大学出版社
Southwestern University of Finance & Economics Press

继续（网络）教育系列教材
编审委员会

总序

随着全民终身学习型社会的逐渐建立和完善，业余继续（网络）学历教育学生对教材的质量要求越来越高。为了进一步提高继续（网络）教育的人才培养质量，帮助学生更好地学习，依据西南财经大学继续（网络）教育人才培养目标、成人学习的特点及规律，西南财经大学继续（网络）教育学院和西南财经大学出版社共同规划，依托学校各专业学院的骨干教师资源，致力于开发适合继续（网络）学历教育学生的高质量优秀系列规划教材。

西南财经大学继续（网络）教育学院和西南财经大学出版社按照继续（网络）教育人才培养方案，编写了专科及专升本公共基础课、专业基础课、专业主干课和部分选修课教材，以完善继续（网络）教育教材体系。

本系列教材的读者主要是在职人员，他们具有一定的社会实践经验和理论知识，个性化学习诉求突出，学习针对性强，学习目的明确。因此，本系列教材的编写突出了基础性、职业性、实践性及综合性。教材体系和内容结构具有新颖、实用、简明、易懂等特点；对重点、难点问题的阐述深入浅出、形象直观，对定理和概念的论述简明扼要。

为了编好本套系列规划教材，在学校领导、出版社和各学院的大力支持下，成立了由学校副校长、博士生导师丁任重教授任主任，出版社社长、博士生导师冯建教授以及继续（网络）教育学院陈顺刚院长和唐旭辉研究员任副主任，其他部分学院领导参加的编审委员会。在编审委员会的协调、组织下，经过广泛深入的调查研究，制定了我校继续（网络）教育教材建设规划，明确了建设目标。

在编审委员会的协调下，组织各学院具有丰富继续（网络）教育教学经验并有教授或副教授职称的教师担任主编，由各书主编组织成立教材编写团队，确定教材编写大纲、实施计划及人员分工等，经编审委员会审核每门教材的编写大纲后再进行编写。自2009年启动以来，经几年的打造，现已出版了70余种教材。该系列教材出版后，社会反响较好，获得了教育部网络教育教材建设评比金奖。

下一步根据教学需要，还将做两件事：一是结合转变教学与学习范式，按照理念先进、特色鲜明、立体化建设、模块新颖的要求，引进先进的教材编写模块来修订、完善已出版的教材；二是补充部分新教材。

希望经多方努力，力争将此系列教材打造成适应教学范式转变的高水平教材。在此，我们对各学院领导的大力支持、各位作者的辛勤劳动以及西南财经大学出版社的鼎力相助表示衷心的感谢！在今后教材的使用过程中，我们将听取各方面的意见，不断修订、完善教材，使之发挥更大的作用。

西南财经大学继续（网络）教育学院

2014 年 2 月

前 言

如果以1990年12月19日上海证券交易所成立为标志，中国资本市场走过了二十年历程，经历了牛熊轮回，跌宕起伏。上市公司由最初的上海“老八股”和深圳“老五股”到现在已达到2000多家，上证综合指数从100点起步最高到6124点，上市公司市值从最初的十几亿元最高达33万亿元。随着资本市场的快速发展，金融产品创新，交易方式创新，多层次资本市场建设，投资学在金融学科体系中的地位越来越重要，已成为金融学专业的必修课程。

本教材共分十章，由四部分构成：

第一部分——投资学基础。本部分是投资学的基础知识部分，包括第一章和第二章。第一章证券，介绍证券市场基本投资工具股票、债券、基金和金融衍生工具的概念、性质、特征和分类；第二章证券市场，介绍证券市场的参与主体和市场结构，证券市场的功能与市场运行效率，证券发行方式、程序及发行价格的确定方法，证券交易程序和流通市场的构成。

第二部分——证券投资分析。这部分是投资学的重点内容。在介绍有价证券估值方法的基础上，进一步介绍了证券投资的两大分析方法。包括第三、四、五、六、七章。第三章股票的投资价值分析，着重分析影响股票价值的因素，介绍股票的估值方法。第四章债券的投资价值分析，着重分析影响债券价值的因素，介绍债券投资价值分析方法。第五章其他证券的投资价值分析，分别对证券投资基金、可转换债券和权证的价值分析进行了介绍。第六章证券投资基本分析，从宏观分析、行业分析和公司分析阐述了基本分析方法。第七章证券投资技术分析，从量价分析、K线分析、形态分析、趋势分析、指标分析阐述了技术分析方法。

第三部分——现代投资理论。这部分由第八、九章构成。第八章证券组合理论，着重介绍马柯威茨的均值方差模型。第九章资本资产定价理论，着重介绍资本资产定价模型。

第四部分——证券市场监管。这部分为第十章证券市场信息披露与监管，着重介绍对上市公司信息披露的要求及监管。

本教材作为继续（网络）教育教材的组成部分，针对成人学习特点，在编写中注重了以下问题：一是突出投资学理论的系统性。教材体系由投资学基础、证券投资分析、现代投资理论和证券市场监管四部分组成，涵盖证券投资的各个知识点，全面、系统地阐述证券投资的基本理论与实践，使学员对投资学体系有一个完整的了解。二是注重投资学理论的运用性。在教材内容的选择上侧重于股票、债券、基金投资价值分析，侧重于证券投资基本分析与技术分析，将投资学理论运用于我国证券市场实际，运用了大量的数据资料和实例分析，使学员通过学习能掌握证券投资分析方法，能对证券的投资价值进行分析与评价。三是注重投资学内容的时效性和前沿性。投资学是一门对理论性与实践性要求都很高的专业课程，特别是在当前我国证券市场发展与改革的大背景下。教材内容紧密联系了我国证券市场改革实际，介绍了创业板启动、多层次资本市场建设和股指期货推出等新内容，使学员了解我国证券市场的改革现状和发展方向。本教材面向高等院校继续（网络）教育的师生，同时也可以作为广大证券投资爱好者学习相关专业知识的参考书籍。

本教材由卢岚主编、拟定大纲并负责最后总纂定稿。各章编写分工是：第一章（谭杨帆），第二章（陈祖燕），第三章（朱飞），第四章（杨明明），第五章（卢岚、刘朝英），第六章（何沂聪），第七章（王之飞），第八章（丁军广），第九章（施林楠），第十章（邓雄）。在编写过程中，编者参考了大量现有文献与资料，在此向这些文献的作者、编辑和出版社表示衷心的感谢。在编撰与出版过程中，得到了西南财经大学出版社相关人员的大力支持，并且提出了许多宝贵意见和建议，在此，也向他们表示诚挚的谢意！

由于编者的水平有限，编写时间紧迫，书中难免有疏漏之处，也望各位专家与读者不吝指正，使之日臻完善。

编 者

目 录

第一章　证券

本章学习目标：

了解证券的概念及分类，了解股票、债券、基金、衍生金融工具的含义与特征，掌握各种金融工具的分类方法，熟悉我国证券市场现有的金融工具及金融创新。

第一节　证券的概念及分类

一、证券的概念

证券是各类财产所有权或债权凭证的通称，是用来证明证券持有人有权取得相应权益的凭证。凡是根据一国政府有关法律发行的证券都具有法律效力。股票、债券、基金证券、商业票据，甚至保单、存款单等都属于证券范畴。

广义的证券涉及的范围比较广，包括无价证券和有价证券。无价证券是指本身不能使持有人或第三者取得一定收入的证券。这种证券可以分为证据证券和凭证证券两类：①证据证券是指证明某一特定事实的书面凭证，如借据、收据、信用证等；②凭证证券是指证明持券人是某种私权的合法占有者的书面凭证，如供应证、购物券等。而有价证券是指对某种有价物具有一定权利的证明书或凭证。

狭义的证券主要是指有价证券。有价证券是一种有一定的票面金额，能够证明其持有人有权按期获取一定收入，并能在市场上自由转让和买卖的所有权或债权证书。一般来说，有价证券需要具备两个基本特点：一是券面必须载明财产的内容和数量，并且财产内容和数量需以一定的金额来表示。这是因为它直接代表财产权，并且有利于在市场上进行流通。二是证券所表示的财产权和证券自身不可分离，证券持有者的变更代表权利的转移。有价证券自身并不具有价值，它是虚拟资本的一种形式，是资金需求者筹措资本的重要手段。虽然有价证券券面往往会注明一定的金额，但并不代表其自身就具有这样的价值，只是由于它能为持有者带来一定的股息或利息收入，因而可以在证券市场上自由买卖和流通。

二、证券的分类

有价证券的种类繁多，按照不同的标准，可以对证券进行不同的分类。

1. 按照发行主体的不同，可分为政府证券、金融证券、公司证券

（1）政府证券。政府证券是指政府为筹集财政资金或建设资金，利用其信誉按照

一定程序向投资者出具的一种债权债务凭证。一般而言，政府证券基本上是债务性质的证券，包括中央政府债券、地方政府债券和政府机构债券。

（2）金融证券。金融证券是指商业银行或其他非银行类金融机构为筹措资金而发行的有价证券，包括股票和金融债券等，以金融债券为主。

（3）公司证券。公司证券是指公司为了筹措资金而发行的有价证券。公司证券的内容比较多，本身设计也比较复杂，主要有股票和公司债券等。

2．按照证券是否在证券交易所挂牌交易，可分为上市证券和非上市证券

（1）上市证券。上市证券是指经证券主管机关核准发行，并经证券交易所依法审核同意，允许在证券交易所公开买卖的证券。

（2）非上市证券。非上市证券是指未申请上市或不符合上市条件的证券。非上市证券也称为非挂牌证券或者场外证券。非上市证券不允许在证券交易所内交易，但可以在其他证券交易市场（即场外交易市场）发行和交易。

3．按照证券的用途和持有者的权益不同，可分为货币证券、资本证券和商品证券

（1）货币证券。货币证券是指证券本身能使持券人或第三者取得一定量的货币索取权的书面凭证。其中货币证券又可分为商业证券和银行证券。商业证券包括商业期票和商业汇票。商业期票是由债务人对债权人开出在一定时期内无条件支付款项的债务证书。商业汇票是指由付款人或存款人（或承兑申请人）签发，由承兑人承兑，并于到期日向收款人或被背书人支付款项的一种票据。银行证券包括银行汇票、银行本票以及支票及其他代用品。汇票是指由出票人签发的，委托付款人在见票时或者在指定日期无条件支付确定的金额给收款人或者持票人的票据。银行本票是银行签发的，承诺自己在见票时无条件支付确定的金额给收款人或持票人的票据。支票是指由出票人签发的，委托办理支票存款业务的银行或者其他金融机构在见票时无条件支付确定的金额给收款人或者持票人的票据。本票是由出票人签发的，承诺自己在见票时无条件支付确定的金额给收款人或者持票人的票据。

（2）资本证券。资本证券是指由金融投资或与金融投资有直接联系的活动而产生的证券。其主要包括股权证券和债权证券。股权证券具体表现为股票和认股权证；债权证券则表现为各种债券。通常我们所说的证券是指资本证券。资本证券是虚拟资本，并非实际资本，它虽然也有价格，但自身却没有价值，形成的价格只是资本化的收入。

（3）商品证券。商品证券也称为货物证券，是对货物有提取权的证明。商品证券本身就能表明某种财物所有权，取得这种证券就等于取得这种财物的所有权，丧失这种证券就意味着丧失这种财物的所有权，证券持有者对证券所代表财物的权利受到法律保护。商品证券主要包括提单、货运单、购物券等。

第二节　股票

一、股票的定义

股票是一种有价证券，它是股份有限公司公开发行的、用以证明投资者的股东身

份和权益，并据以获得股息和红利的凭证。马克思曾在《资本论》中指出：股票，如果没有欺诈，它们就是对一个股份公司拥有的实际资本的所有权证书和索取每年由此生出的剩余价值的凭证。

股票一经发行，持有者即成为发行股票的公司的股东，有权参与公司的决策、分享公司的利益；同时也要分担公司的责任和经营风险。股票一经认购，持有者不能以任何理由要求退还股本，只能通过证券市场将股票转让和出售。作为交易对象和抵押品，股票已成为证券市场上主要的、长期的信用工具。但实质上，股票只是代表股份资本所有权的证书，它本身并没有任何价值，不是真实的资本，而是一种独立于实际资本之外的虚拟资本。

二、股票的性质

股票以法律形式确定了股份有限公司的自有资本以及公司与股东之间的经济关系，具有特定的法律意义。股票的法律性质主要表现在以下几个方面：

1. 股票是反映财产权的有价证券

股票代表着股东获取股份有限公司按规定分配股息和红利的请求权。虽然股票本身没有价值，但股票代表的请求权却可以用财产价值来衡量，因而可以在证券市场上买卖和转让。

股票所代表的财产权与股票是合为一体的，与股东的身份不可分离。行使股票所代表的财产权，必须以持有股票为条件，股东权利的转让应与股票占有的转移同时进行。股票的转让就是股东权的转让。在股份有限公司正常经营的状态下，股东行使股票的财产请求权所获得的收益是一种相对稳定的长期的资本化的收入。

2. 股票是证明股东权的法律凭证

股票持有者作为股份有限公司的股东，相对于公司及公司财产，享有独立的股东权。股东权是一种综合权利，包括出席股东大会、投票表决、任免公司管理人员等“共益权”，以及分取股息红利、认购新股、分配公司剩余财产等“自益权”。股票便是证明这些权利的法律凭证。法律确认并保护持有股票的投资者以股东的身份参与公司的经营管理决策，或者凭借手持的多数股票控制股份有限公司。公司必须依法服从股东权，执行股东大会的决策。

股票将股东与公司联结起来，形成相应的权利义务关系，这种关系不同于一般的所有权或债权关系。股东只是基于股票享有股东权，却丧失了对其出资的直接支配权；股票虽能代表股东的地位和权利，但由于股票的可流通性，也就只能根据股票的股东权证明作用，通过在股票上署名或股票的持有来认定股东身份，承认其股东权。可见，股票是一种证权证券。

3. 股票是投资行为的法律凭证

对发行者来说，发行股票是筹措自身资本的手段；对认购者来说，购买股票则是一种投资行为。股票就是用来证明这种筹资和投资行为的法律凭证。

随着经济的发展，企业的资金需求不断扩大。在自身积累和银行贷款都难以满足需要的情况下，便可组建股份有限公司，通过发行股票筹措自有资金；投资者要向公司投资，就可以购买其发行的股票，所投资金成为公司的法人财产，不能再要求公司返还或退股。投资者购买股票后即成为公司股东，有权获取股息和红利，有权参与公司的经营管理决策。股票便是这种投资和吸引投资的法律依据。

股票是投入股份有限公司的资本份额的证券化，属于资本证券。一般说来，它依股份有限公司的存续而存在。但是，股票又不同于投资本身。通过发行股票筹措的资金，是股份有限公司用于生产和流通的实际资本；而股票则是进行股票投资的媒介，它独立于实际资本之外，凭借它所代表的资本额和股东权益在市场上从事独立的价值运动。可见，股票并不是现实的财富，但它可以促使现实财富集中。

三、股票的特征

在市场经济运行中股票具有以下特征：

1. 收益性

收益性是股票最基本的特征，它是指股票可以为持有人带来收益的特性。持有股票的目的在于获取收益。股票的收益来源可分成两类：一是来自股份公司。认购股票后，持有者即对发行公司享有经济权益，这种经济权益的实现形式是从公司领取股息和分享公司的红利。股息红利的多少取决于股份公司的经营状况和盈利水平。在一般情况下，从股票获得的收益要高于在银行储蓄的利息收入，也要高于债券的利息收入。二是来自股票流通。股票持有者可以持股票到依法设立的证券交易场所进行交易，当股票的市场价格高于买入价格时，卖出股票就可以赚取差价收益。这种差价收益称为资本利得。

2. 风险性

股票风险的内涵是股票投资收益的不确定性，或者说实际收益与预期收益之间的偏离程度。投资者在买入股票时，对其未来收益会有一个估计，但事后看，真正实现的收益可能会高于或低于原先的估计，这就是股票的风险。很显然，风险不等于损失，高风险的股票可能给投资者带来较大损失，也可能带来较大的未预期收益。在市场经济活动中，由于多种不确定因素的影响，股票的收益既要随公司的经营状况和盈利水平而波动，也要受到股票市场行情的影响。股票的风险性与股票的收益性是相对应的，投资者购买股票既有可能获取较高的投资收益，同时也要承担较大的投资风险。股票收益的大小与风险的大小成正比。

3. 流动性

流动性是指股票可以通过依法转让而变现的特性，即在本金保持相对稳定、变现的交易成本极小的条件下股票很容易变现的特性。股票持有人不能从公司退股，但股票转让为其提供了流动性。通常，判断股票的流动性强弱主要分析三个方面：首先是市场深度，以每个价位上报单的数量来衡量，如果买卖盘在每个价位上均有较大报单，则投资者无论买进或是卖出股票都会较容易成交，不会对市场价格形成较大冲击。其次是报价紧密度，指买卖盘各价位之间的价差。若价差较小，则新的买卖发生时对市场价格的冲击也会比较小，股票流动性就比较强。在有做市商的情况下，做市商双边报价的买卖价差通常是衡量股票流动性的最重要指标。最后是股票的价格弹性或者恢复能力，指交易价格受大额交易冲击而变化后，迅速恢复原先水平的能力。价格恢复能力越强，股票的流动性越高。

4. 永久性

永久性是指股票所载权利的有效性是始终不变的，因为它是一种无期限的法律凭证。股票的有效期与股份公司的存续期间相联系，两者是并存的关系。这种关系实质上反映了股东与股份公司之间比较稳定的经济关系。股票代表着股东的永久性投资，当然股票持有者可以出售股票而转让其股东身份，而对于股份公司来说，由于股东不能要求退股，所以通过发行股票募集到的资金，在公司存续期间是一笔稳定的自有资本。股票的永久性一方面是由股票的基本性质决定的，既然股东是公司的所有者，只要股份有限公司存在，股东就不能收回投资，股票就一直存在。另一方面，股票的永久性也是股份有限公司持续发展的重要保障，只有公司能永久运用所筹资金，公司才能稳步经营和发展。

5. 参与性

参与性是指股票持有人有权参与公司经营管理的特性。股票持有人作为股份公司的股东，有权出席股东大会，选举公司的董事会，对公司的重大事项进行表决等，实现对公司经营决策的参与权。股票持有人的投资意愿和享有的经济利益，通常是通过股东参与权的行使而实现的。股东参与公司重大决策权利的大小取决于其持有股份数量的多少。如果某股东持有的股份数量达到决策所需要的有效多数时，就能实质性地影响公司的经营方针，成为公司的决策者。股票所具有的经营决策的参与性特性，对于调动股东参与公司经营决策的积极性，对于建立一个制衡性的、科学合理的企业运行机制和决策机制，具有十分重要的实践意义。

四、股票的类型

在股票市场上，发行股票的股份有限公司，根据自身经营活动的需要和满足投资者不同的投资心理，发行各种不同的股票。这些种类的股票，各自所代表的股东地位和股东权利也不尽相同。最常见的分类方式如下：

1. 按照股票赋予股东的权利分类

按照赋予股东权利的不同，可以将股票分为普通股和优先股。

普通股是随着公司利润变动而变动的一种股份，是股份公司资本构成中最普通、最基本的股份，是股份公司资金的基础部分。普通股的基本特点是其投资收益（股息和分红）不是在购买时约定，而是事后根据股票发行公司的经营业绩来确定。在我国上交所与深交所上市的股票都是普通股。

优先股是股份公司发行的在分配红利和剩余财产时比普通股具有优先权的股份。优先股的主要特征有两个方面：一是优先股通常预先确定股息收益率。由于优先股股息率事先固定，所以优先股的股息一般不会根据公司经营情况而增减，而且一般也不能参与公司的分红，但优先股可以先于普通股获得股息。二是优先股的权利范围小。优先股股东一般没有选举权和被选举权，对股份公司的重大经营决策无投票权，但在某些情况下可以享有投票权。

2. 按照股票是否记名分类

按照是否记名，可以将股票分为记名股票和无记名股票。

记名股票指票面上载有股东姓名，并将股东姓名记载于公司的股东名册上的股票。记名的股票只有记名的股东可以行使股权，其他人不得享受股东权利。因此，记名股票的买卖必须办理过户手续，这在很大程度上保护了股东的权利。证券交易所流通的大都是记名股票。

无记名股票持有人可直接享受股东资格，行使股东权利。由于股票不记名，因此可以自由流通，不需要过户。因此，相对而言，无记名股票更具有市场流动性。但当持有者遗失股票时也就等于遗失了股东地位和获利的权利。

3. 按照有无标明票面金额分类

按照有无标明票面金额，可以将股票分为面额股票和无面额股票。

面额股票是指在股票票面上记载一定金额的股票，也称有面值股股票。早期的股票基本上都是面额股票，现代各国股份有限公司发行的股票仍以面额股票居多。对于面额股票的票面金额，很多国家的《公司法》都予以明确规定，一般都限定了发行此类股票的最低票面金额，有些国家则不规定此类股票的最低票面金额。

无面额股票不标明固定的金额，但要在票面上表示其在公司资本金额中所占的比例，所以，它又可被称作比例股股票。无面额股票并不是说股票没有票面价值，只是由于公司经营状况不断变动，公司资产总额经常发生变化，股票的价值也随公司实际资产的增减而升降。

4. 按照股票是否具有表决权分类

按照是否具有表决权，可以将股票分为表决权股、限制表决权股和无表决权股。

表决权股是指在股东大会上享受表决权的股票，持有者对发行公司的经营管理享有表决权，普通股一般都具有表决权。限制表决权股是指有的公司为了防止少数大股东过多的表决权，形成对公司的绝对控制或操纵，对持有一定比例以上的普通股，在公司章程中明确限制其表决权。无表决权股是指在股东大会上不享有表决权的股票。优先股一般都是无表决权股。

五、我国现行的股票类型

我国目前的股票主要有以下四大类：

1. 国家股

国家股是指有权代表国家投资的部门或者机构以国有资产向公司投资形成的股份。国家股一般是指国家投资或国有资产经过评估并经国有资产管理部门确认的国有资产折成的股份。国家股的股权所有者是国家，国家股的股权由国有资产管理机构或其授权单位、主管部门行使国有资产的所有权职能。国家股也包含国有企业向股份有限公司形式转换时，现有国有资产折成的国有股份。

我国国家股的构成，从资金来源看，主要包括三部分：

（1）国有企业由国家计划投资所形成的固定资产、国拨流动资金和各项专用拨款；

（2）各级政府的财政部门、经济主管部门对企业的投资所形成的股份；

（3）原有行政性公司的资金所形成的企业固定资产。

关于国家股的形式，在由国家控股的企业中，国家股应该是普通股，从而有利于国家有权控制和管理该企业；在不需要国家控制的中小企业，国家股应该是优先股或参加优先股，从而有利于国家收益权的强化和直接经营管理权的弱化。

2．法人股

法人股是指企业法人以其依法可支配的资产向股份公司投资形成的股份，或者具有法人资格的事业单位或社会团体以国家允许用于经营的资产向股份公司投资所形成的股份。

法人股是法人相互持股所形成的一种所有制关系。法人相互持股则是法人经营自身财产的一种投资方式。法人股股票，应记载法人名称，不得以代表人姓名记名。法人不得将其所持有的公有股份、认股权证和优先认股权转让给本法人单位的职工。

法人股主要有两种形式：①企业法人股，是指具有法人资格的企业把其所拥有的法人财产投资于股份公司所形成的股份。企业法人股所体现的是企业法人与其他法人之间的财产关系，因为它是企业以法人身份认购其他公司法人的股票所拥有的股权。有些国家的公司法，严格禁止企业法人持有自身的股权。②非企业法人股，是指具有法人资格的事业单位或社会团体以国家允许用于经营的财产投资于股份公司所形成的股份。

3．公众股

公众股是指社会个人或股份公司内部职工以个人财产投入公司形成的股份。它有两种基本形式，即公司职工股和社会公众股。

（1）公司职工股。公司职工股是指股份公司的职工认购的本公司的股份。按照我国《股票发行和交易管理暂行条例》规定，公司职工股的股本数额不得超过拟向社会公众发行股本总额的10%。一般来讲，公司职工股上市的时间要晚于社会公众股。随着我国证券市场的发展，公司公开向社会发行股票时不再同时进行职工股认购，这部分股份在逐步减少。

（2）社会公众股。社会公众股是指股份公司公开向社会募集发行的股份。在社会募集方式下，股份公司发行的股份，除了由发起人认购一部分外，其余部分应该向社会公众公开发行。我国《证券法》规定，公司申请股票上市的条件之一是：向社会公开发行的股份达到公司股份总额的25%以上；公司股本总额达到人民币4亿元的，向社会公开发行股份的比例为10%以上。这类股份发行完成后即可上市流通。

4．外资股

外资股是指外国和我国香港、澳门、台湾地区的投资者以购买人民币特种股票形式向股份公司投资形成的股份。它分为境内上市外资股和境外上市外资股两种形式。

（1）境内上市外资股。境内上市外资股原来是指股份有限公司向境外投资者募集并在我国境内上市的股份。投资者限于外国和我国香港、澳门、台湾地区的投资者。这类股票又称为B种股票。B股采取记名股票形式，以人民币标明票面价值，以外币认购、买卖，在境内证券交易所上市交易，因此，其又被称为人民币特种股票（与其相应的是国家股、法人股、公众股三种股票形式，其合称为A种股票。它是由境内投资者以人民币购买，在境内证券交易所交易，因此又称为人民币普通股票）。上海证券交易所的 B 股是以美元认购，深圳证券交易所的 B 股是以港币认购。从 2001 年 2 月 19 日开始，B 股对境内个人投资者开放之后，境内投资者逐渐取代境外投资者成为 B 股市场的投资主体，B 股的外资股性质发生了变化。

（2）境外上市外资股。境外上市外资股是指股份有限公司向境外投资者募集并在境外上市的股份。它采取记名股票形式，以人民币表明面值，以外币认购。

目前我国境外上市外资股主要有 H 股、N 股等。

① H 股。它是境内公司发行的以人民币标明面值，供境外投资者用外币认购，在香港联合交易所上市的股票。

② N 股。它是以人民币标明面值，供境外投资者用外币认购，获纽约证交所批准上市的股票。目前几乎所有的外国公司（即非美国公司，但不包括加拿大公司）都采用存托凭证（DR）形式而非普通股的方式进入美国市场。存托凭证是一种以证书形式发行的可转让证券，通常代表一家外国公司的已发行股票。

在新加坡、伦敦上市的外资股分别称为 S 股、L 股。

图 1－1 为我国改革开放以来较早发行的股票：

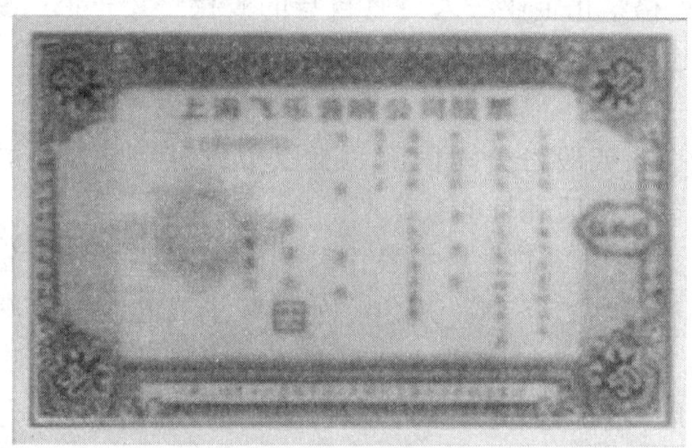

图 1－1　我国改革开放以来较早发行的股票

第三节　债券

一、债券的定义

债券是一种有价证券，是社会各类经济主体为筹措资金而向债券投资者出具的，并且承诺按一定利率定期支付利息和到期偿还本金的债权债务凭证。债券所规定的资金借贷双方的权责关系主要有：第一，所借贷货币资金的数额；第二，借贷的时间；第三，在借贷时间内的资金成本或应有的补偿（即债券的利息）。

债券所规定的借贷双方的权利义务关系有四个方面的含义：第一，发行人是借入资金的经济主体；第二，投资者是出借资金的经济主体；第三，发行人必须在约定的时间付息还本；第四，债券反映了发行者和投资者之间的债权债务关系，而且是这一关系的法律凭证。

二、债券的性质

债券有以下基本性质：

1. 债券是一种有价证券

首先，债券反映和代表一定的价值。债券本身有一定的面值，通常它是债券投资者投入资金的量化表现；其次，持有债券可按期取得利息，利息也是债券投资者收益的价值表现；最后，债券与其代表的权利联系在一起，拥有债券就拥有了债券所代表的权利，转让债券也就将债券代表的权利一并转移。

2. 债券是一种虚拟资本

债券尽管有面值，代表了一定的财产价值，但它也只是一种虚拟资本，而非真实资本。因为债券的本质是证明债权债务关系的证书，在债权债务关系建立时所投入的资金已被债务人占用，债券是实际运用的真实资本的证书。债券的流动并不意味着它所代表的实际资本也同样流动，债券独立于实际资本之外。

3. 债券是债权的表现

债券代表债券投资者的权利，这种权利不是直接支配财产权，也不以资产所有权表现，而是一种债权。拥有债券的人是债权人，债权人不同于公司股东，是公司的外部利益相关者，无权参与公司经营管理。

三、债券的特征

债券作为一种债权债务凭证，从投资者的角度看，具有以下四个特征：

1. 偿还性

偿还性是指债券有规定的偿还期限，债务人必须按期向债权人支付利息和偿还本金。债券的偿还性使资金筹措者不能无限期地占用债券购买者的资金，换言之，他们之间的借贷经济关系将随偿还期结束、还本付息手续完毕而不复存在。这一特征与股票的永久性有很大的区别。在历史上，债券的偿还性也有例外，曾有国家发行过无期公债或永久性公债。这种公债无固定偿还期，持券者不能要求政府清偿，只能按期支取利息。当然，这只是特例，不能因此而否定债券具有偿还性的一般特性。

2. 收益性

收益性是指债券能为投资者带来一定的收入，即债权投资的报酬。在实际经济活动中，债券收益可以表现为三种形式：一是利息收入，即债权人在持有债券期间按约定的条件分期、分次取得利息或者到期一次取得利息。二是资本损益，即债权人到期收回的本金与买入债券或中途卖出债券与买入债券之间的价差收入。其收益取决于市场利率的变动，由于市场利率会不断变化，债券在市场上的转让价格将随市场利率的升降而上下波动。债券持有者能否获得转让价差、转让价差的多少，要视市场情况而定。三是再投资收益，即投资债券所获现金流量再投资的利息收入，受市场收益率变化的影响。

3. 安全性

安全性是指债券持有人的收益相对稳定，不随发行者经营收益的变动而变动，并且可按期收回本金。一般来说，具有高度流动性的债券其安全性也较高，因为它不仅可以迅速地转换为货币，而且还可以按一个较稳定的价格转换。但债券投资也存在风险。债券不能收回投资的风险有两种情况：一是债务人不履行债务，即债务人不能按时足额按约定的利息支付或者偿还本金。不同的债务人不履行债务的风险程度是不一样的，一般政府债券不履行债务的风险最低。二是流通市场风险，即债券在市场上转让时因价格下跌而承受损失。许多因素会影响债券的转让价格，其中较重要的是市场利率水平。

4. 流动性

流动性是指债券持有人可按需要和市场的实际状况，灵活地转让债券，以提前收回本金和实现投资收益。债券流动性强弱首先取决于市场为转让所提供的便利程度；其次取决于债券在迅速转变为货币时，是否在以货币计算的价值上蒙受损失；最后债券发行人的资信度、债券期限的长短以及利息支付方式等因素都会影响流动性。

四、债券的分类

债券可按以下几个方式进行分类：

（一）按发行主体分类，可分为政府债券、金融债券、公司债券

1. 政府债券

政府债券是由政府或政府有关机构为筹集财政和建设资金而发行的债券。政府债券又可区分为中央政府债券、地方政府债券和政府机构债券。

中央政府债券即国债。国债按不同的标准，又可以分为不同的种类。

（1）按偿还期限划分

按偿还期限可以将国债分为短期国债、中期国债和长期国债。各个国家确定短、中、长期的年限略有不同，如美国把 1 年以内的国债称为短期国债；10 年期以上的称

为长期国债。日本称 5 ~ 10 年期的国债为长期国债；2 ~ 5 年期的为中期国债。我国则将 1 年以内的国债称为短期国债；1 ~ 10 年期的称为中期国债；10 年期以上的称为长期国债。

（2）按发行国债的用途划分

按发行国债的用途，可分为战争国债、赤字国债、建设国债、特种国债。

①战争国债。战争国债是指政府为筹集军费而发行的债券。战争时期，政府开支骤增，战争公债是较理想的筹资方式。

②赤字国债。在政府财政收支不平衡，出现财政赤字的情况下，可通过发行赤字公债来平衡财政收支。

③建设国债。建设国债是指政府为了投资于公路、铁路、桥梁等基础设施建设而发行的债券。

④特种国债。特种国债是指政府为了实施某种特殊政策而发行的公债。

（3）按是否可以流通交易划分

①可流通国债。可流通国债是指可以在二级市场上交易的国债。这种债券在一些国家的国债中占主要部分，如美国的可流通国债约占其国债总额的 2/3。

②不可流通国债。不可流通国债是指在购买条款上规定不能在二级市场上进行买卖的国债。不可流通国债又可以分为投资者为私人的不可流通国债和投资者为机构的不可流通国债。当不可流通国债的发行对象以私人为主时，筹集的资金主要来自个人部门的储蓄，故此类债券可称为“政府储蓄债券”。

（4）按债券发行本位划分

①货币国债。货币国债即以货币计值亦以货币偿付本息的国债。商品经济比较发达的国家，通常发行货币国债。以上所提的分类主要是针对货币国债而言。

②实物国债。实物国债是以货币计值、按事先商定的商品折价、用实物偿还本金的国债。这类债券通常是在通货膨胀率很高，币值极不稳定的情况下发行。

地方政府债券，即由州、市、县、镇等有财政收入的地方政府或其他地方公共机构发行的债券，是政府债券的一种形式。发行地方债券的目的是为当地市政建设，如为交通、通信、住宅、教育、医院和污水处理系统等公共设施筹措资金。

地方政府债券按资金用途和偿还资金来源分类，通常可以分为一般债券（普通债券）和专项债券（收益债券）。前者是指地方政府为缓解资金紧张或解决临时经费不足而发行的债券，后者是指为筹集资金建设某项具体工程而发行的债券。对于一般债券的偿还，地方政府通常以本地区的财政收入作担保；而对专项债券，地方政府往往以项目建成后取得的收入作保证。

政府机构债券是政府所属的公共事业机构、公共团体机构或公营公司所发行的债券。其所筹集的资金主要用于发展各机构或公营公司的事业。政府机构债券通常只以所建项目的收入作为还款来源，因此其风险性要略大于其他两种政府债券。但当其出现偿还问题时，政府通常不会坐视不管，因此，政府机构债券实际上具有政府保证债券的特征。

政府债券具有安全性高、流动性强、收益稳定以及可享受免税待遇的特点，是一种安全的投资工具，并可运用于证券回购交易的工具和银行贷款的抵押品。

2. 金融债券

金融债券是指由银行或非银行金融机构发行的债券。发行金融债券的金融机构，一般资金实力雄厚，资信度高，债券的利率要高于同期存款的利率水平。其期限一般为1~5年，发行目的是为了筹措长期资金。如图1-2为中国农业银行发行的一期金融债券：

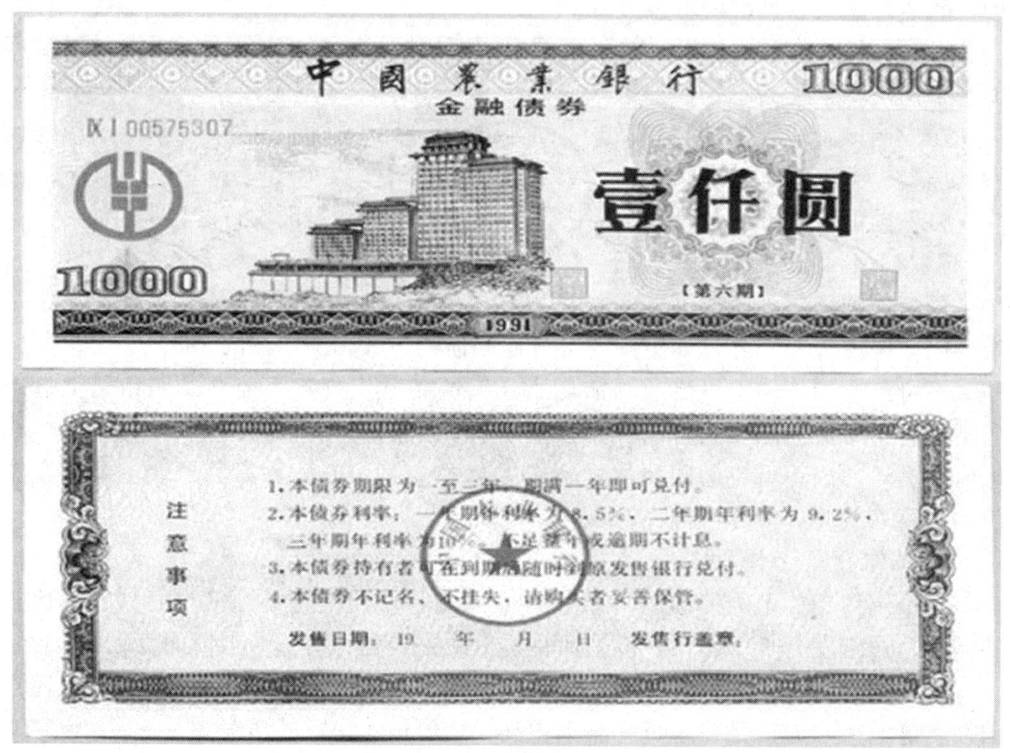

图1-2 中国农业银行发行的一期金融债券

从不同的角度出发，金融债券有不同的分类。

（1）按照发行条件分类

按照发行条件分类，金融债券可分为普通金融债券、累进利息金融债券和贴现金融债券。

①普通金融债券。普通金融债券是一种定期存单式的债券，期限有1年、2年和3年三种，到期一次还本付息，平价发行，不计复利。普通金融债券在形式上类似于银行定期存款，但利息率要高些。

②累进利息金融债券。累进利息金融债券是一种浮动期限式、利率与期限相挂钩的金融债券。其期限最短为1年，最长为5年。债券持有者可以在最短和最长期限之间随时到发行银行兑付，其利率也按照债券的期限分为不同的等级，每一个时间段按相应利率计付利息，然后将几个分段的利息相加，便可得出该债券总的利息收入。

③贴现金融债券。贴现金融债券是指债券发行时按规定的折扣率，以低于票面价

值的价格出售，到期按票面价值偿还本金的一种债券。

（2）按照发行主体分类

按照发行主体的不同，金融债券可分为中央银行票据、政策性金融债券、商业银行债券。

①中央银行票据。中央银行票据简称央票，是中央银行为调节基础货币而向金融机构发行的票据，是一种重要的货币政策日常操作工具，期限在3个月至3年。

②政策性金融债券。政策性金融债券是指政策性银行为筹措资金而发行的债券。由于政策性银行不具有吸收存款的功能，发行金融债券是筹资的主要方式。

③商业银行债券。商业银行债券是指商业银行为筹措信贷资金或解决附属资本而发行的债券。其种类有金融债券、次级债券、混合资本债券。

此外，证券公司、保险公司、财务公司等金融机构为解决资金问题，也可发行金融债券。

金融债券相对于银行存款具有主动性负债、成本较高、可转让交易、资金用途确定的特点，其安全性次于政府债券，而高于一般公司债券；其收益性高于同期储蓄存款，并且具有可流动性，是一种受投资者欢迎的投资工具。

3. 公司债券

公司债券是由公司发行并承诺在一定时期内还本付息的债权债务凭证。发行公司债券多是为了筹集长期资金，期限多为10~30年。公司债券在发展中是创新最多的债券，主要分类有：

（1）按债券是否有担保分类

按债券是否有担保，公司债券可分为信用公司债、担保公司债。

1）信用公司债。信用公司债是指发行这种债券不须有实物作抵押，也不用找担保单位，只凭发行者的信誉作为担保。一般而言，只有那些信誉卓著的大公司，才有资格发行信用公司债。因为大公司实力雄厚、盈利多、知名度高，发行无担保公司债券也不妨碍债权人的合法权益。信用公司债券一般期限短，但利率较高。

2）担保公司债。担保公司债是指发行债券必须有实物作抵押或担保单位提供保证。其品种有：

①不动产抵押公司债券。不动产抵押公司债券是指以实际不动产的留置权为担保的债券。若发债公司破产了，抵押债券的持有人可获得所抵押的财产（如房屋、地产、铁路等）的所有权，从而持有人可依法定程序，有权行使其留置权，拍卖抵押物以资抵偿。

②证券抵押信托公司债。证券抵押信托公司债是指以公司的其他有价证券为担保发行的债券。作为担保的各种有价证券，通常委托信托银行保管，主要是为了保证债权人的利益。

③保证公司债。保证公司债是指由第三者作为还本付息担保人的一种公司债。担保人一般为公司的主管部门或银行。也就是说，某一公司对发行公司发行的公司债的还本付息予以保证。一般来说，投资者比较愿意购买保证公司债。保证行为常见于母子公司，也就是由母公司对子公司发行的公司债予以保证。

（2）按债券持有人是否参与公司利润分配分类

按债券持有人是否参与公司利润分配，公司债可分为参加公司债、非参加公司债。

①参加公司债。参加公司债是指除了可以获得预先规定的利息收入以外，还可以在一定程度上参加公司利润的分配。此种债券兼有债券和股票的性质。其发行人大多是经营一般，声誉不太高的企业。

②非参加公司债。非参加公司债是指债券持有人只能按照事先约定的利率获得利息，无权参与公司利润的分配。它是公司债券的主要形式。

（3）按发行债券的目的分类

按发行债券的目的分类，公司债可分为普通公司债券、改组公司债券、利息公司债券、延期公司债券。

①普通公司债券。普通公司债券是指以固定利率、固定期限为主要特征的债券。它是公司债券的主要形式，目的在于筹资以扩大公司的生产规模。

②改组公司债券。改组公司债券是指为清理公司债务而发行的债券，也叫以新换旧债券。此债券可以用旧公司债兑换，也可以用现金购买。

③利息公司债券。利息公司债券也称调整公司债，是指经营业绩不佳，存在债务信用危机的股份公司为防止破产并重整公司，经债权人同意，为换回原来较高利率的旧债券而发行的较低利率的新债券。

④延期公司债券。延期公司债券是指原公司在债券到期时无力归还，又不能发新债还旧债，在征得债权人同意后可延长期限的公司债。其目的在于延长期限，暂时缓解财政困难。债券延期时可根据适当情况，提高或降低利率。

（4）按发行人是否给予债券持有人选择权分类

按发行人是否给予债券持有人选择权，公司债可分为附有选择权的公司债、不含有持有人选择权的债券。

①附有选择权的公司债券。附有选择权的公司债券是指在一些债券发行中，债券发行人给予持有人一定选择权，如可转换公司债。可转换公司债是指债券持有人有权把债券按某种规定的转换比率转化为该发行公司的普通股票，或转换为与债券发行公司不同的某个公司的普通股票。转换比率总是随股票的股息和价格而不断调整。有认股权证的公司债。有认股权证的公司债是指债券发行时附带一些认股权证，凭该认股权证，债券持有人可以购买债务发行公司或另一家公司的普通股票或某种债务。这种认股权证可以同债券分开，并且分别出售。可退还公司债是指债券持有人有权在指定日期按票面价值将债券回售给债券发行公司，以避免因利率提高而导致债券价格下跌的风险。

②不含有持有人选择权的债券。不含有持有人选择权的债券是指在债券发行中，债券发行人未给予债券持有人上述有关的权利。相应地，此种债券的价格比含有选择权的债券的价格要低一些。

（二）按债券付息方式分类

按债券付息方式，可分为附息债券、零息债券、累息债券。

1. 附息债券

附息债券是指在债券的存续期内，对持有人定期、分次（通常每半年或每年支付一次）支付利息的债券。在实物债券形式下，债券券面上附有多期息票，息票上标明利息额、支付利息的期限和债券号码等内容。债券到付息时，持有人从债券上剪下息票并据此领取利息。但在记账式债券形式下，分次付息只需在债券合约上明确规定即可。由于在还本前分次付息，附息债券具有复利性质。

2. 零息债券

零息债券是指债券发行不规定票面利率，也不附有息票，发行时按规定的折扣率，以低于票面价值的价格出售，到期按票面价值偿还本金的一种债券。贴现债券的发行价格与票面价值的差价即为贴现债券的利息。

3. 累息债券

累息债券是指一次性还本付息债券。与附息债券相似，累息债券也规定了票面利率，但是，债券持有人必须在债券到期时一次性获得本息，存续期间没有利息。

（三）按债券利率规定分类

按债券利率规定，可分为固定利率债券、浮动利率债券、累进计息债券。

1. 固定利率债券

固定利率债券是指在发行时就明确规定了票面利率，并且在存续期内固定不变的债券。该债券有利于发行人明确筹资成本，投资人明确名义收益，但是在市场利率变化较大的情况下，两者都面临利率风险。

2. 浮动利率债券

浮动利率债券是指债券的利率在最低票面利率的基础上参照预先确定的某一基准利率予以定期调整的债券。该债券在通货膨胀时期或利率上升时期对投资人更有吸引力。

3. 累进计息债券

累进计息债券是指债券的利率随期限的增加而递增的债券。其实质仍为浮动利率债券，所不同的是：其一，不是随市场利率的变动浮动计息，而是随期限的长短计息；其二，利率只上浮，不下浮，期限越长利率越高。

（四）按债券形态分类

按债券形态分类，可分为实物债券、凭证式债券、记账式债券。

1. 实物债券

实物债券是一种具有标准格式实物券面的债券。该债券的发行与购买是通过债券的实体来实现的，是看得见、摸得着的债券，且不记名。

2. 凭证式债券

凭证式债券主要通过银行承销，各金融机构向企事业单位和个人推销债券，同时向买方开具收款凭证。这种凭证式债券可记名、可挂失，但不可上市流通，持有人可以到原购买网点办理提前兑付手续。

3. 记账式债券

记账式债券没有实物形态的券面，而是在债券认购者的电脑账户中作一记录。它主要通过证券交易所来发行。投资者利用已有的“股票账户”通过交易所网络，按其欲购价格和数量购买。买入之后，债券数量自动过入客户的账户内。

五、我国的债券

1. 我国的国债

新中国成立以后，中央政府曾在1950年发行过人民胜利折实公债，并于1956年11月30日全部还清本息。1954—1958年，我国又发行了经济建设公债，于1968年年底全部还清。这之后的10多年里，我国成为既无内债又无外债的国家。但是随着改革开放的深入，我国政府于1981年起又开始发行国债。

1981年后我国发行的国债品种有：

（1）普通国债。目前我国发行的普通国债有记账式国债、凭证式国债和储蓄国债（电子式）。

①记账式国债。我国的记账式国债是从1994年开始发行的一个上市券种。它是由财政部通过无纸化方式发行的、以电脑记账方式记录债权并可以上市交易的债券。记账式国债的发行分为证券交易所市场发行、银行间债券市场发行以及同时在银行间债券市场和交易所市场发行三种情况。个人投资者可以购买交易所市场发行和跨市场发行的记账式国债，而银行间债券市场的发行主要面向银行和非银行金融机构等机构投资者。

②凭证式国债。凭证式国债是指由财政部发行的、有固定面值及票面利率、通过纸质媒介记录债权债务关系的国债。发行凭证式国债一般不印制实物券面，而采用填制“中华人民共和国凭证式国债收款凭证”的方式，通过部分商业银行和邮政储蓄柜台，面向城乡居民个人和各类投资者发行，是一种储蓄性国债。

③储蓄国债（电子式）。储蓄国债是指财政部面向境内中国公民储蓄类资金发行的、以电子方式记录债权的不可流通的人民币债券。目前，储蓄国债（电子式）通过试点商业银行面向个人投资者销售。储蓄国债（电子式）自发行之日起计息，付息方式分为利随本清和定期付息两种。储蓄国债（电子式）试点期间，财政部将先行推出固定利率固定期限和固定利率变动期限两个品种。

（2）其他类型国债。为适应国家经济发展和筹措财政资金的需要，1987年以来，财政部曾发行多种其他类型的国债，如国家重点建设债券、国家建设债券、财政债券、特种债券、保值债券、基本建设债券等。其中，特别国债是为了特定的政策目标而发行的国债。1998—2007年，财政部发行了两次特别国债。

2. 我国的地方政府债券

地方政府债券是政府债券的形式之一，在新中国成立初期就已经存在。如早在1950年，东北人民政府就发行过东北生产建设折实公债，但1981年恢复国债发行以来，却从未发行过地方政府债券。由于我国1995年起实施的《中华人民共和国预算法》规定，地方政府不得发行地方政府债券（除法律和国务院另有规定外），因此，我国目前的政府债券仅限于中央政府债券。但地方政府在诸如桥梁、公路、隧道、供水、供气等基础设施的建设中又面临资金短缺的问题，于是形成了具有中国特色的地方政府债券，即以企业债券的形式发行地方政府债券。如1999年上海城市建设投资开发公司发行5亿元浦东建设债券，名义上是公司债券，但所筹资金是用于上海地铁建设；济南自来水公司发行1.5亿元供水建设债券，名义上是公司债券，但所筹资金是用于济南自来水设施建设。

为有效应对国际金融危机的冲击，保持经济平稳较快发展，2009年国务院决定由财政部代理发行2000亿元地方政府债券，用于中央投资地方配套的公益性建设项目及其他难以吸引社会投资的公益性建设项目。在地方政府报同级人大常委会审查批准后，财政部从2009年3月27日至5月22日，已先后代理23个省（自治区、直辖市、计划单列市）发行26期地方政府债券，为地方政府筹集资金1118亿元。

3. 我国的金融债券

为推动金融资产多样化，筹集社会资金，国家决定于1985年由中国工商银行、中国农业银行发行金融债券，开办特种贷款。这是我国经济体制改革以后国内发行金融债券的开端。在此之后，中国工商银行和中国农业银行又多次发行金融债券，而中国银行、中国建设银行也陆续发行了金融债券。1988年，部分非银行金融机构开始发行金融债券。1993年，中国投资银行被批准在境内发行外币金融债券，这是我国首次发行境内外币金融债券。1994年，我国政策性银行成立后，发行主体从商业银行转向政策性银行。当年仅国家开发银行就7次发行了金融债券，总金额达758亿元。1997年和1998年，经中国人民银行批准，部分金融机构发行了特种金融债券，所筹集资金专门用于偿还不规范证券回购交易所形成的债务。1999年以后，我国金融债券的发行主体集中于政策性银行，其中，以国家开发银行为主，金融债券已成为其筹措资金的主要方式。如1999—2001年，国家开发银行累计在银行间债券市场发行债券达1万多亿元，是仅次于财政部的第二发债主体，通过金融债券所筹集的资金占其同期整个资金来源的92%。2002年，国家开发银行发行20期金融债券，共计2500亿元；中国进出口银行发行7期金融债券，共计575亿元。2003年国家开发银行发行30期金融债券，共计4000亿元；中国进出口银行发行3期金融债券，共计320亿元。2004年共发行政策性金融债券4452.20亿元，2005年为6068亿元，2006年为8996亿元。同时，金融债券的发行也进行了一些探索性改革：一是探索市场化发行方式；二是力求金融债券品种多样化。国家开发银行于2002年推出投资人选择权债券、发行人普通选择权债券、长期次级债券和本息分离债券等新品种。2003年，国家开发银行在继续发行可回售债券与可赎回债券的同时，又推出可掉期国债新品种，并发行5亿美元外币债券。

4. 我国的公司债券

2007年9月19日，我国的水电航母——中国长江电力股份有限公司发行公司债券的申请获得中国证监会正式核准。它标志着公司债券这一品种在我国的正式诞生，迈出了我国企业债权融资市场化改革的第一步，是中国证券发展史上的重要里程碑。

公司债券的发展对资本市场的协调发展具有重大意义。公司债券的推出，不仅能扩大我国资本市场的规模和容量，完善产品品种和结构，为投资者提供更多投资选择，也将有利于缓解流动性过剩给资本市场带来的压力。从长远来看，还将大大改善我国金融市场中的结构性问题，分散和化解金融风险。随着我国债券市场化进程的加快，我国公司债的发展将进入到一个全新的历史时期。

5. 我国的国际债券

对外发行债券是我国吸引外国资金的重要渠道。我国是从 1982 年进入国际资本市场的。1982 年 1 月，中国国际信托投资公司以私募方式在日本东京发行了 100 亿元的日本武士债券。1984 年 11 月，中国银行以公募方式在日本东京发行了 10 年期 200 亿日元的武士债券。这两次发行标志着我国金融机构开始进入国际债券市场。

1987 年 10 月，财政部在德国法兰克福发行 3 亿马克公募债券，这是我国改革开放后政府首次在国外发行债券。1995 年 11 月，我国政府在日本发行 400 亿日元债券；1996 年我国政府在美国发行 4 亿美元扬基债券。这在国际资本市场确定了我国主权信用债券的较高地位和等级。

到 2001 年年底，南玻 B 股转债、镇海炼油、庆铃汽车 H 股转债、华能国际 N 股转债四种可供境外投资者投资的券种已先后发行。迄今为止，我国进入国际债券市场的主体主要有各商业银行、信托投资公司以及财政部。发行国际债券的币种有美元、日元和德国马克。在计息方式上，浮动利率与固定利率方式平分秋色。而发行市场则主要集中于日本、新加坡、英国、德国、瑞士和美国。

第四节　证券投资基金

一、证券投资基金的概念

证券投资基金是指通过公开发售基金份额募集资金，由基金托管人托管，由基金管理人管理和运用资金，为基金份额持有人的利益，以资产组合方式进行证券投资的一种利益共享、风险共担的集合投资方式。

作为一种大众化的信托投资工具，各国各地区对证券投资基金的称谓有所不同：美国称为“共同基金”、“互助基金”或“互惠基金”（Mutual Fund）；英国及中国香港称为“单位信托基金”（Unit Trust）；日本和中国台湾地区称为“证券投资信托基金”，等等。

证券投资基金的基本功能是汇集众多投资者的资金，交由专门的投资机构管理，由证券分析专家和投资专家具体操作运用，根据设定的投资目标，将资金分散投资于特定的资产组合，投资收益归原投资者所有。代理投资机构作为基金的管理人，只收取一定的服务费用。根据各国和地区的不同情况，投资的对象既可以是资本市场上的上市股票和债券，也可以是货币市场上的短期票据和银行间的同业拆借，还可以是金融期货、黄金、期权交易以及不动产等。

2013 年三季度末，全球共同基金资产比上季度上升 5.2%，增至 28.87 万亿美元（见图 1－3）。

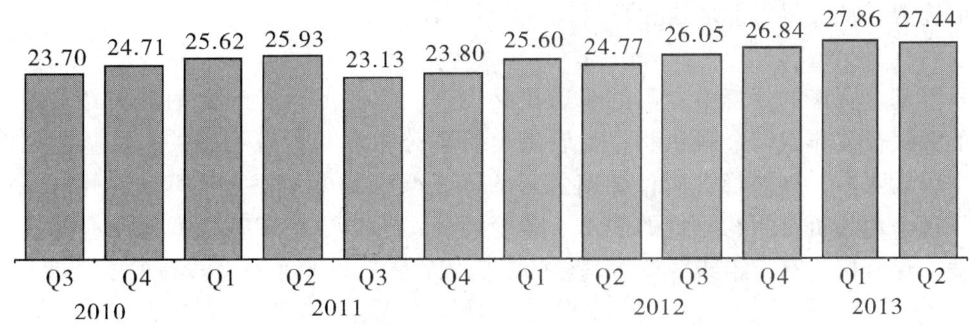

图 1-3 全球共同基金资产规模（单位：万亿美元）

资料来源：中国基金业协会根据国际投资基金协会发布的数据整理。

二、证券投资基金的特征

证券投资基金之所以受到投资者的广泛欢迎，发展迅速，与证券投资基金本身的特征有关。作为一种现代化投资工具，证券投资基金具备以下特征：

1. 集合投资

基金的特征是将零散的资金汇集起来，交给专业机构投资于各种金融工具，以谋取资产的增值。基金对投资的最低限额要求不高，投资者可以根据自己的经济能力决定购买数量，如我国有的基金公司推出的基金定投产品，最低额度可以100元起。国外有些基金甚至不限制投资额大小。因此，基金可以最广泛地吸收社会闲散资金，集腋成裘，汇成规模巨大的投资资金。在参与证券投资时，资本越雄厚，优势越明显，而且可能享有大额投资在降低成本上的相对优势，从而获得规模效益的好处。

2. 分散风险

以科学的投资组合降低风险、提高收益是基金的另一大特征。在投资活动中，风险和收益总是并存的，因此，“不能将鸡蛋放在一个篮子里”。但是，要实现投资资产的多样化，需要一定的资金实力。对小额投资者而言，由于资金有限，很难做到这一点，基金则可以帮助中小投资者解决这个困难，即可以凭借其集中的巨额资金，在法律规定的投资范围内进行科学的组合，分散投资于多种证券，实现资产组合多样化。通过多元化的投资组合，一方面借助于资金庞大和投资者众多的优势使每个投资者面临的投资风险变小；另一方面，利用不同投资对象之间收益率变化的相关性，达到分散投资风险的目的。

3. 专业理财

这是指将分散的资金集中起来由专门的基金管理公司负责运营。基金管理公司是专门从事基金投资管理的机构，实行专业理财制度，由受过专门训练、具有比较丰富的证券投资经验的专业人员运用各种技术手段收集、分析各种信息资料，预测金融市场上各个品种的价格变动趋势，制订投资策略和投资组合方案，从而可避免投资决策失误，提高投资收益。对于那些没有时间，或者对市场不太熟悉的中小投资者来说，投资基金可以分享基金管理人在市场信息、投资经验、金融知识和操作技术等方面所拥有的优势，从而尽可能地避免盲目投资带来的失误。

4. 专门保管

投资基金资产的保管由专门的金融机构负责。担任保管者的金融机构必须是信誉卓著的大银行或非银行金融机构，保管者与管理公司之间没有利害关系。基金在保管机构中单设账户，与保管机构和管理公司的资产严格分离，独立核算。此外，保管机构对管理公司还负有制约监督的职责。若管理公司的指令违背基金章程或有损投资者的利益，保管机构有权拒绝执行。基金的专门保管无疑提高了基金投资的安全性。

三、证券投资基金的分类

1. 按基金的组织形式不同，可分为契约型基金和公司型基金

契约型基金又称为单位信托基金，是指将投资者、管理人、托管人三者作为信托关系的当事人，通过签订基金契约的形式发行受益凭证而设立的一种基金。契约型基金起源于英国，后来在新加坡、印度尼西亚、中国香港等国家和地区十分流行。契约型基金是基于信托原理而组织起来的代理投资方式，没有基金章程，也没有公司董事会，而是通过基金契约来规范三方当事人的行为。基金管理人负责基金的管理操作；基金托管人作为基金资产的名义持有人，负责基金资产的保管和处置，对基金管理人的运作实行监督。

公司型基金是依据基金公司章程设立，在法律上具有独立法人地位的股份投资公司。公司型基金以发行股份的方式募集资金，投资者购买基金公司的股份后，以基金持有人的身份成为基金公司的股东，凭其持有的股份依法享有投资收益。公司型基金在组织形式上与股份有限公司类似，由股东选举董事会，由董事会选聘基金管理公司，基金管理公司负责管理基金的投资业务。

契约型基金与公司型基金的区别主要有：

（1）基金设立的法律基础不同。契约型基金设立的法律基础是信托法，其运作受信托契约的保障和制约；公司型基金设立的法律基础是公司法，其运作受公司法和公司章程的制约。

（2）基金投资者的地位不同。契约型基金的投资者购买基金份额后成为基金的当事人之一，既是基金的委托人，又是基金的受益人；公司型基金的投资者购买基金公司的股票后为公司股东，享有股东的权利，但同普通的股份有限公司相比，其股东对公司的经营监督权受到一定的限制。

（3）资金的性质不同。契约型基金的资金是通过发行受益凭证筹集起来的信托财产；公司型基金的资金是通过发行普通股票筹集起来的，是公司法人的资本。

（4）筹资方式不同。契约型基金一般只能通过发行受益凭证筹资；公司型基金除发行普通股外，还可以通过发行优先股和公司债券筹资，也可以以公司的名义向银行借款。

2. 按基金运作方式不同，可分为封闭式基金和开放式基金

封闭式基金是指经核准的基金份额在基金合同期限内固定不变，基金份额可以在依法设立的证券交易场所交易，但基金份额持有人不得申请赎回的基金。由于封闭式基金在封闭期内不能追加认购或赎回，投资者只能通过证券经纪商在二级市场上进行

基金的买卖。

开放式基金是指基金份额总额不固定，基金份额可以在基金合同约定的时间和场所申购或者赎回的基金。为了满足投资者赎回资金，实现变现的要求，开放式基金一般都从所筹资金中拨出一定比例，以现金形式保持这部分资产。这虽然会影响基金的盈利水平，但作为开放式基金来说是必需的。

封闭式基金与开放式基金的区别主要有：

（1）基金期限限制不同。封闭式基金有固定的存续期，一般为10年或15年；而开放式基金没有固定期限，投资者可随时向基金管理人赎回基金份额。

（2）基金规模限制不同。封闭式基金的规模是固定的，在封闭期限内未经法定程序认可不能增加发行；开放式基金没有发行规模限制，投资者可随时提出申购或赎回申请，基金规模随之增加或减少。

（3）基金单位转让方式不同。封闭式基金的基金单位在证券交易场所挂牌交易；开放式基金的投资者则可以在首次发行结束一段时间（多为3个月）后，在规定的场所随时向基金管理人或中介机构提出申购或赎回申请。

（4）基金交易价格的影响因素不同。封闭式基金的交易价格受市场供求关系的影响，常常出现折价现象，并不必然反映单位基金份额的资产净值；开放式基金的交易价格则取决于基金的每单位资产净值的大小，其申购价是基金单位资产净值加申购费，赎回价是基金单位资产净值减赎回费，基本不受市场供求影响。

（5）基金投资策略不同。封闭式基金的基金规模不会减少，因此基金可进行长期投资，基金资产的投资组合能有效地在预定计划内进行；开放式基金因基金单位可随时赎回，为应付投资者随时赎回兑现，所募集的资金不能全部用来投资，更不能把全部资金用来进行长期投资，必须保持基金资产的流动性，在投资组合上必须保留一部分现金和可随时兑现的金融工具。

3. 按投资标的划分，可分为国债基金、股票基金、货币市场基金等

（1）国债基金。国债基金是一种以国债为主要投资对象的证券投资基金。由于国债的年利率固定，又有国家信用作为保证，因而这类基金的风险较低，适合于稳健性投资者。

（2）股票基金。股票基金是指以上市股票为主要投资对象的证券投资基金。股票基金的投资目标侧重于追求资本利得和长期资本增值。股票基金是最重要的基金品种，它的优点是资本的成长潜力较大，投资者不仅可以获得资本利得，还可以通过股票基金将较少的资金投资于各类股票，从而实现在降低风险的同时保持较高收益的投资目标。

（3）货币市场基金。货币市场基金是以货币市场工具为投资对象的一种基金，其投资对象期限在1年以内，包括银行短期存款、国库券、公司短期债券、银行承兑票据及商业票据等货币市场工具。货币市场基金的优点是：资本安全性高，购买限额低，流动性强，收益较高，管理费用低，有些还不收取赎回费用。因此，货币市场基金通常被认为是低风险的投资工具。

（4）指数基金。指数基金是20世纪70年代以来出现的新的基金品种。其特点是：投资组合模仿某一股价指数或债券指数，收益随着即期的价格指数上下波动。当价格

指数上升时，基金收益增加；反之，收益减少。

（5）黄金基金。黄金基金是指以黄金或其他贵金属及其相关产业的证券为主要投资对象的基金。其收益率一般随贵金属的价格波动而变化。

（6）衍生证券投资基金。衍生证券投资基金是一种以衍生证券为投资对象的基金，包括期货经纪、期权基金、认沽权证基金等。这种基金风险大，因为衍生证券一般是高风险的投资品种。

4. 按投资目标划分，可分为成长型基金、收入型基金和平衡型基金

（1）成长型基金。成长型基金追求的是基金资产的长期增值。为了达到这一目标，基金管理人通常将基金资产投资于信誉度较高、有长期成长前景或长期盈余的所谓成长公司的股票。成长型基金又可分为稳健成长型基金和积极成长型基金。

（2）收入型基金。收入型基金主要投资于可带来现金收入的有价证券，以获取当期的最大收入为目的。收入型基金资产的成长潜力较小，损失本金的风险相对也较低，一般可分为固定收入型基金和股票收入型基金。固定收入型基金的主要投资对象是债券和优先股，因而尽管收益率较高，但长期成长的潜力很小，而且当市场利率波动时，基金净值容易受到影响。股票收入型基金的成长潜力比较大，但易受股市波动的影响。

（3）平衡型基金。平衡型基金将资产分别投资于两种不同特性的证券上，并在以取得收入为目的的债券及优先股和以资本增值为目的的普通股之间进行平衡。这种基金一般将25%～50%的资产投资于债券及优先股，其余的投资于普通股。平衡型基金的主要目的是从其投资组合的债券中得到适当的利息收益，与此同时又可以获得普通股的升值收益。投资者既可获得当期收入，又可得到资金的长期增值。平衡型基金的特点是风险比较低，缺点是成长的潜力不大。

5. 交易所交易的开放式基金

交易所交易的开放式基金是传统封闭式基金的交易便利性与开放式基金可赎回性相结合的一种新型基金。目前，我国沪、深交易所已经分别推出交易型开放式指数基金和上市开放式基金。

（1）ETF。ETF是英文 Exchange Traded Funds 的简称，常被译为“交易所交易基金”，上海证券交易所则将其命名为“交易型开放式指数基金”。ETF是一种在交易所上市交易的、基金份额可变的一种基金运作方式。ETF结合了封闭式基金与开放式基金的运作特点，投资者一方面可以像封闭式基金一样在交易所二级市场进行ETF的买卖；另一方面又可以像开放式基金一样申购、赎回。不同的是，它的申购是用一揽子股票换取ETF份额，赎回时也是换回一揽子股票而不是现金。这种交易制度使该类基金存在一、二级市场之间的套利机制，可有效防止类似封闭式基金的大幅折价。

2004年12月30日，华夏基金管理公司以上证50指数为模板，募集设立了“上证50交易型开放式指数证券投资基金”（简称“50ETF”），并于2005年2月23日在上海证券交易所上市交易，采用的是完全复制法。2006年2月21日，易方达深证100ETF正式发行，这是深圳证券交易所推出的第一只ETF。截至2013年年底，在上海和深圳证券交易所交易的ETF共有84只。

（2）LOF。上市开放式基金（英文名称为 Listed Open-ended Funds，简称LOF），

是一种可以同时在场外市场进行基金份额申购、赎回，在交易所进行基金份额交易，并通过份额转托管机制将场外市场与场内市场有机地联系在一起的一种新的基金运作方式。上市型开放式基金发行结束后，投资者既可以在指定网点申购与赎回基金份额，也可以在交易所买卖该基金。

LOF 兼具封闭式基金交易方便、交易成本较低和开放式基金价格贴近净值的优点，为交易所交易基金在中国现行法规下的变通品种，被称为中国特色的 ETF，具有与 ETF 相同的特征：一方面可以在交易所交易；另一方面又是开放式基金，持有人可以根据基金净值申购赎回。尽管同样是交易所交易的开放式基金，但就产品特性看，深圳证券交易所推出的 LOF 在世界范围内具有首创性。与 ETF 相区别，LOF 不一定采用指数基金模式，同时，申购和赎回均以现金进行。2004 年 10 月 14 日，南方基金管理公司募集设立了“南方积极配置证券投资基金”，并于 2004 年 12 月 20 日在深圳证券交易所上市交易。截至 2013 年年底，国内共有 LOF 基金 95 只。

四、证券投资基金的当事人

1．证券投资基金份额持有人

基金份额持有人即基金投资者，是基金的出资人、基金资产的所有者和基金投资回报的受益人。

（1）基金份额持有人的权利。基金份额持有人的基本权利包括对基金收益的享有权、对基金份额的转让权和在一定程度上对基金经营决策的参与权。对于不同类型的基金，持有人对投资决策的影响方式是不同的。在公司型基金中，基金份额持有人通过股东大会选举产生基金公司的董事会来行使对基金公司重大事项的决策权，对基金运作的影响力大些。而在契约型基金中，基金份额持有人只能通过召开基金受益人大会对基金的重大事项作出决议，但对基金日常决策一般不能施加直接影响。我国《证券投资基金法》规定，基金份额持有人享有下列权利：分享基金财产收益；参与分配清算后的剩余基金财产；依法转让或者申请赎回其持有的基金份额；按照规定要求召开基金份额持有人大会；对基金份额持有人大会审议事项行使表决权；查阅或者复制公开披露的基金信息资料；对基金管理人、基金托管人、基金份额发售机构损害其合法权益的行为依法提起诉讼；基金合同约定的其他权利。

（2）基金份额持有人的义务。基金份额持有人必须承担一定的义务，这些义务包括：遵守基金契约；缴纳基金认购款项及规定的费用；承担基金亏损或终止的有限责任；不从事任何有损基金及其他基金投资人合法权益的活动；在封闭式基金存续期间，不得要求赎回基金份额；在封闭式基金存续期间，交易行为和信息披露必须遵守法律、法规的有关规定；法律、法规及基金契约规定的其他义务。

2．证券投资基金管理人

基金管理人是负责基金发起设立与经营管理的专业性机构。我国《证券投资基金法》规定，基金管理人由依法设立的基金管理公司担任。基金管理公司通常由证券公司、信托投资公司或其他机构等发起成立，具有独立法人地位。基金管理人作为受托人，必须履行“诚信义务”。基金管理人的目标函数是受益人利益的最大化，因而，不得出于自身利益的考虑损害基金持有人的利益。

（1）基金管理人的资格。基金管理人的主要业务是发起设立基金和管理基金。由于基金份额持有人通常是人数众多的中小投资者，为了保护这些投资者的利益，必须对基金管理人的资格作出严格规定，使基金管理人更好地负起管理基金的责任。对基金管理人需具备的条件，各个国家和地区有不同的规定。我国《证券投资基金法》规定："设立基金管理公司，应当具备下列条件，并经国务院证券监督管理机构批准：有符合本法和《中华人民共和国公司法》规定的章程；注册资本不低于一亿元人民币，且必须为实缴货币资本；主要股东具有从事证券经营、证券投资咨询、信托资产管理或者其他金融资产管理的较好的经营业绩和良好的社会信誉，最近三年没有违法记录，注册资本不低于三亿元人民币；取得基金从业资格的人员达到法定人数；有符合要求的营业场所、安全防范设施和与基金管理业务有关的其他设施；有完善的内部稽核监控制度和风险控制制度；法律、行政法规规定的和经国务院批准的国务院证券监督管理机构规定的其他条件。"

（2）基金管理人的职责。我国《证券投资基金法》规定："基金管理人应当履行下列职责：依法募集基金，办理或者委托经国务院证券监督管理机构认定的其他机构代为办理基金份额的发售、申购、赎回和登记事宜；办理基金备案手续；对所管理的不同基金财产分别管理、分别记账，进行证券投资；按照基金合同的约定确定基金收益分配方案，及时向基金份额持有人分配收益；进行基金会计核算并编制基金财务会计报告；编制中期和年度基金报告；计算并公告基金资产净值，确定基金份额申购、赎回价格；办理与基金财产管理业务活动有关的信息披露事项；召集基金份额持有人大会；保存基金财产管理业务活动的记录、账册、报表和其他相关资料；以基金管理人名义，代表基金份额持有人利益行使诉讼权利或者实施其他法律行为；国务院证券监督管理机构规定的其他职责。"

3. 证券投资基金托管人

基金托管人又称基金保管人，是依据基金运行中"管理与保管分开"的原则对基金管理人进行监督和保管基金资产的机构，是基金持有人权益的代表，通常由有实力的商业银行或信托投资公司担任。基金托管人与基金管理人签订托管协议，在托管协议规定的范围内履行自己的职责并收取一定的报酬。基金托管人在基金的运行过程中起着不可或缺的作用。

（1）基金托管人的条件。基金托管人的作用决定了它对所托管的基金承担着重要的法律及行政责任，因此，有必要对托管人的资格作出明确规定。概括地说，基金托管人应该是完全独立于基金管理机构、具有一定的经济实力、实收资本达到一定规模、具有行业信誉的金融机构。我国《证券投资基金法》规定，基金托管人由依法设立并取得基金托管资格的商业银行担任。申请取得基金托管资格，应当具备下列条件，并经国务院证券监督管理机构和国务院银行业监督管理机构核准：净资产和资本充足率符合有关规定；设有专门的基金托管部门；取得基金从业资格的专职人员达到法定人数；有安全保管基金财产的条件；有安全高效的清算、交割系统；有符合要求的营业场所、安全防范设施和与基金托管业务有关的其他设施；有完善的内部稽核监控制度和风险控制制度；法律、行政法规规定的和经国务院批准的国务院证券监督管理机构、国务院银行业监督管理机构规定的其他条件。

（2）基金托管人的职责。我国《证券投资基金法》规定，基金托管人应当履行下列职责：安全保管基金财产；按照规定开设基金财产的资金账户和证券账户；对所托管的不同基金财产分别设置账户，确保基金财产的完整与独立；保存基金托管业务活动的记录、账册、报表和其他相关资料；按照基金合同的约定，根据基金管理人的投资指令，及时办理清算、交割事宜；办理与基金托管业务活动有关的信息披露事项；对基金财务会计报告、中期和年度基金报告出具意见；复核、审查基金管理人计算的基金资产净值和基金份额申购、赎回价格；按照规定召集基金份额持有人大会；按照规定监督基金管理人的投资运作；国务院证券监督管理机构规定的其他职责。

五、我国证券投资基金发展概况

1. 萌芽与起步阶段

中国基金业真正起步于20世纪90年代，在一系列宏观经济政策纷纷出台的前提下，中国基金业千呼万唤，终于走到了前台。

1991年8月，珠海国际信托投资公司发起成立珠信基金，规模达6930万元人民币，这是我国设立最早的国内基金。同年10月，武汉证券投资基金和南山风险投资基金分别经中国人民银行武汉市分行和深圳市南山区人民政府批准设立，规模分别达1000万元人民币和8000万元人民币。但投资基金这一概念从观念和实践引入我国则应追溯到1987年，当年，中国人民银行和中国国际信托投资公司首开中国基金投资业务之先河，与国外一些机构合作推出了面向海外投资人的国家基金，标志着中国投资基金业务开始出现。1989年，第一只中国概念基金即香港新鸿信托投资基金管理有限公司推出的新鸿基中华基金成立之后，一批海外基金纷纷设立，极大地推动了中国投资基金业的发展。

2. 迅猛发展阶段

1992年，中国投资基金业的发展异常迅猛，当年由各级人民银行批准的投资基金相继出台，规模达22亿美元。同年6月，我国第一家公司型封闭式投资基金——淄博乡镇企业投资基金由中国人民银行批准成立。同年10月8日，国内首家被正式批准成立的基金管理公司——深圳投资基金管理公司成立。到1993年，各地大大小小的基金约有70只，面值达40亿元人民币。已经设立的基金纷纷进入二级市场开始流通。这一时期是我国基金发展的初期阶段。1993年6月，9家中方金融机构及美国波士顿太平洋技术投资基金在上海建立上海太平洋技术投资基金，这是第一个在我国境内设立的中外合资的中国基金，规模为2000万美元。1993年10月，建业、金龙和宝鼎三家面向教育界的基金批准设立。1993年8月，淄博基金在上海证券交易所公开上市，以此为标志，我国基金进入了公开上市交易的阶段。这一时期我国的投资基金走了一段迅速发展的道路，取得了长足的进步。

3. 调整与规范阶段

由于我国的基金从一开始发展势头就迅猛，其设立和运作的随意性较强，存在发展与管理脱节的问题，调整与规范我国基金业成为金融管理部门的当务之急。

1993 年 5 月 19 日，人民银行总行发出紧急通知，要求省级分行立即制止不规范发行投资基金和信托受益债券的做法。同时，基金交易市场也取得了长足的进展：1994 年 3 月 7 日，沈阳证券交易中心和上交所联网试运行；3 月 14 日，南方证券交易中心同时和沪、深证交所联网。1996 年 11 月 29 日，建业、金龙和宝鼎基金在上交所上市。全国各地一些证交中心和深沪证交所的联网使一些原来局限在当地的基金通过深沪证券交易所网络进入全国性市场。由此，全国性的交易市场开始形成。

1994 年 7 月底，证监会同国务院有关部门就推出股市新政策，提出发展我国的共同投资基金，培育机构投资人，试办中外合资基金管理公司，逐步吸引国外基金投资国内 A 股市场。截至 1996 年，我国申请待批的各类基金已经达数百只，但由于法律的滞后，基金发展基本上处于停止的状态。

1997 年 11 月 14 日，《中华人民共和国证券投资基金管理办法》颁布，开始规范证券投资基金的发展，同时对"老基金"进行清理。1998 年 3 月 23 日，开元、金泰两只证券投资基金公开发行上市，这使封闭式证券投资基金的发展进入了一个新的历程。1998 年我国成立了第一批封闭式基金：基金开元、基金金泰、基金兴华、基金安信和基金裕阳。

4. 稳步发展阶段

到 2001，我国已有基金管理公司 14 家，封闭式证券投资基金 34 只。2001 年 9 月，经管理层批准，由华安基金管理公司成立了我国第一只开放式证券投资基金——华安创新，我国基金业的发展进入了一个崭新的阶段。2002 年，开放式基金在我国出现了超常规式的发展，规模迅速扩大，截至 2002 年年底，开放式基金已猛增到 17 只。2003 年 10 月 28 日由全国人大常委会通过的《证券投资基金法》颁布，并于 2004 年 6 月 1 日起正式实施，这是中国基金业和资本市场发展历史上的又一个重要的里程碑，标志着我国基金业进入了一个崭新的发展阶段。

我国证券投资基金的数量与规模见图 1 - 4。

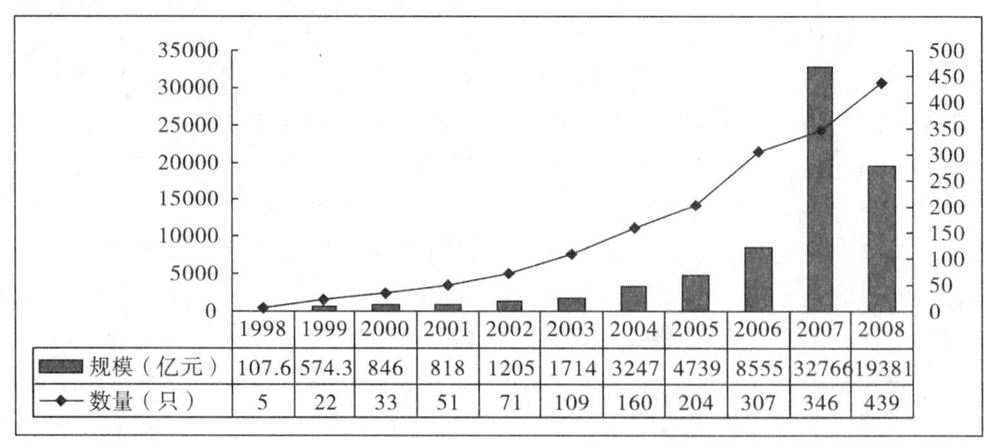

	1998	1999	2000	2001	2002	2003	2004	2005	2006	2007	2008
规模（亿元）	107.6	574.3	846	818	1205	1714	3247	4739	8555	32766	19381
数量（只）	5	22	33	51	71	109	160	204	307	346	439

图 1 - 4　我国证券投资基金的数量与规模图

资料来源：《2008 年中国证券投资基金业年报》。

截至2013年12月底，我国境内共有基金管理公司89家，其中合资公司47家，内资公司42家；管理资产合计42 213.10亿元，其中管理的公募基金规模30 020.71亿元，非公开募集资产规模12 192.39亿元；公募基金中，封闭式基金137只，份额总规模为2121.81亿份，净值总规模为2150.84亿元。开放式基金1415只，份额总规模为29 058.03亿份，净值总规模为27 869.87亿元。

第五节 金融衍生工具

一、金融衍生工具的概念

金融衍生工具，又称“金融衍生产品”，是与基础金融产品相对应的一个概念，指建立在基础产品或基础变量之上，其价格随基础金融产品的价格（或数值）变动的派生金融产品。这里所说的基础产品是一个相对的概念，不仅包括现货金融产品（如债券、股票、银行定期存款单等），也包括金融衍生工具。作为金融衍生工具基础的变量则包括利率、汇率、各类价格指数甚至天气（温度）指数等。

二、金融衍生工具的特征

由金融衍生工具的定义可以看出，其具有下列四个显著特性：

1. 跨期性

金融衍生工具是交易双方通过对利率、汇率、股价等因素变动趋势的预测，约定在未来某一时间按照一定条件进行交易或选择是否交易的合约。无论是哪一种金融衍生工具，都会影响交易者在未来一段时间内或未来某时点上的现金流，跨期交易的特点十分突出。这就要求交易双方对利率、汇率、股价等价格因素的未来变动趋势作出判断，而判断的准确与否直接决定了交易者的交易盈亏。

2. 杠杆性

金融衍生工具交易一般只需要支付少量的保证金或权利金就可签订远期大额合约或互换不同的金融工具。例如，若期货交易保证金为合约金额的5%，则期货交易者可以控制20倍于所投资金额的合约资产，实现以小博大的效果。在收益可能成倍放大的同时，投资者所承担的风险与损失也会成倍放大，基础工具价格的轻微变动也许就会带来投资者的大盈大亏。金融衍生工具的杠杆效应在一定程度上决定了它的高投机性和高风险性。

3. 联动性

联动性是指金融衍生工具的价值与基础产品或基础变量紧密联系、规则变动。通常，金融衍生工具与基础变量相联系的支付特征由衍生工具合约规定，其联动关系既可以是简单的线性关系，也可以表达为非线性函数或者分段函数。

4. 不确定性或高风险性

金融衍生工具的交易后果取决于交易者对基础工具（变量）未来价格（数值）的预测和判断的准确程度。基础工具价格的变幻莫测决定了金融衍生工具交易盈亏的不稳定性，这是金融衍生工具高风险性的重要诱因。基础金融工具价格不确定性仅仅是金融衍生工具风险性的一个方面，国际证监会组织在1994年7月公布的一份报告中，认为金融衍生工具还伴随着以下几种风险：

（1）交易中对方违约，没有履行所作承诺造成损失的信用风险；

（2）因资产或指数价格不利变动可能带来损失的市场风险；

（3）因市场缺乏交易对手而导致投资者不能平仓或变现所带来的流动性风险；

（4）因交易对手无法按时付款或交割可能带来的结算风险；

（5）因交易或管理人员的人为错误或系统故障、控制失灵而造成的运作风险；

（6）因合约不符合所在国法律，无法履行或合约条款遗漏及模糊导致的法律风险。

三、金融衍生工具的分类

金融衍生工具可以按照基础工具的种类、风险—收益特性以及自身交易方法的不同而有不同的分类。

1. 按产品形态和交易场所分类

按产品形态和交易场所不同，金融衍生工具可分为内置型衍生工具、交易所交易的衍生工具、OTC交易的衍生工具。

（1）内置型衍生工具，指嵌入到非衍生合同（以下简称“主合同”）中的衍生金融工具。该衍生工具使主合同的部分或全部现金流量将按照特定利率、金融工具价格、汇率、价格或利率指数、信用等级或信用指数，或类似变量的变动而发生调整。例如目前公司债券条款中可能包含赎回条款、返售条款、转股条款、重设条款等。

（2）交易所交易的衍生工具，指在有组织的交易所上市交易的衍生工具。例如在股票交易所交易的股票期权产品，在期货交易所和专门的期权交易所交易的各类期货合约、期权合约等。

（3）OTC交易的衍生工具，指通过各种通信方式，不通过集中的交易所，实行分散的、一对一交易的衍生工具。例如金融机构之间、金融机构与大规模交易者之间进行的各类互换交易和信用衍生品交易。从近年来的发展看，这类衍生品的交易量逐年增大，已经超过交易所市场的交易额，市场流动性也得到增强，还发展出专业化的交易商。

2. 按照基础工具种类分类

金融衍生工具从基础工具分类角度，可以划分为股权类产品的衍生工具、货币衍生工具、利率衍生工具、信用衍生工具以及其他衍生工具。

（1）股权类产品的衍生工具，是指以股票或股票指数为基础工具的金融衍生工具。其主要包括股票期货、股票期权、股票指数期货、股票指数期权以及上述合约的混合交易合约。

（2）货币衍生工具，是指以各种货币作为基础工具的金融衍生工具。其主要包括远期外汇合约、货币期货、货币期权、货币互换以及上述合约的混合交易合约。

（3）利率衍生工具，是指以利率或利率的载体为基础工具的金融衍生工具。其主要包括延期利率协议、利率期货、利率期权、利率互换以及上述合约的混合交易合约。

（4）信用衍生工具，是指以基础产品所蕴含的信用风险或违约风险为基础变量的金融衍生工具。其用于转移或防范信用风险，是20世纪90年代以来发展最为迅速的一类衍生产品，主要包括信用互换、信用联结票据等。

（5）其他衍生工具。除以上四类金融衍生工具以外，还有相当数量的金融衍生工具是在非金融变量的基础上开发的，例如用于管理气温变化风险的天气期货、管理政治风险的政治期货、管理巨灾风险的巨灾衍生产品等。

3. 按照金融衍生工具自身交易的方法及特点分类

按照金融衍生工具自身交易的方法和特点，可以分为金融远期合约、金融期货、金融期权、金融互换和结构化金融衍生工具。

（1）金融远期合约。金融远期合约是指规定合约双方同意在指定的未来日期按约定的价格买卖约定数量的相关资产或金融工具的合约，目前主要有远期外汇合同、远期利率协议等。金融远期合约通常在两个金融机构之间或金融机构与其客户之间签署，其交易一般也不在规范的交易所内进行，所以，金融远期合约的交易一般规模较小、较为灵活、交易双方易于按各自的愿望对合约条件进行磋商。在远期合约的有效期内，合约的价值随相关资产市场价格或相关金融价值的波动而变化，合约的交割期越长，其投机性越强，风险也就越大。常见的金融远期合约有股权类资产的远期合约、债权类资产的远期合约、远期利率协议和远期汇率协议四个大类。

（2）金融期货。金融期货指是交易双方在金融市场上，以约定的时间和价格，买卖某种金融工具的具有约束力的标准化合约。其是以金融工具为标的物的期货合约。金融期货一般分为三类：外汇期货、利率期货和股票指数期货。金融期货作为期货交易中的一种，具有期货交易的一般特点，但与商品期货相比较，其合约标的物不是实物商品，而是传统的金融商品，如证券、货币、汇率、利率等。目前已经开发出来的品种主要有利率期货、货币期货、股票指数期货三大类。

（3）金融期权。金融期权是指规定期权的买方有权在约定的时间或约定的时期内，按照约定价格买进或卖出一定数量的某种相关资产或金融工具的权利，也可以根据需要放弃行使这一权利的合约。目前金融期权主要有外汇期权、外汇期货期权、利率期权、利率期货期权、债券期权、股票期权、股票价格指数期权等。为了取得这样一种权利，期权合约的买方必须向卖方支付一定数额的费用，即期权费。期权分看涨期权和看跌期权两个基本类型。看涨期权的买方有权在某一确定的时间以确定的价格购买相关资产；看跌期权的买方则有权在某一确定时间以确定的价格出售相关资产。

场内交易的金融期权主要包括股票期权、利率期权和外汇期权。股票期权与股票期货分类相似，主要包括股票期权和股指期权。股票期权是在单个股票基础上衍生出来的选择权。股指期权主要分为两种：一种是股指期货衍生出来的股指期货期权，例如新加坡交易所交易的日经225指数期权，是从新加坡交易所交易的日经225指数期货衍生出来的；另一种是从股票指数衍生出来的现货期权，例如大阪证券交易所日经225

指数期权，是日经225指数衍生出来的。两种股指期权的执行结果是不一样的，前者执行得到的是一张期货合约，而后者则进行现金差价结算。

（4）金融互换。金融互换也译作“金融掉期”，是指交易双方约定在合约有效期内，以事先确定的名义本金额为依据，按约定的支付率（利率、股票指数收益率等）相互交换支付的合约。目前主要有外汇互换、利率互换、货币互换、债券互换、抵押贷款互换等金融互换。互换合约实质上可以分解为一系列远期合约组合。

最基本的金融互换品种是指货币互换和利率互换，前者是指在对未来汇率预期的基础上双方同意交换不同货币本金与利息的支付的协议。其要点包括：双方以约定的协议汇价进行有关本金的交换；每半年或每年以约定的利率和本金为基础进行利息支付的互换；协议到期时，以预定的协议汇价将原本金换回等。后者是指在对未来利率的预期的基础上，双方以商定的日期和利率互换同一种货币的利息支付。最基础的利率互换形式是指固定利率对浮动利率的互换，即一方用固定利率债务换取浮动利率债务，支付浮动利率；另一方用浮动利率债务换取固定利率债务，支付固定利率。在此基础上，金融互换新品种不断出现，较典型的是交叉货币利率互换，从而使互换形成完整的种类，呈现出多样化的特点。

（5）结构化金融衍生工具。前述四种常见的金融衍生工具通常也称为建构模块工具，它们是最简单和最基础的金融衍生工具，而利用其结构化特性，通过相互结合或者与基础金融工具相结合，能够开发设计出更多具有复杂特性的金融衍生产品，通常被称为结构化金融衍生工具，或简称为结构化产品。例如，在股票交易所交易的各类结构化票据、目前我国各家商业银行推广的外汇结构化理财产品等都是其典型代表。

四、我国的金融衍生工具

自从2001年11月加入WTO以来，中国的经济主体越来越多地参与到国际上已相当成熟完善的金融市场，包括金融衍生产品市场之中。但回顾我国金融衍生工具市场的发展，却是一段短暂而且充满曲折坎坷的历程。在我国曾经出现的金融衍生工具有外汇期货、国债期货、股票指数期货、可转换债券、认股权证、人民币远期结售汇等，其中有部分品种早已被强令关闭。可是，随着我国走向世界的步伐逐渐加快，那些适应现在市场的衍生产品必会重返我国金融交易市场，并且新的产品会顺应经济发展的要求而被更多地开发出来，发挥其应有的作用。

1. 外汇期货

在20世纪80年代末90年代初，我国对金融衍生工具持充分接受和适当放开的态度。自1984年起，国内企业、机构就可以通过经纪公司在境外进行外汇期货交易。为满足国内银行、企业套期保值和调剂外汇头寸的需要，1992年6月，上海外汇调剂中心建立了我国第一个外汇期货市场，境内外汇期货交易也得以开展。此后不久，深圳外汇经纪中心也被批准办理外汇期货业务。但后来境内外的外汇期货都出现了问题，使得国家加大了整顿外汇市场的力度，1993—1995年间多次下令关闭非法外汇期货经纪公司，国内的外汇期货市场也在1996年被关闭。直到2013年9月6日，国债期货在中国金融期货交易所挂牌上市，时隔18年重返国内资本市场。

2. 国债期货

国债期货是一种利率期货，也是我国曾经发展规模最大的金融期货。其在我国最早出现在1992年12月，即上海证券交易所推出的第一张国债期货合同；1993年，国债期货交易的范围有较大的扩展，市场向个人和更多的券商开放，北京商品交易所也开展了国债期货交易。但由于时机不成熟，继上交所1994年9月出现“314合约违规风波”后，1995年2月又出现了“327合约违规风波”，最终在1995年5月国债期货交易被关闭。直到2013年9月6日，国债期货在中国金融期货交易所挂牌上市，时隔18年重返国内资本市场。

3. 可转换债券

可转换债券是伴随我国股票市场的发展而发展的，其本质上类似于股票期权（即经营者股票期权），是股份公司发行债券或优先股时，规定其具有转换特性，持有者在债券有效期内可以选择按规定获得应有的债券利息，或者按规定将之转换成发行机构的普通股票。1992年11月至12月，深圳宝安股份有限公司发行了5亿元可转换债券，首开转债先河，虽然并未成功，但为中国债券市场创新积累了宝贵的经验。1997年3月，《上市公司发行可转换债券暂行办法》出台，南化转债、丝绸转债、茂炼转债、机场转债先后发行，其中前三只为非上市公司发行转债。通过了十多年的实践和探索，可转换债券已成为上市公司的重要再融资工具。

4. 认股权证

认股权证是一种以约定的价格和时间（或在权证协议里列明的一系列期间内）分别以相应价格购买或出售标的资产的期权。在1992年到1996年期间，我国先后推出了多只权证，如沪市的大飞乐配股权证、宝安93、福州东百等认股权证；深市的桂柳工、厦海发、闽闽东、湘中意等认股权证。但由于被大肆炒作，其价格暴涨暴跌出现严重的投机现象，监管部门最终于1996年6月底终止了认股权证的交易。随着股权分置改革的推进，认股权证的发行又被提上了日程。因为其具有期权看涨或看跌的特性，认股权证已经成为了保护流通股股东利益的有效方法，同时也增加了为非流通股东对价支付的灵活性。2005年8月18日，宝钢权证发行3.877亿份，开启股改对价权证，随后一部分上市公司采用了权证方式完成了股改对价。

5. 可分离债券

可分离交易可转债是上市公司公开发行的认股权和债券分离交易的可转换公司债券。其全称是“认股权和债券分离交易的可转换公司债券”，是债券和股票的混合融资品种。它赋予上市公司两次筹资机会：首先是发行附认股权证公司债，属于债权融资；然后是认股权证持有人在行权期或者到期行权，属于股权融资。可分离交易可转债是上市公司再融资的工具，是一种金融创新。2006年5月7日，中国证监会公布了《上市公司证券发行管理办法》，将“认股权和债券分离交易的可转换公司债券”（即可分离债券）列入上市公司再融资品种。2006年11月13日，马钢股份作为首家尝试这一融资新品种的上市公司，成功发行了55亿元分离交易式可转债。由于其独特的优势，可分离债券正发展成为大型上市公司再融资的一种重要工具。

6. 股票指数期货

股票指数期货的全称是股票价格指数期货，是指以股价指数为标的物的标准化期货合约，其是双方约定在未来的某个特定日期，可以按照事先确定的股价指数的大小，进行标的指数的买卖。1993 年 3 月，股票指数期货出现在我国海南证券交易中心，期货标的为深圳综合指数和深圳 A 股指数，并按国际惯例建立了保证金等各项制度。但由于当时股票市场规模过小，随后不久即发生了深圳平安保险公司福田证券部大户联手操作，打压股指的投机行为，给深圳股市带来了较大的负面影响，最后于同年 9 月底全部平仓，被停止了交易。但是，随着 2007 年 4 月 15 日《期货交易管理条例》的正式施行，从首次出现到被迫关闭以来，酝酿了 14 年的股指期货终于“回归”。

2010 年 4 月 16 日，股指期货合约在中国金融期货交易所正式上市了，我国金融期货市场建设迈出了关键的一步。中国证监会党委副书记、副主席桂敏杰为沪深 300 股指期货首日交易鸣锣开市。股指期货上市首日四个股指期货合约全线飘红，总成交量 58 457 手，成交金额 605. 38 亿元，总持仓量 3590 手。

❈ 本章小结

1. 证券。证券是各类财产所有权或债权凭证的通称，是用来证明证券持有人有权取得相应权益的凭证。狭义上的证券主要是指有价证券。有价证券就是一种有一定的票面金额，能够证明其持有人有权按期获取一定收入，并能在市场上自由转让和买卖的所有权或债权证书。

2. 股票。股票是一种有价证券，它是股份有限公司公开发行的、用以证明投资者的股东身份和权益，并据以获得股息和红利的凭证。股票的法律性质主要表现在：①股票是反映财产权的有价证券；②股票是证明股东权的法律凭证；③股票是投资行为的法律凭证。股票的特征：①收益性；②风险性；③流动性；④稳定性；⑤参与性。

3. 按照不同的标准，股票主要有以下几个基本类别：①普通股股票和优先股股票；②表决权股股票和无表决权股股票；③记名股票和不记名股票；④有面值股股票和无面值股股票。

4. 我国目前的股票主要有以下四大类：①国家股；②法人股；③公众股；④外资股。

5. 债券是一种有价证券，是社会各类经济主体为筹措资金而向债券投资者出具的，并且承诺按一定利率定期支付利息和到期偿还本金的债权债务凭证。债券的性质表现在：①债券是一种有价证券；②债券是一种虚拟资本；③债券是债权的表现。债券的四个特征：①偿还性；②收益性；③安全性；④流动性。

6. 投资基金是一种利益共享、风险共担的集合投资制度。它通过发行基金证券，集中投资者的资金，交由基金托管人托管，由基金管理人管理，主要从事股票、债券等金融工具的投资。投资基金的特点：集合投资、分散风险、专家操作管理、专门保管。按基金的组织形式不同，可分为契约型基金和公司型基金。按基金的投资标的划分，可分为国债基金、股票基金、货币市场基金等。

7. 金融期货也称金融期货合约，是指买卖双方在有组织的交易所内以公开竞价的形式达成的，在将来某一特定时间交、收标准数量特定金融工具的协议。金融期货主要包括外汇期货、利率期货和股票指数期货三种。

8. 金融期货的特征。金融期货的特征包括：①金融期货的交易对象是标准化的金融工具凭证，如外汇、股票、利率等；②金融期货的交易过程是在现在完成，但却在未来某个规定的时间进行交割；③金融期货的交易价格是通过公开的市场竞争形成的，并不会随着金融工具的市场价格的变化而变化；④金融期货的交易合约在规定的交割日期到来之前，可以在市场上任意转让。

9. 金融期货的功能可以从社会功能和经济功能两个方面来考察。从社会功能看：第一，金融期货有利于社会资源的合理配置和经济效益的不断提高；第二，金融期货有利于政府加强对经济的宏观调控；第三，金融期货有利于促进一国经济的国际化发展。从经济功能看，金融期货有两个最基本的经济功能，即风险转移功能和价格发现功能。

10. 金融期权是指在未来特定的期限内，按照特定的协议价格买卖某种金融商品的选择权。根据交易对象的不同，可以将金融期权分为现货期权和期货期权两大类。其中现货期权包括外汇期权、利率期权、股票指数期权以及股票期权；期货期权则包括外汇期货期权、利率期货期权以及股票指数期货期权。

11. 可转换证券是指可以根据证券持有者的选择，以一定的比例或价格转换成普通股的证券。可转换证券具有债权性、股权性以及可转换性三大特点。可转换证券的要素最主要的是转换比例、转换期限和转换价格。

12. 认股权证是指由股份有限公司发行的、能够按照特定的价格、在特定的时间内购买一定数量该公司股票的选择权凭证。持有这一证券者可以在规定的期限内，以事先确定的价格买入公司发行的股票。

13. 可分离交易可转债是上市公司公开发行的认股权和债券分离交易的可转换公司债券。其全称是“认股权和债券分离交易的可转换公司债券”，是债券和股票的混合融资品种。它赋予上市公司两次筹资机会：债权融资 + 股权融资。

14. 股票指数期货是指以股价指数为标的物的标准化期货合约，双方约定在未来的某个特定日期，可以按照事先确定的股价指数的大小，进行标的指数的买卖。

※ 复习思考题：

1. 请说明证券的含义及分类。
2. 股票有哪些特征？股票是如何分类的？我国股票有哪些分类？
3. 债券有哪些特征？债券是如何分类的？我国国债有哪些分类？
4. 证券投资基金有哪些特征？证券投资基金可以分为哪几类？
5. 金融衍生有哪些特征？金融期货和金融期权有哪些不同点？

第二章 证券市场

本章学习目标：

了解证券市场的概念、基本特征及发展趋势；了解证券市场的参与体系和市场结构，明确证券市场的基本功能；了解证券发行市场的定义，理解证券的发行与承销方式，掌握股票发行价格确定的方法；了解证券流通市场的组成，认识证券交易所的特征与职能，熟悉场外交易市场的特征及构成。

第一节 证券市场概述

一、证券市场的定义

证券市场是有价证券发行与流通以及与此相适应的组织与管理方式的总称。证券市场是商品经济和社会生产力发展到一定阶段的产物，是为了解决资本供求矛盾和流动性需求而产生的市场。证券市场包括证券发行市场和证券流通市场，通过证券的发行与交易实现了筹资与投资的对接，对促进一国经济的发展发挥着重要作用。

证券市场具有以下三个基本特征：

（1）证券市场是价值直接交换的场所。有价证券都是价值的直接代表，本质上是价值的一种直接表现形式。虽然证券交易的对象是各种各样的有价证券，但由于它们是价值的直接表现形式，所以证券市场本质上是价值的直接交换场所。

（2）证券市场是财产权利直接交换的场所。证券市场上的交易对象是作为经济权益凭证的股票、债券、投资基金份额等有价证券，其本身是一定量财产权利的代表，代表着对一定数额财产的所有权或债权以及相关的收益权。证券市场实际上是财产权利的直接交换场所。

（3）证券市场是风险直接交换的场所。有价证券既是一定收益权利的代表，同时也是一定风险的代表。有价证券的交换在转让出一定收益权的同时，也把该有价证券所特有的风险转让出去。所以，从风险的角度分析，证券市场也是风险的直接交换场所。

二、证券市场的产生与发展

1．国外证券市场的产生与发展

证券市场形成于自由资本主义时期，是信用制度不断深化的产物。在简单商品经济条件下，由于社会分工不发达，生产力水平低下，因而信用制度落后简单。随着生产力的发展，社会分工日益复杂，商品经济也越趋于社会化。社会化会导致生产需求的大大提高，而后者又会促进信用制度的快速发展。商业信用、银行信用和国家信用等资金融通方式不断出现和发展，带来了各种各样的融资工具，企业用闲置的现金流投资，必然要求其所使用的金融工具具有极好的流动性以备不时之需。融资的需求和闲散资金的供给，同时又要求具有很好的流动性，就有必要把大量的买者和卖者集合在一起，对各种金融产品进行买卖，证券市场应运而生。

证券交易最早出现于16世纪处于资本主义发展初期的西欧。当时的里昂、安特卫普已经有了证券交易所，最早在证券交易所进行交易的是国家债券。此后，随着资本主义经济的发展，所有权与经营权相分离的生产经营方式的出现，使股票、公司债券及不动产抵押债券依次进入有价证券交易的行列。

20世纪初，随着资本主义由自由竞争阶段过渡到垄断阶段，证券市场也以其独特的形式适应资本主义经济发展的需要，在有效地促进了资本积累的同时，自身也获得了巨大发展。在这个时期中，由于资本主义虚拟资本大量膨胀，整个证券业处于高速度发展阶段，具体表现为有价证券的发行总额骤增。1890—1900年其发行额增加了近5倍。与此同时，这一时期有价证券的结构也起了变化，在有价证券中占主要地位的已不是政府公债，而是公司股票和企业债券。据统计，1900—1913年发行的有价证券中，政府公债占有价证券发行总额的40%，公司债和各类股票则占60%。

1929—1933年，在股市暴跌之后，资本主义世界经历了严重的全球性经济危机，而大萧条又使证券市场受到严重影响。即使危机过去，但证券市场仍处于长时期的萧条之中。

第二次世界大战爆发后，虽然各交战国由于战争需要发行了大量公债，但就整个证券市场而言，仍然处于不景气之中。第二次世界大战结束后，因为欧美和日本经济的恢复和发展，以及各国的经济增长，所以大大地促进了证券市场的复苏和发展。20世纪70年代以后证券市场出现了高度繁荣的局面，证券市场的规模不断扩大，证券的交易也越来越活跃，而且还出现了一些新特点，主要表现在：证券市场的多样化、证券市场国际化和证券市场的自由化。

2. 中国证券市场的产生与发展

中国的证券市场萌芽于清代末期。19世纪70年代后，清政府洋务派兴办了一些企业。随着这些企业股份制的出现，中国企业的股票应运而生。为了使股票能够正常地交易转让，证券市场应运而生。我国最早的证券交易市场创立于清朝光绪末年上海外商组织的“上海股份公所”和“上海众业公所”。在这两个交易所买卖的证券，主要有外国企业股票、公司债券、南洋一带的橡胶股票、中国政府的金币公债以及外国在上海的行政机构发行的债券等，而实际交易偏重于洋商的股票和橡胶股票两种。中国人自己创办的交易所在辛亥革命前还不多见。1912年以后，证券交易规模逐渐扩大。1919年，北京成立了证券交易所，这是全国第一家专营证券业务的交易所。上海成立“上海华商证券交易所”，这标志着中国证券市场开始向正规化发展。新中国成立后，证券交易所被取消。

新中国的证券市场是在20世纪70年代末期、中国经济改革大潮中重新萌生和发展起来的。回顾改革开放以来中国资本市场的发展，大致可以划分为三个阶段。

第一阶段：1978—1992年，中国经济体制改革全面启动后，伴随股份制经济的发展，中国资本市场开始萌生。20世纪80年代初，一些小型国有和集体企业开始进行多种多样的股份制尝试，最初的股票开始出现。随着国家政策的进一步放开，一些大型的国有企业纷纷进行股份制试点，股票的一级市场开始出现。1990年12月1日，深圳证券交易所开始试营业。1990年12月19日，新中国第一家证券交易所——上海证券交易所挂牌营业。深圳证券交易所在经过7个月的试营业后，于1991年7月3日正式营业。1992年初，人民币特种股票（B股）在上海证券交易所上市。同一时期，证券投资基金的交易转让也逐渐开展。

第二阶段：1993—1998年，以中国证券监督管理委员会的成立为标志，资本市场纳入统一监管，由区域性试点推向全国，全国性资本市场开始形成并逐步发展。在这个阶段，统一监管体系初步确立，使得早期的区域性市场迅速走向全国统一市场。在监管部门的推动下，一系列相关的法律法规和规章制度出台，资本市场得到了较为快速的发展。

第三阶段：1999年至今，以《中华人民共和国证券法》（以下简称《证券法》）的实施为标志，中国资本市场的法律地位得到确立，并随着各项改革措施的推进得到进一步规范和发展。1999年7月1日，《证券法》正式实施，这标志着维系证券交易市场动作的法规体系趋向完善。证监会对一批大案的及时查处对防范和化解市场风险、规范市场参与者行为起到重要作用。2004年1月，国务院发布《关于推动资本市场改革开放和稳定发展的若干意见》，2005年4月底，我国开始启动股权分置改革，一系列基础性制度建设使资本市场的运作更加规范。在这个阶段，合资证券经营机构的出现和QFII与QDII制度的实施，进一步推动了资本市场的对外开放和国际化进程。

3. 国际证券市场发展趋势

20世纪90年代以来，在高新技术快速发展和经济全球化的背景下，各国的证券市场发生了一系列深刻而重要的变化。在有效推进金融自由化、加大金融业对外开放、国际金融竞争加剧以及随之而来的金融风险凸现的过程中，各国证券市场之间的联系更加密切，显示出全球化的趋势。这些全球性的变化主要表现在以下几方面：

（1）证券市场一体化。在经济全球化的背景下，国际资本流动频繁且影响深远，并最终导致全球证券市场相互联系日趋紧密，证券市场出现了一体化趋势。从证券发行人或筹资者层面看，异地上市、海外上市以及多个市场同时上市的公司数量和发行规模日益扩大，海外发行主权债务工具的规模也非常巨大；从投资者层面看，个人投资者可以借助互联网轻松实现跨境投资，以全球基金、国际基金为代表的机构投资者大量投资境外证券，主权国家出于外汇储备管理的需要，也形成对外国高等级证券的巨大需求；从市场组织结构层面看，交易所之间跨国合并或跨国合作的案例层出不穷，场外市场在跨国购并等交易活动的驱动下，也渐趋融合。

（2）投资者机构化。机构投资者主要是开放式共同基金、封闭式投资基金、养老基金、保险基金、信托基金，此外还有对冲基金、创业投资基金等。进入21世纪以来，国际证券市场发展的一个突出特点是各种类型的机构投资者快速成长，它们在证券市场上发挥出日益显著的主导作用。根据经济合作与发展组织（OECD）机构投资者统计报告（OECD，2004），2001 年年底，28 个 OECD 成员国的机构投资者总共管理着超过 35 万亿美元的总资产。

（3）金融创新深化。创新是金融业永恒的主题。进入 21 世纪，在新的金融理论和金融技术的支持下，金融创新层出不穷。在有组织的金融市场中，结构化票据、交易所交易基金（ETF）、各类权证、证券化资产、混合型金融工具和新型衍生合约不断上市交易；场外交易衍生产品快速发展以及新兴市场金融创新热潮也反映了金融创新进一步深化的特点。

（4）金融机构混业化。20 世纪 90 年代以来，全球范围内的国际金融市场竞争愈演愈烈，金融创新使金融机构和金融业务的界限日益模糊，原来对金融业实行分业经营的国家，政府管制和法律限制被不断突破，混业经营趋势不断增强。1999 年 11 月 4 日，美国国会通过《金融服务现代化法案》，废除了 1933 年经济危机时代制定的《格拉斯—斯蒂格尔法案》，取消了银行、证券、保险公司相互渗透业务的障碍，标志着金融业分业制度的终结。在此背景下，金融机构之间展开了大规模的购并和跨国购并，通过购并重组，不仅推动了金融机构的资产规模高速增长，而且形成了一些大型的跨国金融控股集团。

（5）证券市场网络化。随着电子计算机技术的发展，国际金融市场的交易手段越来越先进。自从 1970 年伦敦证券交易所采用市场价格显示装置、1971 年美国建成全国证券商协会自动报价系统和纽约证券交易所创设市场间交易系统以来，这种交易过程的创新始终未曾停顿。最为典型的是由芝加哥商业交易所率先使用 GLOBEX 电子交易系统，以后又进一步采用新的金融信息交换应用程序界面技术，即 FIE API 技术以来，其他交易所也纷纷仿效，使用电子交易系统来提高交易效率。电子交易系统的普遍采用，使国际证券市场突破了时间和空间的限制，实现了网络化。

（6）金融风险复杂化。随着金融创新和金融交易的快速发展，各国金融相关度进一步提高，竞争的加剧、汇率的波动、国际短期资本的流动以及经济发展战略的失误都可能直接引发一国甚至多国发生金融危机，从而影响国际金融市场正常运行。进入 21 世纪以来，全球市场风险发生了一些新的变化，新兴市场与成熟市场之间的风险因素互动加剧，成熟市场风险对新兴市场的影响不断增大。2007 年以来，主要发源于美国的次级按揭贷款和相关证券化产品危机广泛影响了全球金融机构和市场，时至今日已经演变成了一场全球金融危机和经济危机。这场危机让人们对金融衍生产品的风险性、金融风险的复杂性、金融机构高杠杆经营的危害性有了更为深入的认识。

三、证券市场参与者

证券的发行、投资、交易、管理都有不同的参与者。一般来说，证券市场的参与者有证券市场主体、证券市场中介、自律性组织和证券监管机构四大类，它们一起构成了一个完整的证券市场参与体系。

（一）证券市场主体

证券市场主体包括证券发行人和证券投资者。

1. 证券发行人

证券市场上的发行人主要有政府、金融机构、有限责任公司和国有独资公司、股份有限公司四大类。

（1）政府，包括中央政府、地方政府和政府机构。中央政府为弥补财政赤字或筹措经济建设所需资金，在证券市场上发行国库券、财政债券、国家重点建设债券等，即国债。地方政府为本地方公用事业的建设可发行地方政府债券。

（2）金融机构。金融机构可以在证券市场上发行金融债券，增加信贷资金来源。一般来说，金融债券是由国有商业银行、政策性银行以及非银行金融机构发行的，所筹集到的资金，全部用于特种贷款和政策性贷款。

（3）有限责任公司和国有独资公司。有限责任公司和国有独资公司可以通过证券市场发行公司债来筹集资金。1994 年 7 月 1 日《中华人民共和国公司法》（以下简称《公司法》）生效后，按《公司法》的规定，国有独资公司和两个以上的国有企业，或其他两个以上的国有投资主体投资设立的有限责任公司，可以发行公司债募集资金。

（4）股份有限公司。股份有限公司是以投资入股的方式把分散的属于不同所有者的资本集为一体，统一经营使用、自负盈亏、论股分利的企业组织制度。按照《公司法》规定，股份有限公司可以发行股票，股票可以流通，股东所持的股份可以自由转让；同时，股份有限公司也可以发行公司债筹集资金。

2. 证券投资者

证券市场的证券投资者是资金供给者，也是金融工具的购买者。投资者可分为个人投资者和机构投资者。个人投资者是证券市场最广泛的投资者，具有分散性流动性的特点。机构投资者是相对中小投资者而言拥有资金、信息、人力等优势的投资者。目前我国证券市场的机构投资者包括企业、商业银行、非银行金融机构、证券公司、基金、QFII 等。企业不仅是证券发行者，同时也是证券投资者；商业银行和各种非银行金融机构，由于资金拥有能力和特殊的经营地位，成为发行市场上的主要需求者；证券公司由于自营业务成为机构投资者；基金公司是最主要的机构投资者，包括公募基金和私募基金。另外，社会上各种公共基金也可通过证券市场投资获取收益。如信托基金、退休基金、养老基金、年金基金等社会福利团体虽是非营利性的，但这些基金可以通过购买证券主要是政府债券以达到保值、增值的目的；QFII 是指合格的境外机构投资者，是为开放我国证券市场而引进的外资投资者。

（二）证券市场中介

证券市场上的中介机构主要包括：①证券承销商和证券经纪商，主要指证券公司（专业券商）和非银行金融机构证券部（兼营券商）；②证券交易所以及证券交易中心；③具有证券律师资格的律师事务所；④具有证券从业资格的会计师事务所或审计事务所；⑤资产评估机构；⑥证券评级机构；⑦证券投资的咨询与服务机构。在以上机构中，证券承销商和证券经纪商为证券经营机构，其他中介机构为证券服务机构。

（三）自律性组织

自律性组织一般是指行业协会。它发挥政府与证券经营机构之间的桥梁和纽带作用，促进证券业的发展，维护投资者和会员的合法权益，完善证券市场体系。我国证券业自律性机构是上海证券交易所、深圳证券交易所、中国证券业协会和中国国债协会。其中证券交易所的主要职责是：提供交易场所与设施；制定交易规则；监管在该交易所上市的证券以及会员交易行为的合规性、合法性，确保市场的公开、公平、公正。因而其既是证券中介机构，又是自律性组织。

（四）证券监管机构

现在世界各国证券监管体制中的机构设置，可分为专管证券的管理机构和兼管证券的管理机构两种形式，都具有对证券市场进行管理和监督的职能。

在我国，依据《证券法》，证券监管机构是依法制定有关证券市场监督管理的规章、规则，并依法对证券的发行、交易、登记、托管、结算，以及证券市场的参与者进行监督管理的部门，主要包括中国证券监督管理委员会和地方证券监管部门。

我国证券市场经过20年的发展，逐步形成了五位一体的监管体系，即中国证券监督管理委员会、中国证券监督管理委员会的派出机构（在各省、自治区、直辖市、计划单列市共设36个证监局）、证券交易所、证券行业协会和证券投资者保护基金公司为一体的监管体系和自律管理体系。

四、证券市场的结构关系

证券市场的结构关系可分为：纵向结构关系、横向结构关系、层次结构关系。

（一）纵向结构关系

纵向结构关系是按证券进入市场的顺序而形成的结构关系。按这种顺序关系划分，证券市场的构成可分为发行市场和流通市场。证券发行市场又称一级市场，由证券发行人、投资人、经纪人构成。证券流通市场是对已发行的证券进行买卖、转让、流通的市场。证券流通市场的发展保证了证券的流动性，保证了证券发行市场的正常运行。证券发行市场和流通市场将在本章第二、第三节里进行详细介绍。

（二）横向结构关系

横向结构关系是依有价证券的品种而形成的结构关系。这种结构关系的构成主要有股票市场、债券市场、基金市场等。股票市场是指进行各种股票发行和买卖交易的场所，按其基本职能可以进一步分为股票发行市场和股票交易市场。而债券市场是进行各种债券发行和买卖交易的场所，也可进一步分为国库券市场、金融债券市场和公司（企业）债券市场。基金市场是指进行基金发行和转让的市场。

（三）层次结构关系

层次结构关系是根据区域分布、公司类型、上市条件、交易制度、监管要求等进行的划分。根据所服务和覆盖的上市公司类型，可分为全球性市场、全国性市场、区域性市场等类型；根据上市条件和监管要求，可分为主板市场、二板市场（创业板或高新企业板）等类型；根据交易方式，可分为集中交易市场、柜台市场（或代办转让）等类型。

五、证券市场的功能

证券市场是市场经济中一种高级的市场组织形态，是市场经济条件下资源合理配置的重要机制。世界经济发展的历史证明，证券市场不仅可以推动本国经济的迅速发展，而且对国际经济的发展和一体化具有深远的影响。世界上不少证券市场已发展成为国际著名的金融中心。

（一）筹集资金

证券市场的首要功能是为资金需求者筹集资金。这一功能的另一个作用是为资金供给者提供投资对象。在经济运行过程中，既有资金短缺者，又有资金盈余者。如何将资金从盈余者直接转移到短缺者，实现筹资与投资的对接，证券市场提供了工具、方式和渠道。在证券市场上发行和交易的证券既是筹资的工具，也是投资的工具。资金短缺者可以通过发行各种证券来达到筹资的目的，而资金盈余者可以通过买入证券来实现投资。证券市场越发达，创造的金融工具越丰富，为资金供求双方提供的选择机会就越多，为适应不同的筹资和投资需求，市场筹资规模越大。

2009 年我国共有 176 家企业在境内外资本市场上市，融资总额为 546.50 亿美元，平均每家企业融资 3.11 亿美元。其中 99 家企业在境内主板、中小板、创业板上市，融资 275.11 亿美元；77 家企业在境外 9 个资本市场上市，融资 271.39 亿美元。2010 年 7 月，中国农业银行股份有限公司在上海证券交易所和香港联交所上市，A 股和 H 股同时发行，筹资总额达 221 亿美元，约合 1503 亿元人民币，创造了全球规模最大的 IPO。

（二）资本定价

证券市场的第二个基本功能就是为资本决定价格。证券是资本的存在形式，所以，证券的价格实际上是证券所代表的资本的价格。证券的价格是证券市场上证券供求双方共同作用的结果。证券市场的运行形成了证券需求者竞争和证券供给者竞争的关系，这种竞争的结果是：能产生高投资回报的资本，市场的需求就大，其相应的证券价格就高；反之，证券的价格就低。因此，证券市场提供了资本的合理定价机制。证券市场的定价效率是通过市场有效性来体现的。资产价格反映的是资本资产所带来的未来收益与风险的一种函数关系。市场有效性的最主要特征在于证券价格能对各种可获取的信息做出充分、及时、准确的反应，证券价格与证券内在价值保持基本一致，从而证券市场发挥着资本定价功能。

证券市场的定价功能在资本资源的积累和配置过程中发挥着重要作用：一方面，它决定了风险资本的占有条件，只有能够支付得起一定风险报酬的筹资者才能获得资本资源的使用权，从而保障了稀缺资本只流向资本使用效率最高的筹资主体。另一方面，它有助于企业作出收益用于分配还是用于发展的决定，在未来收益可以超过平均利润率时，企业具备扩大股本的资格和条件；反之，企业可以将收益分配给股东以维持现有的股份。同时，有效的证券市场是公司经营绩效的评估系统，高效的定价效率能够正确、充分地反映公司的价值。

（三）资本配置

证券市场的资本配置功能是指通过证券价格引导资本的流动而实现资本的合理配置的功能。在证券市场上，证券价格的高低是由该证券所能提供的预期报酬率的高低来决定的。证券价格的高低实际上是该证券筹资能力的反映。而能提供高报酬率的证券一般来自于那些经营好、发展潜力巨大的企业，或者是来自于新兴行业的企业。由于这些证券的预期报酬率高，因而其市场价格也就相应高，从而其筹资能力就强。这样，证券市场就引导资本流向其能产生高报酬率的企业或行业，从而使资本产生尽可能高的效率，进而实现资本的合理配置。

以纳斯达克（NASDAQ）市场为例，最初是为解决场外交易（OTC 市场）的分割问题而创建。1971 年，该交易系统正式启动，美国率先使用全国性计算机股票报价系统，让股票交易双方通过电话或互联网进行直接交易，而不是拘束在交易大厅进行交易。1975 年，NASDAQ 提出了上市标准，彻底割断了与其他 OTC 股票的联系，成为一个完全独立的上市场所。NASDAQ 的市场定位为创业板，上市门槛较低，为一大批处于创业初期的中小企业提供了融资机会，成为它们“化茧为蝶”的摇篮。NASDAQ 造就了微软、英特尔、思科、雅虎及戴尔等一批全球最出色的高科技公司，在美国新经济的崛起中发挥了巨大的作用。同时 NASDAQ 也成为美国上市公司最多、股份交易量最大的证券市场。

（四）宏观调控

证券市场的存在及发展为政府实施对宏观经济活动的调控创造了条件，为政府的宏观经济政策传导提供了途径。具体表现在：首先，证券价格的波动是对有关宏观、微观经济信息的反映，政府有关部门可以通过收集及分析证券市场的运行情况来为政策的制定提供依据。其次，中央银行在实施货币政策时，通过证券市场进行国债的买卖及回购、央行票据的发行、票据再贴现等操作，可以调节货币供应量、传递政策信息，最终影响到各经济主体的经济活动，从而达到调节整个宏观经济运行的目的。同样，政府在实施财政政策时，通过国债的发行及运用等方式对经济主体的行为加以引导和调节，对宏观经济活动产生影响。

六、证券市场的运行效率

证券市场运行效率及其发展规模，标志着证券市场的发展水平。因此，有必要设立一些指标，对证券市场的效率进行度量，以评价证券市场的发展水平。对证券市场的效率度量，不仅需要定性分析，还需要定量分析。一般说来，主要运用市场容延度、市场成熟度、市场透明度和市场调控度来分析证券市场运行的效率。

（一）证券市场容延度

证券市场容延度是指证券市场的容量及广延度。

（1）证券市场容量分为绝对容量和相对容量。绝对容量是指证券市场的证券流量总额；而相对容量是绝对容量与国民生产净值，或绝对容量与国民储蓄总额的比率。同时，证券市场容量还可以从深度和广度两方面来考察。深度即证券市场以目前市价提供和吸收不同证券的能力；广度则指证券市场提供与吸收各种不同类别证券的能力。

（2）证券市场的广延度。证券市场的广延度表示其在空间范围内外延上的扩散程度。证券市场上各类子市场（如股票市场、债券市场等）的细分、专门化程度和筹资者与投资者的数量与交易规模，以及金融中介机构的发展数目，都是构成证券市场广延度的重要内容。而且，证券市场体系的辐射和扩散能力，也反映出证券市场功能的大小和市场本身的发育程度。证券市场的容量大、专业化程度高、市场交易频繁且规模大、市场体系的开放程度和吸引能力强，即意味着证券市场的运行具有较高的效率。

（二）证券市场成熟度

证券市场成熟度是综合考核市场发育程度的重要指标。其成熟度的评价主要通过市场竞争度、市场有序度和市场运行机制的灵活度，以及市场的操作成本等方面来反映。

（1）证券市场竞争度。证券市场竞争度主要是从参与者的市场占有来衡量市场的垄断和竞争程度。证券市场上经济活动的主体主要是筹资者和投资者，筹资者的范围和在筹资总量中所占之比重，以及投资者的范围和个人投资者与机构投资者在证券投资总量中的比重，在很大程度上能够反映出证券市场的垄断和竞争程度。

（2）证券市场有序度。证券市场有序度主要是指受市场内部运行规律制约的市场运行的有序性。证券市场的有序性意味着市场运行中各经济活动主体市场行为的标准化、规范化和合理化。因此，评价证券市场的有序状况主要是以下两方面：市场环境的规范化、条理化、完善化以及各经济活动主体对宏观调控和市场规范准则的接受程度和反映程度。

（3）证券市场运行机制的灵活度。证券市场运行机制的灵活度在于测评市场运行的自动平衡与自动调节功能的大小。证券市场运行过程中资金供求关系的变化以及利率和其他市场条件的变动，能否及时、灵敏地反映出来，并能否迅速地得到调节与平衡，是衡量证券市场运行机制灵活度的关键。

（4）证券市场的操作成本。证券市场的操作成本是指证券从发行到领取利息的全部过程中所发生的费用。其包括发行证券的包销或代销手续费、证券交易的经纪人佣金与印花税、对股息征收的所得税等。

因此，证券市场的竞争度高、有序性强、市场机制灵活、市场操作成本低，也就表明证券市场的成熟、发达和高效率。

（三）证券市场透明度

证券市场作为开放性市场，其信息接收的容量及其传递速度是评价市场透明度的重要指标。证券市场透明度指标具体可量化为三类：

（1）证券市场内的信息传递速度。一般而言，证券市场越发达，其通信手段现代化程度和普及程度越高，信息传递速度也越快、范围也越广。

（2）证券市场内信息密集度。证券市场内信息密集度是指证券市场运行过程中的动态变化状况、程度、特征等，能否用精练的文字、图表、数字、表格等形式，以最短的时间传递给信息需要者。

（3）证券市场内信息传输的准确性及其抗干扰性。证券市场上传播的信息来自各个不同方面、不同角度，真伪并存，而证券市场的信息传导机制能否迅速地识别失真信号并及时剔除，以保证证券市场运行的稳定性，是衡量证券市场信息流通系统运行效率的关键。不难看出，证券市场透明度的高低，可以从信息流通速度、信息密集度以及信息传递的真实度和准确度中得到反映。

（四）证券市场的调控度

证券市场的可控程度，主要表现在市场运行的稳定性和接受外部输入控制信号的反应灵敏度两个方面。

（1）稳定性。稳定性是指证券市场既不萧条也不因投机等因素而过于繁荣，呈稳步发展趋势，不会出现大起大落。

（2）接受外部输入控制信号的反应灵敏度。其主要是指中央银行货币政策的变动所引起的证券市场上货币供求关系变化的反应时效。可见，证券市场运行的稳定性高，市场接受外部输入控制信号的反应能力强，也即意味着证券市场的可控程度高，证券市场成熟并且发达。

第二节　证券发行市场

一、证券发行市场的定义

证券发行市场是指证券发行人向投资者出售证券以筹集资金的市场，又称初级市场或一级市场。证券流通市场是交易已发行证券的市场，与证券发行市场构成统一的证券市场整体。证券发行市场是流通市场的基础和前提，有了发行市场的证券供应，才有流通市场的证券交易。证券发行的种类、数量和发行方式决定着流通市场的规模和运行。流通市场是发行市场得以持续扩大的必要条件，有了流通市场为证券的转让提供保证，才能使发行市场充满活力。此外，流通市场的交易价格制约和影响着证券的发行价格，是证券发行时需要考虑的重要因素。

证券发行市场通常是一个无形市场，没有具体的固定场所。从理论上说，证券发行人直接或者通过中介人向社会进行招募，投资者购买其证券的交易行为即构成证券发行市场。由此可见，证券发行市场由发行人、投资人和中介人等要素构成。

证券发行人是指符合发行条件并且正在从事证券发行或者准备进行证券发行的政府、企业或者金融机构，是构成证券发行市场的首要因素。证券发行人是证券发行结果与责任的承担者。为了保障社会投资者的利益，维护证券发行市场的秩序，防止各种欺诈舞弊行为，多数国家的证券法规都对证券发行人的主体资格、净资产额、经营业绩和发起人责任设有条件限制。

证券投资人是指根据发行的招募要约，已经认购证券或者将要认购证券的个人或机构投资者，是构成证券发行市场的另一基本要素。投资人可以是个人、金融机构、基金组织、企业组织或其他机构投资人；也可以是享有股权的投资者、持股代理人，或仅以此为目的的中介人。投资人在法律上具备主体资格之确定性与合法性。在采取公司授权资本制的国家，认股行为仅使投资人负有缴纳股款之有限责任；但在采取公司实收资本制的国家，认股行为实际上要到投资人缴清股款时方告完成。

在证券发行市场上，中介人是证券发行人和投资者之间的中介，也叫证券承销商（保荐人），在证券发行市场上占有重要地位。在现代证券发行中，发行人通常并非把证券直接销售给投资人，而是由证券承销商首先承诺全部或部分包销，即使是在发行人直接销售证券的情况下，往往也需要获得承销商的协助。也就是说，证券发行过程首先是发行人与证券承销商之间的交易，只有在这一交易条件确定的基础上，才可能由证券承销商将标准化的证券分售给社会投资人。应当说，证券承销商作为经营证券的中介机构，在证券市场上起着沟通买卖、连接供求的重要的桥梁作用。我国现行法律明确规定，股票与企业债券的公开发行应当由证券经营机构承销。

根据我国的证券法规和许多国家的证券法规则，在证券发行中，相关的律师事务所、会计师事务所和资产评估机构也是法定的中介机构。此类中介机构的义务和责任在于：①根据委托关系，它们负有以专业技能协助完成证券发行的准备工作和股改工作之义务；②根据法定规则，它们负有以专业人员应有的注意，完成尽职审查的义务；③根据法定规则，它们负有公正客观地出具结论性意见，并以之作为招募说明书根据或附件之义务；④此类中介机构对于经其确认的法律文件和由其出具的结论性意见之真实性、合法性和完整性负有持续的法律责任。由上可见，此类中介机构具有不同于证券承销商的非商业交易人的身份。它们的中介作用，对于保障证券发行的合法顺利进行，对于有效确定证券交易条件，减小证券承销风险及避免可能发生的纠纷，都是非常必要的。事实上，由于我国股份公司股票与债券的发行多以企业股份制改组过程为基础，这就使得此类中介机构的专业服务作用变得极为重要。

二、证券发行方式

证券发行是指政府、企业、金融机构为了财政的需要或筹集资本的需要，在一级市场按照法律规定的条件和程序，通过证券承销商向投资者发行证券的行为。证券发行按不同的划分标准可划分为不同的类型，最常见的证券市场分类有如下两种：

1. 按发行对象不同，分为公募发行与私募发行

公募发行也称公开发行，是指发行人向不特定的社会公众投资者发售证券的发行方式。在公募发行的情况下，任何合法的投资者都可以认购。采用公募发行的有利之处在于：第一，以众多投资者为发行对象，证券发行的数量多筹集资金的潜力大；第二，投资者范围大，可避免发行的证券过于集中或被少数人操纵；第三，只有公开发行的证券可申请在证券交易所上市，公开发行可增强证券的流动性，有利于提高发行人的社会信誉。公募发行的不足之处在于发行程序比较复杂，登记核准的时间较长，发行费用较高。为了保障投资者的利益，一般对公募发行的要求比较严格，只有具有

较高信用、经营状况良好并经证券主管部门核准的发行人才能进行公募发行。

私募发行也称不公开发行或私下发行、内部发行，是指以少数特定投资者为对象的发行。具体地说，私募发行的对象大致有两类：一类是公司的老股东或发行人的员工；另一类是投资基金、社会保险基金、保险公司、商业银行等金融机构以及与发行人有密切业务往来关系的企业等机构投资者。私募发行有确定的投资者，发行手续简单，可以节省发行时间和发行费用。其不足之处是投资者数量有限，证券流通性较差，而且不利于提高发行人的社会信誉。

公募发行和私募发行各有优势。公募发行是证券发行中最常见、最基本的发行方式，适合于证券发行数量多、筹资额大、准备申请上市的发行人。然而在西方成熟的证券市场中，随着投资基金、养老基金、保险公司等机构投资者的增加，私募发行也呈逐年增长的趋势。

2．按有无发行中介划分，可分为直接发行和间接发行

直接发行是指证券发行者不委托其他机构，而是自己组织认购，进行销售，从投资者手中直接筹措资金的发行方式。这种发行方式有时也称自营发行。直接发行使发行者能够直接控制发行过程，实现发行意图，而且发行成本较低，可节约发行手续费，在内部发行时无需向社会公众提供有关资料。但是，由于直接发行方式得不到证券中介机构的帮助和证券市场的密切配合，发行的社会影响往往较小，发行也往往费时较多；而且，直接发行由发行者自己负担发行的责任和风险，一旦发行失败则要承担全部的损失，因此，直接发行方式比较适合于公司内部集资，或者发行量小，其投资者主要面向与发行者有业务往来关系的机构。

间接发行是指证券发行者委托一家或几家证券中介机构（如证券公司、投资银行等）代理出售证券的发行方式。它是直接发行方式的对称，也称委托发行。采取间接发行方式，代理发行证券的机构对委托者的经营状况不承担经济责任。间接发行根据受托证券机构对证券发行的责任不同，可分为包销、代销和助销等多种具体推销方式。间接发行由于借助于证券中介机构的支持和证券市场机制，能在较短的时间内筹足所需资金，并及时投入生产经营，而且对于发行者来说也比较方便，风险也较小，还能借此提高企业信誉，扩大社会影响，但这需支付一定手续费，增加了发行成本，而且按照有关规定，发行者还需提供证券发行所需的有关资料。因此间接发行比较适合于那些已有一些社会知名度，筹资额大而急的公司。这样做既可以在较短时间内筹足所需资本，同时还可借助于发行中介机构进一步提高发行公司的知名度，扩大社会影响。

直接发行和间接发行各有利弊。一般情况下，间接发行是基本的、常见的方式，特别是公募发行，大多采用间接发行；而私募发行则以直接发行为主。

三、证券发行的基本程序

证券发行程序就是从证券发行人申请发行证券到证券挂牌交易的过程。证券发行程序一般通过法律的形式做出严格的规定，证券发行人必须按照规定的程序进行申请和核准。虽然股票与债券的发行程序不尽相同，但基本程序大致是一致的，一般有发行准备、发行申请和核准、发行承销三个阶段。

1．证券发行准备

证券发行准备工作主要包括：

（1）创造发行主体资格和条件，如股票发行人首先必须是股份有限公司，同时创造股票发行必须具备的各项条件。

（2）发行承销商对发行人及市场有关情况和相关文件的真实性、准确性、完整性进行的核查、验证等专业调查。

（3）承销商对拟发行股票并上市的股份有限公司人员进行规范化培训，对发行人进行发行上市辅导。

（4）聘请中介机构对企业财务和资产进行审计和评估，审查或着手制作有关企业法律文件。

2．证券发行申请和核准

发行人在具备了发行条件后，要制作申报文件。申报文件包括发行申请报告；发起人会议或股东大会发行股票或债券决议；招股说明书；资产评估报告；审计报告；盈利预测审核函；发行人法律意见书及律师工作报告；辅导报告以及公司章程；发行方案；资金运用可行性报告以及发行承销方案和承销协议等法律文件。

不同的发行制度对证券发行核准或批准的条件要求不同。证券发行制度有两种形式：注册制和核准制。

（1）注册制。证券发行注册制实行公开管理原则，实际上是一种发行公司的财务公开制度。它要求发行人提供关于证券发行本身以及和证券发行有关的一切信息。发行人不仅要完全公开有关信息，不得有重大遗漏，并且要对所提供信息的真实性、完整性和可靠性承担法律责任。发行人只有充分披露了有关信息，在注册申报后的规定时间内未被证券监管机构拒绝注册，就可以进行证券发行，无须再经过批准。实行证券发行注册中已向投资者提供证券发行的有关资料，但并不保证发行的证券资质优良，价格适当。

（2）核准制。核准制是指发行人申请发行证券，不仅要公开披露与发行证券有关的信息，符合《公司法》和《证券法》所规定的条件，而且要求发行人将发行申请报请证券监管部门决定的审核制度。证券发行核准制实行实质管理原则，即证券发行人不仅要以真实信息的充分公开为条件，而且必须符合证券监管机构的若干适合于发行的实质条件。只有符合条件的发行人经证券监管机构的批准方可在证券市场上发行证券。实行核准制的目的在于证券监管部门能尽法律赋予的职能，保证发行的证券符合公众利益和证券市场稳定发展的需要。

《证券法》规定，发行股票、债券和国务院依法认定的其他证券，必须依法报经国务院证券监管机构或国务院授权部门核准。我国的股票发行实行核准制。发行申请需由保荐人推荐和辅导，由发行审核委员会审核，中国证监会核准。发行人申请公开发行股票、可转换为股票的公司债券或公司发行法律、行政法规规定实行保荐制度的其他证券的，应当聘请具有保荐资格的机构担任保荐人。上市公司申请公开发行证券或非公开发行新股，应当由保荐人保荐，并向中国证监会申报。保荐制度明确了保荐人和保荐代表人的责任，并建立了责任追究机制。保荐人及其保荐代表人应当遵循勤勉尽责、诚实守信的原则，认真履行审慎审核和辅导义务，并对其出具的发行保荐书的真实性、准确性、完整性负责。发行核准制度规定国务院证券监管机构设发行审核委员会。发行审核委员会审核发行人股票发行申请和可转换公司债券等中国证监会认可的其他证券的发行申请。发行审核委员依照《证券法》、《公司法》等法律、行政法规和规定，对发行人的股票发行申请文件和中国证监会有关职能部门的初审报告进行审核，提出审核意见。中国证监会依照法定条件和法定程序作出予以核准或不予以核准股票发行申请的决定，并出具相关文件。

3. 证券发行承销

证券承销是将证券销售业务委托给专门的证券承销机构销售。按照发行风险的承担、所筹集资金的划拨以及手续费的高低等因素划分，证券承销方式有包销和代销两种。

证券包销是指证券公司将发行人的证券按照协议全部购入，或者在承销期结束时将售后剩余证券全部自行购入的承销方式。包销可以分为全额包销和余额包销两种。全额包销，是指有承销商先全额购买发行人该次发行的证券，再向投资者发售，由承销商承担全部风险的承销方式。余额包销，是指承销商按照规定的发行额和发行条件，在约定的期限内向投资者发售证券，到销售截止日，如投资者实际认购总额低于预定发行总额，未售出的证券由承销商负责认购，并按约定时间向发行人支付全部证券款项的承销方式。证券代销是指证券公司代发行人发售证券，在承销期结束时，将未售出的证券全部退还给发行人的承销方式。发行人在披露有关发行信息后，向社会公开进行招募，社会公众认购证券。发行承销期结束后，发行成功的可以选择在证券交易所挂牌交易。

《证券法》规定，发行人向不特定对象发行的证券，法律、行政法规规定应当由证券公司承销的，发行人应当同证券公司签订承销协议；向不特定对象发行的证券票面总值超过人民币5000万元，应当由承销团承销。证券承销采取代销方式或包销方式。我国《上市公司证券发行管理办法》规定，上市公司发行证券，应当由证券公司承销；非公开发行股票，发行对象均属于原前十名股东的，可以由上市公司自行销售。上市公司向原股东配售股份应当采用代销方式发行。

四、股票发行的条件

股票发行条件是指股票发行者以股票形式筹集资金时所必须具备的条件。它通常包括首次公开发行条件、发行新股条件（增发和配股）。

1. 首次公开发行条件

根据《公司法》、《证券法》、《股票发行与交易管理暂行条例》等法律法规，股份有限公司首次公开发行股票需符合以下条件：

（1）其生产经营符合国家产业政策。

（2）其发行的普通股限于一种，同次发行的股票，每股的发行条件和发行价格相同，同股同权。

（3）发起人认购的股本数额不少于公司拟发行的股本总额的35%。

（4）在公司拟发行的股本总额中，发起人认购的部分不少于人民币 3000 万元，但是国家另有规定的除外。

（5）发起人在近 3 年没有重大违法行为。

原有企业改组设立股份有限公司申请公开发行股票，除应当符合上述条件以外，还应当符合下列条件：发行前一年年末，净资产在总资产中所占比例不低于 30%，无形资产在净资产中所占比例不高于 20%，但是证监会另有规定的除外；近 3 年连续盈利。

此外，中国证监会于 2001 年 10 月 16 日发布了《首次公开发行股票辅导工作办法》，自颁布之日起履行。凡拟在中华人民共和国境内首次公开发行股票的股份有限公司，应执行此办法，即在提出首次公开发行股票申请前，应按本办法的规定聘请辅导机构进行辅导，但是中国证监会另有规定的除外。

2. 增发新股发行条件

上市公司申请增发新股，包括向原股东配售股票和向全体社会公众发售股票。根据《证券法》、《公司法》等的规定，公司发行新股，必须具备下列基本条件：

（1）前一次发行的股份已募足，并间隔一年以上；

（2）公司在最近三年内连续盈利，并可向股东支付股利（公司以当年利润分派新股，不受此项限制）；

（3）公司在最近三年内财务文件无虚假记载；

（4）公司预期利润率可达同期银行存款利率。

公司以当年利润分配新股（送红股），不受第二点限制。

根据《证券法》第二十条的规定，上市公司发行新股，还必须满足下列要求：上市公司对发行股票所募集资金，必须按招股说明书所列资金用途使用。改变说明书所列资金用途，必须经股东大会批准。擅自改变用途而未作纠正的，或者未经股东大会认可的，不得发行新股。

此外，上市公司申请发行新股，还应当符合以下具体要求：

（1）具有完善的法人治理结构，与对其具有实际控制权的法人或其他组织及其他关联企业在人员、资产、财务上分开，保证上市公司的人员、财务独立以及资产完整。

（2）公司章程符合《公司法》和《上市公司章程指引》的规定。

（3）股东大会的通知、召开方式、表决方式和决议内容符合《公司法》及有关规定。

（4）本次新股发行募集资金用途符合国家产业政策的规定。目前，除金融类上市公司外，所募资金不得投资于商业银行、证券公司等金融机构。

（5）本次新股发行募集资金数额原则上不超过公司股东大会批准的拟投资项目的资金需要数额。

（6）不存在资金、资产被具有实际控制权的个人、法人或其他组织及其关联人占用的情形或其他损害公司利益的重大关联交易。

（7）公司有重大购买或出售资产行为的，应当符合中国证监会的有关规定。

（8）中国证监会规定的其他要求。

我国目前对申请增发新股的上市公司最近3年的加权平均净资产收益率水平还作出了明确要求：

（1）经注册会计师核验，如公司最近3个会计年度加权平均净资产收益率平均不低于6%，且预测本次发行完成当年加权平均净资产收益率不低于6%；设立不满3个会计年度的，按设立后的会计年度计算。

（2）经注册会计师核验，如公司最近3个会计年度加权平均净资产收益率平均低于6%，则应当同时符合以下规定：

①公司及主承销商应当充分说明公司具有良好的经营能力和发展前景；新股发行时，主承销商应向投资者提供分析报告。

②公司发行完成当年加权平均净资产收益率应不低于发行前一年的水平，并应在招股文件中进行分析论证。

③公司在招股文件中应当认真做好管理层关于公司财务状况和经营成果的讨论与分析。

五、股票发行价格的确定方法

1．股票发行价格的种类

股票发行价格是指投资者认购新发行的股票时实际支付的价格。根据《公司法》第一百二十八条和《证券法》第三十四条的规定，股票发行价格可以等于票面金额，也可以超过票面金额，但不得低于票面金额，所以股票发行价格可以分为面值发行与溢价发行。根据《证券法》的规定，股票发行采取溢价发行的，其发行价格由发行人与承销的证券公司协商确定，报国务院证券监督管理机构核准。

2．影响发行价格的因素

股票发行价格的确定是股票发行计划中最基本和最重要的内容，它关系到发行人与投资者的根本利益及股票上市后的表现。若发行价过低，将难以满足发行人的筹资需求，在增资发行时甚至会损害原有股东的利益；发行价太高，又将增大承销机构的发行风险和发行难度，抑制投资者的认购热情，并会影响股票上市后的市场表现。因此发行公司及承销商必须对以下因素进行综合考虑，然后确定合理的发行价格。

（1）盈利水平

公司的税后利润水平直接反映了一个公司的经营能力和上市时的价值，每股税后利润的高低直接关系着股票发行价格。

（2）发展潜力

公司经营的增长率（特别是盈利的增长率）和盈利预测是关系股票发行价格的又一重要因素。在总股本和税后利润量既定的前提下，公司的发展潜力越大，未来盈利趋势越确定，市场所接受的发行市盈率也就越高，发行价格也就越高。

（3）发行数量

一般情况下，若股票发行的数量较大，为了能保证销售期内顺利地将股票全部出售，取得预定金额的资金，价格应适当定得低一些；若发行量小，考虑到供求关系，价格可定得高一些。

（4）行业特点

发行公司所处行业的发展前景会影响到公众对本公司发展前景的预期，同行业已经上市企业的股票价格水平，剔除不可比因素以后，也可以客观地反映本公司与其他公司相比的优劣程度。

（5）二级市场的环境

二级市场的股票价格水平直接关系到一级市场的发行价格。在制定发行价格时，要考虑到二级市场股票价格水平在发行期内的变动情况。同时，发行价格的确定要有一定的前瞻性，要给二级市场的运作留有适当的余地。

3．确定发行价格的方法

（1）市盈率法

市盈率又称本益比（P/E），是指股票市场价格与盈利的比率。计算公式为：

发行价格 = 每股收益 × 发行市盈率

其中：市盈率 = 股票市价/每股收益；

每股收益 = 税后利润/股份总额

通过市盈率法确定股票发行价格，首先应根据注册会计师审核后的盈利预测计算出发行人的每股收益；其次可根据二级市场的平均市盈率、发行人的行业情况（同类行业公司股票的市盈率）、发行人的经营状况及其成长性等拟定发行市盈率；最后依发行市盈率与每股收益之乘积决定发行价。

确定每股税后利润有两种方法：一种为完全摊薄法，即用发行当年预测全部税后利润除以总股本，直接得出每股税后利润；另一种是加权平均法。

完全摊薄法：

每股收益 = 发行当年预测利润/发行后总股本

加权平均法：

每股收益 = 发行当年预测利润/[发行前总股本数 + 本次公开发行股本数 ×（12 − 发行月份）÷12]

按完全摊薄法：

股票发行价格 = 发行当年预测利润/总股本（发行前 + 发行后）× 发行市盈率

按加权平均法：

股票发行价格 = 发行当年预测利润/发行当年加权平均股本数 × 发行市盈率
= 发行当年预测利润/[发行前总股本数 + 本次公开发行股本数 ×（12 − 发行月份）÷12] × 发行市盈率

例如：某公司新发行股票 2000 万股，股款到期为 4 月 1 日。当年预期的税后利润总额为 1800 万元。公司发行新股后的总股数为 4000 万股。计算每股净利润和发行价格。

完全摊薄法：每股收益 = 1800/4000 = 0.45（元）

加权平均法：

$$每股收益 = \frac{1800}{2000 + 2000 \times (12 - 3) / 12} = 0.51（元）$$

如果发行市盈率为 15 倍，则：

按完全摊薄法：发行价格 =0.45 ×15 = 6.75（元）

按加权平均法：发行价格 =0.51 ×15 = 7.65（元）

不同的方法得到不同的发行价格，每股税后利润确定采用加权平均法较为合理。因股票发行的时间不同，资金实际到位的先后对企业效益影响较大，同时投资者在购股后才应享受应有的权益。

（2）竞价确定法

竞价确定法是指由各股票承销商或投资者以投票方式相互竞争确定股票发行价格。具体有券商竞价法和网上竞价法两种形式。其中，券商竞价法是指在新股发行时，发行人事先通知股票承销商，说明发行新股的计划、发行条件和对新股承销的要求，各股票承销商根据自己的情况拟定各自的标书，以投标方式相互竞争股票承销业务，中标标书中的价格就是股票发行价格。承销商在取得承销权后再向投资者推销。券商竞价法是各国证券界发行证券的通行做法。网上竞价是指主承销商通过证券交易所电脑交易系统，按集中竞价原则确定新股发行价格。新股竞价发行申报时，主承销商作为唯一的卖方，按照发行人确定的底价将公开发行股票的数量输入其在交易所的股票发行专户，投资者则作为买方，在指定时间通过交易所会员交易柜台以不低于底价的价格进行竞价认购。竞价法确定价格在具体操作中有荷兰式招标和美国式招标，荷兰式招标为统一价格拍卖，美国式招标为差别价格拍卖。

（3）净资产倍率法

净资产倍率法又称资产净值法，指通过资产评估（物业评估）和相关会计手段确定发行人拟募股资产的每股净资产值，然后根据证券市场的状况将每股净资产值乘以一定的倍率或一定折扣，以此确定股票发行价格的方法。这种发行价格的确定方法在国内一直未曾采用。其公式是：

发行价格 = 每股净资产值 × 溢价倍率（或折扣倍率）

（4）现金流量折现法

现金流量折现法通过预测公司未来盈利能力，据此计算出公司净现值，并按一定的折扣率折算，从而确定股票发行价格。该方法首先是用市场接受的会计手段预测公司每个项目未来若干年内每年的净现金流量，再按照市场公允的折现率，分别计算出每个项目未来的净现金流量的净现值。公司的净现值除以公司股份数，即为每股净现值。由于未来收益存在不确定性，发行价格通常要对上述每股净现值折让 20% ~30%。

国际主要股票市场对新上市公路、港口、桥梁、电厂等基建公司的估值和发行定价一般采用现金流量折现法。这类公司的特点是前期投资大，初期回报不高，上市时的利润一般偏低，如果采用市盈率法定价则会低估其真实价值，而现金流量折现法对公司未来收益（现金流量）的分析和预测能比较准确地反映公司的整体和长远价值。

随着我国证券市场的发展，新股发行的定价机制也进行了不断地改革，在对发行公司估值的基础上，采取了询价机制。2004 年 8 月 30 日，我国证监会发布了《关于首次公开发行股票试行询价制度若干问题的通知》，于 2005 年 1 月 1 日开始试行，而我国首次公开发行股票询价制度启动，标志着新股发行市场化定价机制的初步建立。由此，新股发行定价由过去发行人与承销商协商定价，改为由发行人和主承销商事先确定发行数量与发行价格区间，通过向机构投资者询价（包括初步询价和累计投标询价），根据机构投资者的预约申购情况确定最终发行价格。目前，我国新股发行定价实行询价机制，在询价基础上，向询价对象网下配售，向自然人、法人及其他机构投资者网上申购，向战略投资者定向配售。在具体操作中可根据实际情况采用超额配售选择权（绿鞋期权）和回拨机制。

4. 发行费用

发行费用指发行公司在筹备和发行股票过程中发生的费用，该费用可在股票发行溢价收入中扣除，主要包括以下内容：

（1）中介机构费

支付给中介机构的费用包括承销费用、注册会计师费用（审计、验资、盈利预测审核等费用）、资产评估费用、律师费用等。

根据中国证监会《关于股票发行工作若干规定的通知》，股票发行中文件制作、印刷、散发与刊登招股说明书及广告等费用，应由股票承销机构在承销费用中负担，发行公司不得将上述费用在承销费用以外计入发行费用。但外资股在发行时，境外的承销商往往会在承销费用以外收取一笔文件制作费。

（2）上网发行费

采用网上发行方式发行股票时，由于使用了证券交易所的交易系统，发行人须向证券交易所缴纳上网发行手续费。目前，证券交易所对上网发行的收费标准为发行总金额的3.5‰。

（3）其他费用

（略）

第三节 证券流通市场

证券流通市场是指已发行的证券进行流通转让的市场，又称交易市场、二级市场、次级市场。证券流通市场由场内交易市场——证券交易所和场外交易市场组成。国际上有名的证券交易所有纽约证券交易所（NYSE）、证券交易所（TSE）、伦敦证券交易所（LSE）。我国的证券交易所有上海证券交易所和深圳证券交易所。在场外交易所市场中，最有名的是美国的纳斯达克市场。我国场外交易市场还在形成与发展中，目前主要包括柜台交易市场、产权交易市场、股份转让系统及股权交易市场。

一、证券交易所

1. 证券交易所的定义、特征及职能

证券交易所是证券买卖双方公开交易的场所，是一个高度组织化、集中进行证券交易的市场，是整个证券市场的核心。证券交易所本身并不买卖证券，也不决定证券价格，而是为证券交易提供一定的场所和设施，配备必要的管理和服务人员，并对证券交易进行周密的组织和严格的管理，为证券交易的顺利进行提供一个稳定、公开、高效的市场。

证券交易所的特征有：①有固定的交易场所和交易时间；②参加交易者为具备会员资格的证券经营机构，交易采取经纪制，即一般投资者不能直接进入交易所买卖证券，只能委托会员作为经纪人间接进行交易；③交易的对象限于合乎一定标准的上市证券；④通过公开竞价的方式决定交易价格；⑤集中了证券的供求双方，具有较高的成交速度和成交率；⑥实行“公开、公平、公正”原则，并对证券交易加以严格管理。

证券交易所为证券交易创造公开、公平、公正的市场环境，提供了证券成交的机会，有助于公平交易价格的形成和证券市场的正常运行。它的主要职能是：①提供证券交易的场所和设施；②制定证券交易所的业务规则；③接受上市申请，安排证券上市；④组织、监督证券交易；⑤对会员进行监管；⑥对上市公司进行监管；⑦设立证券登记结算机构；⑧管理和公布市场信息；⑨中国证监会许可的其他职能。

2. 证券交易所的组织形式

证券交易所的组织形式大致可以分为两类，即会员制和公司制。

（1）会员制证券交易所

会员制的证券交易所是一个由会员自愿组成的、不以营利为目的的社会法人团体，一般由证券公司、投资银行等证券商组成。只有有会员资格的证券商和享有特许权的经纪人才有资格进入证券交易大厅直接参与场内交易。会员制证券交易所不以营利为目的，交易所发生的费用来源于会员交纳的会费，会员自治自律、互相约束制约。

交易所设会员大会、理事会和监察委员会。会员大会和理事会是会员制证券交易所的决策机构，会员大会是最高权力机构，决定交易所的基本方针。理事会为执行机构，由会员大会选举产生。

目前，实行会员制的证券交易所有德国的法兰克福证券交易所、我国的上海证券交易所和深圳证券交易所。

（2）公司制证券交易所

公司制的证券交易所是以股份有限公司形式组织并以营利为目的的法人团体，一般由金融机构及各类民营公司组建。交易所章程中明确规定作为股东的证券经纪商和证券自营商的名额、资格和公司存续期限。它必须遵守本国公司法的规定，在政府证券主管机构的管理和监督下，吸收各类证券挂牌上市。同时，任何成员公司的股东、高级职员、雇员都不能担任证券交易所的高级职员，以保证交易的公正性。

公司制证券交易所由注册合格的证券商进行买卖，证券商与交易所签订合同，并缴纳营业保证金。公司制证券交易所的组织形式一般采取股份有限公司形式，股东大会是最高权力机构，董事会、监事会及其各个职能部门由股东大会选举产生。

目前，世界上实行公司制证券交易所的国家和地区主要有美国、加拿大、澳大利亚、日本、马来西亚、阿根廷、智利、哥伦比亚、中国香港、中国台湾等。为了应对证券业的激烈市场竞争，证券交易所公司化成为发展趋势。

3．证券上市制度

证券上市是指已公开发行的证券经过证券交易所批准在交易所内公开挂牌买卖，又称交易上市。申请上市的证券必须满足证券交易所规定的条件，方可被批准挂牌上市。各国对证券上市的条件与具体标准有不同的规定。《证券法》规定，申请证券上市交易，应当向证券交易所提出申请，由证券交易所依法审核同意，并由双方签订上市协议。申请股票、可转换为股票的公司债券或法律、行政法规规定实行保荐制度的其他证券上市交易，应当聘请具有保荐资格的机构担任保荐人。

证券上市后，上市公司应遵守《公司法》、《证券法》、《证券交易所上市规则》等法律法规的规定，并履行信息披露的义务。所有对上市公司股票价格可能产生重大影响的信息应及时披露，应确保信息披露的内容真实性、准确性、完整性。

4．证券流通市场的交易机制

（1）根据交易时间的连续特点，划分为定期交易系统和连续交易系统

在定期交易系统中，成交的时点是不连续的。在某一段时间到达的投资者的委托订单并不马上成交，而是要先存储起来，然后在某一约定的时刻加以匹配。在连续交易系统中，并非意味着交易一定是连续的，而是指在营业时间里订单匹配可以连续不断地进行。因此，两个投资者下达的买卖指令，只要符合成交条件，就可以立即成交，而不必再等待一段时间定期成交。

这两种交易机制有着不同的特点。定期交易系统的特点有：第一，批量指令可以提供价格的稳定性；第二，指令执行和结算的成本相对比较低。连续交易系统的特点有：第一，市场为投资者提供了交易的即时性；第二，交易过程中可以提供更多的市场价格信息。

（2）根据交易价格的决定特点，划分为指令驱动系统和报价驱动系统

指令驱动系统是一种竞价市场，也称为“订单驱动市场”。在竞价市场中，证券交易价格是由市场上的买方订单和卖方订单共同驱动的。如果采用经纪商制度，投资者在竞价市场中将自己的买卖指令报给自己的经纪商，然后经纪商持买卖订单进入市场，市场交易中心以买卖双向价格为基准进行撮合。报价驱动系统是一种连续交易商市场，或称“做市商市场”。在这一市场中，证券交易的买价和卖价都由做市商给出，做市商将根据市场的买卖力量和自身情况进行证券的双向报价。投资者之间并不直接成交，而是从做市商手中买进证券或向做市商卖出证券。做市商在其所报的价位上接受投资者的买卖要求，以其自有资金或证券与投资者交易。做市商的收入来源是买卖证券的差价。

这两种交易机制也有着不同的特点。指令驱动系统的特点有：第一，证券交易价格由买方和卖方的力量直接决定；第二，投资者买卖证券的对手是其他投资者。报价驱动系统的特点有：第一，证券成交价格的形成由做市商决定；第二，投资者买卖证券都以做市商为对手，与其他投资者不发生直接关系。

5．证券流通市场的交易程序

（1）开设账户

依现行法规，每个投资人欲从事证券交易，须首先向证券登记公司申请开设证券

账户，凭该证券账户可以从事二级市场证券交易，也可以从事一级市场网上认购；其次须向具体的证券公司（交易所会员）申请开设资金账户，存入交易资金，其限额由证券公司自行规定。依据上述开户合同，证券登记公司将为每一投资人提供证券托管、登记和交割服务；而证券公司将为投资人提供代理买卖、代理清算和资金出纳服务。

（2）委托买卖

依现行法规，每个投资人买卖证券均须委托具有会员资格的证券公司进行，即投资人（委托人）的交易指令先报送于证券公司（或交易系统），证券公司通过其场内交易员或交易系统将委托人的交易指令输入计算机终端，各证券公司计算机终端发出的交易指令将统一输入证交所的计算机主机，由其撮合成交。成交后由各证券公司代理委托人办理清算、交割、过户手续。

依目前的实践，投资人委托交易的指令可以采取书面报单、当面报单、电话报单和计算机报单多种形式。每一交易指令或报单均应包含以下内容：股东账户及密码、委托序号和时间、买卖方向、证券代码、委托数量、委托价格、委托有效期等内容。

（3）竞价成交

委托人的交易指令通过证券商的代理按时间序号输入交易所计算机主机后，将通过场内竞价撮合成交。交易所场内竞价的方式分为集合竞价与连续竞价两种。

集合竞价主要适用于证券上市开盘价和每日开盘价。依此竞价方式，证交所在每一营业日正式开市前的规定时间内（9:10—9:25），计算机主机撮合系统将只存贮交易指令而不撮合成交；在正式开市时，主机撮合系统将对所有输入的买卖盘价格和数量进行处理，以产生开盘价格。其撮合成交原则为：①使高于开盘价的买单和低于开盘价的卖单能够全部成交；②使开盘价下的买卖单成交量最大化；③如不能产生上述开盘参考价时，则以前一交易日的收盘价为当日开盘价。

集合竞价结束后，交易所将开始当日的正式交易，交易系统将进入连续竞价，直至当日收市。连续竞价是买卖双方按价格优先、时间优先的竞价原则连续报买报卖的过程。依此原则，每一时点的报买价如高于或等于报卖价时，即按价格顺序撮合成交；在每一同等成交价格点上，如买卖报单有时间差异的，即按时间顺序使先报者成交；凡不能成交者将等待机会成交，部分成交者将使剩余部分等待成交。

（4）清算与过户

证券交易清算是指证券买卖双方通过证券经纪商在证交所进行的证券买卖成交后，通过证券交易所将证券商之间买卖股票的数量和金额分别予以轧抵，计算应收应付证券和应收应付金额的一种程序。其包括资金清算和股票清算。目前，股票清算采取 T + 1 制度，资金清算采取 T + 0 制度。

证券交易交割是指证券卖方将卖出证券交付给买方，买方将买进证券的价款交付给卖出方的行为。由于证券买卖都是通过证券商进行的，买卖双方并不直接见面，证券成交和交割等均由证券商代为完成，因此，证券交割分为证券商与委托人之间的交付和证券商与证券商之间的交付两个阶段。

证券交易过户是指证券买卖双方通过证券经纪商在证交所进行的证券买卖成交后，再通过证券登记机构进行证券权利的移转与过户登记的过程。根据我国目前实行的登记过户制度，投资人在所买卖证券成交后的下一个营业日，证券登记公司方为其办理完毕过户手续，并应提供交割单，如该日逢法定假日，则过户日应顺延至下一工作日。这就是证券过户上的 T+1 规则。

二、场外交易市场

场外交易市场是证券交易所以外的证券交易市场的总称。它没有固定的场所，其交易主要利用电话进行，交易的证券以不在交易所上市的证券为主。由于进入证券交易所交易的必须是符合一定上市标准的证券，必须经过交易所的会员才能买卖，为此还要向经纪会员交付一定数额的佣金，这样，为规避较严格的法律条件，降低交易成本，产生了场外交易的需求。近年来，一些场外交易市场大量采用先进的电子化交易技术，使市场覆盖面更加广，市场效率也有很大提高，这以美国的纳斯达克市场为典型代表。

1. 场外交易市场的特征

场外交易市场的特征主要有：

（1）场外交易市场的组织较为松散。场外交易市场是一个分散的无形市场，没有固定的、集中的交易场所，没有专门的机构来组织，也没有系统的交易章程与交易制度。场外市场对交易者的身份并无限制，交易者可以是证券商，也可以是一般的个人投资者和机构投资者；可以是交易所的会员，也可以是非会员。而且场外交易不采用经纪制方式组织证券交易，投资者可与投资者直接交易，也可与证券商进行交易。

（2）场外交易的对象十分广泛，并且数量很大。单就股票而言，在场外市场中交易的股票既有上市股票，也有非上市股票。在非上市股票中，既有确实不够资格上市的股票，也有够资格上市但不愿在交易所挂牌买卖的股票；有发行量不大而不易在交易所成交的，有风险较大但不易获利而不欢迎的；有交易双方愿按净值交易的；还有不足整手买卖只能在场外交易的。

（3）场外交易的交易非常灵活多样。场外交易既可以通过证券商的柜台进行，也可以以面谈、电话、电传、电报、电脑等多种联系方式进行。交易时间自由确定，交易数量无限制。在定价方式上，场外交易采用协议价格成交。

2. 场外交易市场可具体划分为柜台交易市场、第三市场、第四市场

（1）柜台市场。柜台市场又称店头市场，是场外市场的主要形式。它是由证券公司等证券交易机构在柜台上进行证券买卖，与投资者进行面对面的分散交易的市场。在柜台交易市场当中，买卖证券的种类、数量、价格及交付条件等都由当事人双方协商议定。在柜台交易市场交易的股票一般都是不符合上市条件而不能在证券交易所挂牌交易的股票。但有些上市股票在某些情况下，经证券交易所允许，也可在柜台市场进行交易。

为了保障投资者的利益，各国对柜台交易市场也进行了必要的管理。对于在柜台市场交易的股票，一般都实行登记制度，即由证券商机构提出登记申请，并附上该股

票发行人的确认书。证券管理机构接受申请后，按照一定的标准对发行人经营、财务以及发行状况进行全面审查。审查合格并予以登记的公司所发行的股票，才准许在柜台市场交易。同时，也要求股票发行人定期向社会公布其经营业状况和财务状况。当然，在柜台市场登记的条件低于在交易所的上市条件。

在柜台市场上，股票的买卖方式也分为证券商自营业买卖和接受客户委托买卖两种。但与交易所市场不同的是，在柜台市场上绝大部分交易都是证券商自营自卖，委托买卖所占的比例很小。进行自营买卖的证券商可以以买者和卖者的双重身份同客户进行交易而且不收取佣金，其收益来自买卖的差价。各证券商之间也可直接进行交易，其交易价格称为批发价格或内部价格。证券商与客户之间的交易价格称为零售价格，零售价格与批发价格之间存在一定的价差。证券商如果接受顾客的委托买卖股票，实际上就是按照顾客提出的条件同其他证券商或客户进行联系，进而采取两头磋商的办法，从中撮合成交。在这种交易方式下，证券商需要向委托人收取一定的佣金。

柜台交易市场为许多不能在证券交易所上市的股票以及一些零星的股票提供了流通市场，同时为不能进入证券交易所市场内参与交易的一般投资者提供了直接参与证券交易的机会，迅速完成交易，也使投资者节省了支付给经纪人的佣金。此外，柜台交易市场的网点众多，交易方式灵活方便，手续简单，没有严格的限制条件，这些都为交易者创造了良好的交易条件。当然，柜台交易也有缺陷，其最大的弊端在于市场分散，没有统一组织，因而难以取得统一的公正价格。而且，分散化的交易不易监督和管理，容易产生诈骗和投机行为。为了克服这方面的弊端，随着现代计算机通信技术的发展，一些统一的场外交易系统如纳斯达克等逐渐建立起来。

（2）第三市场。第三市场是指原来在证交所上市的股票移到以场外进行交易而形成的市场，换言之，第三市场交易是既在证交所上市又在场外市场交易的股票，以区别于一般含义的柜台交易。

由于一般的投资者不能直接进入交易所场内交易，必须委托会员证券商代买，而会员证券商受到最低佣金比率的限制，不能随意降低佣金收取标准，这就使得大宗的委托交易的佣金费用非常高昂。为了减少交易的佣金费用，一些买卖上市股票的投资者便开始在非会员证券商处进行上市股票的场外交易，这就产生了由非证券交易所会员的经纪人在场外经营上市股票的市场，即第三市场。

第三市场的交易是在各非会员证券商之间协商进行的。证券商向客户收取的佣金费用的多少由他们共同协商研究，但肯定比交易所市场中会员证券商收取的佣金费用低，一般来说，同样数额的股票在第三市场交易比场外交易的佣金要便宜一半。

（3）第四市场。第四市场是指大机构（和富有的个人）绕开通常的经纪人，彼此之间利用电子通信网络直接进行的证券交易。第四市场的交易主体是一些大公司和大企业。它们经常要进行大宗的股票买卖，为了不暴露目标，它们不通过交易所和证券商进行交易，而是利用相互之间的计算机网络直接进行交易。

第四市场对大宗股票交易者的吸引力在于：一方面它的交易成本很低，由于采用了直接交易的方式，可以节省大笔的中介佣金；另一方面它的保密性很强，不至于因几笔大宗的交易而影响股市行情。

近年来，随着现代通信技术与电子计算机在证券交易机构的广泛运用，柜台市场、第三市场与第四市场已逐渐合并成一个统一的场外交易体系，因而它们之间的划分已逐渐失去了意义。

三、我国的证券交易市场

我国资本市场经过多年建设与发展，逐步形成多层次资本市场。

1．场内交易市场

场内交易市场以上海证券交易所和深圳证券交易所为主体，包括主板市场、中小板市场和创业板市场。

（1）主板市场。主板市场是我国最早建立的证券交易市场，上海证券交易所和深圳证券交易所的成立，定位于主板市场，主要为大型企业提供融资服务，是多层次资本市场体系的主要组成部分。

（2）中小板市场。2000 年 10 月，深圳证券交易所停止新股发行，筹建创业板。作为创业板的过渡，2004 年 5 月 28 日深交所中小板启动，6 月 25 日，首批 8 家中小企业在深交所同时上市。中小板市场的启动，为中小企业提供了融资平台，其上市条件与主板相同。

（3）创业板市场。2009 年 3 月 31 日，中国证监会发布《首次公开发行股票并在创业板上市管理暂行办法》，并于 5 月 1 日起实施。10 月 23 日创业板在深圳举行开板仪式。同年 10 月 30 日，首批 28 家企业在深交所上市。创业板市场在上市门槛、监管制度、信息披露、交易者条件、投资风险等方面和主板市场有较大区别。其目的主要是扶持中小企业，尤其是高成长性企业，为自主创新企业提供融资平台，为风险投资和创投企业建立正常的退出机制。

创业板公司首次公开发行的股票申请在深交所上市应当符合下列条件：

①股票已公开发行。

②公司股本总额不少于 3000 万元。

③公开发行的股份达到公司股份总数的 25% 以上；公司股本总额超过 4 亿元的，公开发行股份的比例为 10% 以上。

④公司股东人数不少于 200 人。

⑤公司最近三年无重大违法行为，财务会计报告无虚假记载。

⑥深交所要求的其他条件。

与主板市场相比，在创业板市场上市的企业标准和上市条件相对较低，中小企业更容易上市募集发展所需资金。创业板与主板上市条件对照表见表 2－1。

表 2－1　创业板上市条件与主板的对比

条件	创业板	主板（中小板）
主体资格	依法设立且持续经营三年以上的股份有限公司，定位服务成长性创业企业；支持有自主创新的企业	依法设立且合法存续的股份有限公司

表2－1(续)

条件	创业板	主板（中小板）
股本要求	发行前净资产不少于2000万元，发行后的股本总额不少于3000万元	发行前股本总额不少于3000万元，发行后不少于5000万元
盈利要求	（1）最近两年连续盈利，最近两年净利润累计不少于1000万元，且持续增长；或者最近一年盈利，且净利润不少于500万元，最近一年营业收入不少于5000万元，最近两年营业收入增长率均不低于30%。 （2）净利润以扣除非经常性损益前后孰低者为计算依据。 （注：上述要求为选择性标准，符合其中一条即可）	（1）最近3个会计年度净利润均为正数且累计超过人民币3000万元，净利润以扣除非经常性损益前后较低者为计算依据。 （2）最近3个会计年度经营活动产生的现金流量净额累计超过人民币5000万元；或者最近3个会计年度营业收入累计超过人民币3亿元。 （3）最近一期不存在未弥补亏损。
资产要求	最近一期末净资产不少于2000万元	最近一期末无形资产（扣除土地使用权、水面养殖权和采矿权等后）占净资产的比例不高于20%
主营业务要求	发行人应当主营一种业务，且最近两年内未发生变更	最近3年内主营业务没有发生重大变化
董事、管理层和实际控制人	发行人最近2年内主营业务和董事、高级管理人员均未发生重大变化，实际控制人未发生变更。高管不能在最近3年内受到中国证监会行政处罚，或者在最近一年内受到证券交易所公开谴责	发行人在最近3年内的董事、高级管理人员没有发生重大变化，实际控制人未发生变更。高管不能在最近3年内受到中国证监会行政处罚，或者最近1年内受到证券交易所公开谴责
同业竞争&关联交易	发行人的业务与控股股东、实际控制人及其控制的其他企业间不存在同业竞争，以及影响独立性或者显失公允的关联交易	除创业板标准外，还需募集投资项目实施后，不会产生同业竞争或者对发行人的独立性产生不利影响

2．场外交易市场

我国各地在不同的历史时期，从交易的产品形态和公开程度上划分，大致有以下四种场外交易市场形式：

（1）柜台交易市场。20世纪90年代初是我国柜台交易市场的繁荣时期，其中影响较大的有经过国家批准的全国自动报价系统（STAQ）、金融市场报价、信息和交易系统（NET）和淄博报价系统，以及随后产生的遍布全国各地的证券交易中心。这些市场的存在与发育，为普及证券交易知识、奠定我国资本市场的交易制度和交易规则起到了重要的作用。尤其是在沪深证交所成立以后，各地柜台交易市场的存在，弥补了主板市场容量有限、异地交易困难、信息不对称等诸多缺陷，起到了与主板市场相得益彰的作用。但在1998年，为防范金融风险，证监会强行关闭了全国自动报价系统（STAQ）、金融市场报价、信息和交易系统（NET）和淄博报价系统，以及各地的柜台交易市场。至今，STAQ系统、NET系统已经被证券公司代办股份转让系统所替代，淄博报价系统以及各地证券交易中心则成为历史的遗迹。目前，柜台交易市场以国债交易为主。

（2）产权交易市场。产权交易市场是我国独有的、适应经济改革与发展要求而产生的。其建立之初主要是为国有企业产权转让服务。现在各种经济成分的企业产权转让都可以到产权交易市场去挂牌，以实现资源的优化配置。从1984年开始，全国各地逐步建立起区域性的产权交易市场，成都、乐山、武汉、淄博等一批产权交易市场进行了非上市公司股权转让的积极探索。1998年，在整顿金融秩序、防范金融风险的要求下，国务院办公厅10号文将拆细交易和非上市公司权证交易视为“场外非法股票交易”，产权交易市场的相关业务被关闭。2000年以来，随着我国国有企业改革的进一步深入，产权交易市场出现转机并在最近几年得到蓬勃发展，业内人士正在探索如何将非标准化产权拆细为标准化单位进行交易，从而使产权交易逐步走向规范的、标准化的、区域性的证券化交易。

（3）代办股份转让系统。代办股份转让是证券公司以其自有或租用的业务设施，为非上市股份公司提供股份转让服务，是为解决STAQ和NET系统历史遗留问题、公司的股份流通问题于2001年设立的。2002年开始，退市公司的股份转让也通过代办股份转让系统进行。目前代办股份转让试点范围仅限于原STAQ、NET系统挂牌公司和沪、深证券交易所的退市公司，称为“老三板”。公司申请委托代办股份转让应具备的条件：合法存续的股份有限公司、公司组织结构健全、登记托管的股份比例达到规定的要求等。

2006年代办股份转让系统增加了中关村科技园区非上市股份有限公司股份报价转让试点，由此形成了中关村股份报价系统，称为“新三板”。该系统挂牌企业逐年增多，资本市场功能逐渐完善，除交易功能外，不少企业还通过定向增发来募集资金。截至2008年11月，该系统上挂牌企业达87家，挂牌股票91只，其中原代办股份转让系统挂牌的股票55只，中关村股份报价系统挂牌股票36只；共有8家挂牌企业进行了定向增发，共增发1.16亿股，融资4.35亿元。到目前为止，已有企业转板到中小板和创业板，代办股份转让系统正成为场内交易市场的有益补充。

（4）股权交易市场。股权交易市场是专注服务民营企业和创投机构的市场，致力于为私募股权投资机构的募资、投资及退出提供更多服务。2008年，天津先后设立两家独立的股权交易所，即天津股权交易所和天津滨海国际股权交易所。

天津股权交易所采用公司制运营方式，主要为“两高两非”（高新区内高新技术企业、非上市非公众公司）企业股权和私募股权基金的份额流动提供规范有效的场所，其服务对象主要是高成长、高科技类企业和股权投资机构。

天津滨海国际股权交易所定位于专业从事企业股权投融资信息交易的第三方服务平台，其股权交易范围有进一步的扩展，全国各地的股份公司和有限责任公司，包括种子期、成长期以及成熟期各个阶段的企业，只要能够满足股权交易所的挂牌条件，均可申请挂牌。

我国场外交易市场体系见表2-2。

表 2-2　　我国场外交易体系

市场名称	组成部分	交易对象	交易制度	信息披露	融资方式
产权交易市场	由全国200多家产权交易机构组成	以未上市国有独资、控股、持股公司产权、股权挂牌转让为主，部分机构进行未上市高科技股份有限公司及有限责任公司股权托管及转让	会员代理制、会员代理买卖双方进行场外交易，多采用网上挂牌、线下交易的形式。	一般由地方政府产权交易管理办公室和国资委监管，披露要求不详。	企业通过股权转让获得融资，少数交易所向企业提供定向募集融资服务。
代办股份转让系统	原代办股份转让系统	原STAQ和NET系统遗留股份有限公司股份、沪深证券交易所退市公司股票	主券商代理制，投资者参与股份转让，应当委托证券公司营业部办理，证券公司接受投资者委托，委托指令以集合竞价方式配对成交。券商不能直接进行股份买卖。	由证券从业协会监管，按《股份转让公司信息披露实施细则》执行，基本参照上市公司的标准，通过指定网站披露。	无
	中关村科技园区非上市股份报价转让系统	中关村科技园区非上市股份有限公司股份	报价券商代理制，投资者转让挂牌公司股份，须委托报价券商办理，报价券商应通过专用通道，按接受投资者报价委托的时间先后顺序向报价系统申报。	由证券从业协会监管，披露的信息至少应当包括股份挂牌报价说明书，年度报告和临时报告；挂牌公司披露的信息应当通过专门网站发布。	定向募集
股权交易市场	天津股权交易所	国家级高新技术产业园区内的高新技术股份有限公司及非上市非公众股份有限公司股权	做市商制度	N/A	N/A
	天津滨海国际股权交易所	任何所有制企业的股权	会员代理制，主要采用网上提供信息，线下交易。	N/A	企业通过转让股权融资

资料来源：清科研究中心根据公开资料整理。

2012 年 8 月 3 日，证监会宣布国务院批准新三板扩容，首批扩大试点除中关村科技园外，新增上海张江、武汉东湖、天津滨海高新技术园区。2013 年 1 月 16 日，全国中小企业股份转让系统在北京揭牌（业内人士称之为“北京证券交易所”）。2013 年 12 月 14 日，国务院发布《关于全国中小企业股份转让系统有关问题的决定》，明确指出全国股份转让系统是经国务院批准，依据证券法设立的全国性证券交易场所，主要为创新型、创业型、成长型中小微企业发展服务。2014 年 1 月 24 日，股份转让系统首批全国企业集体挂牌仪式举行，285 家企业参加挂牌仪式，其中 266 家公司正式挂牌。至此，全国股份转让系统挂牌企业家数达到 621 家，市场规模和企业质量得到提升，市场影响力和覆盖面显著扩大，全国股份转让系统步入创新、快速发展的新阶段。

场外交易市场是多层次资本市场的基石。场外交易市场可以拓宽中小企业的融资渠道，较之于主板市场较低的融资门槛，可以让更多的不同规模、不同发展阶段的中小企业通过资本市场获得发展资金，缓解融资难问题；场外交易市场能够促进场内交易市场的健康发展，在交易制度上允许场内交易市场与场外交易市场对接，有效转板、升板、降板，这样既保证了场内市场的高质量上市资源，又使不符合上市条件的企业有退出渠道；场外交易市场是培育企业、整合企业的重要平台，暂时不够上市条件的公司股票在这个市场流通，能为新创业的企业和成长企业寻求融资流通的合法渠道，培育公开上市资源。而已上市的大宗交易股票、退市公司股票在场外市场交易，则为企业兼并收购，整合资源提供渠道。

我国多层次资本市场市场建设，场内交易市场的多层次应巩固主板市场，发展中小板市场，壮大创业板市场；场外交易市场的多层次应发展产权交易市场、代办股份转让系统和股权交易市场。场内交易市场与场外交易市场应形成一定的联系和制约机制。

四、股票价格指数及其计算

1．股票价格指数的计算方法

股价指数是运用统计学中的指数方法编制而成的，反映股市总体价格或某类股价变动和走势的指标。股价指数的计算方法，有算术平均法和加权平均法两种。

算术平均法，是将组成指数的每只股票价格进行简单平均，计算得出一个平均值。例如，如果所计算的股票指数包括 3 只股票，其价格分别为 15 元、20 元、30 元，则其股价算术平均值为(15 +20 +30) ÷3 =21.66 元。

加权平均法，就是在计算股价平均值时，不仅考虑到每只股票的价格，还要根据每只股票对市场影响的大小，对平均值进行调整。实践中，一般是以股票的发行数量或成交量作为市场影响参考因素，纳入指数计算，称为权数。例如，上例中 3 只股票的发行数量分别为 1 亿股、2 亿股、3 亿股，以此为权数进行加权计算，则价格加权平均值为（15 ×1 +20 ×2 +30 ×3）÷（1 +2 +3）=24.16 元。

由于以股票实际平均价格作为指数不便于人们计算和使用，一般很少直接用平均价来表示指数水平，而是以某一基准日的平均价格为基准，将以后各个时期的平均价格与基准日平均价格相比较，计算得出各期的比值，再转换为百分值或千分值，以此作为股价指数的值。例如，上海证券交易所和深圳证券交易所发布的综合指数基准日指数均为 100 点，而两所发布的成分指数基准日指数都为 1000 点。

2．国内外著名股票价格指数

（1）境外（包括我国香港地区）的主要股价指数

道·琼斯指数，即道·琼斯股票价格平均指数，是世界上最有影响、使用最广的股价指数。它以在纽约证券交易所挂牌上市的一部分有代表性的公司股票作为编制对象，由四种股价平均指数构成，分别是：①以30家著名的工业公司股票为编制对象的道·琼斯工业股价平均指数。②以20家著名的交通运输业公司股票为编制对象的道·琼斯运输业股价平均指数。③以15家著名的公用事业公司股票为编制对象的道·琼斯公用事业股价平均指数。④以上述三种股价平均指数所涉及的65家公司股票为编制对象的道·琼斯股价综合平均指数。以上四种道·琼斯股价指数中，以道·琼斯工业股价平均指数最为著名，它被大众传媒广泛地报道，并作为道·琼斯指数的代表加以引用。道·琼斯指数由美国报业集团——道·琼斯公司负责编制并发布，登载在其属下的《华尔街日报》上。历史上第一次公布道·琼斯指数是在1884年7月3日，当时的指数样本包括11种股票，由道·琼斯公司的创始人之一、《华尔街日报》首任编辑查尔斯·亨利·道（Charles Henry Dow 1851—1902年）编制。1928年10月1日起其样本股增加到30种并保持至今，但作为样本股的公司已经历过多次调整。道·琼斯指数是算术平均股价指数。

日经指数，原称为“日本经济新闻社道·琼斯股票平均价格指数”，是由日本经济新闻社编制并公布的反映日本东京证券交易所股票价格变动的股票价格平均指数。该指数的前身为1950年9月开始编制的“东证修正平均股价”。1975年5月1日，日本经济新闻社向美国道·琼斯公司买进商标，采用修正的美国道·琼斯公司股票价格平均数的计算方法计算，并将其所编制的股票价格指数定为“日本经济新闻社道·琼斯股票平均价格指数”。1985年5月1日在合同满十年时，经两家协商，将名称改为“日经平均股价指数”（简称日经指数）。日经指数按其计算对象的采样数目不同，现分为两种：一是日经225种平均股价指数，它是从1950年9月开始编制的；二是日经500种平均股价指数，它是从1982年1月开始编制的。前一种指数因延续时间较长，具有很好的可比性，成为考察日本股票市场股价长期演变及最新变动最常用和最可靠的指标，传媒日常引用的日经指数就是指这个指数。

伦敦金融时报指数，是“伦敦《金融时报》工商业普通股票平均价格指数”的简称。由英国最著名的报纸之一——《金融时报》编制和公布，用以反映英国伦敦证券交易所的行情变动。该指数分三种：一是由30种股票组成的价格指数；二是由100种股票组成的价格指数；三是由500种股票组成的价格指数。通常所讲的英国金融时报指数指的是第一种，即由30种有代表性的工商业股票组成并采用加权算术平均法计算出来的价格指数。该指数以1935年7月1日为基期日，以该日股价指数为100点，以后各期股价与其比较，所得数值即为各期指数，该指数也是国际上公认的重要股价指数之一。

恒生指数，由香港恒生银行全资附属的恒生指数服务有限公司编制，是以香港股票市场中的33家上市股票为成分股样本，以其发行量为权数的加权平均股价指数，是反映香港股市价格趋势最有影响的一种股价指数。该指数于1969年11月24日首次公开发布，基期为1964年7月31日，基期指数定为1000。恒生指数的成分股具有广泛的市场代表性，其总市值占香港联合交易所市场资本额总和的70%左右。为了进一步反映市场上各类股票的价格走势，恒生指数于1985年开始公布四个分类指数，把33种成分股分别纳入工商业、金融、地产和公共事业四个分类指数中。

（2）我国证券市场上的主要股价指数

上证综合指数，是上海证券交易所编制的，以上海证券交易所挂牌上市的全部股票为计算范围，以发行量为权数的加权综合股价指数。该指数自1991年7月15日起开始实时发布，基准日定为1990年12月19日，基日指数定为100点。1992年2月21日第一只B股上市后，又增设了上证A股指数和B股指数，分别反映全部A股和全部B股的股价走势；上证综合指数综合反映上交所全部A股、B股上市股票的股价走势：上证A股指数仍以1990年12月19日为基准日，基日指数定为100点；上证B股指数以1992年2月21日为基准日，基日指数定为100点。1993年6月1日起，上海证券交易所又正式发布了上证分类指数，包括工业类指数、商业类指数、房地产类指数、公用事业类指数和综合业类指数。

上证50指数是以上海证券市场规模大、流动性好的最具代表性的50只股票组成样本股，综合反映上海证券市场最具市场影响力的一批龙头企业的整体状况的成分股指数。该指数以2003年12月31日为基日，基点为1000点，于2004年1月2日正式发布。上证50指数样本股每半年调整一次，每次调整的比例一般情况不超过10%。样本调整设置缓冲区，排名在40名之前的新样本优先进入，排名在60名之前的老样本优先保留。上证50指数成分股数量适中、成交活跃、流动性好、规模较大，适合作为金融衍生工具基础的投资指数，以及作为指数基金和交易所交易基金的标的物。至2005年，国内最大的指数基金、ETF均跟踪上证50指数。

上证180指数，是上海证券交易所编制的一种成分股指数，是从上市的所有A股股票中抽取具有市场代表性的180种样本股票为计算对象，并以样本股的调整股本数为权数进行加权计算得出的加权股价指数，综合反映上海证券交易所全部上市A股的股价走势。该指数取2002年6月28日为基日，以原上证30指数在当日的收盘3299.06点为基点，于2002年7月1日正式发布。上证180指数选取样本股时综合考虑行业代表性、流通市值的规模和交易活跃程度等因素。同时，剔除上市时间不足一个季度的股票、暂停上市股票、经营状况异常或最近财务报告严重亏损的股票、股价波动较大市场表现明显受到操纵的股票以及其他经专家委员会认定的应该剔除的股票后的上海A股股票为指数样本空间。

深证综合指数，是深圳证券交易所编制的，以深圳证券交易所挂牌上市的全部股票为计算范围，以发行量为权数的加权综合股价指数。该指数以1991年4月3日为基日，基日指数定为100点。深证综合指数综合反映深交所全部A股和B股上市股票的股价走势。此外还编制了分别反映全部A股和全部B股股价走势的深证A股指数和深证B股指数。深证A股指数以1991年4月3日为基日，1992年10月4日开始发布，基日指数定为100点。深证B股指数以1992年2月28日为基日，1992年10月6日开始发布，基日指数定为100点。

深证100指数，是以深圳市场全部正常交易的股票（包括中小企业板）作为选样范围，选取100只A股作为样本编制而成的成分股指数，并保证中小企业成分股数量不少于10只，属于描述深市多层次市场指数体系核心指数。该指数于2003年1月2日发布，基点和发布点位为1000点。深证100指数的功能定位主要就是向市场投资者（特别是机构投资者）提供客观的投资业绩基准和指数化投资标的；深证100指数每半年调整一次。深圳证券信息有限公司推出的深证100指数是中国证券市场有史以来第一只由中立机构编制、管理和面向整个证券市场发布的股票指数，体现了指数公正、公开、客观、透明的原则，说明中国证券市场开始向国际化接轨迈出了历史性的一步。

深证中小企业板指数，是以中小企业板正常交易的股票为样本股的综合指数，首批样本股包括已在中小企业板上市的全部50只股票。在计算指数时使用了最新自由流通股本数为权重参与指数计算的方法，即扣除了流通受到限制的股份后的股本数量作为权重予以计算。新股于上市次日起纳入指数计算，指数成分股的加权方法沿用派氏加权，并以逐日连锁计算的方法得出实时指数。基日为中小企业板第50家上市公司的上市日，即2005年6月7日，基日点位为1000点，于2005年12月1日正式发布。中小企业板指数定位于综合反映中小企业板股票价格的总体变动，并可作为可交易的指数产品和金融衍生工具的标的物。

创业板指数，是以在深交所创业板上市交易的股票作为样本股的成分股指数，包括价格指数和收益指数，价格指数为主指数。创业板指数编制方案吸收了深证系列指数成功经验，并结合创业板市场特点有所创新。第一，指数选样以样本股的“流通市值市场占比”和“成交金额市场占比”两个指标为主要依据，体现深市流通市值比例高、成交活跃等特点；第二，指数计算以样本股的“自由流通股本”的“精确值”为权数，消除了因股份结构而产生的杠杆效应，使指数表现更灵敏、准确、真实；第三，指数样本股调整每季度进行一次，以反映创业板市场快速成长的特点。创业板指数以2010年5月31日为基日，基点为1000点，计算方法与深证系列其他指数相同，采用自由流通量加权，并按照派氏加权法进行计算。创业板指数的初始成分股为指数发布之日已纳入深证综合指数计算的全部创业板股票。在指数样本数量满100只之后，样本数量锁定为100只，并依照定期调样规则实施样本股定期调样。创业板指数的推出可为创业板市场投资者提供权威的参照指标，并为指数产品的开发提供新的标的。

随着创业板指数的推出，我国资本市场多层次指数体系架构已经成型。多层次指数体系的架构按市场层次可以划分为跨市场、单市场、中小板分市场和创业板分市场四种指数系列；按类别可以划分为核心指数、规模指数、风格指数、行业指数、主题指数和综合指数等指数类别。

❊ 本章小结

1. 证券市场是有价证券发行与流通以及与此相适应的组织与管理方式的总称。证券市场包括证券发行市场和证券流通市场。证券市场具有以下三个基本特征：①证券市场是价值直接交换的场所。②证券市场是财产权利直接交换的场所。③证券市场是风险直接交换的场所。

2. 证券市场的参与体系由证券市场主体、证券市场中介、自律性组织和证券监管机构四部分构成。①证券市场主体包括证券发行人和证券投资者。②证券市场上的中介机构包括证券经营机构和证券服务机构。③自律性组织一般是指行业协会。它发挥政府与证券经营机构之间的桥梁和纽带作用。④证券监管机构可分为专管证券的管理机构和兼管证券的管理机构两种形式，都具有对证券市场进行管理和监督的职能。

3. 证券市场的结构：①纵向结构关系。其是一种按证券进入市场的顺序而形成的结构关系。按这种顺序关系划分，证券市场的构成可分为发行市场和流通市场。②横向结构关系。其是依有价证券的品种而形成的结构关系。这种结构关系的构成主要有股票市场、债券市场、基金市场等。③层次结构关系。其是根据区域分布、公司类型、上市条件、交易制度、监管要求等进行的划分。

4. 证券市场是市场经济中一种高级的市场组织形态，是市场经济条件下资源合理配置的重要机制。它具有如下几种功能：①筹集资金。证券市场的首要功能是指为资金需求者筹集资金的功能。这一功能的另一作用是为资金供给者提供投资对象。②资本定价。证券市场的第二个基本功能就是为资本决定价格。证券市场提供了资本的合理定价机制。③资本配置。证券市场通过证券价格引导资本的流动而实现资本的合理配置的功能。④宏观调控。证券市场的存在及发展为政府实施对宏观经济活动调控创造了条件，为政府的宏观经济政策传导提供了途径。

5. 证券发行市场，是指证券发行人向投资者出售证券以筹集资金的市场，又称初级市场或一级市场。证券流通市场是指已发行的证券进行流通转让的市场，又称交易市场、二级市场、次级市场。证券发行市场与证券流通市场构成统一的证券市场整体。

6. 证券的发行方式按不同的划分标准可划分为不同的类型，最常见的证券市场分类有如下两种：①按发行对象不同，分为公募发行与私募发行。②按有无发行中介划分，可分为直接发行和间接发行。证券承销方式按照发行风险的承担、所筹集资金的划拨以及手续费的高低等因素划分，包括包销和代销两种。

7. 股票发行条件是指股票发行者以股票形式筹集资金时所必须具备的条件，通常包括首次公开发行条件、发行新股条件（增发和配股）。股票发行价格的确定方法有：市盈率法、竞价确定法、净资产倍率法和现金流量折现法。

8. 证券流通市场由场内交易市场——证券交易所和场外交易所市场组成。证券交易所是证券买卖双方公开交易的场所。证券交易所的特征有：①有固定的交易场所和交易时间；②参加交易者为具备会员资格的证券经营机构；③交易的对象限于合乎一定标准的上市证券；④通过公开竞价的方式决定交易价格；⑤集中了证券的供求双方，具有较高的成交速度和成交率；⑥实行“公开、公平、公正”原则，并对证券交易加以严格管理。证券交易所的组织形式大致可以分为两类，即公司制和会员制。

9. 场外交易市场是证券交易所以外的证券交易市场的总称。它没有固定的场所，其交易主要利用电话进行，交易的证券以不在交易所上市的证券为主。场外交易市场的特征有：①场外交易市场的组织较为松散。②场外交易的对象十分广泛，并且数量很大。③场外交易的交易非常灵活多样。场外交易市场可具体划分为柜台交易市场、第三市场、第四市场。

10. 创业板是地位次于主板市场的二板证券市场，其目的主要是扶持中小企业，尤其是高成长性企业。创业板公司首次公开发行的股票申请在深交所上市应当符合下列条件：①股票已公开发行；②公司股本总额不少于3000万元；③公开发行的股份达到公司股份总数的25%以上，公司股本总额超过4亿元的，公开发行股份的比例为10%以上；④公司股东人数不少于200人；⑤公司最近三年无重大违法行为，财务会计报告无虚假记载；⑥深交所要求的其他条件。

❀ 复习思考题：

1. 证券市场的参与者由哪些构成？
2. 证券市场的主要功能是什么？
3. 证券市场的运行效率如何度量？
4. 证券发行方式有哪些？证券承销方式有哪些？
5. 股票发行价格确定方法有哪些？
6. 场外交易市场的概念及特征是什么？
7. 创业板上市条件与主板上市条件的区别表现在哪些方面？

第三章　股票的投资价值分析

本章学习目标：

理解有关股票价值的不同概念，了解股票投资价值的影响因素，掌握股票价值的估值方法和各种模型的计算。

第一节　股票的价值

股票代表一定价值量，简称股票价值，是投资者最为关心的因素之一。投资者总是希望花费最少的钱买到价值最高的股票。有关股票的价值有多种提法，它们在不同场合有不同含义，需要加以区分。

一、股票的票面价值

股票的票面价值又称面值，即在股票票面上标明的金额。它以元/股为单位，其作用是用来表明每一张股票所包含的资本数额。在我国上海和深圳证券交易所流通的股票的面值一般为一元，即每股一元。目前，我国A股市场上已经出现面值不等于一元的股票，例如紫金矿业（601899），其发行面值为0.1元，也就是说，股东如果持有10元面值的股票，其股份数即为100股。

股票面值的作用之一是表明股票的认购者在股份公司的投资中所占的比例，作为确定股东权利的依据。如某上市公司的总股本为100万元，则持有一股股票就表示在该公司占有的股份为1/1 000 000。第二个作用是簿记方面的作用，股票的票面价值在初次发行时有一定意义，即股票面值之和构成公司的实收资本，溢价部分则记入资本公积。如果以面值作为发行价，称为平价发行，此时公司发行股票募集的资金等于股本的总和，也等于面值总和。如果发行价格高于面值，称为溢价发行，募集的资金中等于面值总和的部分记入股本账户，超额部分记入资本公积金账户。一般来说，股票的发行价格都会高于其面值。股票面值在初次发行股票时就设计已定，一般情况下不再作变动。当股票进入流通市场后，股票的账面价值、内在价值、市场价格会变动，因而股票面值与股票的投资价值之间没有必然的联系。尽管如此，票面价值仍然是确定股东所持有的股份占公司所有权大小、核算股票溢（折）价发行、登记股本账户的依据。

二、股票的账面价值

公司资产总额减去负债（公司净资产）即为公司股票的账面价值，再减去优先股价值，为普通股价值。以公司净资产除以发行在外的普通股股数，则为普通股每股账面价值，也称股票净值或每股净资产。它是公司股东权益的保障，也是公司实力的主要体现。

公司的净资产是公司运营的资本基础。在赢利水平相同的前提下，账面价值越高，股票的收益越高，股票就越有投资价值。因此，账面价值是股票投资价值分析的重要指标，在计算公司的净资产收益率时也有重要的作用。

三、股票的清算价值

股票的清算价值是指一旦股份公司破产或倒闭后进行清算时，每股股票所代表的实际价值。从理论上讲，股票的清算价值应与账面价值一致，实际上并非如此。只有当清算时的资产实际出售额与财务报表上反映的账面价值一致时，每一股的清算价值才会和账面价值一致。但在公司清算时，其资产往往只能压低价格出售，再加上必要的清算费用，所以，公司终止时其资产的实际清算价值会低于其账面价值，有时甚至是很大的差异（如公司破产时）。股票的清算价格只是在股份公司因破产或其他原因丧失法人资格而进行清算时才被作为确定股票价格的依据，在股票的发行和流通过程中没有意义。

四、股票的内在价值

股票的内在价值即理论价值，也即股票未来收益的现值。股票的内在价值决定股票的市场价格，股票的市场价格总是围绕其内在价值波动。研究和发现股票的内在价值，并将内在价值与市场价格相比较，进而决定投资决策是证券分析家的主要任务。但由于未来收益及市场利率的不确定性，各种价值模型计算出来的“内在价值”只是股票真实的内在价值的估计值。经济形势的变化、宏观经济政策的调整、供求关系的变化等都会影响股票未来的收益，引起内在价值的变化。内在价值的具体计算将在本章的第三部分进行阐述。

五、股票的市场价格

股票的市价，是指股票在交易过程中交易双方达成的成交价，通常所指的股票价格就是指市价。股票的市场价格主要决定于股票的实际价值，和股票面值联系不大，股票的市价直接反映着股票市场的行情，是投资者购买股票的依据。由于受众多因素的影响，股票的市价处于经常性的变化之中。股票价格是股票市场价值的集中体现，因此这一价格又称为股票行市。

第二节　影响股票投资价值的因素

股票的投资价值主要取决于两方面因素：一方面来自于公司本身；另一方面来自于市场。我们将公司自身的影响因素称为内部因素，来自于市场的影响因素称为外部因素。

一、内部因素

内部因素有两种：一是指标类，即通过该项指标的变动来衡量股价的变动；二是事件类，即通过此类事件的发生来衡量股价的变动。

1. 指标类

（1）公司的净资产。公司的净资产是公司的总资产与总负债之差，它代表了全体股东的权益，是决定股票价格的重要基础。在财务报表中，净资产的项目中包括实收资本部分即代表上市公司的股本，而股本是净资产的重要组成部分。理论上，股票的价格应该与净资产的价值保持一定比例，即净值增加，股价上涨；净值减少，股价下跌。

（2）公司的经营业绩。公司的经营业绩既决定了红利分配额多少，又对股票市场价格有重大影响。企业经营业绩优良，盈利能力强，未分配利润较多，资本公积金较多，净资产值较高，因而派发红利、送股及公积金转赠的基础扎实，使投资者能更多地获得现金红利或通过资本扩张获得资本增值收益。其次，业绩优良又是股票市场价格上升的重要因素，投资者又能获取差价收益；反之，业绩平平、业绩较差甚至亏损的企业情况则相反。

（3）销售收入。销售收入增加，说明公司销售能力增强，利润增加，股价随之上涨。但需根据成本、费用和负债情况进行综合分析，例如销售收入增加的同时，销售成本也在随之增加，如果成本增加更快，则销售利润减少，股价便会下跌；又例如，销售收入增加是由于企业通过负债融资进行规模扩张引起的，则必须考虑企业的偿债能力，如果收入的现金流无法偿还因扩张而举的债务，则股价也会下跌。

（4）原材料供应及价格变化。原材料供应情况及价格变化会影响股价的变化。例如石油价格的上涨，使得能源动力行业的原材料成本提高，从而减少行业利润，引起该行业股票股价的下跌，在现实世界中，由于石油对于整个股票市场的关联度很高，所以石油价格的大幅波动通常会引起股票市场的大幅波动。

2. 事件类

（1）公司的股利政策。公司的股利政策反映了公司的经营作风和发展潜力，对股票价格具有直接的影响。不同的股利政策会对各期的股息收入等产生不同的影响。一般情况下，股票价格和股利水平成正比，但也有例外，比如长期不分发股利的公司，如果其经营业绩良好，便有分发股利的短期预期，即便公司不发放股利，股价也会由于这种预期而持续上升。

（2）股票分割。股票分割又称为拆股、拆细，是将一股股票均等地拆成若干股。股票分割有很多目的，通常是由于股票绝对价格太高，管理层决定通过拆股降低价格，使得股价又有重新上涨的动力（我国早期上市的股票，由于每股面值高于1元，都进行了拆股）。股票分割一般在年度决算月份进行。股票分割虽然能够促使股价的短暂上涨，但也有稀释股份的作用。

（3）增资和减资。通常情况下，增发新股，会促使股价下跌。当公司宣布减资时，多半是因为经营不善、亏损严重，需要重新整顿，所以股价会大幅下降。现实中的限售股解禁就是一种典型的增资途径，但这种方法并不是一定能引起股价下跌或上涨，如果公司限售股的解禁是在股价很高的时候，这时候增资会形成资金供给不足的压力，导致股价下跌；如果公司限售股的解禁能够促使公司扩大经营规模改善业绩，则也可能使得股价上涨。

（4）管理层更换。公司主要管理者更换会引起投资者的猜测，改变对公司的信任程度，从而引起股价的涨跌，例如，公司的主要经营者突然中止销售合同，使得公司的经营暂时停止，造成公司短期现金流的缺失，引起公司的债务危机，从而引发股价下跌。

（5）公司改组或合并。公司的改组或合并通常会引起公司净资产价值的大幅度波动，前面已经提到公司的净资产价值对股价的影响，所以改组或合并的预期一旦形成，股票的价格便会产生较大幅度的波动，具体的变动方向需要分析公司合并或改组对公司发展是否有利，重组后能否改善公司的经营状况，这是股价变动的决定因素。

（6）意外灾害。因发生不可预料和不可抵抗的自然灾害或不幸事件，给公司带来重大的财产损失又得不到相应赔偿，股价会下跌。

二、外部因素

从外部看，影响股票投资的因素包括宏观经济因素、行业因素、市场因素和投资者心理因素等。

1．宏观经济因素

宏观经济走向和相关政策是影响股票走势的重要因素。经济增长、物价水平、就业率以及国际经济市场的变化等因素都会对股票市场产生影响，且基于上述变化而制定的财政政策、货币政策、产业政策以及收入分配政策都会对股票的投资价值产生影响。

2．行业因素

行业在其发展过程中，要经历初创期、成长期、成熟期、衰退期四个阶段，这被称为行业的生命周期。处在不同阶段的行业有不同的表现。一般来说，在初创期，盈利少甚至于出现亏损，风险很大，不利于投资，因而股票价格偏低；成长期是投资机会时期，此时公司利润稳步上升，风险逐渐降低，股票价格不断上涨，会给投资者带来较丰厚的资本收益；成熟期公司利润稳定，风险小，股票价格较稳。但是，一旦投资者意识到行业开始由盛转衰，便纷纷抽回资金，股价就会下跌。

3．市场因素

市场因素指影响股票市场价格的各种股票市场操作。例如，看涨与看跌、买空与卖空、追涨与杀跌、获利平仓与解套或割肉等行为，不规范的股票市场中还存在诸如分仓、串谋、轮炒等违法违规操纵股票市场的操作行为。一般而言，如果股票市场的做多行为多于做空行为，则股票价格上涨；反之，如果做空行为占上风，则股票价格趋于下跌。由于各种股票市场操作行为主要是短期行为，因而市场因素对股票市场价格的影响具有明显的短期性质。

4．投资者心理因素

投资者心理变化对股价变化影响很大。如果投资者对股市前景过分悲观，就会不顾发行公司的盈利状况大量抛售手中的股票，致使股价大跌；如果投资者对某种股票的行情持乐观态度，就会大量买进股票，推动股价上涨；如果投资者对行情看不准，按兵不动，股市就会上下不稳定地震荡。

第三节　股票的估值

一、内在价值的估计

股票价值的估计可以分为绝对估价和相对估价。这里，我们主要介绍绝对估价法中的股息贴现模型与自由现金流贴现模型和相对估价法中的市盈率估价模型与市净率估价模型等。

1．股息贴现模型

假如一位投资者买入一股股票，计划持有一年。股份的内在价值为第一年年末收到的股息 D_1 加上预期出售价格 P_1 的贴现值。即（K 为一定风险程度下的年折现率）

$$V_0 = \frac{D_1 + P_1}{1 + K_1} \tag{3.1}$$

如果将其股息预测延伸到 n 年以后，则其价值可表示为：

0　1　2　……　$n-1$　n

D_1　D_2　……　D_{n-1}　D_n+P_n

$$V_0 = \frac{D_1}{1 + K_1} + \frac{D_2}{(1 + K_2)^2} + \cdots + \frac{D_n + P_n}{(1 + K_n)^n} \tag{3.2}$$

［例3－1］假定某公司未来每股股利为1元，年折现率为10%，第三年年末的股价为10元，则该公司的内在价值为：

$$V_0 = \frac{1}{1 + 10\%} + \frac{1}{(1 + 10\%)^2} + \frac{1 + 10}{(1 + 10\%)^3} = 10 \text{（元）}$$

如果将股息发放扩展到无限期，则其价值为：

$$V_0 = \frac{D_1}{1+K_1} + \frac{D_2}{(1+K_2)^2} + \cdots + \frac{D_\infty}{(1+K_\infty)^\infty} \tag{3.3}$$

从上式中可以看出，运用股息贴现模型估计股票的内在价值存在两个困难：一个是未来的股息支付不确定；另一个是未来的内部收益率也不能确定，因为未来的现金流无法确定。所以，此模型的关键是确定未来的股息。而每年的红利也不是固定不变的，在这里，我们引入股息增长率 g_t，即 $g_t = \frac{D_t - D_{t-1}}{D_{t-1}}$，不同的股息增长率派生出不同的股息增长模型。

2. 零增长模型

零增长模型，是指股息增长率为零，即每年的股票红利保持不变，则股票的内在价值为：

$$V_0 = D_0\left[\frac{1}{1+K_1} + \frac{1}{(1+K_2)^2} + \cdots + \frac{1}{(1+K_\infty)^\infty}\right] \tag{3.4}$$

如果每年均以内部收益率 K 折现，则内在价值为：

$$V_0 = \frac{D_0}{K} \tag{3.5}$$

[例3-2] 假定某公司的未来每股股利为10元，内部收益率为10%，假定每年股利支付不变，则该公司股票价值等于10/0.1=100元，若该公司股票市价大于100元，则说明股价被高估；反之，则被低估。

从上例中，我们发现，如果在知道公司的股票内在价值和不变股利支付的情况下，可以反求出股利的内部收益率，即

$$K = \frac{D_0}{V}$$

3. 不变增长模型

不变增长模型，是指股票股利每年按固定的增长率增长。假设增长率为 g，内在价值为：

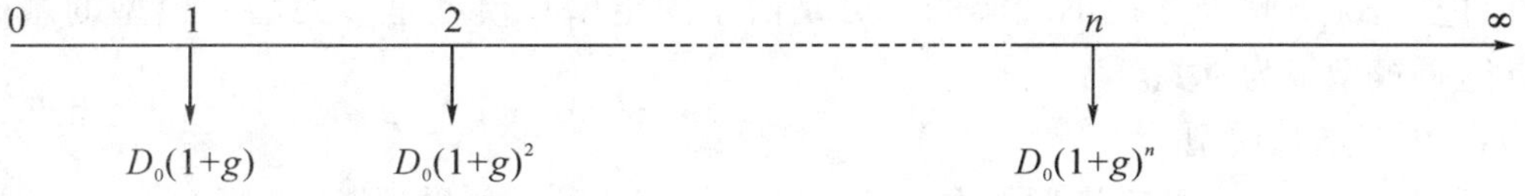

0　1　2　……　n　∞

$D_0(1+g)$　$D_0(1+g)^2$　$D_0(1+g)^n$

$$V_0 = \frac{D_0(1+g)}{1+K} + \frac{D_0(1+g)^2}{(1+K)^2} + \cdots + \frac{D_0(1+g)^\infty}{(1+K)^\infty} \tag{3.6}$$

若 $g<K$，上式可简化为：

$$V = \frac{D_0(1+g)}{K-g} \tag{3.7}$$

[例3-3] 假定某公司当年每股股利为10元，内部收益率为10%，假定每年股利以5%的速度稳定增长，则该公司的内在价值为：

$$V_0 = \frac{D_0(1+g)}{K-g} = \frac{10(1+5\%)}{10\%-5\%} = 210\text{（元）}$$

若投资者持有至第 n 期，则该模型为：

$$V_0=\frac{D_0\ (1+g)}{1+K}+\frac{D_0\ (1+g)^2}{(1+K)^2}+\cdots+\frac{D_0\ (1+g)^n}{(1+K)^n}+\frac{P_n}{(1+K)^n} \tag{3.8}$$

在无限持有的情况下，如果在内在价值 V 已知的情况下，反求内部收益率 K 为：

$$K=\frac{D_0\ (1+g)}{V}+g$$

［例 3 -4］假定某公司当年每股股利为 10 元，内在价值为 210 元，假定每年股利以 5% 的速度稳定增长，则该公司的内部收益率为：

$$K=\frac{D_0(1+g)}{V}+g=\frac{10(1+5\%)}{210}+5\%=10\%$$

使用不变增长模型时应注意以下问题：

（1）该模型的限制条件是 $K>g$。从数学角度看，如果 $K<g$，则公式推导过程中分子的增长速度快于分母的增长速度，当 n 趋于无穷大，这个 n 阶多项式是发散的，股票价值便不存在。从经济意义看，如果一家股份公司的股利增长率高于当时的市场收益率，即大部分投资者预期的目标收益率，股票无论确定多高的价格，都始终低于其实际价值。

（2）固定增长模型的运用也有一定的限制，毕竟没有任何一只普通股票可以保持稳定不变的股利增长率。那么，利用该模型计算股票价值的基础在于，如果有一个股份公司具有相当长的股利派发历史，则可通过该公司过去股利年平均增长率的历史数据来推断该公司股利派发的未来增长率。在这里，可以假设未来股利增长率将等于过去平均股利增长率。虽然这个假设可能会有偏差，但如果我们没有充分的根据来判断未来的股利收入流量可能发生的变化，则历史数据的平均值仍然是对未来情况的最令人信服的预期。

（3）零增长模型可以看做是固定增长模型的特例。具体而言，当月 $g=0$ 时，零增长模型就是固定增长模型。比较两种模型，虽然固定增长模型比零增长模型的限制少，但在许多情况下它仍然是不现实的。可是由于固定增长模型是多元增长模型的基础，因此这种模型极为重要。

4. 可变增长模型

固定增长的股利贴现模型仅在 g 小于 K 时是正确的。如果预期股利永远以一个比 K 快的速度增长，股票的价值将为无穷大。如果分析家得出一个比 K 更大的 g 的估计值，从长远角度来看，这个增长率是不能维持的。在这种情况下，正确的估价模型是下面讨论的多阶段股利贴现模型。

假设股票股利以 g_1 的速度增长至第 N 年，而后以 g_2 的速度继续增长，则股票的内在价值为：

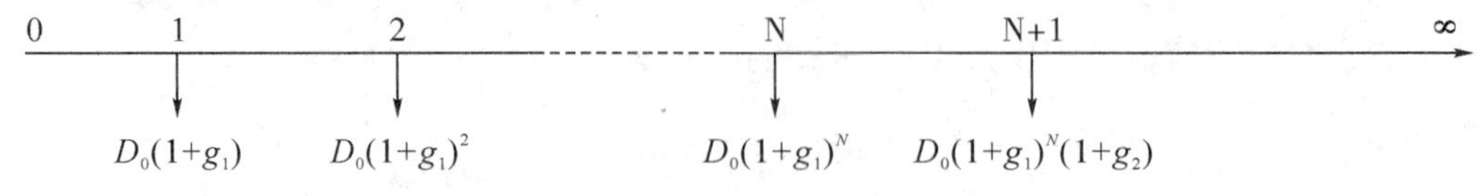

$$V = \sum_{t=1}^{N} \frac{D_0(1+g_1)^t}{(1+K)^t} + \sum_{t=N+1}^{\infty} \frac{D_N(1+g_2)^{t-N}}{(1+K)^t}$$

$$= \sum_{t=1}^{N} \frac{D_0(1+g_1)^t}{(1+K)^t} + \frac{1}{(1+K)^N} \sum_{t=N+1}^{\infty} \frac{D_N(1+g_2)^{t-N}}{(1+K)^{t-N}}$$

$$= \sum_{t=1}^{N} \frac{D_0(1+g_1)^t}{(1+K)^t} + \frac{1}{(1+K)^N} \cdot \frac{D_{N+1}}{(K-g_2)} \tag{3.9}$$

［例 3 - 5］假定某公司当年每股股利为 0.5 元，内部收益率为 10%，未来 3 年超常增长率为 20%，随后按每年 5% 增长，则其内在价值为：

$$V = \sum_{t=1}^{3} \frac{D_0(1+g_1)^t}{(1+K)^t} + \frac{1}{(1+K)^3} \cdot \frac{D_4}{(K-g_2)}$$

$$= \sum_{t=1}^{3} \frac{0.5(1+20\%)^t}{(1+10\%)^t} + \frac{1}{(1+10\%)^3} \cdot \frac{0.5(1+20\%)^3(1+5\%)}{(10\%-5\%)}$$

$$= 15.42(元)$$

运用该模型应注意以下几点：

（1）固定增长模型可以看做是多元增长模型的特殊形式。具体而言，当多元增长模型中固定增长的时间设置为零，即 $N=0$ 时，多元增长模型将等同于固定增长模型。

（2）我们假设的多元增长模型实为二元增长模型，而有时投资者会使用三元增长模型。三元增长模型是把股利现金流量分成三部分，分别算出它们的现值，然后把它们的现值相加。例如可假定在某时点之前不变增长速度为 g_1，在 t_1 和 t_2 时点之间不变增长速度为 g_2，在 t_2 之后不变增长速度为 g_3。三元增长模型实际上也是多元增长模型的特例，它们的原理、方法和应用方式差不多，投资者可以根据自己的实际需要加以考虑。

5. 自由现金流贴现模型

自由现金流量贴现理论认为，公司价值等于公司未来自由现金流量的折现值。即选定恰当的贴现率，将公司未来的自由现金流折算到现在的价值之和作为公司当前的估算价值。该方法的基本原理是一项资产的价值等于该资产预期在未来所产生的全部现金流量的现值总和。公司内在价值表达为：

$$V = \sum_{t=1}^{n} \frac{CF_t}{(1+r)^t} \tag{3.10}$$

根据增长模式不同，自由现金流贴现模型有很多种形式，根据本书论述主题的需要，下面仅简要讨论 FCFF 和 FCFE 模型的基本原理。

（1）公司自由现金流（FCFF）贴现模型。公司自由现金流（FCFF）是公司支付了所有营运费用、进行了必需的固定资产与营运资产投资后可以向所有投资者分派的税后现金流量。FCFF 是公司所有权利要求者，包括普通股股东、优先股股东和债权人的现金流总和。其计算公式为：

FCFF = EBIT ×（1 - 税率）+ 折旧 - 资本性支出 - 追加营运资本　　(3.11)

其中，EBIT 为税息前收入。

FCFF 折现模型认为，公司价值等于公司预期现金流量按公司资本成本进行折现，将预期的未来自由现金流用加权平均资本成本折现到当前价值来计算公司价值，然后减去债券的价值进而得到股权的价值。公式可表达为：

$$V = \sum_{t=1}^{n} \frac{FCFF_t}{(1 + WACC)^t} \tag{3.12}$$

其中，加权平均资本成本（WACC）为债务资本价值与股本价值之和。

$$WACC = \frac{V_e}{V}K_e + \frac{V_d}{V}K_d\ (1 - T) \tag{3.13}$$

总资本价值 V = 股权资本价值 V_e + 债务资本价值 V_d；公司股权资本价值 = 公司总价值 V - 净债务；股权资本的权重 = V_e/V = （总股本×股价）$/V$；债务资本的权重 = V_d/V；市价权重仅有参考意义，建议采用长期目标资本结构；债务成本 = 债务税前成本 K_d（1 - 有效税率）；股权成本（K_e），可以根据 CAPM 模型计算。由于自由现金流贴现法的依据是公司的价值等于一段时间预期的自由现金流和公司的终极价值的现值，若企业具有比较稳定的现金流量，则比较适合采用此类方法，如公用事业型公司。

（2）股权资本自由现金流（FCFE）贴现模型。股权资本自由现金流量（FCFE）在公司用于投资、营运资金和债务融资成本之后可以被股东利用的现金流，它是公司支付所有营运费用、再投资支出、所得税和净债务支付（即利息、本金支付减发行新债务的净额）后可分配给公司股东的剩余现金流量。FCFE 的计算公式为：

FCFE = 净收益 + 折旧 - 资本性支出 - 营运资本追加额 - 债务本金偿还 + 新发行债务
（3.14）

FCFE 折现估价模型的基本原理，是将预期的未来股权活动现金流用相应的股权要求回报率折现到当前价值来计算公司股票价值。公式表达为：

$$V = \sum_{t=1}^{n} \frac{FCFE_t}{(1 + K_e)^t} \tag{3.15}$$

其中，V 为公司价值；$FCFE_t$ 为 t 期的现金流；K_e 是根据 CAPM 模型计算的股权成本。

6. 市盈率估价模型

市盈率的计算公式为：

市盈率 = 股价/每股收益

转换公式得：

股价 = 每股收益×市盈率

市盈率的估计有以下几种方法：

（1）平均数法。首先，把某一行业的股票归类，剔除市盈率过高或过低的股票，然后求出其市盈率的简单算术平均数，得出市场赋予该行业的平均市盈率；其次，把所得估价公司的预期每股收益乘以估计的市盈率，得出市场对该类行业公司在预期收益水平上的定价；最后，适当考虑市场兴趣对该股价进行修正。常常考虑的因素有：新股定价普遍偏高、流通股规模、行情走势等。

［例3-6］深发展A在2009年第三季度的每股收益为1.17元，根据表3-1，计算其内在价值。

表3-1

代码	名称	市盈（动）
000001	深发展A	14.91
002142	宁波银行	28.38
600000	浦发银行	13.37
600015	华夏银行	17.27
600016	民生银行	12.37
600030	中信证券	23.6
600036	招商银行	18.41
601009	南京银行	21.23
601166	兴业银行	14.96
601169	北京银行	19.79
601328	交通银行	13.5
601398	工商银行	13.09
601939	建设银行	11.95
601988	中国银行	12.76

资料来源：上海证券交易所、深圳证券交易所。

根据表3-1，银行行业的平均市盈率为16.83，所以深发展A的内在价值为：

$V=16.83\times1.17=19.69$（元）

（2）市场预期回报率法。在不变增长模型中进一步假定：公司利润内部保留率为固定不变的b，再投资收益率为固定不变的r，股票持有者的预期回报率与投资利润率相当。

由第二个假设可得：$D_1=(1-b)E_1$（E表示收益，I表示再投资，r表示再投资收益率）

由第一个假设可得：$I_{t-1}=bE_{t-1}$

代入前面的公式可得到：

$$E_t=E_{t-1}+brE_{t-1}=E_{t-1}(1+br) \tag{3.16}$$

由此可得收益的增长率：

$g_E=(E_t-E_{t-1})/E_{t-1}=br$

由于第一个假设，股息的增长率一定与收益的增长率相同，即

$g=g_n=g_E=br$

因此，不变增长模型变为：

$$P_0=D_0(1+g)/(k-br) \tag{3.17}$$

在股票持有者的预期回报率与投资收益率相当的假设下，即$r=k$，则：

$$P_0 = D_0(1+g)/(r-br) \tag{3.18}$$

所以，$r = k = D_0(1+g)/[(1-b)P_0] = D_1/[(1-b)P_0] = E_1/P_0$

其中，$D_1 = (1-b)E_1$

由此可以看出，在一定的假设条件下，股票持有者预期的回报率恰好是再投资收益率的倒数。因此，可以通过对各种股票市场预期回报率的分析对市盈率进行预测。

同样，在这个模型中存在不变增长模型中的所有不足，并且还涉及了一个不变的派息比例，这个比例在现实中也是多变的。

（3）回归估计。回归估计即是用回归方程对市盈率进行估计。回归方程的一般形式为 $Y = a + bX$，其中：Y 为市盈率；X 为影响市盈率的某种因素，如流通股规模、每股收益或者税后利润增长率等。用最小二乘法对回归方程的参数 a、b 进行估计，其公式为：

$$a = \bar{Y} - b\bar{X} \tag{3.19}$$

$$b = \frac{\sum_{i=1}^{n}(X_i - \bar{X})(Y_i - \bar{Y})}{\sum_{i=1}^{n}(X_i - \bar{X})^2} \tag{3.20}$$

我们只要得到 n 组（X_i，Y_i）的数据，就可以运用上述公式求出 a，b 的数值得到回归方程式：

$$Y = a + bX$$

b 的符号表示因素 X 对市盈率的影响方向，其数值表示对市盈率贡献的大小。根据这个方程可以估计出特定 X 值下的市盈率值。很多分析人士据此提出投资建议，当市盈率估计值高于实际值时，建议买入股票；当市盈率估计值低于实际值时，建议卖出股票。

一般认为，市盈率与收益、股息政策、增长和风险等关系最密切。美国 Whitebeck 和 Kisor 用多重回归分析法发现，在 1962 年 6 月 8 日的美国股票市场中有以下规律：

$$市盈率 = 8.2 + 1.500 \times 收益增长率 + 0.067 \times 股息支付率 - 0.200 \times 增长率标准差 \tag{3.21}$$

这个方程描述了在某一时刻，这三个变量对于市盈率影响的估计。其中的关系表示了各变量的权重，正负号表示其对于市盈率影响的方向，而这些方向与我们的常识恰恰是吻合的。增长越快、股息越多、风险越低，则市盈率越大。只要将收益增长率、股息支付率和风险带入上式，则可以得到任何股票市盈率的理论值。

但这个模型及其拓展——多元线性回归分析的特点是，它能解释某一特定历史时期股价的表现，却不能充分解释未来较长时期股价的变化，而这一点恰好非常重要。导致这一问题的原因可能有如下三个：第一，市场热点的变化。当市场热点发生变化时，表示该因素贡献率大小的系数会发生变化，导致公式中的 b 值发生变化。第二，自变量的估计值难以准确定量，即 X 在将来如何取值是不确定的。第三，该模型可能忽视了其他重要的影响市盈率的因素。

总的来说，市盈率评估也暴露出许多不足之处：

其一，市盈率低的股票对购买者来讲是有利的，因为对于同样的企业盈利水平，所付出的投资成本相对较低。但市盈率高的股票又反映了投资者看好这类股票和企业的发展前景，因为股价反映了投资者对企业未来盈利能力的预期。

其二，每股收益与价格并不同步运动。同一股票在各个时期，市盈率各不相同，且变化的幅度很大。因此无法有标准不变的市盈率。

其三，利率对市盈率影响很大。利率处于高水准时，市盈率相对低；反之相反。当预测企业进入衰退期，市盈率低的股票缺乏吸引力，而市盈率高又受周期影响小的股票反而受到青睐。

正因为如此，在运用市盈率时，不仅要考虑静态状况，更要考虑动态状况，还要考虑其他诸多因素。

7. 市净率估价模型

账面价值是公司净资产的会计指标。市价/账面价值比率（P/B）是衡量公司价值的重要指标，这就是市净率的表达公式，即：

$$市净率 = 每股市价/每股净资产 \tag{3.22}$$

[例3-7] 假设某公司的市净率为2.5，每股净资产为10元，则该公司的内在价值为：

$V=2.5\times10=25$（元）

相对于市盈率，市净率在使用中有着其特有的优点：第一，每股净资产通常是一个累积的正值，因此市净率也适用于经营暂时陷入困难的企业及有破产风险的公司；第二，统计学证明每股净资产数值普遍比每股收益稳定得多；第三，对于资产中也含大量现金的公司，市净率是更为理想的比较估值指标。这样，P/B 尤其适用于公司股本的市场价值完全取决于有形账面值的行业，如银行、房地产公司。面对没有明显固定成本的服务性公司，账面价值意义不大。

同时，市净率在使用过程中也存在一定局限性。出于会计计量的局限，一些对企业非常重要的资产并没有确认入账，如商誉、人力资源等；当公司在资产负债表上存在显著的差异时，作为一个相对值，P/B 可能对信息实用者有误导作用。

二、股票的投资价值评估

上一节我们阐述了各种内在价值的估值模型，这些模型都能给投资者一个股票内在价值的衡量，但无论是绝对估价还是相对估价都与股票的市场价格有一定的差异，投资者需要根据不同的差异对股票的买卖进行判断。

股票投资价值评估主要是基于股票内在价值与实际价格之间的差异进行评估，由此，引入净现值（NPV），即：

$$\mathrm{NPV} = V - P = \sum_{t=1}^{\infty} \frac{D_t}{(1+K)^t} - P \tag{3.23}$$

P 为 $t=0$ 时，购买股票的成本：

如果 $\mathrm{NPV}>0$，意味着股票价格被低估，购买这种股票可行；

如果 NPV <0，意味着股票价格被高估，应该卖出这种股票；

内部收益率，就是指使得投资净现值等于零的贴现率。则上式可表示为：

$$NPV = V - P = \sum_{t=1}^{\infty} \frac{D_t}{(1+K)^t} - P = 0$$

所以，

$$P = \sum_{t=1}^{\infty} \frac{D_t}{(1+K)^t} \tag{3.24}$$

NPV 法的主要步骤是计算内在价值，这在上一节已经详细阐述过，这里我们将用一个自由现金流折现模型为例来全面解释该方法的操作。

［例 3－8］假设某公司股票现价为 10 元，流通股本为 1000 股，股权资本价值 V_e 为 10 000 元，债务资本价值 V_d 为 20 000 元，公司的股权回报率 K_e 为 10%，税前债务成本 K_d 为 8%，所得税率为 25%，公司的未来三年的财务指标如表 3－2 所示。

表 3－2　　某公司 2010—2012 年财务指标

年份	*EBIT*	折旧	资本性支出	营运资本的增加
2010	10 000	1000	5000	2000
2011	12 000	1000	5000	2500
2012	14 000	1000	5000	3000

根据表 3－2 所提供的数据，我们进行如下步骤的计算：

第一步：计算公司每年的 FCFF。

从公司的财务数据中以及公式（3.11），我们得到每年的 FCFF 为，见表 3－3。

表 3－3

年份	EBIT	折旧	资本性支出	营运资本的增加	FCFF
2010	10 000	1000	5000	2000	1500
2011	12 000	1000	5000	2500	2500
2012	14 000	1000	5000	3000	3500

第二步：计算公司的 WACC。

根据（3.13）式，可得公司的加权资本成本为：

$$\begin{aligned} WACC &= \frac{V_e}{V}K_e + \frac{V_d}{V}K_d(1-T) \\ &= \frac{10\ 000}{30\ 000} \times 10\% + \frac{20\ 000}{30\ 000} \times 8\% \times (1-25\%) \\ &= 7.33\% \end{aligned}$$

第三步：计算公司股票的内在价值。

根据（3.12）式可得，公司的内在价值为：

$$V = \sum_{t=1}^{n} \frac{FCFF_t}{(1 + WACC)^t}$$

$$= \frac{1500}{1 + 7.33\%} + \frac{2500}{(1 + 7.33\%)^2} + \frac{3500}{(1 + 7.33\%)^3}$$

$$= 6398.50(元)$$

第四步：价值评估。

由于公司的流通股本为1000股，则公司的每股价值为6398.50/1000 = 6.4元，公司的 $NPV = 6.4 - 10 = -3.2$(元) <0，所以公司的股票价格被高估，应该卖出该公司的股票。当然，当公司的估价跌破6.4元时，则可以买入该公司股票。

※ 本章小结

1. 股票是有价证券的一种主要形式，其发行主体是股份有限公司，它以凭证的方式证明投资者的身份和享有的权益，并据此获取股息和红利。股票的价值有：①票面价值；②账面价值；③清算价值；④内在价值；⑤市场价格。

2. 股票的投资价值主要取决于两方面因素：一方面来自于公司本身；另一方面来自于市场。我们将公司自身的影响因素称之为内部因素，来自于市场的影响因素称之为外部因素。内部因素有两种，一是指标类，即通过该项指标的变动来衡量股价的变动；二是事件类，即通过此类事件的发生来衡量股价的变动。从外部看，影响股票投资的因素包括宏观经济因素、行业因素、市场因素和投资者心理因素等。

3. 股票价值的估计可以分为绝对估价和相对估价。其中常用的有绝对股价法中的股息贴现模型与自由现金流贴现模型和相对估价法中的市盈率估价模型与市净率估价模型。

4. 股息贴现模型：股息预测延伸到n年以后，则：

$$V_0 = \frac{D_1}{1 + K_1} + \frac{D_2}{(1 + K_2)^2} + \cdots + \frac{D_n + P_n}{(1 + K_n)^n}$$

5. 自由现金流贴现模型：

$$V = \sum_{t=1}^{n} \frac{CF_t}{(1 + r)^t}$$

6. 股票投资价值评估主要是基于股票内在价值与实际价格之间的差异进行评估，由此，引入净现值（NPV），即：

$$NPV = V - P = \sum_{t=1}^{\infty} \frac{D_t}{(1 + K)^t} - P$$

根据内部收益率就是指使得投资净现值等于零的贴现率，上式可表示为：

$$NPV = V - P = \sum_{t=1}^{\infty} \frac{D_t}{(1 + K)^t} - P = 0$$

$$P = \sum_{t=1}^{\infty} \frac{D_t}{(1 + K)^t}$$

※ 复习思考题：

1. 关于股票的价值有哪些提法？其代表的含义是什么？

2. 影响股票价值的内部因素有哪些？外部因素有哪些？

3. 假定某公司当年每股股利为30元，内部收益率为15%，假定每年股利以5%的速度稳定增长，计算该公司的内在价值。

4. 假定某公司的未来预期自由现金流为每年100元，加权资本成本为10%，计算该公司的内在价值。

5. 假定某公司的市盈率为20倍，每股收益为1元，利用市盈率估价模型计算该公司的股价。

第四章　债券的投资价值分析

本章学习目标：

了解和熟悉债券的票面要素和债券投资面临的主要风险；在了解影响债券投资价值因素的基础上，掌握不同种类债券的相关定价模型、收益率计算方法及利率期限结构理论。

第一节　债券概述

一、债券的票面要素

债券是政府、金融机构和公司企业等各类经济主体为筹集资金而向特定或非特定投资者发行的、约定在一定期限内还本付息的证券，是表明投资者和筹资者之间债权债务关系的书面债务凭证。债券持有人有权在约定的期限内要求发行人按照特定的条件还本付息。

债券作为证明债权债务关系的凭证，一般用具有一定格式的票面形式来表现。通常，债券票面上的基本要素包括以下内容：

1．债券的票面价值

在债券的票面价值中，首先要规定票面价值的币种，即以何种货币作为债券价值的计量标准。币种的选择要依据债券的发行对象和实际需要来确定。若发行对象是国内有关经济实体，可选择本币作为债券价值的计量单位；若发行对象是国外有关经济实体，可选择债券发行地国家的货币或国际通用货币作为债券价值的计量单位。

其次还要规定债券的票面金额。不同的票面金额，可以对债券的发行成本、发行数额和持有者的分布产生不同的影响。如果票面金额较小，有利于小额投资者的购买，但可能会增加发行费用，加大发行的工作量；如果票面金额较大，债券则有利于少数大额投资者认购，降低发行费用，减轻发行工作量，但是可能会减少债券的发行量。因此要根据债券的发行对象、市场资金供给状况及债权发行费用等综合因素确定债券票面金额。

2．债券的偿还期限

债券的偿还期限是指从债券发行之日起至清偿本息之日止的时间，也就是债券发行人承诺履行合同义务的全部时间。各种债券有不同的偿还期限，一般有短期债券、中期债券和长期债券之分。发行人在确定债券期限时，要考虑多种因素的影响，主要包括资金用途、市场利率、债券的变现能力等。

3. 债券的票面利率

债券票面利率也称名义利率，是债券年利息与债券票面价值的比率，是债券票面要素中不可缺少的内容。债券的票面利率的确定受债券的性质、信用等级、期限长短、市场利率以及付息方式等因素的影响。债券的付息方式分为一次付息与分期付息两大类。一次付息有三种方式：单利计息、复利计息和贴现计息。分期付息一般采取按年付息、半年付息和按季付息三种方式。

4. 债券发行者的名称

债券发行者名称明确了该债券的债务主体，也为债权人到期追索本金和利息提供了依据。

此外，有些债券票面上还包含一些其他要素，如有的债券附有一定的选择权，即发行契约中赋予债券发行人或持有人具有某种选择的权利，包括附有赎回选择权条款的债券、附有出售选择权条款的债券、附有可转换条款的债券、附有交换条款的债券、附有新股认购权条款的债券等。

债券票面要素的不同，直接影响债券的估值，因而明确债券的票面要素，对债券价值分析至关重要。

二、债券投资面临的主要风险

1. 违约风险

违约风险，是指发行债券的借款人不能按时支付债券利息或偿还本金，而给债券投资者带来损失的风险。在所有债券之中，财政部发行的国债，由于有政府做担保，往往被市场认为是金边债券，所以没有违约风险。但中央政府以外的地方政府和公司发行的债券则或多或少存在违约风险。因此，信用评价机构要对债券进行评价，以反映其违约风险。一般来说，如果市场认为一种债券的违约风险相对较高，那么就会要求债券的收益率要较高，从而弥补可能承受的损失。

2. 利率风险

债券的利率风险，是指由于利率变动而使投资者遭受损失的风险。毫无疑问，利率是影响债券价格的重要因素之一。当利率提高时，债券的价格就会降低；当利率降低时，债券的价格就会上升。由于债券价格会随利率变动，所以即便是没有违约风险的国债也会存在利率风险。

3. 购买力风险

购买力风险，是指由于通货膨胀而使货币购买力下降的风险。通货膨胀期间，投资者实际利率应该是票面利率扣除通货膨胀率。若债券利率是10%，通货膨胀率是8%，则实际的收益率只有2%。购买力风险是债券投资中最常出现的一种风险。实际上，在20世纪80年代末到90年代初，由于国民经济一直处于高通货膨胀的状态，我国发行的国债销路并不好，存在购买力风险。

4. 流动性风险

流动性风险，是指投资者在短期内无法以合理的价格卖掉债券的风险。如果投资者遇到一个更好的投资机会，他想出售现有债券，但短期内找不到愿意出合理价格的买主，就要把价格降到很低或者要很长时间才能找到买主，这样，他不是遭受价格损失，就是丧失新的投资机会。

5. 再投资风险

投资者投资债券可以获得的收益有以下三种：①债券利息；②债券买卖中获得的收益；③临时的现金流（如定期收到的利息和到期偿还的本金）进行再投资所获取的利息。实际上，再投资风险是针对第三种收益来说的，投资者为了实现与购买债券时所确定的收益相等的收益，这些临时的现金流就必须按照等于买入债券时确定的收益率进行再投资。

第二节　影响债券投资价值的因素

一、影响债券投资价值的内部因素

影响债券投资价值的内部因素有：

1. 债券的期限

一般来说，在其他条件不变的情况下，债券的期限越长，其市场价格变动的可能性就越大，投资者要求的收益率补偿也越高。

债券的期限具有两层含义：①有效期限，即债券自发行之日起至偿还日止的时间；②待偿还期限或剩余期限，即债券转让成交之日起至偿还日止的时间。在计算债券的发行架构时，应使用有效期限；而在计算债券的转让价格时，应使用待偿期限或剩余期限。例如，假定某种债券的期限为 10 年，年利率为 8%，面值为 100 元，若持有人在持有 6 年时出售，那么该债券的待偿还期为 4 年。

2. 债券的息票率

债券的到期时间决定了债券的投资者取得未来现金流的时间，而息票率决定了未来现金流的大小。在其他属性不变的条件下，债券的息票率越低，债券价格随预期收益率波动的幅度越大。

例如，存在五种债券，期限均为 20 年，面值为 100 元。唯一的区别在于息票率，即它们的息票率分别为 4%、5%、6%、7%、8%。假设这些债券的必要收益率都是 7%，则当必要收益率发生变化之后（上升到 8% 和下降到 5%），这五种债券会产生新的内在价值，具体结果见表 4-1。（内在价值计算公式详见公式 4.8）

表 4 - 1　　内在价值（价格）变化与息票率之间的关系

息票率	必要收益率			内在价值变化率（7% 到 8%）	内在价值变化率（7% 到 5%）
	7%	8%	5%		
4%	68	60	87	-11.30%	28.70%
5%	78	70	100	-10.50%	27.10%
6%	89	80	112	-10%	25.80%
7%	100	90	125	-9.80%	25.10%
8%	110	100	137	-9.50%	24.40%

资料来源：黄亚钧，《现代投资银行的业务与经营》，立信会计出版社。

从表 4 - 1 中，可以发现面对同样的必要收益率变动，无论必要收益率上升还是下降，五种债券中息票率最低的债券（4%）的内在价值波动幅度最大，而随着息票率的提高，五种债券的内在价值的变化幅度逐渐降低。所以，债券的息票率越低，债券价格的波动幅度越大。

3. 债券的可赎回条款

许多债券在发行时含有可赎回条款，即在一定时间内发行人有权赎回债券。事实上含有可赎回条款的主要是公司债券，国家一般不发行这种债券。这是有利于发行人的条款，当必要收益率下降并低于债券的息票率时，债券的发行人能够以更低的成本筹到资金。这种放弃高息债券、以低息债券重新融资的行为为再融资。发行人行使赎回权时，以赎回价格将债券从投资者手中收回。初始赎回价格通常设定为债券面值加上年利息，并且随着到期时间的减少而下降，逐渐趋近于面值。

尽管债券的赎回价格高于面值，但是赎回价格的存在制约了债券市场价格的上升空间，并且增加了投资者的交易成本，所以降低了投资者的投资收益率。为此，可赎回债券往往规定了赎回保护期，即在保护期内，发行人不得行使赎回权。通常的赎回保护期是发行之后的 5 ~ 10 年。可赎回条款的存在，降低了该类债券的内在价值，并且降低了投资者的实际收益率。一般而言，息票率越高，发行者行使赎回权的概率越大，即投资债券的时间收益率与债券承诺的收益率之间的差额越大。为弥补被赎回的风险，这种债券发行时通常有较高的息票率和较高的承诺到期收益率。

4. 债券的税收待遇

在不同的国家，由于实行的法律不同，所以不仅不同种类的债券可能享受不同的税收待遇，而且同种债券在不同的国家也可能享受不同的税收待遇。债券的税收待遇的关键，在于债券的利息收入是否需要纳税，由于利息收入纳税与否直接影响着投资的实际收益率，所以税收待遇成为影响债券的市场价格和收益率的一个重要因素。

例如，美国法律规定，地方政府债券的利息收入可以免缴联邦收入所得税，所以地方政府债券的名义到期收益率往往比类似的但没有免税待遇的债券要低 20%~40%。此外，税收待遇对债券价格收益率的影响还表现在贴现债券的价值分析中。对于美国地方政府债券的投资者来说，尽管贴现债券具有延缓利息税收支付的优势，但实际上贴现式地方政府债券可以免缴联邦收入所得税，这使得贴现债券的税收优势不复存在，所以，在美国地方政府证券市场上，贴现债券品种并不流行。对于（息票率低的）贴现债券的内在价值而言，由于具有延缓利息税收支付的待遇，它们的税前收益率水平往往低于类似的没有免税待遇的（息票率高的）其他债券，所以，享受免税待遇的债券的内在价值一般略高于没有免税待遇的债券。

5. 债券的流动性

债券的流动性是指债券可以随时变现的性质，反映债券规避市场价格波动而导致的实际价格损失的能力。如果变现的速度很快，并且没有遭受变现所可能带来的损失，那么这种债券的流动性就高；反之，如果变现速度很慢，或者为了迅速变现必须为此承担额外的损失，那么，这种债券的流动性就比较低。例如，尽管梵高的作品在世界上享有很高的声誉，但是，如果某收藏家计划在一个小时内出售其收藏的梵高作品，那么他的成交价格一定会大大低于该作品应有的价值。相比之下，债券的流动性远远高于上述收藏品。

通常用债券的买卖价差的大小反映债券的流动性的大小。买卖价差较小的债券的流动性比较高；反之，流动性较低。这是因为绝大多数的债券的交易发生在债券的经纪人市场。对于经纪人来说，买卖流动性高的债券的风险低于流动性低的债券，所以，前者的买卖价差小于后者。因此，在其他条件不变的情况下，债券的流动性与债券的名义的到期收益率之间呈反比关系，即流动性高的债券的到期收益率比较低；反之亦然。相应的，债券的流动性与债券的内在价值呈正比关系。

6. 债券的信用级别

债券的信用级别是指债券发行人按期履行合约规定的义务、足额支付利息和本金的可靠性程度。一般来说，除政府债券以外，一般债券都有信用风险（或称违约风险），只是风险大小不同而已。信用级别越低的债券，投资者要求的收益率越高，债券的内在价值也就越低。

债券评级是反映债券信用级别的重要指标。美国是目前世界上债券市场最发达的国家，所拥有的债券评级机构也最多。其中，最著名的是标准普尔公司和穆迪投资者服务公司。尽管这两家公司的债券评级分类有所不同，但是基本上都是将债券分为两类：投资级或投机级。投资级的债券被评定为最高的四个级别，例如：标准普尔公司和穆迪投资者服务公司分别将 AAA，AA，A，BBB 和 Aaa，Aa，A，Baa 四个级别的债券定义为投资级债券，将 BB 级以下（包括 BB 级）和 Ba 级以下（包括 Ba 级）的债券定义为投机级债券。有时人们将投机级债券称之为垃圾债券，将由发行时的投资级转变为投机级的债券形象地称为“失落的天使”。

二、影响债券投资价值的外部因素

影响债券投资价值的外部因素有：

1. 基础利率

基础利率是债券定价过程中必须考虑的一个重要因素。在证券的投资价值分析中，基础利率一般是指无风险证券利率。一般来说，短期政府债券风险最小，可以近似地看做无风险证券，其收益率可被用作确定基础利率的参照物。此外，银行的信用度很高，使得银行存款的风险较低，况且银行利率应用广泛，因此基础利率也可参照银行存款利率来确定。

2. 市场总体利率水平

市场总体利率水平是债券利率的替代物，是投资于债券的机会成本。在市场总体利率水平上升时，债券的收益率水平也应上升，从而使债券的内在价值降低；反之，在市场总体利率水平下降时，债券的收益率水平也应下降，从而使债券的内在价值增加。

3. 其他因素

影响债券定价的外部因素还有通货膨胀水平以及外汇汇率风险等。通货膨胀的存在可能使投资者从债券投资中实现的收益不足以抵补由于通货膨胀而造成的购买力损失。当投资者投资于某种外币债券时，汇率的变化会使投资者的未来本币收入受到贬值损失。这些损失的可能性都必须在债券的定价中得到体现，使债券的到期收益率增加、债券的内在价值降低。

第三节　债券的投资价值分析

一、债券价值的计算公式

1. 假设条件

为简便起见，假定债券不存在信用风险，并且不考虑通货膨胀对债券收益的影响，从而对债券的估价可以集中于时间的影响上。

2. 货币的终值和现值

债券投资的目的在于投资者在未来的某个时点可以取得一笔已发生增值的货币收入，因此，债券当前价格可表示为投资者为取得这笔未来收入目前希望投入的资金。根据这一思路，首先需要引进货币的时间价值、终值和现值等概念。

使用货币按照某种利率进行投资的机会是有价值的，该价值被称为货币的时间价值。假定当前使用一笔金额为 P_0 的货币，按某种利率投资一定期限，投资期末连本带利累计收回货币金额为 P_n。那么称 P_0 为该笔货币（或该项投资）的现在价值，简称货币的现值，称 P_n 为该笔货币（或该项投资）的期末价值，简称货币的终值。

（1）货币终值的计算。假定当前一项投资的期限是 n 期，每期利率为 r，那么该项投资第 n 年年末时分别按复利和单利计算的终值分别为：

$$P_n = P_0(1+r)^n \tag{4.1}$$

$$P_n = P_0(1+r \cdot n) \tag{4.2}$$

［例 4－1］某投资者将 1000 元投资于年息 10%、为期 5 年的债券（按年计息），计算此项投资的终值。

复利终值为：$P = 1000 \times (1+10\%)^5 = 1610.51$（元）

单利终值为：$P = 1000 \times (1+10\% \times 5) = 1500$（元）

可见，用单利计息的终值比用复利计息的终值低。

（2）现值的计算。根据现值和终值的逆运算关系，运用终值计算公式，可以推算出现值。从公式（4.1）中求解 P_0，得出复利现值公式：

$$P_0=\frac{P_n}{(1+r)^n} \tag{4.3}$$

从公式（4.2）中求解 P_0，得出单利现值公式：

$$P_0=\frac{P_n}{(1+r\cdot n)} \tag{4.4}$$

公式（4.3）是针对按复利计算终值的现值而言的，公式（4.4）是针对用单利计算终值的现值而言的。

［例4－2］某投资者面临以下投资机会：从现在起的7年后收入500万元，期间不形成任何货币收入，假定投资者希望的年利率为10%，则投资的现值为：

复利现值为：$P_0=5\ 000\ 000\div(1+10\%)^7=2\ 565\ 790.59$（元）

单利现值为：$P_0=5\ 000\ 000\div(1+10\%\times7)=2\ 941\ 176.47$（元）

可见，在其他条件相同的情况下，按单利计息的现值要高于用复利计算的现值。根据终值求现值的过程称之为贴现。

现值一般有两个特征：第一，当给定终值时，贴现率越高，现值越低；第二，当给定利率及终值时，取得终值的时间越长，该终值的现值就越低。

3. 债券的定价公式

收入的资本化定价方法认为，资产的内在价值等于投资者投入的资产可获得的预期现金收入的现在价值。运用到债券上，债券的内在价值即等于来自债券的预期货币收入按某个利率贴现的现值。在确定债券内在价值时，需要估计预期货币收入和投资者要求的适当收益率（称必要收益率）。

（1）一次还本付息债券的定价公式

对于一次还本付息的债券来说，其预期货币收入是期末一次性支付的利息和本金，必要收益率可参照可比债券得出。

如果一次还本付息债券按单利计息、按单利贴现，其内在价值决定公式为：

$$P=\frac{M(1+i\cdot n)}{1+r\cdot n} \tag{4.5}$$

如果一次还本付息债券按单利计息、按复利贴现，其内在价值决定公式为：

$$P=\frac{M(1+i\cdot n)}{(1+r)^n} \tag{4.6}$$

如果一次还本付息债券按复利计息、按复利贴现，其内在价值决定公式为：

$$P=\frac{M(1+i)^n}{(1+r)^n} \tag{4.7}$$

式中：P——债券的内在价值；

M——票面价值；

i——每期利率；

n——剩余时期数；

r——必要收益率。

[例4-3] 某公司发行债券，每期票面利率为10%，面值100元，必要收益率为8%，到期期限为10年，则该债券的发行价格即内在价值为：

①若单利计息，单利贴现：

$$P=\frac{100(1+10\%\times10)}{1+8\%\times10}\approx111.11\text{（元）}$$

②若单利计息，复利贴现：

$$P=\frac{100(1+10\%\times10)}{(1+8\%)^{10}}\approx92.64\text{（元）}$$

③若复利计息，复利贴现：

$$P=\frac{100(1+10\%)^{10}}{(1+8\%)^{10}}\approx120.14\text{（元）}$$

（2）零息债券的定价公式

零息债券也是一次还本付息债券，只不过利息支付是以债券贴现发行、到期按面值偿还的方式，于债券发行时发生，所以可以把面值视为贴现债券到期的本息和。参照上述一次还本付息债券的估价公式，可以算出零息债券的内在价值。

[例4-4] 某公司发行零息债券，面值100元，必要收益率为8%，到期期限为10年，则该债券的发行价格即内在价值为：

$$P=\frac{100}{(1+8\%)^{10}}\approx46.32\text{（元）（以复利贴现为例）}$$

（3）附息债券的定价公式

对于按期付息的债券来说，其预期货币收入有两个来源：到期日前定期收到的息票利息和票面额。其必要收益率也可参照可比债券确定。为清楚起见，下面分别以一年付息一次和半年付息一次的附息债券为例，说明附息债券内在价值的定价公式。

对于一年付息一次的债券来说，按复利贴现的内在价值决定公式为：

$$\begin{aligned}P&=\frac{C}{1+r}+\frac{C}{(1+r)^2}+\cdots+\frac{C}{(1+r)^n}+\frac{M}{(1+r)^n}\\&=\sum_{t=1}^{n}\frac{C}{(1+r)^t}+\frac{M}{(1+r)^n}\end{aligned}\tag{4.8}$$

如果按单利贴现，其内在价值决定公式为：

$$P=\sum_{t=1}^{n}\frac{C}{1+r\cdot t}+\frac{M}{1+n\cdot r}\tag{4.9}$$

式中：P——债券的内在价值；

C——每年收到的利息；

M——票面价值；

n——剩余时期数；

r——必要收益率；

t——第 t 次。

[例4－5] 某附息债券，面值为100元，期限为3年，每年付息一次，票面利率为10%，必要收益率为12%，则其发行价为：

$$P=\frac{100\times10\%}{1+12\%}+\frac{100\times10\%}{(1+12\%)^2}+\frac{100\times10\%}{(1+12\%)^3}+\frac{100}{(1+12\%)^3}\approx95.20\text{（元）}$$

对于半年付息一次的债券来说，由于每年会收到两次利息，因此，在计算其内在价值时，要对公式（4.8）和公式（4.9）进行修改。第一，贴现利率采用半年利率，通常是将给定的年利率除以2；第二，到期前剩余的时期数以半年为单位予以计算，通常是将以年为单位计算的剩余时期数乘以2。于是，得到半年付息一次的附息债券分别按复利贴现和按单利贴现的内在价值决定公式。

按复利贴现：

$$P=\sum_{t=1}^{n}\frac{C}{(1+r)^t}+\frac{M}{(1+r)^n} \tag{4.10}$$

按单利贴现：

$$P=\sum_{t=1}^{n}\frac{C}{1+r\cdot t}+\frac{M}{1+n\cdot r} \tag{4.11}$$

式中：P——债券的内在价值；

C——半年支付的利息；

M——票面价值；

n——剩余年数乘以2；

r——半年必要收益率；

t——第 t 次。

二、债券收益率的计算

债券的收益率是指债权投资者在债券上获取的收益与其投入的本金之比。一般来讲，债券收益率有多种形式，以下主要介绍债券的直接收益率、持有期收益率、最终收益率、赎回收益率的计算。

1. 直接收益率

在投资学中，直接收益率被定义为债券的年利息收入与买入债券的实际价格的比率。其计算公式为：

$$Y=\frac{C}{P}\times100\%$$

式中：Y——直接收益率；

C——每年利息收益；

P——债券价格。

[例4－6] 假定某投资者以940元的价格购买了面额为1000元、票面利率为10%、剩余期限为6年的债券，那么该投资者的当前收益率为：

$$Y=\frac{1000\times10\%}{940}\times100\%=11\%$$

当前收益率度量的是债券年利息收益占购买价格的百分比，反映每单位投资能够获得的债券年利息收益，但不反映每单位投资的资本损益。

2. 最终收益率

最终收益率又称到期收益率，是指投资者在二级市场上买入已发行的债券起到最终偿还日止的全部持有期间所得的利息，与偿还盈亏的合计金额折算成相对于投资本金每年能有多少收益的百分比。这一收益率考虑到了债券的名义利率、期限和资本到期后的损益问题。

（1）最终收益率有单利和复利之分，采用单利计算，其计算公式为：

$$Y=\frac{C+\dfrac{F-P}{T}}{P}\times 100\% \tag{4.12}$$

式中：Y——最终收益率；

C——每年利息收益；

P——债券价格；

F——到期价值。

［例4-7］一张面值为100元的债券，年利率为8%，到1998年6月20日等值偿还，1990年6月20日的市场价格为120元，其最终收益率为：

$$Y=\frac{10+\dfrac{100-120}{8}}{120}\times 100\%=4.58\%$$

（2）采用复利计算到期收益率，以一年付息一次的债券为例，其计算公式为：

$$P=\frac{C}{1+Y}+\frac{C}{(1+Y)^2}+\cdots+\frac{C}{(1+Y)^n}+\frac{F}{(1+Y)^n} \tag{4.13}$$

式中：P——债券价格；

C——每年利息收益；

Y——内部到期收益率；

n——时期数（年数）；

F——到期价值。

已知P、C、F、n的值并代入上式，在计算机上用试错法便可计算出Y的数值。

对半年付息一次的债券来说，其计算公式如下：

$$P=\frac{C}{1+Y}+\frac{C}{(1+Y)^2}+\cdots+\frac{C}{(1+Y)^n}+\frac{F}{(1+Y)^n} \tag{4.14}$$

式中：P——债券价格；

C——每半年利息收益；

Y——半年利率；

n——时期数（年数乘以2）；

F——到期价值。

就半年付息一次的债券来说，将半年利率Y（或称周期性收益率）乘以2便得到年到期收益率，这样得出的年收益率低估了实际年收益而被称为债券等价收益率。

复利到期收益率既考虑了利息收入，也考虑了资本损益和再投资收益。然而，暗含在到期收益率计算中的一个假设条件是债券的息票利息能够按到期收益率再投资，因而到期收益率是一个预期收益率。也就是说，到期收益率的实现依赖于以下条件：将债券持有至期满，且票面利息以到期收益率做再投资。如果不能同时满足这两个条件，投资者的实际收益率就会低于到期收益率。例如，投资者将利息收入再投资所取得的收益率低于到期收益率，则实际收益率将低于预期的到期收益率；反之，则高于预期的到期收益率。

如果再投资收益率不等于到期收益率，则债券复利到期收益率可用以下公式计算：

$$Y=\left[\sqrt[n]{\frac{V+C\cdot\frac{(1+r)^{n}-1}{r}}{P}}-1\right]\times 100\%$$

式中：Y——复利到期收益率；

C——每年利息收益；

V——债券的票面价值；

P——债券价格；

n——时期数（年数）；

r——再投资收益率。

[例4-8] 某债券的票面价值为1000元，息票利率为5%，期限为4年，现以950元的发行价向全社会公开发行，债券的再投资收益率为6%，则该债券的复利到期收益率为：

$$Y=\left[\sqrt[4]{\frac{1000+1000\times 5\%\times\frac{(1+0.06)^{4}-1}{0.06}}{P}}-1\right]\times 100\%$$

$$=6.42\%$$

相对于附息债券，无息债券的到期收益率简单得多。由于在债券有效期内的现金流量等于到期价值，因而复利到期收益率（Y）可用以下公式计算：

$$Y=\left(\sqrt[n]{\frac{F}{P}}-1\right)\times 100\% \tag{4.15}$$

式中：P——当前购买价格；

F——债券的到期价值；

n——债券的剩余有效年限。

[例4-9] 某无息债券的面值为1000元，期限为2年，发行价为880元，到期按面值偿还。该债券的复利到期收益率为：

$$Y=\left(\sqrt{\frac{1000}{880}}-1\right)\times 100\%=6.60\%$$

我国一次还本付息的债券也可视为无息债券，它的到期价值为到期本息和。可以用上述公式计算它的复利到期收益率。

[例4-10] 某一次还本付息债券面值100元，期限2年，票面利率6%，按面值

发行，则复利到期收益率为：

$$Y=\left[\sqrt{\frac{100\times(1+6\%\times2)}{100}}-1\right]\times100\%=5.83\%$$

计算贴现债券的到期收益率相对而言要麻烦一些。贴现债券的收益是贴限额，即债券面额与发行价格之间的差额。贴现债券发行时只公布面额和贴现率，并不公开发行价格，所以，要计算贴现债券到期收益率，必须先计算其发行价格。由于贴现率通常以年率表示，为计算方便起见，习惯上贴现年率以360天计，在计算发行价格时还要将年贴现率换算成债券实际期限的贴现率。贴现债券发行价格计算公式为：

$$P_0=F(1-d\cdot N) \tag{4.16}$$

式中：P_0——发行价格；

F——债券面值；

d——年贴现率（按360天计）；

N——债券年化有效期限（按360天计）。

计算出发行价格后，方可计算其到期收益率。贴现债券的期限一般不足1年，而债券收益率又都以年率表示，所以要将按不足1年的收益计算出的收益率换算成年收益率。重要的是，为了便于与其他债券比较，年收益率要按365天计算。贴现债券到期收益率的计算公式为：

$$Y=\frac{F-P_0}{P_0}\times\frac{365}{\text{剩余年限}}\times100\% \tag{4.17}$$

式中：P_0——发行价格；

F——债券面值；

Y——到期收益率。

［例4-11］某贴现债券面值1000元，期限180天，以10.5%的年贴现率公开发行。发行价格与到期收益率分别为：

$$P_0=1000\times\left(1-10.5\%\times\frac{180}{360}\right)=947.50\text{（元）}$$

$$Y=\frac{1000-947.50}{947.50}\times\frac{365}{180}\times100\%=11.24\%$$

到期收益率高于贴现率，是因为贴现额预先扣除，使投资者实际成本小于债券面额。对于偿还期在1年或1年以上的贴现债券复利收益率使用公式（4.15）计算。

3. 持有期收益率

持有期收益率是测算投资者在发行日与到期日之间买进卖出一笔债券所得的收益率。债券可以是在发行日买进的原始债券，也可以是二手货买进，只是在到期前卖掉。这种以获取买卖利益为目的的债券交易称作谋求持有期收益率的短期交易。其收益率计算公式为：

$$Y=\frac{C+(P_1-P_0)/N}{P_0}\times100\% \tag{4.18}$$

式中：Y——持有期收益率；

C——每年利息收益；

P_1——债券卖出价格；

P_0——债券买入价格；

N——持有年限。

［例4－12］假定某投资者按1000元的价格买了年利息收入为80元的债券，并持有2年后以1060元的价格卖出，那么该投资者的持有期收益率为：

$$Y=\frac{80+(1060-1000)\div 2}{1000}\times 100\%=11\%$$

［例4－13］假定某投资者按870元的价格购买了一次还本付息的债券，并持有2年后以990元的价格卖出，那么该投资者的持有期收益率为：

$$Y=\frac{(990-870)\div 2}{870}\times 100\%\approx 6.90\%$$

持有期收益率度量的是持有债券期间的收益占购买价格的百分比，反映每单位投资能够获得的全部收益。

贴现债券也可以不等到期满而中途出售，证券行情表每天公布各种未到期贴现债券二级市场的折扣率。投资者必须先计算债券卖出价，再计算持有期收益率。

债券卖出价的计算公式同贴现债券发行价格的计算一致，只是其中 d 为二级市场折扣率，N 为债券持有天数。持有期收益率（Y）计算公式为：

$$Y=\frac{P_1-P_0}{P_0}\times\frac{365}{N}\times 100\% \tag{4.19}$$

式中：P_1——债券卖出价；

P_0——债券买入格；

N——持有年限。

［例4－14］若［例4－11］中的贴现债券在发行60天后，以面额9%的折扣在市场出售，则该债券的卖出价和持有期收益率分别为：

$$P_1=1000\times\left(1-9\%\times\frac{120}{360}\right)=970\text{（元）}$$

$$Y=\frac{970-947.5}{947.5}\times\frac{365}{60}\times 100\%=14.45\%$$

上例说明，贴现债券因有贴现因素，其实际收益率比票面贴现率高。投资者购入贴现债券后不一定要持至期满，如果持有期收益率高于到期收益率，则中途出售债券更为有利。

4. 赎回收益率

可赎回债券是指允许发行人在债券到期以前按某一约定的价格赎回已发行的债券。通常在预期市场利率下降时，发行人会发行可赎回债券，以便未来用低利率成本发行的债权替代成本较高的已发债券。可赎回债券的约定赎回价格可以是发行价格、债券面值，也可以是某一指定价格或是与不同赎回时间对应的一组赎回价格。对于可赎回债券，需要计算赎回收益率和到期收益率。赎回收益率的计算与其他收益率相同，是计算使预期现金流量的现值等于债券价格的利率。通常以首次赎回收益率为代表。首次赎回收益率是累计到首次赎回日止，利息支付额与指定的赎回价格加总的现金流量的现值等于债券赎回价格的利率。赎回收益率（y）可通过下面的公式用试错法获得：

$$P = \sum_{t=1}^{n} \frac{C}{(1+y)^{t}} + \frac{M}{(1+y)^{n}}$$

式中：P——发行价格；

n——直到第一个赎回日的年数；

M——赎回价格；

C——每年利息收益。

［例4－15］某债券的票面价值为1000元，息票利率为5%，期限为4年，现以950元的发行价向全社会公开发行，2年后债券发行人以1050元的价格赎回，第一赎回日为付息后的第一个交易日，则赎回收益率计算如下：

$$950 = \sum_{t=1}^{2} \frac{50}{1+y} + \frac{1050}{(1+y)^{2}}$$

用试错法计算，该债券的到期收益率为10.85%。

三、债券转让价格的近似计算

债券投资者在买卖债券时通常根据各自对收益率的要求来确定买卖债券价格。具体讲，买入者一般根据最终收益率计算债券的买入价格；卖出者一般根据持有期收益率计算债券的卖出价格。所谓最终收益率，是指投资者将债券持有到期满时的收益率；所谓持有期收益率，是指买入债券后持有一段时期，并在债券到期前将其出售所得到的收益率。以下简要介绍单利计息的债券转让价格的近似计算方法。

1. 贴现债券的转让价格

贴现债券的买入价格的近似计算公式为：

$$\text{购买价格} = \frac{\text{面额}}{(1+\text{最终收益率})^{\text{待偿年限}}} \tag{4.20}$$

贴现债券的卖出价格的近似计算公式为：

$$\text{卖出价格} = \text{购买价} \times (1+\text{持有期间收益率})^{\text{持有年限}} \tag{4.21}$$

［例4－16］甲以75元的价格买入某企业发行的面额为100元的3年期贴现债券，持有2年以后试图以10.05%的持有期收益率将其卖给乙，而乙试图以10%作为其买进债券的最终收益率，那么成交价格应该如何确定呢？

设定甲以10.05%作为其卖出债券所应获得的持有期收益率，那么他的卖价就应是：

$75 \times (1+10.05\%)^{2} = 90.83$（元）

设定乙以10%作为买进债券的最终收益率，那么他愿意支付的购买价格为：

$100 \div (1+10\%) = 90.91$（元）

最终成交价则在90.83～90.91元之间通过双方协商达成。

2. 一次还本付息债券的转让价格

一次还本付息债券买入价格的近似计算公式为：

$$购买价格 = \frac{面额 + 利息总额}{(1 + 最终收益率)^{待偿年限}} \tag{4.22}$$

一次还本付息债券卖出价格的近似计算公式为：

$$卖出价格 = 购买价 \times (1 + 持有期收益率)^{待偿年限} \tag{4.23}$$

［例4－17］面额100元、票面利率为9%、期限3年的某债券，于2007年12月31日到期一次还本付息。持有人于2005年9月30日将其卖出，若购买者要求10%的复利最终收益率，则其购买价格应为：

$(100 + 100 \times 9\% \times 3) \div (1 + 10\%)^{2\frac{3}{12}} = 102.42$（元）

如果假定该债券的出售者在2005年1月1日以98元的价格买入，并要求8%的持有期收益率，那么他卖出该债券的价格应为：

$98 \times (1 + 8\%)^{0.75} = 102.38$（元）

3. 附息债券的转让价格

附息债券的利息一般是分期支付的。对购买者来说，从发行日起到购买日止的利息已被以前的持有者领取，所以在计算购买价格时应扣除这部分利息。因此，购买价格的计算公式与（4.8）式相同，只是贴现率使用的是最终收益率。

对出售者来说，卖出价格的近似计算公式为：

$卖出价格 = 购买价 \times (1 + 持有期间收益率 \times 持有年限) - 年利息收入 \times 持有年限$

［例4－18］在［例4－12］中，若债券为每3个月付息一次，则卖出者的卖出价格为：

$98 \times (1 + 8\% \times 0.75) - 100 \times 9\% \times 0.75 = 97.13$（元）

最后需要指出的是，由于债券的实际市场价格受到市场供求状况等诸多因素的影响，因此通过上述方式计算出来的债券价格与实际市场价格之间存在偏差是不可避免的。

第四节　债券的利率期限结构

一、利率期限结构的类型

为了更好地理解债券的收益率，我们引进收益率曲线这个概念。收益率曲线是在以期限为横轴、以到期收益率为纵轴的坐标平面上，反映在一定时点上不同期限债券的收益与到期期限之间的关系。债券的利率期限结构是指债券的到期收益率与到期期限之间的关系。该结构可通过利率期限结构图表示，图4－1中的曲线即收益率曲线。

1. 正收益率曲线

正收益率曲线又称上升收益率曲线，表示在正常的情况下短期债券的利率低于长期债券的利率，债券期限越长，利率越高，见图4－1（a）。它是在整个经济运行正常、不存在通货膨胀压力和经济衰退条件下出现的。

2．反收益率曲线

反收益率曲线又称下降收益率曲线，表示短期债券收益率较高，长期债券收益率较低，见图4－1（b）。它是一种反常的利率期限结构现象，实际上并不多见。它通常发生在紧缩银根时期，由于短期资金偏紧，造成短期利率急剧上升所致。

3．平收益率曲线

在正反收益率曲线相互替代的变化过程中，会出现一种长短期债券收益率接近相等的短暂过渡阶段，此时债券收益率曲线同坐标系中的横轴趋于平行，表示不同期限的债券利率相等，见图4－1（c）。

4．拱收益率曲线

拱收益率曲线又称驼背形收益率曲线，表示在某一时期之前债券的利率期限结构是正收益率曲线，期限越长，收益率越高，在该期间之后却成了反收益率曲线，期限越长，收益率越低，见图4－1（d）。它是在短期资金偏紧或在中央采取严厉的紧缩货币政策时短期利率急剧上升所引起的利率期限结构。

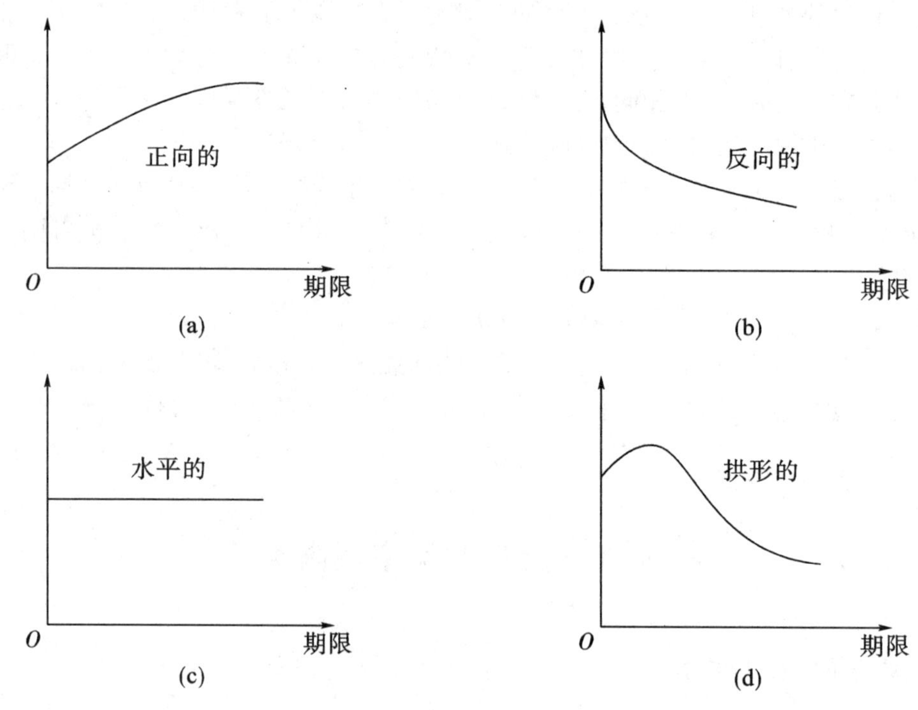

图4－1　债券的利率期限结构

二、利率期限结构的理论

在任一时点上，都有以下三种因素影响期限结构的形状：对未来利率变动方向的预期、债券预期收益中可能存在的流动性溢价、市场效率低下或者资金从长期（或短期）市场向短期（或长期）市场流动存在的障碍。利率期限结构理论就是基于这三种因素分别建立起来的。

1．市场预期理论

市场预期理论，又称“无偏预期理论”，认为利率期限结构完全取决于对未来即期利率的市场预期。如果预期未来即期利率上升，则利率期限结构呈上升趋势；如果预期未来即期利率下降，则利率期限结构呈下降趋势。

要注意，在市场预期理论中，某一时点的各种期限债券的收益率虽然不同，但是在特定时期内，市场上预计所有债券都取得相同的即期收益率，即长期债券是一组短期债券的理想替代物，长短期债券取得相同的利率，即市场是均衡的。

2．流动性偏好理论

流动性偏好理论的基本观点是投资者并不认为长期债券是短期债券的理想替代物。这一方面是由于投资者意识到他们对资金的需求可能会比预期的早，因此他们有可能在预期的期限前被迫出售债券；另一方面，他们认识到，如果投资于长期债券，基于债券未来收益的不确定性，他们要承担较高的价格风险。因此，投资者在接受长期债券时就会要求将与较长偿还期限相联系的风险予以补偿，这便导致了流动性溢价的存在。

在这里，流动性溢价便是远期利率和未来的预期即期利率之间的差额。债券的期限越长，流动性溢价越大，体现了期限长的债券拥有较高的价格风险。在流动性偏好理论中，远期利率不再只是对未来即期利率的无偏估计，它还包含了流动性溢价。因此，利率曲线的形状是由对未来利率的预期和延长偿还期限所必需的流动性溢价共同决定的（见图4－2）。

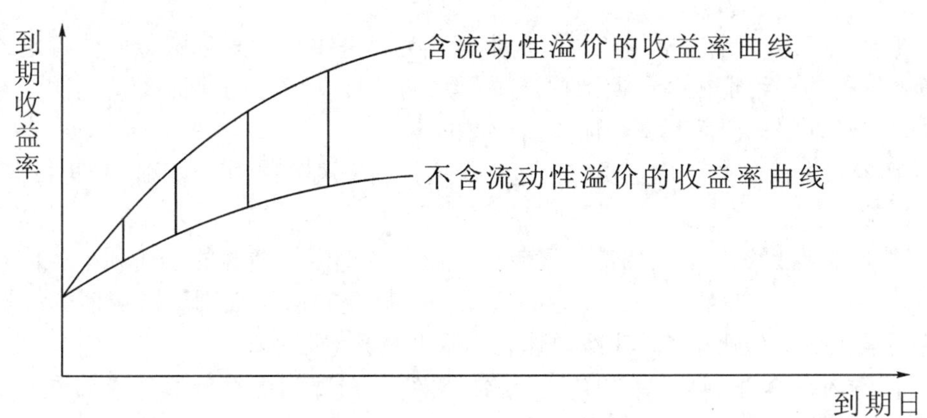

图4－2　流动性偏好下的期限结构

由于流动性溢价的存在，在流动性偏好理论中，如果预期利率上升，其利率期限结构是向上倾斜的；如果预期利率下降的幅度较小，其利率期限结构虽然是向上倾斜的，但两条曲线趋向于重合；如果预期利率下降较大，其利率期限结构是向下倾斜的。按照该理论，在预期利率水平上升和下降的时期大体相当的条件下，期限结构上升的情况要多于期限结构下降的情况。

3．市场分割理论

市场预期理论和流动性偏好利率，都假设市场参与者会按照他们的利率预期从债券市场的一个偿还期部分自由的转移到另一个偿还期部分，而不受任何阻止。市场分割理论的假设却恰恰相反。该理论认为，在贷款或融资活动进行时，贷款者和借款者并不能自由地的在利率预期的基础上将证券从一个偿还期部分替换成另一个偿还期部分。在最严格的限制形式下，即使现行的利率水平说明如果他们进行市场间的转移会获得比实际要高的预期利率，投资者和借款人也不会离开自己的市场而进入另一个市场。这样的结果使市场划分为两大部分：一部分是短期资金市场；另一部分是长期资金市场。于是，利率期限结构在市场分割理论下，取决于短期资金市场供求状况与长期资金市场供求状况的比较，或者说取决于短期资金市场供需曲线交叉点的利率和长期资金市场供需曲线交叉点的利率对比。如果短期资金市场供需曲线交叉点利率高于长期资金市场供需曲线交叉点利率，利率期限结构则呈向下倾斜的趋势。如果短期资金市场供需曲线交叉点利率低于长期资金市场供需曲线交叉点利率，利率期限结构则呈向上倾斜的趋势。

总之，从这三种理论看来，期限结构的形成主要是由对未来利率变化方向的预期决定的，流动性溢价可起到一定作用，但期限在 1 年以上的债券的流动性溢价大致是相同的，这使得期限 1 年或 1 年以上的债券虽然价格风险不同，但预期利率却大致相同。有时，市场的不完善和资本流向市场的形式也可能起到一定作用，使得期限结构的形状暂时偏离按对未来利率变化方向进行估计所形成的形状。

❀ 本章小结

1. 债券是政府、金融机构和公司企业等各类经济主体为筹集资金而向特定或非特定投资者发行的、约定在一定期限内还本付息的证券。债券的票面要素包括债券的票面价值；偿还期限；票面利率和债券发行者的名称。

2. 债券投资面临的风险主要有：违约风险；利率风险；购买力风险；再投资风险；流动性风险。

3. 影响债券投资价值的内部因素包括：债券的期限；债券的票面利率；债券的提前赎回条款；债券的税收待遇；债券的流动性；债券的信用级别。影响债券投资价值的外部因素包括：基础利率；市场总体利率水平及其他因素。

4. 债券内在价值、收益率和转让价格的计算：债券的内在价值是指来自债券的预期货币收入按某个利率贴现的现值。在确定债券内在价值时，需要估计预期货币收入和投资者要求的适当收益率；债券的收益率是指债权投资者在债券上的收益与其投入的本金之比。其主要包括债券的当前收益率、内部到期收益率、持有期收益率及赎回收益率等；债券投资者在买卖债券时通常根据各自对收益率的要求来确定买卖债券价格。具体讲，买入者一般根据最终收益率计算债券的买入价格；卖出者一般根据持有期收益率计算债券的卖出价格。

5. 债券的利率期限结构是指债券的到期收益率与到期期限之间的关系。利率期限结构的理论包括：①市场预期理论。市场预期理论，又称“无偏预期理论”，认为利率期限结构完全取决于对未来即期利率的市场预期。②流动性偏好理论。流动性偏好理论的基本观点是投资者并不认为长期债券是短期债券的理想替代物。③市场分割理论。该理论认为，在贷款或融资活动进行时，贷款者和借款者并不能自由地的在利率预期的基础上将证券从一个偿还期部分替换成另一个偿还期部分。

❀ 复习思考题：

1. 债券投资面临的主要风险有哪些？

2. 影响债券投资价值的内部因素有哪些？外部因素有哪些？

3. 什么是货币投资的终值与现值？应如何计算？

4. 某公司发行债券，每年支付利息为 150 元，债务面值为 1000 元，利率为 15%，到期年限为 15 年，试计算该公司债券的发行价格。

5. 一笔年利率为 8%，面值为 1000 元，期限为 5 年的债券，某投资者以 900 元价格买入，并计划 2 年以后价格上涨到 980 元时卖出，则该投资者的持有期收益率为多少？

6. 某贴现债券面值 100 元，期限 180 天，以 12% 的年贴现率公开发行。发行价格与到期收益率分别是多少？

7. 面额 1000 元、票面利率为 10%、期限 3 年的某债券，于 2008 年 12 月 31 日到期一次还本付息。持有人于 2006 年 9 月 30 日将其卖出，若购买者要求 12% 的复利最终收益率，则其购买价格应为多少？

8. 试比较三种利率期限结构理论的异同点。

第五章　其他证券的投资价值分析

本章学习目标：

了解证券投资基金、可转换证券和权证投资价值的影响因素；掌握基金资产净值、可转换债券的转换价值和转换平价、权证的溢价率和杠杆比率等的计算方法；掌握基金、转债和权证的投资价值分析方法。

第一节　证券投资基金的价值分析

证券投资基金是一种利益共享、风险共担的集合证券投资方式。这种积少成多的组合投资方式，可以做到分散投资、趋利避险，并兼顾资金的流动性和安全性。

一、投资基金的绩效评价

1. 影响基金绩效评价的因素

（1）基金的投资目标

基金的投资目标不同，其投资范围、操作策略及其所受的投资约束也不同。例如，价值型基金与成长型基金由于投资风格不同，在基金绩效评价上也有所不同。再如，债券型基金与股票型基金由于投资对象不同，在基金绩效评价上也不具有可比性。

（2）基金的风险水平

现代投资理论表明，投资收益是由投资风险驱动的，而投资组合的风险水平也影响着组合的投资表现。表现较好的基金可能是由于其承担的风险较高所致。因此，对不同风险水平基金的投资表现的评价应与收益水平相结合，分析该基金所获得的收益是否足以弥补其所承担的风险水平。

（3）基金的比较基准

不同的基金投资目标不同、投资策略不同，其业绩比较基准也不相同。例如，华夏基金中：股票型基金——华夏复兴的业绩比较基准为沪深300指数收益率×80%+上证国债指数收益率×20%；指数型基金——华夏上证50ETF的业绩比较基准为“上证50指数”；货币型基金——华夏现金增利的比较基准为同期7天通知存款利率。因此，在评价中应注意比较基准的合理选择。

（4）基金的时期选择

在基金绩效比较中，计算的开始时间和所选择的计算时期不同，衡量结果也会不同。一些基金公司常常会选择对自己有利的计算期进行业绩的发布。因此，在评价中应注意时期选择对绩效评价可能造成的偏误。为了客观评价基金绩效，在时期的选择上可选择多个时间段，可延长时间段。

（5）基金组合的稳定性

基金组合的稳定性直接影响基金绩效。通常，价值型基金比成长型基金的波动性低，平衡型基金的波动介于其中，当然也有例外。在实际操作中基金操作策略的改变、资产配置比例的重新设置、基金经理的更换等都会影响到基金组合的稳定性。因此，在评价中应对这些因素加以综合考虑。

2. 基金绩效评价的指标

（1）基金单位资产净值

基金单位资产净值是基金管理人向基金投资者表明基金运作情况的一种方式，是基金经营业绩的指示器。在开放型投资基金中，单位资产净值还是基金在发行期满后基金单位申购、赎回价格的计算依据。基金的单位资产净值可用下面的公式来表示：

单位资产净值＝（基金资产总值－各种费用）/基金单位数量

基金资产总值，是指一个基金所拥有的资产（包括现金、股票、债券和其他有价证券及提留的准备金以及实物资产等其他资产）。基金资产总值是根据各种资产不同的计算方法计算出来的资产价值总和。具体来说，根据资产种类的不同，其价格的确定方法也不同：

①对于上市股票和认股权证，以计算日集中交易的市场收盘价格为准，计算日没有收盘价的，以上一交易日的收盘价为准；未上市的股票和认股权证，由有资格的会计师事务所或资产评估机构测算。

②已上市的债券，以计算日的收盘价为准，计算日没有收盘价的，以上一交易日的收盘价为准；未上市的债券，一般以其面值加上至计算日为止的应计利息为准。

③对于短期票据，以买进成本加上自买进日起至计算日为止的应计利息。

④其他资产中的现金和提留的准备金直接计入，而实物资产要根据市价估值或者由有资格的会计师事务所或资产评估机构测算。

证券投资基金在设立和经营过程中发生的费用主要包括以下几个方面：

①开办费用。开办费用是指投资基金在设立时所发生的各项费用。其包括可行性研究费用、注册费、印花税、各种文件印刷费、律师费、注册会计师验资费等。

②基金管理费。基金管理费是指支付给基金管理人的管理报酬。基金管理费从基金资产中直接提取，不再另外向投资者收取。基金管理费通常是按照每个估值日基金净资产的一定比例（年率），逐日计算，按月支付。费率的大小通常与基金规模成反比，与风险成正比。不同国家及不同种类的基金，管理费率也不完全相同。我国基金目前的年管理费率为基金资产净值的1.5%。为了激励基金管理公司更有效地运用基金资产，有的基金还规定可以向基金管理人支付基金业绩报酬。

③基金托管费用。基金托管费用是指支付给基金托管人（商业银行）的费用。基金托管费也是从基金资产中直接提取，不再另外向投资者收取。基金管理费通常是按照每个估值日基金净资产的一定比例（年率），逐日计算，按月支付。不同国家及不同

种类的基金，管理费率也不完全相同。一般来说基金规模越大，托管费率越低。新兴市场的国家和地区的托管费率相对较高。目前国际上托管年费率一般在0.2%左右。美国为0.2%，我国内地及台湾地区、香港地区则为0.25%。

④运作费用。运作费用包括广告宣传支出，基金进行各项交易时所需支付的佣金、税项、手续费、法律费、稽核监督费；注册会计师费，律师费；召开年会费用；中期和年度报告的印刷费以及其他费用。运作费占基金资产净值的比例较小，通常要在基金契约或者章程中事先确定，并按照有关规定支付。运作费率的高低是投资者衡量基金运作效率及表现的依据。

应该注意的是，基金的单位资产净值是经常发生变化的，受到基金资产总值和费用两方面的共同作用。一般来说，它与基金单位的价格从总体上看趋向是一致的，成正比例关系。基金的资产净值越高，其基金单位的价格也就越高；基金的资产净值越低，其基金单位的价格也就越低。但这种情形也不绝对成立，如封闭式基金会出现折价。一般来说，这种关系在开放式基金中得到较好体现。

例如：截至2009年12月31日，2009年度基金收益率排行榜结果揭晓，开放式偏股型基金——华夏大盘精选证券投资基金（简称：华夏大盘精选）夺得年度基金排名榜冠军，收益率达到116.16%。根据该基金净值2009年整体走势图可以看出它的价格是波浪起伏的，见图5-1。12月31日该基金的份额净值为9.975元，前后4个交易日的基金净值见表5-1。

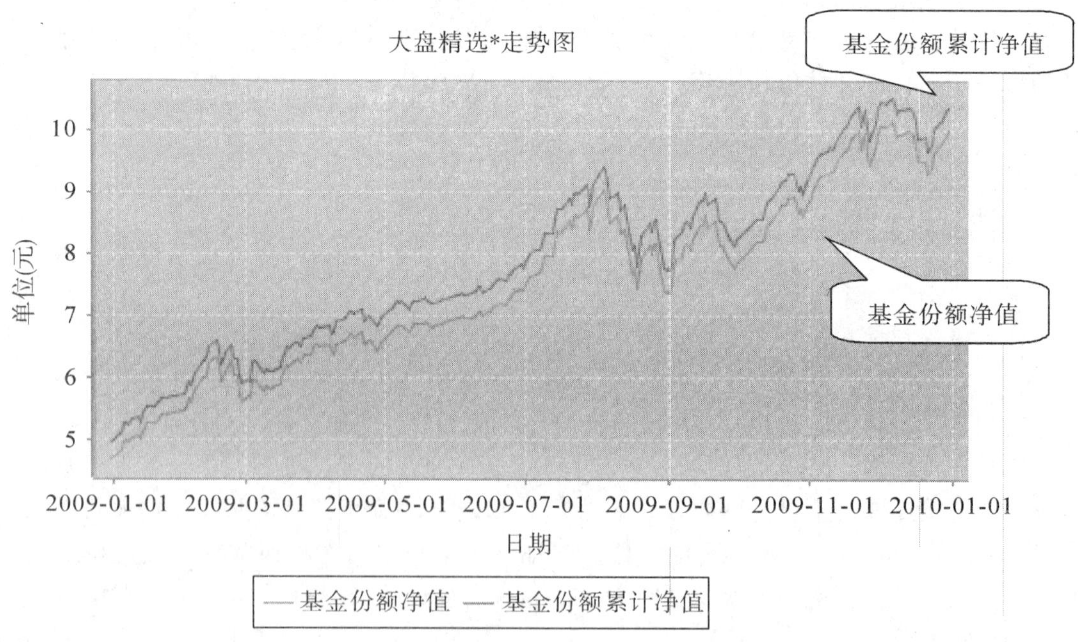

图5-1　2009.01.01~2010.01.01 华夏大盘精选基金净值走势图

注：图片资料来源于华夏基金网站。

表 5-1　　2009.12.25—2010.01.07 华夏大盘精选基金（000011）净值表

日期	单位净值	累计净值	增长值	增长率
2010-01-07	9.8690	10.2490	-0.1700	-1.69%
2010-01-06	10.0390	10.4190	-0.0850	-0.84%
2010-01-05	10.1240	10.5040	0.1230	1.23%
2010-01-04	10.0010	10.3810	0.0260	0.26%
2009-12-31	9.9750	10.3550	0.0510	0.51%
2009-12-30	9.9240	10.3040	0.0880	0.89%
2009-12-29	9.8360	10.2160	0.0420	0.43%
2009-12-28	9.7940	10.1740	0.1280	1.32%
2009-12-25	9.6660	10.0460	0.0570	0.59%

注：表中数据来源于华夏基金网站。

（2）基金净值收益率

简单（净值）收益率：简单净值收益率的计算不考虑分红再投资影响，其计算公式与股票持有期收益率的计算公式类似。

$$R=\frac{NAV_t+D-NAV_{t-1}}{NAV_{t-1}}\times 100\%$$

公式中：R——简单收益率；

NAV_t、NAV_{t-1}——期末、初期基金的单位净值；

D——在考察期内，单位基金的分红金额。

［例 5-1］某基金在 2008 年 12 月 3 日的单位净值为 1.4848 元/单位，2009 年 9 月 1 日的单位净值为 1.7886 元/单位，期间基金曾经在 2009 年 2 月 28 日每 10 单位派息 2.75 元，则这一阶段该基金的简单收益率为：

$$R=\frac{1.7886+0.275-1.4848}{1.4848}\times 100\%=38.98\%$$

此外，若考虑分红再投资，可用时间加权收益率能更准确地对基金的真实投资表现做出衡量；若要对多期收益率进行衡量与比较，可用算术平均收益率与几何平均收益率；若对阶段收益率进行评价，可转换为年化收益率。

3. 基金的收益与风险

投资基金的收益来源主要包括以下几个方面：

（1）股利收益。股利收益是指基金投资于股票从股份公司获得的收益，包括现金和红股两种形式。

（2）利息收入。利息收入是指基金投资于债券获得的利息收入。另外，包括基金在其运作过程中可能沉淀的现金存入银行，而获得的利息收入。

（3）资本利得。资本利得是通过基金经理人在证券市场上低买高卖赚取的差价。

（4）资金增值。资金增值是指由于资金所投资的证券、房地产等项目价值的上涨所导致的基金净资产价值的增加。

（5）其他收入。其他收入是指基金参与其他领域的投资，如高科技项目的开发、房地产项目投资等获得的收入。

投资基金是一种集中资金、专家管理、分散投资、降低风险的投资工具，但仍存在以下风险：

（1）市场风险。基金投资具有专家理财、分散投资的优势，虽能在一定程度上消除来自个别公司的非系统性风险，但无法消除市场的系统性风险。因此，证券市场价格因经济因素、政治因素等各种因素的影响而产生波动时，将导致基金收益水平和净值发生变化，从而给基金投资者带来风险。

（2）管理能力风险。基金管理人作为专业投资机构，虽然能较好地认识风险的性质、来源和种类，能较准确地度量风险，并通常能够按照自己的投资目标和风险承受能力构造有效的证券组合，在市场变动的情况下，及时地对投资组合进行更新，从而将基金资产风险控制在预定的范围内；但是，不同的基金管理人的基金投资管理水平、管理手段和管理技术存在差异，从而对基金收益水平产生影响。

（3）技术风险。当计算机、通信系统、交易网络等技术保障系统或信息网络支持出现异常情况时，可能导致基金日常的申购或赎回无法按正常时限完成、注册登记系统瘫痪、核算系统无法按正常时限显示基金净值、基金的投资交易指令无法及时传输等风险。

（4）巨额赎回风险。巨额赎回风险是开放式基金所特有的风险。若因市场剧烈波动或其他原因而连续出现巨额赎回，并导致基金管理人出现现金支付困难时，基金投资者申请赎回基金份额，可能会遇到部分顺延赎回或暂停赎回等风险。

（5）价格未知风险。开放式基金的申购金额和赎回金额以基金交易日的单位资产净值加减有关费用计算。投资者在当日行申购、赎回基金单位时，所参考的数据是上一个交易日的数据，存在价格未知风险，特别是市场价格剧烈波动的情况下。

二、开放式基金的价值分析

1. 开放式基金的认购、申购、赎回

投资者在开放式基金募集期间，基金尚未成立时购买基金单位的过程称为认购。通常认购价为基金单位面值（1元）加上一定的销售费用。基金初次发行时一般会对投资者有费率上的优惠。投资者在认购基金时，应在基金销售点填写认购申请书，交付认购款项，注册登记机构办现有关手续并确认认购。只有当开放式基金宣布成立后，经过规定的日期，基金才能进入日常的申购和赎回。

在基金成立后，投资者通过基金管理公司或其销售代理机构申请购买基金单位的过程称为申购。投资者办理申购时，应填写申购申请书并交付申购款项。申购基金单位的金额是以申购日的基金单位资产净值为基础计算的。

投资者为变现其基金资产，将手持基金单位按一定价格卖给基金管理人，并收回现金的过程称为赎回。赎回金额是以当日的单位基金资产净值为基础计算的。

2. 开放式基金申购、赎回的限制

根据有关法规及基金契约的规定，开放式基金的申购与赎回主要有如下限制：

（1）基金申购限制

基金在刊登招募说明书等法律文件后，开始向法定的投资者进行招募。依据国内基金管理公司已披露的开放式基金方案来看，首期募集规模一般都有一个上限。在首次募集期内，若最后一天的认购份额加上在此之前的认购份额超过规定的上限时，则投资者只能按比例进行公平分摊，无法足额认购。开放式基金除规定有认购价格外，通常还规定有最低认购额。另外，根据有关法律和基金契约的规定，对单一投资者持有基金的总份额还有一定的限制，如不得超过本基金总份额的10%等。

（2）基金赎回限制

开放式基金赎回方面的限制，主要是对巨额赎回的限制。根据《开放式证券投资基金试点办法》的规定，开放式基金单个开放日中，基金净赎回申请超过基金总份额的10%时，将被视为巨额赎回。巨额赎回申请发生时，基金管理人在当日接受赎回比例不低于基金总份额的10%的前提下，可以对其余赎回申请延期办理。也就是说，基金管理人根据情况可以给予赎回，也可以拒绝这部分的赎回，被拒绝赎回的部分可延迟至下一个开放日办理，并以该开放日当日的基金资产净值为依据计算赎回金额。当然，发生巨额赎回并延期支付时，基金管理人应当通过邮寄、传真或者招募说明书规定的其他方式，在招募说明书规定的时间内通知基金投资人，说明有关处理方法，同时在指定媒体及其他相关媒体上公告。通知和公告的时间，最长不得超过三个证券交易日。

（3）开放式基金的价格决定

开放式基金由于经常不断地按客户要求购回或者卖出基金单位。因此，开放式基金的价格分为两种，即申购价格和赎回价格。开放式基金申购和赎回的价格是建立在每份基金净值基础上的，以基金净值再加上或减去必要的费用，就构成了开放式基金的申购和赎回价格。

①申购价格。开放式基金一般不进入证券交易所流通买卖，而是主要在场外进行交易，投资者在购入开放式基金单位时，除了支付资产净值之外，还要支付一定的销售附加费用。也就是说，开放式基金单位的申购价格包括资产净值和一定的销售费用。但是，对于一般投资者来说，该附加费是一笔不小的成本，增加了投资者的风险，因此，国外出现了一些不计费的开放式基金，其销售价格直接等于资产净值，投资者在购买该种基金时，不须交纳销售费用。

申购费用一般是申购金额的一定百分比，目前有两种模式：前端收费和后端收费。前端收费是指投资人在申购基金时缴纳的费用。后端收费或称递延销售费，是投资人在赎回时缴纳的费用。前端收费按投资金额划分费率，而后端收费以持有时间划分费率档次。后端收费的本意是鼓励投资人长期持有该公司的基金，并根据持有时间的延长逐步降低认购费，并到一定年限后就不用再交这笔费用，例如5年。如果持有基金时间短，后端收费的基金往往手续费费率会高于前端收费的，但如果你持有基金时间长，如5年以上，则赎回时所扣费用就很少，有的可能为0。具体费率要看所申购基金的相关规定。

申购价格 = 单位资产净值 ×（1 + 申购费率）

［例5－2］某投资者用100万元申购开放式基金，假定申购费率为2%，单位基金净值为1.5元，则申购价格为：

申购价格＝1.5×(1＋2%)＝1.53（元）

②赎回价格。开放式基金承诺可以在任何时候根据投资者的个人意愿赎回其所持基金单位。对于赎回时不收取任何费用的开放式基金来说，赎回价格等于资产净值。有些开放式基金赎回时是收取费用的，费用的收取是按照基金投资年数不同而设立不同的赎回费率。持有该基金单位时间越长，费率越低，当然也有一些基金收取的是统一费率。例如：华夏大盘精选证券投资基金的费率结构，见表5－2。

表5－2　**华夏大盘精选证券投资基金的费率结构**

申购费率			
前端申购费		后端申购费	
申购金额	前端申购费率	持有期	后端申购费率
100万以下	1.50%	1年以内	1.80%
		满1年不满2年	1.50%
100万（含）以上至500万以下	1.20%	满2年不满3年	1.20%
		满3年不满4年	1.00%
500万（含）以上	1.00%	满4年不满8年	0.50%
		满8年以后	0
赎回费率			
赎回总额的0.5%			
基金管理费 年费率为基金净值的1.50%			
基金托管费 年费率为基金净值的0.25%			

赎回价格＝单位资产净值×(1－赎回费率)

［例5－3］某投资者要求赎回100万份基金单位，假定赎回费率为1%，单位基金净值为1.5元，则赎回价格为：

赎回价格＝1.5×(1－1%)＝1.485（元）

由于开放式基金可以按基金资产净值赎回，相对于封闭式基金没有折价风险，体现了开放式基金的优势，其赎回价格的高低取决于单位资产净值和赎回费率。

三、封闭式基金的价值分析

1. 封闭式基金的上市申请及审批

封闭式基金的交易方式为在证券交易所挂牌上市，因此，封闭式基金在募集成立后，应及时向证券交易所申请上市。上市申请及主管机关审批的主要内容包括：基金的管理和投资情况；基金管理人提交的上市可行性报告；信息披露的充分性；内部机制是否健全，能否确保基金章程及信托契约的贯彻实施等。上述材料必须真实可靠，无重大遗漏。

2．封闭式基金的交易规则

封闭式基金的交易规则包括：

（1）基金单位的买卖遵循“公开、公平、公正”的“三公”原则和“价格优先、时间优先”的原则。

（2）以标准手数为单位进行集中无纸化交易，电脑自动撮合，跟踪过户。

（3）基金单位的价格以基金单位资产净值为基础，受市场供求关系的影响而波动，行情即时揭示。

（4）基金单位的交易成本相对低廉。

3．影响封闭式基金价格变动的因素

基金单位净资产和市场供求关系是影响封闭式基金市场价格的主要因素，但其他因素也会导致其价格波动。

（1）基金单位资产净值

基金单位资产净值是指某一时点上某一基金每份基金单位实际代表的价值，是基金单位的内在价值。由于基金单位资产净值直接反映一个基金的经营业绩和相对于其他证券品种的成长性，同时，也由于基金单位资产净值是基金清盘时，投资者实际可得到的价值补偿，因此，基金单位资产净值构成影响封闭式基金市场价格的最主要因素。在一般情况下，基金单位的市场价格应围绕基金单位净资产值而上下波动。

（2）市场供求关系

由于封闭式基金成立后，在存续期内其基金规模是稳定不变的，因此，市场供求状况存在对基金交易价格产生重要影响。一般而言，当市场需求增加时，基金单位的交易价格就上升；反之，就下跌，从而使基金价格相对其单位净值而言出现溢价或折价交易的现象，而折价交易是较普遍现象。

（3）市场预期

市场预期通过影响供求关系而影响基金价格。当投资者预期证券市场行情看涨，或基金利好政策将出台，或基金管理人经营水平提高基金净资产值将增加时，将增加基金需求从而导致基金价格上涨；反之，将减少基金需求从而导致基金价格下跌。

此外，证券市场状况、基金管理人的管理水平以及政府有关基金的政策也是影响封闭式基金的因素。其中，确定基金交易价格的基础是基金单位资产净值，而证券市场状况对基金交易价格影响较大。

4．封闭式基金的价格决定

封闭式基金的价格和股票价格一样，可以分为发行价格和交易价格。

封闭式基金的发行价格由两部分组成：一部分是基金的面值；另一部分是基金的发行费用，包括律师费、会计师费等。

发行价格 = 基金面值 + 基金发行费用

封闭式基金的交易价格和股票价格的表现形式一样，可以分为开盘价、收盘价、最高价、最低价、成交价等。封闭式基金的交易价格主要受到上述因素的影响，在基金的实际交易中，封闭式基金一般是折价交易，即市场价格低于基金单位资产净值。

例如：安顺证券投资基金（简称华安安顺封闭），由华安基金管理的封闭式基金，成立于1999年6月15日，到期日是2014年6月14日。根据图5－2和图5－3，我们可以看出基金绩效的走势与基金净值基本一致，也就是说封闭式基金交易价格最根本的决定因素是基金净值。同时可见基金绩效的走势与上证指数走势基本一致，说明证券市场状况对封闭式基金交易价格的影响。

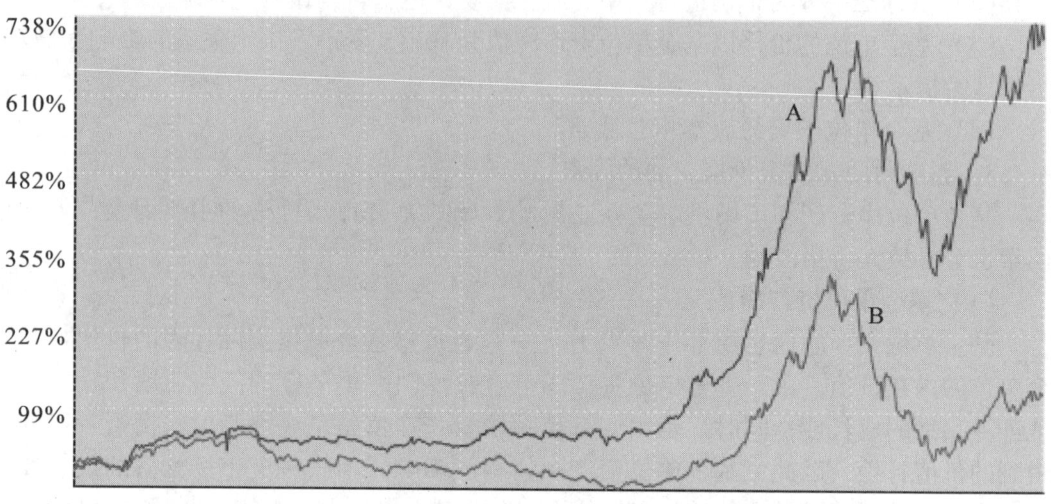

图5－2　华安安顺封闭基金绩效（1999.06.15－2010.01.08）

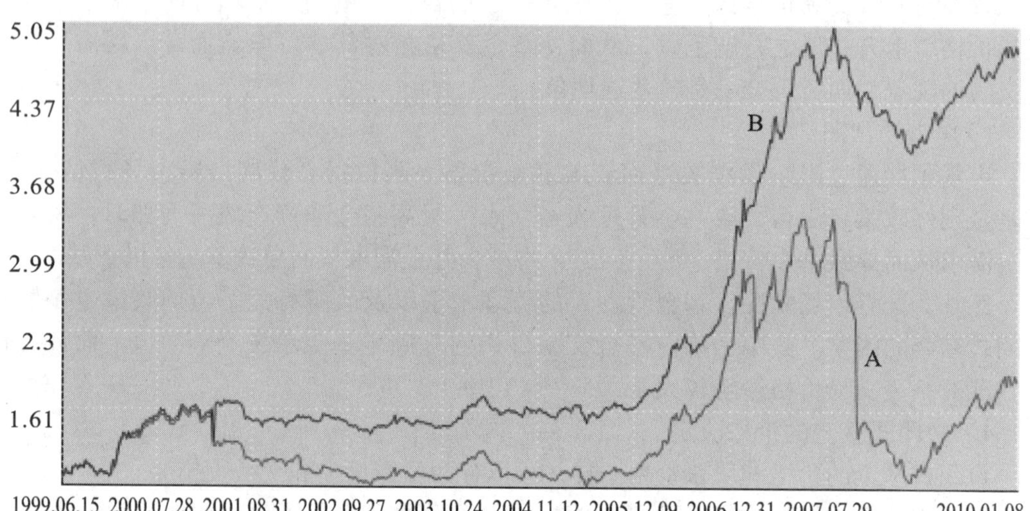

图5－3　华安安顺封闭基金净值（1999.06.15－2010.01.08）

注：图片来源于华安基金网站。

第二节　可转换证券的价值分析

可转换证券是指可在一定时期内、按一定比例或价格转换成一定数量的另一种证券（简称“标的证券”）的特殊公司证券。根据标的证券的不同可以分为可转换债券和可转换优先股票。可转换债券是可将债券转换为该公司的普通股股票，可转换优先股是可将优先股转换为该公司的普通股股票。本节以可转换债券为分析对象。

可转换债券是在普通公司债券的基础上发展起来的一种金融衍生品种，是由普通公司债附加了该公司股票的看涨期权，即可转债价值 = 纯债券价值 + 期权价值。

一、可转换债券的主要条款

可转换债券的发行条款除了发行额、期限、利率及付息、转股价格、配售比例、转股时间等条款外，能影响可转债投资价值的条款主要有：

1. 修正条款

修正条款是指当股票二级市场价格在某一个区域内运行一段时间，则允许或者必须根据标的股票的市场价格对转换价格进行调整，这个调整既可能是向下调整，也可能是向上调整。但大多部分情况下都只能向下修正转股价。当股价下跌时，向下修正条款重新赋予转债期权价值，客观上保护了转债投资者的利益。

2. 赎回条款

赎回条款是指发行人为了保护股票投资者的利益，并保证债券持有人加速转股而设置的限制性条款。往往是公司股票价格达到某一个高位区域时，公司有权以一定的价格赎回可转换债券。赎回条款的限制实质上限定了转债投资者向上盈利的空间，转债投资者不能因股价的不断上涨而获得无限的收益。

3. 回售条款

回售条款是指债券持有人在转股价值无法实现时保障其持有债券本金安全和利息补偿的条款，这也是对转债投资者利益保护的一个重要条款。其实质是通过提高债券持有人实际获得的利率，增加转债的债券价值。由于隐含债券价值上涨，转债的价值也会上涨。

4. 利率补偿条款

利率补偿条款是指债券持有人如果在期末还没有转股，除了获得债券票面利率外，还将获得一部分额外的利率补偿。补偿利率的实质与回售条款一致，增加转债的债券价值，只不过在期末无条件回售，而回售可能有多个限制条件。

二、可转换债券的价值分析

由于可转换债券赋予持有人具有按发行时规定的转换比例或转换价格将其转换成普通股的选择权，因此可转换债券的价值有投资价值、转换价值、理论价值及市场价值之分。

1．可转换债券的投资价值

可转换债券的投资价值是指当它作为不具有转股选择权的一种证券的价值。估计可转换债券的投资价值，首先应估计与它具有同等资信和类似投资特点的不可转换证券的必要收益率，然后利用这个必要收益率折算出它未来现金流量的现值。

［例5－4］假定某转换债券的面值为1000元，票面利率为8%，剩余期限为5年，同类债券的必要收益率为9%，则该可转换债券当前的投资价值为：

$$P = \sum_{t=1}^{5} \frac{80}{(1+0.09)^{t}} + \frac{1000}{(1+0.09)^{5}} = 961.11\text{（元）}$$

2．可转换债券的转换价值

可转换债券的转换价值是指实施转换时得到的标的股票的市场价值，它等于标的股票每股市场价格与转换比例的乘积，计算公式为：

转换价值＝标的股票市场价格×转换比例

$$\text{转换比例} = \frac{\text{可转换债券面额}}{\text{转换价格}}$$

［例5－5］接［例5－4］，若可转换债券的转换比例为40，实施转换时标的股票的市场价格为每股26元，则该可转换债券的转换价值为：

转换价值＝26×40＝1040（元）

3．可转换债券的理论价值

可转换债券的理论价值也称内在价值，是指将可转换债券转股前的利息收入和转股时的转换价值按适当的必要收益率折算的现值。计算公式为：

$$P = \sum_{t=1}^{n} \frac{C}{(1+r)^{t}} + \frac{CV}{(1+r)^{n}}$$

式中：P——可转换债券的当前理论价值；

t——时期数；

n——持有可转换债券的时期总数；

r——必要收益率；

c——可转换债券每期支付的利息；

CV——可转换债券的转换价值。

［例5－6］接［例5－5］，假定投资者当前准备购买可转换债券，并计划持有该可转换债券到未来某一时期，且在收到最后一期的利息后便立即实施转股，则可转换债券的当前理论价值为：

$$P = \sum_{t=1}^{5} \frac{80}{(1+0.09)^{t}} + \frac{1040}{(1+0.09)^{5}} = 987.11\text{（元）}$$

4．可转换债券的市场价值

可转换债券的市场价值也就是可转换债券的市场价格。可转换债券的市场价值一般保持在可转换债券的投资价值和转换价值之上。

如果可转换债券市场价值在投资价值之下，该转债价值被低估，购买该转债并持有到期，就可获得较高的到期收益率；如果可转换债券市场价值在转换价值之下，购买该转债并立即转化为标的股票，再将标的股票出售，就可获得无风险套利。因此，无论上述两种情况中的哪一种情况发生，投资者的踊跃购买行为都会使该可转换债券的价格上涨，直到可转换债券的市场价值不低于投资价值和转换价值为止。图5－4描述了可转换债券的债性与股性的关系。

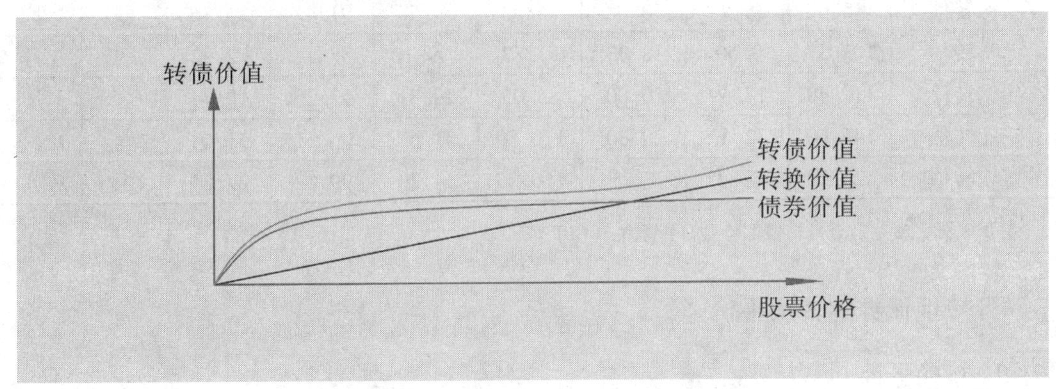

图5－4　可转换债券的债性与股性关系

图5－4说明：

（1）当股价较低时，转债的价值主要由债券价值构成，此时转债可被视为一般债券（债性转债）。

（2）当股价较高时，转债的价值主要由转换价值决定，转债可被视为股票（股性转债，转换的可能性较大）。

由此可推：

$$转股溢价率=\frac{可转换债券的市场价格-转换价值}{转换价值}$$

$$纯债溢价率=\frac{可转换债券的市场价格-债券价值}{债券价值}$$

一般而言：

转股溢价率>纯债溢价率——债性转债；

转股溢价率<纯债溢价率——股性转债；

转股溢价率=纯债溢价率——平衡型转债。

表5－3为上市公司可转债股性与债性对比分析表。

表5－3　　上市公司可转债股性与债性对比分析表（2008－4－24）

名　称	转债价格	正股价格	转股价格	转换价值	转股溢价率	债券价值	纯债溢价率	股性	债性
赤化转债	125.94	27.76	24.93	111.35	13.10	89.65	40.48	中	弱
金鹰转债	127.40	6.99	6.20	112.74	13.00	98.98	28.72	中	弱
五洲转债	108.56	8.04	10.14	79.29	36.92	83.62	29.82	弱	弱
山鹰转债	110.22	5.92	7.31	80.98	36.10	89.31	23.42	弱	弱

表5-3(续)

名　称	转债价格	正股价格	转股价格	转换价值	转股溢价率	债券价值	纯债溢价率	股性	债性
大荒转债	133.06	20.42	14.32	142.60	-6.69	87.78	51.58	强	弱
恒源转债	115.98	38.94	50.88	76.53	51.54	91.42	26.86	弱	弱
海马转债	108.37	9.50	18.33	51.83	109.10	88.17	22.92	弱	弱
唐钢转债	110.40	17.69	20.80	85.05	29.81	92.20	19.74	弱	弱
锡业转债	146.60	32.49	29.30	110.89	31.67	96.31	51.60	弱	弱
巨轮转债	126.00	8.33	7.55	110.33	14.20	99.02	27.24	中	弱

数据来源：凯龙财金可转债评价暨分析系统（CBPA）。

三、可转换债券的转换平价

1. 转换平价

可转换债券的转换平价是指转债的持有人在转换期限内，依据可转换债券市场价格和转换比例，把转债转换成标的股票而对应的每股价格。计算公式为：

$$转换平价=\frac{可转换债券的市场价格}{转换比例}$$

转换平价可视为可转换债券转换为标的股票的盈亏平衡点，当转换平价大于标的股票的市场价格时，可转换债券的市场价格大于可转换证券的转换价值，如果不考虑标的股票价格未来变化，此时转股对持有人不利；当转换平价小于标的股票的市场价格时，可转换证券的市场价格小于可转换证券的转换价值，如果不考虑标的股票价格未来变化，此时转股对持有人有利。

[例5-7] 接[例5-6]，可转换债券当前市场价格为1200元，转换比例为40股，标的股票的市场价格为26元，则该可转换债券当前的转换平价为：

转换平价 $=1200\div40=30$（元）

由于标的股票当前的市场价格26元，小于按当前该债券市场价格1200元计算的转换平价30元，所以按当前的1200元价格购买该债券并立即转股显然对投资者不利。

如何评价转债对投资者是否有利，可进一步计算转换升水与转换贴水。

2. 转换升水与转换贴水

当可转换债券的市场价格大于可转换证券的转换价值时，前者减后者所得的数值被称为可转换证券的转换升水。计算公式为：

转换升水 = 可转换债券的市场价格 - 可转换债券的转换价值

$$转换升水比率=\frac{转换升水}{可转换债券的转换价值}\times100\%$$

$$=\frac{转换平价-标的股票的市场价格}{标的股票的市场价格}\times100\%$$

当可转换证券的市场价格小于可转换证券的转换价值时，后者减前者所得到的数值被称为可转换证券的转换贴水。计算公式为：

转换贴水 = 可转换债券的转换价值 − 可转换债券的市场价格

$$转换贴水比率 = \frac{转换贴水}{可转换债券的转换价值} \times 100\%$$

$$= \frac{标的股票的市场价格 - 转换平价}{标的股票的市场价格} \times 100\%$$

［例5－8］接［例5－7］，可转换债券当前市场价格为1200元，转换价值为1040元，转换平价为30元，标的股票的市场价格为26元。该可转换债券转换升水或贴水？

由于该债券1200元的市场价格大于其1040元的转换价值，因此该债券当前处于转换升水状态。

转换升水 = 1200 − 1040 = 160（元）

转换升水比率 = (160 ÷ 1040) × 100%

= (30 − 26) ÷ 26 × 100%

= 15.38%

一般来说，投资者二级市场在购买可转换债券时都要支付一笔转换升水。

第三节　权证的价值分析

一、权证概述

权证是指标的证券发行人或其以外的第三方发行的，约定持有人在规定期间内或特定到期日，有权按约定价格向发行人购买或出售标的证券，或以现金结算方式收取结算差价的有价证券。权证本质上是证明持有人拥有特定权利的契约。

1. 权证的分类

权证有很多种分类方法：

（1）按照未来权利的不同，权证可分为认购权证和认沽权证。其中认购权证是指发行人发行的，约定持有人在规定期间内或特定到期日，有权按约定价格向发行人购买标的证券的有价证券；认沽权证是指发行人发行的，约定持有人在规定期间内或特定到期日，有权按约定价格向发行人出售标的证券的有价证券。

（2）根据权证存续期内可否行权，权证分为欧式、美式和百慕大式。欧式权证的持有人只有在约定的到期日才可以行权（即行使买卖标的股票的权利），如2005年11月23日上市的武钢JTP1，在2006年11月16日至22日行权；而美式权证的持有人在到期日前的相当一段时期内随时都可以行权，如2005年12月23日上市的机场JTP1，在2006年3月23日后，直至2006年12月22日之前的这段期间，投资者随时都可以行权；百慕大式权证则可以在存续期内的若干个时间段行权，如马钢CWB1设定了2007年11月15日到11月28日和2008年11月17日到11月28日两段行权期。

（3）按照发行人的不同，还可分为公司权证和备兑权证。其中公司权证是指标的证券发行人所发行的权证，备兑权证是指标的证券发行人以外的第三方（如大股东、券商等金融机构）发行的权证。

（4）按照结算方式的不同，权证可分为现金结算权证和实物交割权证。现金结算权证行权时，发行人仅对标的证券的市场价与行权价格的差额部分进行现金结算；实物交割权证行权时则涉及标的证券的实际转移，需要权证持有人按约定支付行权价款或交付证券。

（5）按照权证行权价格与标的证券的关系，权证可分为价内权证、价平权证和价外权证。价内权证是指权证持有人行权时，权证行权价格与行权费用之和低于标的证券结算价格的认购权证；或者行权费用与标的证券结算价格之和低于权证行权价格的认沽权证；反之，则叫价外权证。在实际投资中，一般将权证行权价与标的证券收盘价对比评价，见表5－4。

表5－4　　权证行权价格与标的证券价格的关系

价格关系	认购权证	认沽权证
行权价格＞标的证券收盘价格	价外	价内
行权价格＝标的证券收盘价格	价平	价平
行权价格＜标的证券收盘价格	价内	价外

2．权证的风险

权证投资的主要风险有：

（1）杠杆效应风险。权证是一种高杠杆投资工具，其价格只占标的资产价格的较小比例。投资者投资于权证，有机会以有限的成本获取较大的收益，一旦判断失误，投资者也有可能在短时间内蒙受较大的损失。权证投资在放大收益的同时也放大了风险。

（2）价格误判风险。权证价格受到标的证券的价格走势、行权价格、到期时间、利率、权益分派和权证市场供求等诸多因素的影响，权证持有人对此等因素的判断失误也可能导致投资损失。

（3）时间风险。与其他一些有价证券不同，权证有一定的存续期限，且其时间价值会随着时间消逝而快速递减。到期以后，权证将成为一张废纸。

（4）错过到期日风险。除了现金结算型权证交易所在到期日会自动将有执行价值的权证进行结算外，采用证券给付形式结算的权证均必须由投资者主动提出行权要求，过期不行权的权证将被注销。因此投资者必须留意所投资权证的行权期。

（5）履约风险。权证实质是发行人和持有人之间的一种合同关系，虽然交易所对权证发行规定了一定的条件，但发行人在到期日还是可能因各种原因而无法向权证持有人给付约定的证券或现金，持有人有可能面临发行人不能履约的风险。

3．影响权证价值的因素

影响权证价值的因素有：

（1）标的资产价格。由于权证是以标的资产为基础而产生的衍生产品，因此标的资产价格也就成了确定权证发行价格及其交易价格走势的最主要因素。标的资产价格越高，意味着认购（沽）权证持有人执行权证所获收益越大（小）。因此标的资产价格越高的认购（沽）权证，其发行或交易价格往往越高（低）。

（2）权证行权价格。与标的资产价格相反，权证所约定的行权价格越高的认购（沽）权证，其发行或交易价格往往越低（高）。

（3）权证有效期。权证有效期越长，权证的时间价值越高，因此权证发行价格或交易价格一般也就越高。

（4）标的资产价格波动性。标的资产价格波动性越大，标的资产价格出现异常高的可能性越大，那么权证处于价内的机会也就越多，因此权证发行价格或交易价格一般也就越高。

（5）无风险利率。无风险利率的高低，决定着标的资产投资成本的大小。无风险利率越高，投资于标的资产的成本越大，因而认购权证变得较具吸引力，而认沽权证的吸引力则相应变小，故认购（沽）权证的发行或交易价格就会越高（低）。

（6）预期股息。我国权证管理暂行办法中规定，标的证券派息时将调整行权价，调整公式为：新行权价格 = 原行权价格 ×（标的股票除息价/除息前一日标的股票收盘价）。而标的证券除权时，对行权价格和行权比例都将进行调整。

除了以上影响权证理论价值的因素外，市场中供求关系的影响，可能会使权证价格和理论价值产生一定的偏离，从而导致价内和价外现象。各因素的变动对权证价值的影响方向如表 5 - 5 所示。

表 5 - 5　　一个因素增加而其他因素保持不变对权证价值的影响

影响权证价值的因素	认购权证价值	认沽权证价值
股票价格	+	-
行权价格	-	+
到期期限	+	+
波动率	+	+
无风险利率	+	-
预期股息	-	+

二、权证的价值分析

1. 权证的定价

权证的理论价格是根据 Black - Scholes 模型（简称 BS 模型）计算出来的，通过选取股票价格、权证条款（行权价格、存续期、行使比例等）和股票价格波动率等参数计算得出权证的定价。标准 BS 模型定价公式为：

认购权证的理论价值 $= C = S \cdot N(d_1) - X \cdot e^{-rt} \cdot N(d_2)$

认沽权证的理论价值 $= P = X \cdot e^{-rt} \cdot [1 - N(d_2)] - S \cdot [1 - N(d)]$

式中：$d_1 = \dfrac{\ln\left(\dfrac{S}{X}\right) + (r + 0.5\sigma^2) \cdot t}{\sigma\sqrt{t}}$；

$d_2 = d_1 - \sigma\sqrt{t}$；

S——计算时标的股票的价格；

X——行权价格；

r——无风险利率；

$N(\cdot)$——累积正态分布概率；

σ——标的股票价格的波动率；

t——权证的存续期限（以年为单位）。

计算方法为：首先，从市场上获得标的证券在固定时间间隔（如每天、每周或每月等）上的价格；其次，对于每个时间段，求出该时段末的股价与该时段初的股价之比的自然对数，即对数收益率；最后，求出这些对数收益率的标准差，得到的即为历史波动率。许多行情统计软件都会揭示证券的历史波动率。

通过 BS 模型得到权证的定价，将权证的理论价格与市场价格对比，如果权证当前的市场价格高于理论价格就可以说权证价格被市场高估，否则就是被低估。我国新权证上市首日的参考价就是该权证的主承销商根据标准 BS 模型（或调整后的 BS 模型）进行计算定价的。

例如：2005 年 8 月 22 日上市的宝钢认购权证，认购权证行权价为 4.5 元，假设宝钢股份公司股价年波动率为 30.5%（根据最近一年的历史股价波动率估计），无风险收益率为 3.3%（参照 7 年期国债到期收益率），则对应宝钢股份公司不同股价，根据 Black - Scholes 模型计算的认股权证理论价值如表 5 - 6 所示。

表 5 - 6　　宝钢认购权证理论价格

宝钢股份公司股价（元/股）	4.2	4.5	4.8	5
认购权证理论价格（元/股）	0.46	0.62	0.82	0.96

数据来源：宝钢集团公司认购权证上市公告书。

权证涨幅价格 = 权证前一日收盘价格 +（标的证券当日涨幅价格 - 标的证券前一日收盘价）×125% ×行权比例

权证跌幅价格 = 权证前一日收盘价格 -（标的证券前一日收盘价 - 标的证券当日跌幅价格）×125% ×行权比例

8 月 21 日，宝钢股份收盘价 4.62 元，根据 BS 模型，8 月 22 日，宝钢权证参考开盘价为 0.688 元，根据权证涨跌幅价格计算公式，当日波幅为 0.113 ~ 1.263 元，实际开盘价为 1.263 元，实际波幅为 1.26 ~ 1.263 元，涨幅达 83.58%，可见宝钢权证已远远偏离了合理定价。

宝钢权证涨幅价格 = 0.688 + 0.46 × 125% = 1.263（元）

宝钢权证跌幅价格 = 0.688 - 0.46 × 125% = 0.113（元）

权证的合理价格是在权证的理论价值附近变动，两者并不完全相同。权证理论价值的计算由于选取的参数不同，其计算的结果也会不同。同时由于权证的市场价格还要受到市场供求关系的影响，因而，权证的理论价值只是确定权证价格的重要参考。

2. 权证的理论价值

权证的理论价值构成包含两部分：权证理论价值 = 内在价值 + 时间价值。

第一部分称作“内在价值”，是股票现价减去行权价格得到的差价与零之间的较大值（认购权证），或行权价格减去股票现价得到的差价与零之间的较大值（认沽权证），它的直观含义是立刻行权可以获得的差价。比如，若宝钢股份的价格为 4.56 元股，则行权价为 4.50 元的宝钢认购权证的内在价值为 0.06 元。对认购权证而言，如果正股价格低于行权价格则内在价值为零，认沽权证则相反。

为了对权证价格的合理性进行初步的判断，可运用一种简单明了、易于掌权的方法。为了表述方便，用符号 S 表示权证到期日标的股票的价格，X 表示权证的行权价格，则认购权证的未来收益为 Max(S－X，0)，认沽权证的未来收益为 Max(X－S，0)，其中，Max（ ）为最大值函数。可见，权证的未来收益主要取决于标的证券的未来价格。显然，如果权证的价格接近于该权证未来收益的现值，该权证就是合理定价的；如果权证的价格小于该权证未来收益的现值，则该权证是被低估的。因此，判断权证的定价是否合理，主要取决于对其标的证券未来价格判断的准确程度。

对于欧式认购权证，权证最后交易日前（包含最后交易日）标的证券价格越高，则权证的内在的价值越大，其上限为当日的标的证券价格。如 2007 年 11 月 2 日武钢股份的收盘价为 15.55 元，那么其认购权证武钢 CWB1 当日的价格上限即为 15.55 元；对于欧式认沽权证而言，权证最后交易日前（包含最后交易日）标的股票的价格越低，则权证的内在价值越大，其上限为行权价的连续复利现值。

第二部分称作“时间价值”，它是权证的理论价值减去内在价值。它的直观含义是由于权证到期前股票价格存在朝有利方向变动的可能，从而使得权证具有或有价值。显然，随着到期时间的临近，这部分价值是逐渐减少的，直至到期时降低为零，这也就是它被称作“时间价值”的原因。

因此，只要权证没有到期，股票价格就有可能朝着对权证持有人有利的方向变动，其时间价值就大于零。仍以武钢 CWB1 为例，2007 年 11 月 2 日，武钢股份股票收盘价格为 15.55 元，行权价格 10.20 元，因此，武钢 CWB1 的内在价值为 5.35 元（15.55－10.20），而其当日收盘价为 6.735 元，表明市场认可的时间价值大于零。

但是，权证的时间价值会随着到期日的临近而衰减，直到到期时降低到 0。对于权证价格远高于理论价值的权证，在临近最后交易日前，可能加速回归理论价值，价格波动也随之加剧。以宝钢 JTB1 为例，2006 年 8 月 30 日是宝钢权证的行权日，当天宝钢股份的收盘价 4.14 元，全天股价在 4.13～4.17 元之间波动，始终低于宝钢认购权证 4.2 元的行权价（调整后的行权价），宝钢权证已沦为价外权证，当天权证收盘价 0.022 元。即便如此，仍有 554.2559 万份权证持有人选择行权，占权证发行量 3.877 亿份的 1.43% 左右。

3. 权证的溢价率

权证的溢价率是指在不考虑交易费用的前提下，以当前价格买入权证并持有至到期行权，正股股价需要上涨（认购权证）或下跌（认沽权证）多少百分比时投资者才能保本。溢价率反映了到期行权的盈亏平衡概念，同时也是权证市场衡量权证价格风险的指标之一。溢价率越高，达到盈亏平衡越不容易，权证投资的风险就越大。

对权证溢价率的分析建立在评估盈亏平衡点的基础上。权证盈亏平衡点是指在不考虑交易费用的前提下，使得权证持有人能够实现盈亏平衡的正股价格，即标的证券的价格达到多少，购买的权证才能保持盈亏平衡。其计算公式为：

盈亏平衡点价格（认购权证）=行权价+权证价格×行权比例

盈亏平衡点价格（认沽权证）=行权价-权证价格×行权比例

评估权证盈亏平衡点价格，在考虑权证买入成本的情况下，认购权证持有者行权时，只有当标的证券价格高于该盈亏平衡点价格时，权证行权所获的收益才能弥补其权证买入成本，并获得正的收益；相反，认沽权证持有者行权时，只有当标的证券价格低于该盈亏平衡点价格时，才能获得正的收益。

溢价率计算公式：

溢价率(认购权证)=[(行权价+权证价格×行权比例)-正股价]/正股价

溢价率(认沽权证)=[正股价-(行权价-权证价格×行权比例)]/正股价

一般而言，溢价率低的权证容易达到盈亏平衡点，投资风险要小一些，投资者应选择溢价率低的权证。例如：2007 年 7 月 18 日收盘时，五粮 YGC1 价格为 28.700 元，五粮液股价为 28.45 元，行权价为 4.9 元，行权比例为 1∶1.402，则五粮 YGC1 的盈亏平衡点和溢价率为：

盈亏平衡点价格（认购权证）=4.9+28.7×1/1.402=25.37（元）

溢价率（认购权证）=(4.9+28.7×1/1.402-28.45)/28.45=-10.83%

溢价率为-10.83%，表示正股五粮液股价在现有 28.45 元的水平上下跌 10.83%，达到盈亏平衡点 25.37 元。由此，负溢价的五粮 YGC1 已经具备一定的投资价值，即五粮 YGC1 相对于五粮液股票更具投资价值。从理论上讲，投资者可选择长期持有认购权证策略。

溢价率反映了市场对正股在权证存续期内价格的预期，因此影响溢价率水平主要有两个因素：一是正股价格走势；二是权证剩余期限。其中，正股价格走势的预期尤为重要。投资者必须明白，以当前价格买入权证，不仅是看好正股，而且反映了投资者认同该权证可以在存续期内达到溢价率要求的水平。剩余存续期对溢价率的影响较为直接，因为从整个权证存续期来看，理论上溢价率应该是一个从高位向零回归的过程。而正的溢价率实质上反映了权证的时间价值，在其他条款相同的前提下，存续期较长的权证溢价率一般都较高。而临近到期日的权证，内在价值的变化悬念越来越小，权证价格主要受时间价值影响，表现在溢价率逐渐收缩，权证价格向内在价值回归。一般而言，随着权证剩余时间的减少，权证的溢价率也同时逐步缩减，当权证是价内权证时，权证溢价率最终会向零回归。当权证为价外权证时，则即使权证跌至 0.001

元，溢价率也不会为零，并且价外程度越高，溢价率也越高。因此，投资者持有接近到期日的价外权证应仔细权衡风险。

溢价率作为衡量权证投资价值的一个主要指标，其使用的前提条件是投资者持有权证至到期行权。如果投资者在到期日前已沽出手上的权证，溢价的参考作用便大大下降。事实上，极少数投资者会持有权证等待到期行权，因为期间正股走势未必完全符合预期，而且时间价值的损失非常明显。因此，如果买入权证的目的只是做中短线，则溢价的参考价值有限，此时最好使用实际杠杆等指标来代替溢价指标。

4. 权证的杠杆作用

权证的杠杆作用是指权证的市场价格要比其标的证券的市场价格上涨或下跌的速度快得多，体现其高杠杆性。假设股票 A 的权证行权价为 8 元，比较表 5 - 7 中标的股票和权证的收益。

表 5 - 7　　标的股票和权证的收益对比表

	2008 年 7 月 1 日	2008 年 8 月 1 日	收益率
股票 A	10	11	10%
股票 A 的权证	2.2	3.1	41%

权证的高杠杆性是“双刃剑”，在放大了收益的同时也放大了风险。在权证投资中如何评价风险，选择适合的权证，投资者可以通过杠杆比率和有效杠杆比率两个指标来度量权证的杠杆效应。

杠杆比率也叫杠杆倍数（名义杠杆比率），衡量的是标的证券价格相对于权证价格的倍数，即用一份标的资产价格可以购入多少份权证。指标值越大，则说明杠杆效应越强。其计算公式为：

杠杆比率 =（标的证券价格）/（权证价格/行权比例）

以石化 CWB1 为例，2008 年 3 月 20 日的杠杆比率为 3.02，即同样的资金投入，通过购买权证控制的正股数量是直接买入正股的 3.02 倍。杠杆比率反映了权证财务杠杆的大小，但要预计权证放大正股涨跌幅度，还应从有效杠杆着手。

有效杠杆比率也叫弹性系数（实际杠杆比率），衡量的是权证价格对正股价格变化的敏感度，表示正股价格每变化百分之一，权证价格变化的百分比。由于考虑了时间价值，从衡量收益的角度来说，实际杠杆比率能更为准确地反应杠杆效应强弱。其计算公式为：

有效杠杆 = 杠杆比率 × 对冲值

对冲值（Delta 值）表示当标的资产价格变动时，权证的理论价格将产生的相应变动。其值通常是一个介于 - 1 ~ 1 之间的数字，认购权证的 Delta 值为正，认沽权证的 Delta 值为负。其计算公式为：

Delta 值 =（权证理论价格/行权比例）的变动/标的资产价格的变动

Delta 值并不是来自市场上实际发生的变动比率，而是通过 Black - Scholes 模型计算得到的理论变动比率。投资者可在交易所及专业机构网站上查到权证有效杠杆指标数据。

有效杠杆反映权证与正股价格变动的理论关系，例如，某认购证的有效杠杆为5，则正股每上涨1%，理论上权证应该上涨5%。有效杠杆越高，代表权证的潜在升幅（回报）/跌幅（亏损）越大，投资者需承受的风险越高；有效杠杆越低，投资者需承受的风险越低。从理论上来说，有效杠杆水平的大小和影响权证价格的各个要素都有关系，如正股价格、引申波幅、剩余期限等。通常，其他条件相同的情况下，越趋价外的权证有效杠杆水平越高，剩余期限越短的权证有效杠杆水平亦越高。

权证的杠杆比率和有效杠杆比率的变动不一定一致，投资权证应以有效杠杆作为回报/风险的参考，而不是用杠杆比率。比如南航 JTP1，2008 年 3 月 20 日收盘时杠杆比率高达 14.84，但是有效杠杆只有 0.3，表示权证对正股价格变化极不敏感，即权证价格已经基本不受正股价格变化影响，随时间流逝归零不可避免，对于这类高风险权证，投资者切勿只看杠杆比率而盲目参与。若投资者风险承受能力强，可以选择有效杠杆较大的权证；而风险承受能力低的投资者，可以选择有效杠杆低一点的权证。

有效杠杆和溢价率在一定程度上代表了权证的收益和风险，通常，投资者应该选择溢价率较低，而有效杠杆水平较高的权证。权证市场数据见表 5－8。

表 5－8　　2008 年 5 月 19 日权证市场数据

权证简称	权证价格（元）	涨跌幅（%）	行权价格（元）	溢价率（%）	有效杠杆	到期日	行权比例
马钢 CWB1	4.527	0.31	3.33	－10.21	1.9	2008－11－28	1.000
武钢 CWB1	6.400	－1.33	9.91	－5.34	2.4	2009－04－16	1.000
深高 CWB1	5.454	1.21	13.85	124.73	0.7	2009－10－29	1.000
日照 CWB1	7.088	－0.06	14.25	41.03	1.4	2008－12－02	1.000
上汽 CWB1	5.738	－1.51	27.43	134.40	0.9	2010－01－07	1.000
赣粤 CWB1	6.457	－1.01	20.53	86.12	1.1	2010－02－27	1.000
中远 CWB1	8.224	－0.45	40.38	45.45	1.5	2009－08－25	0.500
石化 CWB1	1.730	－1.42	19.68	94.62	1.5	2010－03－03	0.500
上港 CWB1	3.240	0.22	8.40	75.57	0.9	2009－03－06	1.000
青啤 CWB1	7.031	0.50	28.32	47.72	1.4	2009－10－19	0.500
南航 JTP1	0.363	1.11	7.43	41.91	－0.4	2008－06－20	0.500

数据来源：广发证券网站。

❊ 本章小结

1. 证券投资基金是一种利益共享、风险共担的集合证券投资方式。影响基金绩效评价的因素有：基金的投资目标、基金的风险水平、基金的比较基准、基金的时期选择和基金组合的稳定性。基金绩效评价的指标有：基金的单位资产净值和基金净值收益率，其中基金净值是衡量证券投资基金价值的关键。

2. 基金的单位资产净值 = ［基金资产（包括现金、股票、债券和其他有价证券及提留的准备金以及实物资产等其他资产）－各种费用（开办费、管理费、托管费和运作费用等）］／基金单位数量。

3. 开放式基金的价值由基金资产净值决定，申购价格与赎回价格的高低在基金资产净值的基础上，要考虑费用。申购价格 = 基金单位净值 + 申购费用，赎回价格 = 基金单位净值 - 赎回费用。

4. 封闭式基金的价值主要受到六个方面的影响：基金单位资产净值、市场供求关系、宏观经济状况、证券市场状况、基金管理人的管理水平以及政府有关基金的政策。其中，确定基金交易价格的基础是基金单位资产净值，而证券市场状况对基金交易价格影响较大。

5. 可转换债券是一种衍生性金融商品，其价格和标的股票的价格呈高度相关：当股价处于低位时，投资人转股不划算，因此会以债券方式持有，其价格会趋于纯债券价值；一旦股价升高，可转债开始有了较高的转股价值，因此可转债的价格也会升高，其价格便会趋于转股平价。

6. 可转换债券的主要条款有：修正条款、赎回条款、回售条款和利率补偿条款。可转换债券的价值有投资价值、转换价值、理论价值及市场价值之分。通过可转换债券的价值分析，投资者可作出持债或转股的选择。

7. 权证是约定持有人在规定期间内或特定到期日，有权按约定价格向发行人购买或出售标的证券。权证投资的主要风险有：①杠杆效应风险；②价格误判风险；③时间风险；④错过到期日风险；⑤履约风险。影响权证价值的因素有：①标的资产价格；②权证行权价格；③权证有效期；④标的资产价格波动性；⑤无风险利率；⑥预期股息等。

8. 权证的理论价值构成包含两部分：权证理论价值 = 内在价值 + 时间价值。权证有很高的杠杆性，所以风险比较大，投资者在分析其投资价值时要考虑到该权证正股的价值和市场行情等多方面的因素，评价溢价率和有效杠杆。

❈ 复习思考题：

1. 影响基金绩效评价的因素有哪些？评价的指标有哪些？

2. 开放式基金与封闭式基金的价格决定有何不同？

3. 可转换债券的价值应从哪些方面分析？其相互关系是怎样的？

4. 某公司可转换债券面值 1000 元，转换价格 10 元，该转债市场价格 990 元，标的股票市场价格 8 元/股，则该转债当前转换价值为多少？

5. 某公司可转换债券的转换比例为 50，标的股票市场价格为 21 元，该转债的市场价格为 1200 元，试分别计算该转债的转换价值、转换平价、转换升水或贴水。

6. 权证投资的主要风险有哪些？影响权证投资价值的因素有哪些？

7. 什么是权证的溢价率？如何运用溢价率分析权证的投资价值？

8. 什么是权证的杠杆比率？什么是有效杠杆比率？如何评价权证的风险？

第六章　证券投资基本分析

本章学习目标：

了解基本分析的概念及理论基础，熟悉宏观经济环境对证券市场的影响因素，熟悉财政政策与货币政策的工具及对证券市场的影响；了解行业分析的概念和行业分类，熟悉行业的市场结构，掌握行业分析方法；掌握财务分析的内容、指标和分析方法，掌握经营状况分析方法。

第一节　基本分析概述

证券投资分析是指投资者通过各种专业性分析方法，对影响证券价值或价格的各种信息进行综合分析，以判断证券价值或价格及其变动的行为，是证券投资过程中不可或缺的重要环节。进行证券投资所采用的分析方法主要有三大类：第一类是基本分析，主要根据经济学、金融学、投资学等基本原理推导出结论的分析方法；第二类是技术分析，主要根据证券市场自身变化规律得出结果的分析方法；第三类是证券组合分析法，以多元化投资来有效降低非系统性风险是该方法的出发点，数量化分析成为其最大特点。本章介绍的是基本分析方法。

一、基本分析的理论基础

1．基本分析的含义

基本分析又称基本面分析，是指根据经济学、金融学、财务管理学及投资学的基本原理，通过对决定证券投资价值的基本要素，如宏观经济指标、经济政策走势、行业发展状况、公司经营及财务状况等的分析，对证券的投资价值及市场定价作出评估判断的一种分析方法。

2．基本分析的理论基础

基本分析的理论基础在于内在价值理论：①任何一种投资对象都有一种可以称之为“内在价值”的固定基准，且这种内在价值可以通过对该种对象的现状和未来前景的分析而获得。②市场价格和内在价值之间的差距最终会被市场所纠正，因此市场价格低于（或高于）内在价值之日，便是买（卖）机会到来之时。

基本分析的关键在于估计证券的内在价值，通过分析找到证券价值和价格的背离机会，在市场价格低于内在价值的时候买入，高于内在价值的时候卖出。而证券内在价值的估计的条件是市场中的信息都是公开的；投资者可以及时准确地获得信息；投资者都会理性地分析并做出投资决策。这些条件与现实存在一些差距，致使一些投资者质疑基本分析的有效性，但总的来说，基本分析适用于全球大部分资本市场。我国A股市场是一个新兴的资本市场，还存在信息披露不完全，信息获得成本较高等问题，因此基本分析的有效性还弱于欧美等成熟市场，随着监管力度的加大和A股市场的逐步发展，基本分析将得到越来越广泛的应用。

3. 基本分析的结构

基本分析大致分为三个层次，即宏观、中观、微观。宏观层面围绕一国乃至全球的经济形势及政策变动的影响；中观层面侧重于各个行业的发展前景；微观层面涉及具体的投资对象——上市公司的经营财务状况。这三个层次的作用各不相同，但彼此依托、相辅相成，单独进行其中某项分析都不能获得最理想的基本面分析结果。基本分析存在一定的技术难度，三个层次对投资者的要求也不相同，宏观层面要求投资者有能力把握经济运行的方向，知道各项经济数据的定义和用途，以此帮助找准现阶段处于经济周期的什么位置；中观层面要求投资者对行业基本情况有一定的了解，能合理推断行业的生命周期和发展前景；微观层面要求投资者掌握财务知识，结合财务数据分析公司的盈利能力，有时甚至需要通过登门调研、试用产品等方法去了解公司的经营状况。

二、基本分析的方法

现在的主流基本分析方法是“由上至下”（Top To Down）三步骤分析法，所谓由上至下是指，先进行宏观经济的总体分析，再进入中观的行业分析，最后进行微观的公司分析。通过这三个步骤，将一个公司的外部环境和内部经营状况等方方面面都做了较为细致的分析。

首先，宏观经济分析主要考察国内和国际的整体经济条件，主要分析经济指标、经济政策和经济环境对证券价格的影响。从长期来看，股票市场的走势和变化是由一国经济发展水平和经济景气状况所决定的，股票市场价格波动也在很大程度上反映了宏观经济状况的变化。从国外证券市场历史走势不难发现，股票市场的变动趋势大体上与经济周期相吻合。在经济繁荣时期，企业经营状况好，盈利多，其股票价格也在上涨。把握了宏观经济形势可以帮助把握好证券市场的变化趋势，对于指数基金等投资产品来说意义尤其明显。

其次，处于中观的行业分析也是至关重要的。行业分析主要分析行业所属的不同市场类型、所处的不同生命周期及行业业绩、行业政策对于证券价格的影响。当某个行业处于萧条的境况时，行内的企业也很难独善其身；行业发展阶段、行业结构和行业内竞争状况都是投资分析的重点考察对象。另外行业分析还是联系宏观经济分析和公司分析的纽带，没做好行业分析，那么宏观经济分析就显得失去了意义，公司分析也难以入手。

最后，微观的公司分析，从具体的上市公司入手，主要分析公司的经营状况和财务状况，评估和预测其证券的投资价值、价格及其变化趋势。影响个股价位高低的主要因素在于公司本身的内在素质，包括财务状况、经营情况、管理水平、技术能力、市场大小、行业特点、发展潜力等一系列因素。

第二节　宏观经济分析

在“由上至下”三步骤分析中，宏观经济分析的作用举足轻重，因为宏观经济的走势往往决定了证券市场趋势的方向。国际经济环境和国民经济的发展等因素直接决定了证券市场的投资价值，企业是国民经济的一环，其未来的经营业绩也和宏观经济形势息息相关，证券市场参与者可以通过把握宏观经济的走势找到证券的价值的增长点。另外，了解我国经济规律还需要观察相关的宏观经济政策，这些经济政策将会影响到国民经济的增长速度和质量，甚至于扭转经济运行的方向，掌握其和证券市场的联动规律，才能准确判断投资机会。

本节着重介绍宏观经济分析的特征和方法，以及结合中国证券市场的实际情况了解转型市场的特殊性，为进一步了解行业分析和公司分析打下基础。

一、宏观经济特征

1. 宏观经济的基本指标

宏观经济的基本指标包括：

（1）国内生产总值（GDP）。GDP 是一个国家或地区生产的产品与服务的总和，是衡量一个国家经济形势最常见的指标。国内生产总值的高速增长期也是该国经济的高速发展期，往往也是进行证券投资的黄金时期。

GDP 是一个地域概念，在国土范围内的本国和外国居民在一定时期内生产的产品和劳务都包括在内。与之相对应的国民生产总值（GNP）则是国民概念的指标，包含所有居住在本国和外国的本国居民的全部产出。两者之间的公式是：

GDP = GNP - 本国居民在国外的产出 + 外国居民在本国的收入

= GNP - 外国要素净产出

我国目前在经济核算中采取 GDP 指标，这为国际上大多数国家所使用，但这种核算方法也存在明显的缺陷，因为国内生产总值核算法反映经济的量的变化，而没有体现出经济质量和经济结构的变化，必须结合其他经济指标进行分析，才能得出更全面的结果。

（2）失业率（Unemployment）。失业率是指失业人数占劳动力的百分比。该指标测度了一个经济体生产能力的利用程度，反映了目前的生产力和潜在生产力（最大生产能力）的差距。低失业率通常是经济高速增长的表现。我国公布的失业率是城镇登记失业率，即城镇登记失业人数占城镇劳动力的百分比。由于我国二元经济的特殊国情，没有将农村劳动力考虑进去。

失业率除了经济指标的职能外，还可以反映社会的安定程度，高失业率常伴随一系列社会问题，而这些社会问题同样对该国的经济发展有反馈影响作用，所以失业率是国家经济政策制定者不得不考虑的因素，有时不得不牺牲一些经济效益以保证较高的就业率。

（3）通货膨胀（Inflation Rate）。通货膨胀指物价水平持续、全面的上涨程度，常用的衡量指标有消费物价指数（CPI）、生产者价格指数（PPI）、国内生产总值物价平减指数（GDP Deflator）。消费物价指数是对选定的固定一篮子商品价格的衡量，反映商品和劳务的价格变化；生产者价格指数是从生产者角度出发的物价指数，测度初级市场上交易的商品（如钢铁、煤炭、电力、石油等）价格变动的指数，反映产业链中上游商品价格的变动情况；国内生产总值物价平减指数是指将名义国民生产总值平减而成为实质国民生产总值的物价指数，也称“隐性物价指数”。各通胀指标在衡量物价水平时各有优劣，一般根据不同情况不同时点选用适当的指标，更广泛来说，消费价格指数的使用最为普遍。

高通胀扭曲商品的名义价格，致使财富差异化的再分配，降低资源配置效率，引发的泡沫经济无论是其形成或者破灭都对国民经济产生重大负面影响，决策者者必然会把控制通胀率视为重要目标之一。资本市场参与者应当注意到，控制物价水平的政策出台往往也有打压资本市场的效果。

（4）国际收支（International Payments）。国际收支是指本国与其他国家在经济往来中产生的交易资金结余。国际收支包含经常项目和资本项目；经常项目发生在国家对外贸易和劳务的往来中，包含贸易收支、劳务收支和单方面转移支付（如援助、捐助等）；资本项目发生在国家同外国的资金往来中，反映对外投资、利用外资以及资本偿还等方面。

一国的国际收支情况也是衡量该国经济的重要指标，尤其是中国这样外贸依存度较高的国家，对外贸易是拉动经济增长的关键环节。国际收支平衡也是决策者所考虑的因素，过分逆差会导致国民经济丧失活力，过分顺差则会引发外贸纠纷和货币升值压力。

（5）其他经济指标。其他经济指标诸如汇率、利率、财政赤字、货币供应量、工业增加值等，都会对国民经济产生重大影响，进而改变证券市场的走势。由于其涉及内容较广较多，部分指标会在其他章节中被提及，这里不再赘述。

2. 宏观经济形势对证券市场的影响

宏观经济受到很多因素的影响，整体来看可以分为需求冲击和供给冲击。需求冲击包括政府增加投资，货币供给量增大，外国对本国商品需求增加等。一般这类事件会使总产出增加，刺激经济发展，但伴随通胀压力，也会增加社会对资金的需求，推高利率；供给冲击反映在生产环节，如自然灾害或者资源危机引起的成本增加，往往造成总产出减少，同时物价和利率降低。之前提到宏观经济的方向决定了证券市场的趋势，这种性质决定了宏观经济分析在证券投资分析中的重要性，也就让证券市场参与者不得不考虑影响宏观经济运行的因素，以及宏观经济与资本市场的相关性。宏观经济对证券市场的影响主要体现在两个方面，经济总量和经济周期，前者侧重于经济体中长期发展趋势，后者侧重于经济短期波动。

（1）经济总量，通常表示为国内生产总值（GDP），从长期来看（10 年以上），一国的证券市场趋势和 GDP 增速保持大致同方向变动，但在短期内会有很多不确定性，众所周知我国 2008 年证券市场大幅下挫，但是 GDP 仍然有超过 9% 的高增长。证券市场参与者应当从不同的角度来分析经济总量走势。通常来说，持续高速的经济增长使人们对经济形势的预期转好，会产生更多的消费，让企业经营环境逐步改善，上市公司的利润增加，员工收入增加，有更多结余资本流入证券市场，推动股价上扬；停滞不前的经济体会产生相反的结果。如果经济长期高速增长而导致经济过热，产生高通胀，资本品价格居高不下，企业、居民收入下降，引起决策层出台抑制经济的政策，这样资本市场转入下行的可能性增大。另外要关注 GDP 增速的变化，毫无生机的一个财政年过后如果紧接着的是高速增长的黄金时期，那么资本市场也会呈现出上升的势头。

我国经济处于制度转轨的关键时期，证券市场是不成熟的新兴市场，和欧美、日本等成熟市场相比还有一定差距，股市指数和经济景气程度的相关性还不明显，不过随着中国经济的飞速发展，股市市值的不断扩大，这一差距在逐渐缩小，相信总量分析在证券市场各项指标分析中的地位会变得越来越重要。

（2）经济周期，宏观经济在运行中，会重复地出现扩张和紧缩，就像波浪起伏一样，这种现象就被称为经济的周期性。从图 6－1 中可以清晰地看到，1978—2009 年这 30 年中，中国经济出现了三个完整的周期波动，而最近的一个周期是从 1992 年开始至 2009 年，现在仍然处于这个周期的上升阶段，没有达到顶峰。

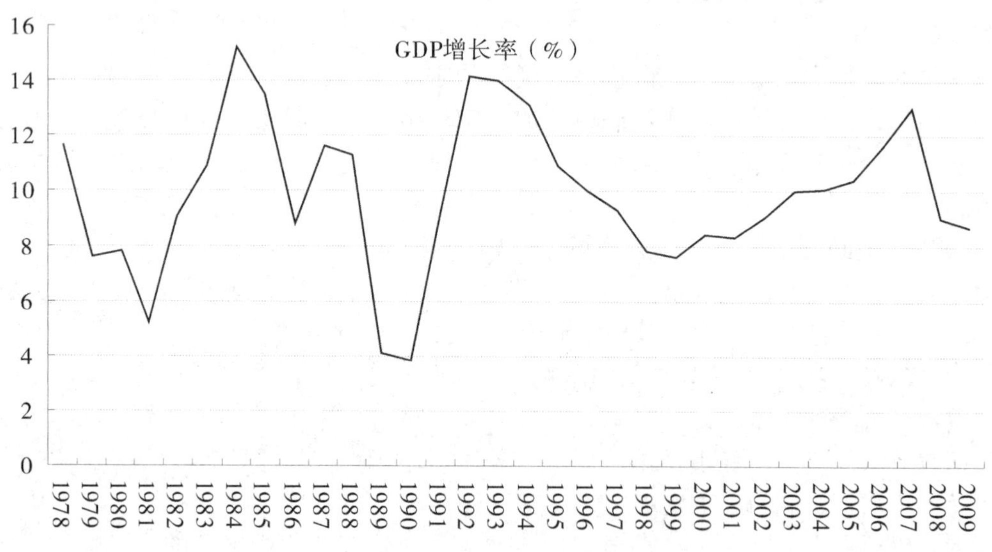

图 6－1　1978—2009 年中国经济周期性变化

经济周期总是这样连绵起伏，经济扩张和经济收缩不断交替出现，在经济扩张时期里，社会产出和需求增加，失业率降低，产品和利率上升，经济总量随之攀升，整个社会一片欣欣向荣，在到达顶点之后，随即进入衰退期，刚刚列举的各项指标均反向变动，导致经济环境一片萧条，持续一段时间之后，又开始进入复苏。

股票市场被称为宏观经济的“晴雨表”，正是因为股价前瞻性地反映了经济周期的变动，而在经济周期的不同时段，不同的行业表现也不尽相同，在经济从低谷开始复苏，一些敏感度较高的行业（汽车、资源）便会率先高速发展，经过一轮快速增长后早于经济周期达到峰顶，之后开始快速下跌；相反，一些防御型板块（零售、运输）受到经济周期的影响就很小，通常是预期经济进入下行通道时的理想投资品，对经济周期阶段有出色判断能力的投资者，只需要在他认为经济走强的时候买入周期性板块的股票，在经济衰退时换成防御型板块，就能有不错的投资收益。板块和经济的相关性在后面的章节中会有更为具体的阐述。

前面提到在经济陷入低谷的时候往往是进入股票市场的好时机，实际上，在经济周期的不同阶段，都会有理想的投资产品，如果分析到位，踩对了节奏，可以获得超额的收益，我们可以从图6－2中看到，在高通胀预期下选择投资于大宗商品，在经济衰退时选择投资于债券都能获得收益，这也提醒证券市场参与者，要在合适的时点退出股票市场，不然就面临经济大环境衰退带来的风险。值得一提的是，投资于像黄金这样的硬通货，在经济不景气的时候会有不错的效果，人们对货币失去信心，便把注意力放在了保值能力更强的硬通货上，需求拉动其价格上涨。2007年以来的全球性金融危机使得各国的股票市值大幅缩水，若提前将手中的股票换成黄金，则不仅不会承受资本损失，还能有可观的收益。（金价从当时的700美元/盎司到现在突破了1000美元/盎司）

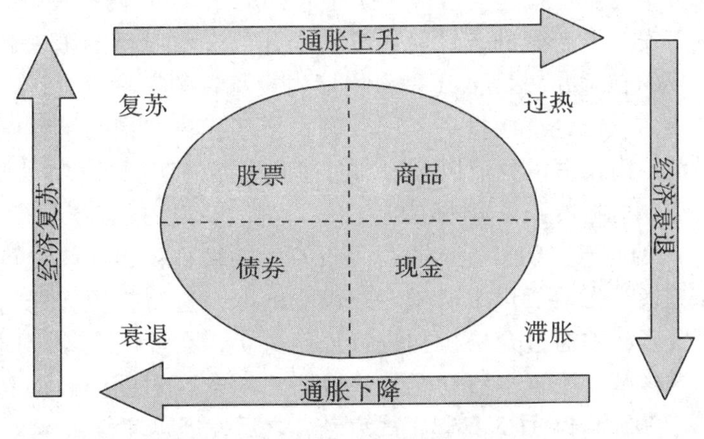

图6－2 经济周期不同时点的投资品

（3）国际经济环境。在经济全球化大背景下，国际间金融市场的相互依赖变得越来越明显，跨国融资现象频现，美国纳斯达克（NASDAQ）市场成就了腾讯、百度这样的优秀中国企业，中石油、建设银行、中国银行、工商银行、农业银行等巨头在香港联交所上市。我国2001年加入WTO，对外贸易、对外投资引资上取得了辉煌的成就，资本市场在朝着国际靠拢，人民币自由兑换也被提上了日程，外国公司在我国证券交易所上市只是时间问题。2007年金融危机爆发，沪深股市虽晚于世界上其他市场开始下跌，但70%以上的跌幅超过了欧美等市场。在这样的大背景下，就更加不能忽视国际经济环境对我国证券市场的影响。

现阶段，国际金融市场大致以三种方式影响我国证券市场：①人民币升值预期。

从长期来看，人民币有升值的压力，对我国实体经济和资本市场产生较大影响，首先是货币升值导致国内出口产品竞争力下降，打压我国实体经济；其次货币升值预期吸引大量热钱涌入我国从事投资活动，可能加剧我国资本市场的不稳定，有助涨助跌效应。在我国资本市场完全开放之前，如何控制好人民币汇率走势，也是我国经济面临的难题之一。②国际金融市场影响我国证券市场的信心，在信息越来越发达的今天，获得全球主要资本市场的第一手信息不再是难事，我国证券市场的投资者往往会参考别国证券市场的走势来进行投资决策，同样我国证券市场的大涨大跌也对其他国家的金融市场形成冲击，通过对以往数据的研究，A 股与 H 股的相关系数由以往的 0.6 升至了 0.9，同时也发现全球金融市场的联动效应明显，经济全球化早已深入资本市场。③国际金融市场通过上市公司渗透我国证券市场，随着我国企业不断地走出国门，国际经济形势对这些跨国企业的投资收益产生较大影响，进而影响该企业股票在 A 股市场上的走势。以 2007 年的国际金融危机为例来看国际金融市场影响我国证券市场的过程，首先是国际经济环境转恶，我国企业的出口额下降，企业利润减少；其次国外金融市场持续下跌，对我国证券市场产生示范效应，进一步打击我国投资者信心；最后我国企业的对外投资在恶劣的经济环境下遭受损失，反映在这些企业的财务报表上，所有这些因素共同促使我国证券市场下跌。

由于我国资本市场的不完全开放，一些投资产品被设计出来以满足投资国际金融市场和接收外来资金的需求，这里值得一提的是 QDII 和 QFII 两类投资者，这两类投资者是在过渡性政策安排下产生的，针对还没完全开放资本项目的国家和地区，作为其逐步开放资本市场的临时办法。QDII 是合格境内投资者的简称，允许在资本市场未完全开放的条件下境内投资者直接投资于国外资本市场，目的是为了鼓励国内投资者走出国门，在世界范围内投资以分散风险的同时找到可能的获利机会。我国 QDII 有起步晚、规模小等特点，但随着我国资本市场发展日趋完善，在投资产品多元化的目标下，QDII 产品有着广阔的前景。QFII 是合格境外投资者的简称，QFII 被允许将一定数量的外汇资金汇入并兑换为当地货币，通过专门设立的账户进行投资，任何有意愿投资境内资本市场的投资者必须通过合格机构进行证券买卖，在境内有关部门的严格监管下进行投资活动，这样减少了资本流动尤其是短期“游资”对国内经济和证券市场的冲击。我国 QFII 从 2002 年 11 月 5 日起正式启动，之后发展迅速，截至 2010 年 6 月，已有 96 家 QFII 在我国从事投资业务，其中包括瑞士银行、摩根士丹利、花旗、高盛等世界知名的金融机构。

二、宏观经济政策分析

政府相关部门制定的经济政策对宏观经济有较大影响，甚至会左右经济运行的方向。我国政府调控经济的频率较高，力度较大，这就要求分析者投入更多的关注，经济政策有比经济指标更为明确的信号，特别是在经济趋势即将转向的时候，一纸政府文件往往就是“导火索”。证券市场对于这些政策的变动也是非常敏感的，纵观以往，很多重要政策的出台都伴随着股市的巨大波动。经济政策主要包括财政政策和货币政策，其他教材文献还提到了收入政策、供给政策等，其实本质上也是属于财政政策和货币政策的范畴，且在实施的时候也要用到财政政策和货币政策工具。所以这里主要阐述财政政策和货币政策对经济运行的影响，以及它们如何作用于证券市场。

1. 财政政策（Fiscal Policy）

财政政策指政府指导收入、支出行为的一系列措施，包括预算安排、税收制度、财政补贴、转移支付、发行国债等。财政政策是刺激经济发展最直接的方式，政府支出的增长，可以迅速影响社会对产品和劳务的需求，不过在实际操作中，财政政策也受到多方面的制约，比如政府不能完全自由地调整其财政预算，医保和社保等会稳定占据财政支出的一部分，这样当政府需要大量增加支出以刺激经济时，只有通过举债或预算赤字的方式，但无论举债还是赤字，都不可能是无限额的，这样就降低了财政政策的灵活性。财政政策的工具及对证券市场的影响：

（1）税收。税收是国家财政收入的最主要来源，也可以用来调节宏观经济。税收制度的变化可以促进或者限制某些行业的发展。出口退税政策扶持了一大批沿海外贸生产商；提高个税起征点增加了居民可支配收入，刺激国内消费；而提高高污染、高排放行业的税收是我国经济结构调整的重要手段。关注税收结构的调整可以帮助分析者找到未来具有高增长前景的行业。

（2）财政预算。财政预算是政府最基本的收入支出计划，也是财政政策的最主要手段。政府通过制定和实施财政预算，全面调控宏观经济。财政预算的规模和收入支出的平衡状态会对整个宏观经济产生深度影响，扩张性的财政政策引发预算赤字，是刺激经济的有效手段，收缩性的财政政策常在抑制通胀的时候使用。合理实施扩张性政策和收缩性政策有利于经济平稳、快速发展。

（3）财政补贴。财政补贴是指财政直接针对企业或者个人的经济补助，主要形式有价格补贴、亏损补贴、财政贴息、住房补贴等。财政补贴广泛应用于一些新兴行业或者提供公共产品的企业，个人补贴的对象则主要是一些生活条件较差的居民和进城务工的民工等。

（4）转移支付。转移支付是指中央财政划拨资金给地方财政的行为，主要目的是调节地区间的财政收入，使之趋向平衡。一些经济试点会经常在转移支付中获益（如上海建设国际金融中心，成渝地区城乡一体化试点等），这些地区有机会获得较快发展，分析者应当关注相关板块。

（5）国债发行。国债发行是指国家通过举债向民间筹集财政资金的行为。政府通过发行国债来调节资金流动性，筹集到的资金通常用于投资基础设施和财政补贴。分析者要留意国债发行的规模和频率，在证券市场较为火爆时如果政府大规模发行国债，往往是要收紧流动性的信号，预示风险的到来；但在经济低迷的时候政府举债可能是用于刺激经济，一般是买入信号。

（6）财政政策对证券市场的影响。财政政策分为扩张性、紧缩性和中性，我们以扩张性财政政策为例阐述其对证券市场的影响，同理可以分析紧缩性和中性财政政策。实施扩张性财政政策，政府加大投资力度，减少税收，增加财政赤字，减少国债发行。这样的政策组合会增加个人的可支配收入，促进消费，拉动企业利润上涨，刺激企业扩大投资和生产规模，进一步增加利润，在业绩的支撑下，公司股票上涨，企业经营环境的改善降低了企业的还债风险，也就降低了企业债券的风险溢价，拉升债券价格；同时，居民在经济向好的情况下，信心增加，收入的上涨也激发了投资需求，越来越多的人参与证券投资，推动股市继续上扬；但经济持续的高增长容易引发经济过热，这时就要留意政府是否有迹象收紧财政，紧缩的财政政策对证券市场的影响相反。

2. 货币政策（Monetary Policy）

货币政策是指中央银行以控制货币供应量为手段，以调控宏观经济运行为目的的一系列政策。货币政策的核心是对利率的控制，货币供应量增大使得利率下降，以此来刺激投资和消费。相比财政政策，货币政策对经济的影响更为间接，货币政策的改变可能要经过好几个月才能真正影响到实体经济，而过于激进的货币政策往往带来高通胀，给决策层留下另外的难题。货币政策的工具及对证券市场的影响：

（1）公开市场操作（Open Market Operation）。中央银行在金融市场公开买卖有价证券（以国债、其他政府债、金融债券和外汇为主）的行为，主要目的是调节货币供应量。公开市场操作由于其操作便捷，起效较快，成为各国中央银行最频繁使用的货币政策。我国中央银行在 1996 年 4 月 9 日开展了第一批国债公开市场操作，之后 10 年来，公开市场操作发展迅速，截至 2008 年年底，总规模已逾 10 万亿元。

（2）再贴现率（Rediscount Rate）。再贴现率是指商业银行利用未到期票据向中央银行进行短期融资时需要支付的利率。中央银行通过对金融市场供需关系的分析，调整商业银行的融资成本，进而控制整个社会的货币供应量。如果央行认为有必要限制货币供应，则提高再贴现率，那么商业银行获得资金的成本增加，为了保证收益，商业银行会调高放贷利率，这样便收缩了信贷规模。

（3）法定准备金率（Reserve Ratio）。中央银行规定，商业银行等金融机构为保证客户取款和资金清算需要，必须将一部分资金存放于中央银行账户，我们称这一部分资金为法定准备金。法定准备金率是法定准备金占该金融机构存款总额的比例。当央行提高法定准备金率时，商业银行需拿出更多的资金存放于中央银行的账户中，而不能再用这笔钱进行放贷，这样市场货币供给就会减少。变动法定准备金率是一项效果很剧烈的政策，一般只有在高通胀或者央行认为急需控制信贷规模的时候才会使用。表 6 - 1 中列出了我国中央银行 2007—2010 年里 22 次调整存款准备金率及股市的变动情况，其中，整个 2007 年的 10 次上调存款准备金率冻结了约 1. 66 万亿元的流动性；2010 年上半年三次上调存款准备金率冻结银行资金逾 8000 多亿元。足见此项政策对股票市场的影响。

表 6 - 1　　2007 年以来历次存款准备金率调整及对股票市场的影响

次数	公布时间	调整前	调整后	调整幅度（百分点）	首个交易日沪指表现
22	2010 年 5 月 2 日	大型金融机构 16. 5% 中小金融机构 13. 5%	17% 不调整	0. 5	- 1. 23%
21	2010 年 2 月 12 日	大型金融机构 16% 中小金融机构 13. 5%	16. 5% 不调整	0. 5 -	- 0. 49%

表6-1(续)

次数	公布时间	调整前	调整后	调整幅度（百分点）	首个交易日沪指表现
20	2010 年 1 月 12 日	大型金融机构 15.5% 中小金融机构 13.5%	16% 不调整	0.5	-3.09%
19	2008 年 12 月 22 日	大型金融机构 16% 中小金融机构 14%	15.5% 13.5%	-0.5 -0.5	-4.55%
18	2008 年 11 月 26 日	大型金融机构 17% 中小金融机构 16%	16% 14%	-1 -2	1.05%
17	2008 年 10 月 8 日	大型金融机构 17.5% 中小金融机构 16.5%	17% 16%	-0.5 -0.5	-0.84%
16	2008 年 9 月 15 日	大型金融机构 17.5% 中小金融机构 17.5%	不调整 16.5%	- -1	-4.47%
15	2008 年 6 月 7 日	16.5%	17.5%	1	-7.73%
14	2008 年 5 月 12 日	16.0%	16.5%	0.5	-1.84%
13	2008 年 4 月 16 日	15.5%	16.0%	0.5	-2.09%
12	2008 年 3 月 18 日	15.0%	15.5%	0.5	2.53%
11	2008 年 1 月 16 日	14.5%	15.0%	0.5	-2.63%
10	2007 年 12 月 8 日	13.5%	14.5%	1	1.38%
9	2007 年 11 月 10 日	13.0%	13.5%	0.5	-2.4%
8	2007 年 10 月 13 日	12.5%	13.0%	0.5	2.15%
7	2007 年 9 月 6 日	12.0%	12.5%	0.5	-2.16%
6	2007 年 7 月 30 日	11.5%	12.0%	0.5	0.68%
5	2007 年 5 月 18 日	11.0%	11.5%	0.5	1.04%
4	2007 年 4 月 29 日	10.5%	11.0%	0.5	2.17%
3	2007 年 4 月 5 日	10.0%	10.5%	0.5	0.13%
2	2007 年 2 月 16 日	9.5%	10.0%	0.5	1.40%
1	2007 年 1 月 5 日	9.0%	9.5%	0.5	2.49%

资料来源：中国人民银行网站和大智慧网站有关数据整理。

（4）其他货币政策工具。其他货币政策工具包括道义劝说、规定信用配额、限制流动性比例等，这些工具的出现让央行的货币政策实施更加灵活，提高了货币政策的效果。

（5）货币政策对证券市场的影响。货币政策通常表述为从紧和宽松，以货币供给量的多少为依据划分的。我们还是以宽松的货币政策为背景来分析其对证券市场的影响。央行实施宽松货币政策的工具包括降低再贴现利率和法定准备金率，在公开市场操作中买入债券，这样就在降低利率的同时增加了货币供给量。利率降低在以下几个方面影响股票价值：首先利率降低让企业融资成本降低，增加公司账面利润，提升公司股票价值；其次利率降低让人们不愿意把钱放在银行里从而选择股权投资，推高股价；最后，利率的变动往往是宏观经济政策转向的标志，会对人们的预期产生影响，简单来说就是影响人们的信心。货币供给量的增加提高了整个社会的流动性，会有很多资金通过各种途径流入股市和债市，拉升股票和债券价格。总之，资金量是决定证券价格的核心因素，而资金量被货币政策所左右，所以货币政策对证券市场的影响力度往往大于财政政策。在大多数情况下，政府不会选择单一的政策作为经济调控的工具，一般是货币政策和财政政策共同来发挥作用，这便要求投资者在进行政策分析时考虑得更为全面。

第三节　行业分析

行业分析的目标是了解某行业在国民经济中所处的地位，研究影响行业发展的宏观和微观因素，之后预测行业的未来发展趋势，最终给该行业的投资价值下一个定论，包含短期投资价值和长期投资价值。行业分析是宏观的经济分析和微观的公司分析之间的桥梁，关键之一是如何做好承上启下，所以很多地方都要和经济分析或者市场分析结合进行。这里主要介绍行业分类、行业的市场结构、行业生命周期理论和行业分析方法。

一、行业分类

1. 国际行业分类方法

国际行业分类方法包括：

（1）道—琼斯（Dow - Jones）分类法。最早开始的行业分类法是应用于纽约证券交易所（NYSE）的道—琼斯（Dow - Jones）分类法，开始于19世纪末。在当时的产业发展背景下，共有3个大的基本行业分类，即工业、运输业和公共事业。自1897年起，道琼斯股票价格平均指数开始分成工业与运输业两大类，其中工业股票价格平均指数包括12种股票，运输业平均指数则包括20种股票，并且开始在道琼斯公司出版的《华尔街日报》上公布。在1929年，道琼斯股票价格平均指数又增加了公用事业类股票，使其所包含的股票达到56种，并一直延续至今。

（2）国际标准行业分类法。联合国经济和社会事务统计局曾制定了一个《全部经济活动国际标准行业分类》，简称《国际标准行业分类》，建议各国采用。它把国民经济划分为10个门类，对每个门类再划分大类、中类、小类。其中大类包括：①农林牧渔；②采掘业；③制造业；④水电气；⑤建筑业；⑥零售、餐饮、旅游业；⑦运输、通讯业；⑧金融、保险、房地产业；⑨政府、社会、个人服务业；⑩其他。其中大类下的中类及小类的划分较为细致，如有兴趣可查阅相关资料。

2. 我国行业分类方法

（1）产业划分。从1985年开始，国家统计局把我国的所有经济行业划分为三大产业：①农林牧渔即农业，划为第一产业；②采掘、制造、水电气、建筑业即工业，划分为第二产业；③服务性行业划分为第三产业。三大产业的划分方法在当时符合了行业规划和统计工作的需要，但是随着我国经济的迅猛发展，经济结构的不断变化，需要对产业划分法作出调整。

（2）我国上市公司分类，2001 年 4 月 4 日，中国证监会公布《上市公司行业分类指引》，在以前分类方法的基础上作出一定调整，结合国际标准分类法和北美行业分类法制定而成。此方法将国民经济划分为 13 个部门：①农林牧渔；②采掘业；③制造业；④水电气；⑤建筑业；⑥运输、仓储业；⑦信息技术业；⑧批发零售业；⑨金融保险业；⑩房地产业；⑪社会服务业；⑫文化传播业；⑬综合类。

（3）上交所行业划分，2007 年 5 月 31 日，上海证券交易所根据在 2006 年 4 月 28 日发布的最新全球行业划分标准，综合考虑了上市公司经营范围的变化情况，发布了沪市上市公司的行业分类，将行业划分为 10 个部门：①能源；②原材料；③工业；④可选消费；⑤主要消费；⑥医疗卫生；⑦金融地产；⑧信息技术；⑨电信服务；⑩公用事业。

二、行业结构特征分析

一个行业的竞争程度决定了行业中企业的发展前景，是投资时需要考虑的重要因素。根据行业中生产者的数量和行业产品的差异性，把行业市场结构分为：完全竞争、垄断竞争、寡头市场、垄断市场。在不同的市场结构中，企业的经营方式各有不同，把握好这些市场结构的特征有助于更全面的分析行业形势。

1. 市场结构种类

（1）完全竞争（Perfect Competition）。完全竞争指所有厂商自由竞争的市场状态。完全竞争市场必须满足几个条件：①市场上有众多消费者和生产者，且任何消费者、生产者都不能单独影响产品价格，他们都是价格的接受者。②行业中产品不存在差异性，即产品的质量、性能、价格都是相同的，厂商不能通过产品差异性来取得超额收益。③生产者可以自由进入、退出该行业，没有进入门槛，也没有退出成本，资本完全流动。④信息完全对称，市场参与者均拥有完全信息，包括生产者相关的技术、交易资料，消费者相关的价格、质量、市场信息等。⑤交易自由，没有任何人为限制，任何生产者均可销售，任何消费者均可购买。

农产品市场和完全竞争市场较为接近，但现实中没有标准完全竞争市场的例子，所以这种情况更多出现在理论研究中。

（2）垄断竞争（Monopolistic Competition），指有很多厂商生产带有差别性产品的市场。其特征是：①行业中厂商的产品都是很相似的替代品，他们在质量、性能、品牌上有差异性，所以有的厂商凭借其产品的独特性可以进行区别定价，即在垄断竞争中厂商对价格有一定的控制能力。②生产厂商数量较多，任何一家厂商对于市场控制力都微不足道，竞争对手之间的影响力也甚微。③由于厂商的规模较小，他们进入或者退出的成本很低，但不像完全竞争那样没有成本。

垄断竞争的典型例子是餐饮业，不同的产品之间差异很小，对市场的控制力很弱，但是消费者又存在差异，造成市场认可度的不同，在针对这种行业进行投资的时候，要选取产品差异化最为明显的企业，这样就更容易在激烈的竞争中树立自己的地位，获得较高的收益。

（3）寡头垄断（Oligopoly），指少数几家企业主导一个行业的市场状态。寡头垄断的特征有：①行业参与者很少，一般是两家至数家企业在市场中竞争。②企业间的相互作用明显，一家企业的战略变化会对其他企业构成影响，企业会将对手的行为视为自己战略调整的重要考虑因素。企业间可以是竞争关系也可以是合作关系。③产品通常有明显差异，彼此之间的替代性不高，企业可以通过产品的特殊性确立市场地位。④进入门槛高，退出成本高，几家寡头将长期占据某一行业很长时间。

原油、汽车、通信运营商等是寡头市场的典型例子，企业之间的关系总是很微妙，既竞争又要防止过度竞争带来的损害。

（4）垄断市场（Monopoly），指一家厂商控制了所有的市场供给份额。垄断市场的特征包括：①市场上只有一个卖家，它控制着整个行业的全部供给，厂商即等于整个行业。②垄断厂商的产品没有十分近似的替代品，它与其他产品的替代弹性是非常低的，所以垄断厂商能凭借其产品的特殊性来决定市场价格。③进入门槛极高，垄断厂商要么有政府的授权或者税收优惠政策，要么有某项专利保护，要么完全控制某些资源，要么前期进行了巨额的投资或拥有尖端科技。

垄断厂商可以凭借对市场的控制获得超额利润，但是也会受到政府部门的约束，垄断厂商可能会寻找其他途径来逃避这些约束进而引起其他的问题（如寻租），变相提高社会成本。我国的铁路部门是较为典型的垄断企业，虽然只此一家，但是国家颁布了政策控制车票价格，所以居民仍能买到合理价位的车票，但是售票者私下贩卖高价票等现象又变相抬高了价格。

在一般的行业结构中，很少有完全垄断和完全竞争的情况，垄断竞争和寡头居多，在做投资分析的时候，如何判断一家企业在行业中的竞争力，还需要考虑其他的因素。

2. 判断行业竞争力

一个行业内部存在竞争，在这个行业从新兴到成熟的过程当中，竞争环境不断地发生变化，企业也要不断调整其竞争策略以保证盈利能力。哈佛教授迈克尔·波特认为行业内部竞争主要取决于五个因素：进入威胁、现有竞争、替代品压力、买方议价能力、卖方议价能力。

（1）进入威胁（Threat of New Entrants），指新竞争者加入的可能。新进入者对现有市场的利润产生很大压力，现有厂商在没有实质新进入者时也要随时调整价格以降低进入威胁，因为高利润额往往是其他企业进入该行业的原因。判断行业里的企业会受到多大的进入威胁主要是看这个行业的进入门槛，长期形成的商业关系、品牌认知度、知识产权和积累的经验都是现有厂商的优势。

（2）现有竞争（Rivalry Among the Existing Competitors），指已经处于某一行业里的企业之间的竞争。在逐利性的驱使下，一个行业只要不是完全垄断，那么行业里的个体都会不断试图占据较大市场份额，由于商品供给增大，带动价格下跌，挤压了利润空间。特别是一些较为成熟的行业，增长率下降，企业之间只有相互抢夺市场份额。

（3）替代品压力（Threat of Substitute Products），指一个行业的产品面临来自其他行业具有替代性商品的竞争。替代品的出现对整个行业的发展产生了限制，需要特别关注。

（4）买方议价能力（Bargaining Power of buyers），指商品购买者对于价格的控制能力。如果购买者在市场中占据主导地位，通常是数量很少的买家面对数量庞大的卖家，这样买方就有能力压低价格，对该行业产生不利影响。

（5）卖方议价能力（Bargaining Power of Suppliers），指商品生产者对于价格的控制能力。和买方议价能力效果相反，卖方议价能力越强，则对该行业越有利。

3. 行业对经济周期的敏感度

在宏观经济分析里介绍过经济周期的变化，不同类型的行业受到经济周期的影响程度是不同的，根据这项差异，可以把行业分为三种类型：增长型行业、周期型行业和防御型行业。增长型行业在经济周期的不同时段总是表现出强劲的增长势头，不难发现，20 世纪 90 年代初的信息技术产业就是典型的例子，投资于增长型行业通常能获得很高的收益，但是也伴随潜在的风险，因为一般增长型行业都是新兴行业，有着较大的不确定性；周期型行业的最大特征就是随着周期的起伏，行业的效益也会呈现出对应的周期性变化，大多数的消费品都属于周期型行业，因为经济周期的变化会改变人们的收入和消费，这些行业创造出较多的投资机会，在经济低迷的时候进行投资，在经济繁荣的时候卖出；防御型行业是在周期各个阶段都保持稳定效益的行业，公共服务业和交通运输业属于这种类型，防御型行业适合追求低风险、长时期的投资者。

三、行业生命周期理论

观察国民经济中的各项产业，会发现有些产业已经没落（如收音机），有些正在成熟时期（如汽车），而有些才刚刚兴起（新能源）。随着时代的发展，所有的行业都会走过由兴转盛、由盛转衰的过程，衰退的产业逐渐被新的产业代替。

1. 行业发展阶段

（1）创业阶段（Pioneering），又称幼稚期或导入期，指一个行业刚刚形成的初始阶段。通常伴随着新技术的诞生或者市场需求的产生。这一阶段，新行业刚刚出现，行业里的企业数量很少，市场份额很小，消费者对新产品的认知度很低，使得新企业的业绩偏低，甚至是亏损经营。在这个阶段进行投资往往面临较大的风险，新涌现出的企业可能在几年之后成为行业龙头给投资者带来巨额收益，也可能在很短的时间内破产，让投资者血本无归，这一阶段的企业是风险投资者所热衷的投资目标。

（2）成长阶段（Rapid Growth），指行业从新生到走向稳定的发展阶段。从创业阶段后期开始，生产技术逐渐成熟，企业的生存能力得到保证，进入市场扩张的阶段。这个时候企业的业绩和行业的业绩紧密相连，行业的成长性成为大部分企业成长性的标尺。成长阶段中企业的技术含量和生产能力稳步提升，利润稳步增长，受到高额利润的吸引越来越多的厂商加入到该行业中来，加快了行业的发展，也加快了市场份额的抢占速度。发展到一定阶段，企业很难再通过扩大生产来抢占市场，这时竞争加剧，企业必须更加注重产品质量、品牌认知度和服务质量的提升，以此来确立行业领导者的地位。这也是兼并收购盛行的一段时期，有实力的厂商通过收购来巩固自己的地位，中小厂商通过合并以求继续生存的空间。在成长阶段，有大量的投资者涌入，高成长性带给投资者巨大回报，重组机会留给投资者想象空间。这时的风险主要体现在企业间的竞争上，在竞争中输掉的企业往往面临被淘汰的命运。

(3) 成熟阶段 (Mature Growth)，指在竞争中存活下来的企业平稳发展的一段时期，这一阶段是行业生命周期中最长的阶段，通常形成寡头市场的局面，生产能力和消费能力都达到饱和，行业不会再经历爆发性增长。不再有新的厂商进入，行业竞争力度下降，投资风险相对较低。处于成熟期的行业在国民经济中占据重要地位，为国民创造大量的财富。投资者要特别注意，大部分行业在这一阶段可能会从增长型转变为周期型。

(4) 衰退阶段 (Decline)，指行业竞争力开始下降直至行业消失的一段时期。在这个阶段，由于技术进步，更加满足消费者需求的产品出现，该行业产品市场份额开始下降，资本转移至盈利能力更强的领域，行业中存在的厂商逐步减少，直至全部退出。这一阶段不推荐任何投资者进入，但一个行业是否进入衰退阶段需要综合判断，并非行业内企业盈利能力降低、股价大幅下跌就代表行业开始衰退，有可能只是经济周期的影响，投资者要注意分析，不要错过了投资良机。图 6-3 展示了行业各个阶段产品需求量的变化情况。

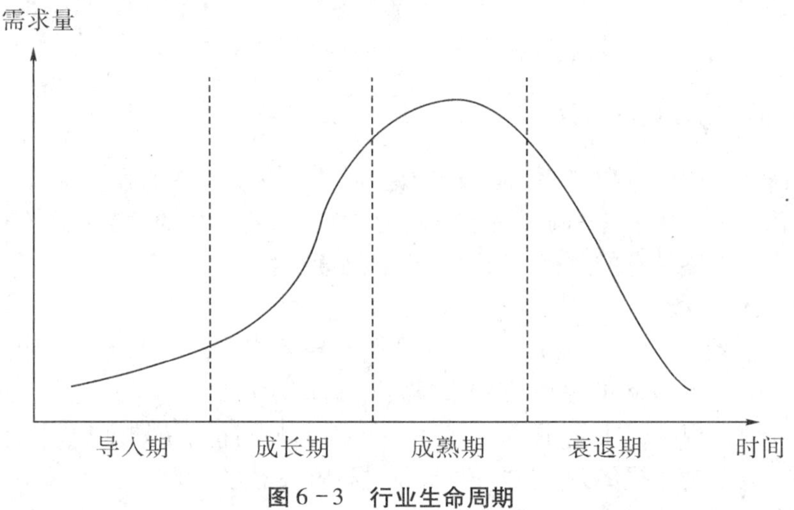

图 6-3 行业生命周期

2. 影响行业兴衰的因素

行业的兴衰受到技术革新、产业政策、消费习惯和经济全球化等因素的影响，这些因素促使行业从生命周期的一个阶段快速步入另一个阶段，甚至于倒退或者消亡。

(1) 技术革新。技术的进步对行业的发展影响深远，新的技术孕育新的产业，或者对旧的设备改造和改进旧工艺，表现为生产能力和成本控制能力的提高。拥有先进技术的行业也成为一国最有竞争力的核心行业。20 世纪 90 年代的计算机信息技术，进入 2000 年以来的生物技术，和即将成为热点的新能源技术，都是技术革新带来爆炸性增长的例子。

(2) 产业政策。产业政策指政府对某些产业的扶持或者打压的行为，一般以产业保护和财政补贴的形式出现。产业保护主要是保护新兴行业免受国外竞争者的威胁，像我国对于进口汽车征收较高的关税，也就保护了国内汽车厂商的生存空间；财政补贴的对象大多是处于衰退中的行业或者公共性质的行业，这些行业的盈利能力较弱，但又是国民经济中不可或缺的一环，为了保障这些企业的生存，政府只有以财政补助或者减税的方式给予扶持。另外，产业政策还包括限制垄断和鼓励出口等政策，目的是确保国内市场的秩序，让企业在良好的环境中经营。

（3）消费习惯。消费习惯指居民的消费需求的变化对于行业的影响。产生这些变化的原因多种多样，总的来说决定于社会习俗、居民生活水平和受教育程度。像自行车在日本的市场份额很小，但在中国却有大量的需求。

（4）经济全球化。通过国际分工来影响一国的产业结构，资本的全球流动导致产业的全球性转移，劳动密集型的制造业开始流向发展中国家，每个国家拥有自己的优势产业的格局得以确立，这些优势产业由于高技术高资本需求形成的门槛，让其他国家很难进入，这些产业也成为各自国家的支柱产业。国际分工促使全球经济都得到了快速发展，但同时也加剧了发达国家对发展中国家的经济剥削，一条产业链中，发达国家一般处于研发、销售等高利润环节，而发展中国家由于其技术和管理能力等条件的限制，只能进入制造等利润微薄的环节。经济全球化对投资者的行业分析能力提出了更高的要求，需要把握该国在国际分工中的地位。

第四节　公司分析

作为“由上至下”分析法中最微观的一步，公司分析对证券投资最具有指导意义。公司分析又称企业分析，是基本分析的重点。公司分析侧重对公司的竞争能力、盈利能力、经营管理能力、财务状况、经营业绩以及潜在风险等进行分析，借此评估和预测证券的投资价值、价格及其未来变化的趋势。公司分析名目较多，大体可以分为财务分析和经营状况分析，其中财务分析是最重要的，财务报表中的信息是评价上市公司投资价值的主要依据，而经营状况分析就公司各项基本情况在行业内进行比较，便于发现公司的增长点。

一、公司财务分析

1. 公司财务报表

公司定期（通常每个季度）公布的财务报表是财务分析资料的最主要来源，投资者据此来进行基本面分析，两期财务报表的对比尤其重要，可以分析一个商业周期内公司经营业绩的变动，直接指导股票投资。最常用到的财务报表包括资产负债表、利润表和现金流量表。

（1）资产负债表（Balance Sheet）。资产负债表是表示企业在一定日期内的财务状况的主要会计报表。资产负债表利用会计平衡原则，将资产、负债、股东权益交易科目分为“资产”和“负债及股东权益”两部分，以特定日期的静态情况为基准，合并成一张报表，遵循“资产 = 负债 + 股东权益”的恒等关系。资产负债表主要提供有关企业财务状况方面的信息，诸如某一特定日期资产的总额及其结构，或者负债总额及其结构，表明企业拥有或控制的资源及其分布情况和企业未来需要用多少资产或劳务清偿债务以及清偿时间；还可以反映所有者所拥有的权益，据以判断资本保值、增值的情况以及对负债的保障程度。资产负债表能提供进行财务分析的基本资料，如将流动资产与流动负债进行比较，计算出流动比率；将速动资产与流动负债进行比较，计算出流动比率；计算出速动比率等，可以表明企业的变现能力、偿债能力和资金周转能力，有助于报表使用者作出投资决策。

表 6－2　苏宁电器资产负债表

××××年×月×日　单位：万元

报告期	期末	期初		期末	期初
资产			负债及股东权益		
流动资产			流动负债		
货币资金	1 785 911.1	1 735 989.6	短期借款	0	0
应收票据	107.9	9.2	应付票据	1 380 940.3	1 165 676
应收股利	0	0	应付账款	600 123.8	422 565.9
应收利息	3408.4	1904.5	预收账款	36 750.5	15 582.4
应收账款	0	0	代销商品款	0	0
应收账款净额	23 209.2	22 428.1	应付工资	13 563.5	14 168.4
其他应收款	0	0	应付福利费	0	0
其他应收款净额	12 422.1	8669.6	应付股利	0	0
坏账准备	0	0	应交税金	8709.1	35 961.7
应收款项净额	35 631.3	31 097.7	其他应交款	0	0
预付账款	142 852	129 177.3	其他应付款	57 964.4	61 066
存货	0	0	预提费用	0	0
存货跌价准备	0	0	预计负债	0	0
存货净额	712 663	384 960.9	一年内到期的长期负债	8200.5	9314.7
待摊费用	0	0	其他流动负债	11 411	12 018.4
其他流动资产	36 369.8	38 982.6	职工奖励及福利基金	0	0
流动资产合计	2 716 943.5	2 322 121.8	国内票据结算	0	0
长期股权投资	59 894.5	100.4	流动负债合计	2 117 663.1	1 736 353.5
长期债权投资	0	0	长期负债		
长期投资合计	0	0	长期借款	0	0
长期投资减值准备	0	0	应付债券	0	0
长期投资净额	59 894.5	100.4	长期应付款	0	0
股权投资差额	0	0	住房周转金	0	0
固定资产			专项应付款	0	0
固定资产原价	0	0	其他长期负债	12 132.1	9548.5

表6-2(续)

报告期	期末	期初		期末	期初
累计折旧	0	0	长期负债合计	12 132.1	9548.5
固定资产净值	0	0	递延税项贷项	435.9	449.1
固定资产净额	325 931.6	328 747.5	负债合计	2 130 231.1	1 746 351.1
工程物资	0	0	少数股东权益	42 561.7	39 495.7
在建工程	0	0	股东权益		
在建工程净额	26 118.2	22 400.3	股本	448 651.2	448 651.2
待处理固定资产净损失	0	0	已归还投资	0	0
固定资产清理	0	0	股本净额	448 651.2	448 651.2
固定资产合计	352 049.8	351 147.8	资本公积金	18 888.9	18 888.9
无形资产及其他资产			盈余公积金	36 427	36 427
无形资产	0	0	公益金	0	0
长期待摊费用	22 909.3	21 915	未确认的投资损失	0	0
无形资产及其他资产合计	79 456.6	78 496.7	未分配利润	561 606.4	491 124.9
递延税项			货币换算差额	-0.6	-0.2
递延税项借项	21 244.7	20 822.8	股东权益合计	1 065 572.9	995 091.8
资产总计	3 238 365.7	2 780 938.6	负债及股东权益总计	3 238 365.7	2 780 938.6

在分析资产负债表时，要从数据中找到有用的信息：①注意公司的资产及其分布结构，从流动资产，可了解公司在银行的存款以及变现能力；从长期投资，掌握公司从事的是实业投资还是股权债权投资，判断这些投资是否存在新的利润增长点或潜在风险；将固定资产与前期比较，掌握固定资产消长趋势；通过了解无形资产与其他资产，可以掌握公司资产潜质。②公司的资产来源及其构成。根据资产、负债、所有者权益之间的关系，如果公司负债比重高，相应的所有者权益就低，还可进一步分析流动负债与长期负债，如果短期负债多，若对应的流动资产中货币资金低于流动负债，说明公司还债压力较大。③通过期初数与期末数据的对比，有助于投资者对资产负债进行动态的比较，进一步分析公司经营管理水平及发展前景。

（2）利润表（Profit Statement）。利润表也称损益表，是反映公司在一定时期内收入的会计报表。可以通过利润表了解公司实现的主营业务收入有多少，或者其他业务收入有多少；也可以了解公司同期的费用耗费情况，如耗主营业务成本、管理费用、财务费用等各有多少，据此分析企业生产经营活动的成果。利润表主要反映了构成财务营业收入和营业利润的各项要素，并以此计算出的净利润，这些信息与资产负债表中的信息结合使用，可用于进行基本的财务比例分析，如将净利润与资产总额进行比较，计算出资产收益率，并进一步计算出每股收益，最终影响公司股价。表6-3为某年度苏宁电器利润表，供大家参阅。

表6-3

苏宁电器利润表

××××年×月×日

单位：元

项目	本期金额	上期金额
主营业务收入	24 927 394 920	15 936 391 188
减：折扣与折让	0	0
主营业务收入净额	24 927 394 920	15 936 391 188
减：主营业务成本	22 329 718 638	14 393 441 388
主营业务税金及附加	44 923 064.65	23 389 260.36
主营业务利润	2 552 753 217	1 519 560 539.8
其他业务利润	1 268 095 249.2	912 034 275.49
减：存货跌价损失	0	0
营业费用	2 252 328 162.6	1 536 435 208.2
管理费用	395 044 022.93	314 071 890.67
财务费用	50 747 993.48	26 461 616.1
营业利润	1 122 728 287.3	554 626 100.33
加：投资收益	-1 098 542.42	-770 618.56
补贴收入	5 908 842.42	3 340 491.53
营业外收入	7 501 414.84	6 667 433.01
减：营业外支出	13 094 104.84	13 852 413.58
以前年度损益调整	0	0
营业外收支净额	-5 592 690	-7 184 980.57
利润总额	1 121 945 897.3	550 010 992.73
减：所得税	366 093 774.34	177 472 775.92
财政返还	0	0
少数股东权益	35 552 013.94	21 908 346.54
购买日前净利润	0	0
未确认的投资损失	0	0
净利润	720 300 108.98	350 629 870.27
加：年初未分配利润	523 364 645.7	280 932 387.26
调整以前年度损益	0	0
盈余公积转入	0	0
住房周转金转入	0	0
其他转入	0	0
可分配利润	1 243 664 754.7	631 562 257.53
减：提取法定盈余公积	104 446 809.43	49 740 170.7
提取法定公益金	0	49 141 441.13
职工奖金福利	0	0
提取储备基金	0	0

表6-3(续)

项目	本期金额	上期金额
提取企业发展基金	0	0
可供股东分配的利润	1 139 217 945.3	532 680 645.7
减：应付优先股股利	0	0
提取任意盈余公积金	0	0
应付普通股股利	0	9 316 000
转作股本的普通股股利	0	0
未分配利润	1 139 217 945.3	523 364 645.7

（3）现金流量表（Cash Flow Statement），是反映企业指定时期（通常为一年）的现金流入和流出的财务报告（见表6-4）。资产负债表中各项目的现金变化都通过现金流量表来表现，根据这些项目的作用，将现金流划分为经营现金流、投资现金流和融资现金流。通过现金流量表的信息，分析者可以了解公司的资金周转情况，包括盈利能力和偿债能力。

表6-4 **苏宁电器现金流量表**

××××年 单位：元

项目	本期金额	上期金额
一、经营活动产生的现金流量		
销售商品、提供劳务收到的现金	55 016 517 000	41 069 865 000
收到的除增值税以外的其他税费返还	0	0
收到的其他与经营活动有关的现金	540 445 000	371 693 000
经营活动现金流入小计	55 574 037 000	41 445 683 000
购买商品接受劳务支付的现金	44 423 817 000	33 146 342 000
经营租赁所支付的现金	0	0
支付给职工以及为职工支付的现金	1 546 296 000	942 532 000
支付的各项税费	2 021 435 000	1 139 068 000
支付的其他与经营活动有关的现金	3 763 348 000	2 721 265 000
经营活动现金流出小计	51 754 896 000	37 949 207 000
经营活动产生的现金流量净额	3 819 141 000	3 496 476 000
二、投资活动产生的现金流量		
收回投资所收到的现金	0	0
取得投资收益所收到的现金	0	0
处置固定无形和长期资产收回的现金	3 745 000	4 032 000
收到的其他与投资活动有关的现金	0	0
投资活动现金流入小计	3 745 000	4 032 000
购建固定无形和长期资产支付的现金	2 454 061 000	1 361 625 000
投资所支付的现金	0	0

表6-4(续)

项目	本期金额	上期金额
支付的其他与投资活动有关的现金	0	0
投资活动现金流出小计	2 454 061 000	1 361 625 000
投资活动产生的现金流量净额	-2 450 316 000	-1 357 593 000
三、筹资活动产生的现金流量		
吸收权益性投资所收到的现金	0	0
发行债券所收到的现金	0	0
借款所收到的现金	466 000 000	440 000 000
收到的其他与筹资活动有关的现金	0	0
筹资活动现金流入小计	2 928 362 000	451 050 000
偿还债务所支付的现金	450 000 000	576 000 000
发生筹资费用所支付的现金	0	0
分配股利或利润所支付的现金	0	0
偿付利息所支付的现金	0	0
融资租赁所支付的现金	0	0
减少注册资本所支付的现金	0	0
支付的其他与筹资活动有关的现金	0	537 000
筹资活动现金流出小计	904 669 000	592 058 000
筹资活动产生的现金流量净额	2 023 693 000	-141 008 000
四、汇率变动对现金的影响	0	0
五、现金及现金等价物净增加额	3 392 518 000	1 997 875 000
附注		
1. 不涉及现金收支的投资和筹资活动		
2. 将净利润调节为经营活动的现金流量		
净利润	2 170 189 000	1 465 426 000
少数股东损益	89 739 000	57 742 000
计提的资产减值准备	52 389 000	10 159 000
计提的坏账准备或转销的坏账	0	0
固定资产折旧	162 519 000	79 073 000
无形资产摊销	70 075 000	7 460 000
递延资产摊销	0	0
长期待摊费用摊销	147 225 000	131 484 000
处置固定无形和其他长期资产的损失	912 000	-109 000
固定资产报废损失	0	0
财务费用	16 598 000	15 324 000
投资损失（减收益）	0	0
存货的减少（减增加）	-398 517 000	-1 167 093 000

表6-4(续)

项目	本期金额	上期金额
经营性应收项目的减少（减增加）	10 007 000	-161 940 000
经营性应付项目的增加（减减少）	1 589 340 000	3 077 536 000
经营活动产生之现金流量净额	3 819 141 000	3 496 476 000
3. 现金及现金等价物净增加情况		
货币资金的期末余额	6 893 738 000	3 501 220 000
货币资金的期初余额	3 501 220 000	1 503 345 000
现金及现金等价物净增加额	3 392 518 000	1 997 875 000

对现金流量表的分析，要结合损益表和资产负债表进行综合分析，以求全面、客观地评价企业的财务状况和经营业绩。因此，现金流量表的分析可从以下几方面着手：①经营现金流，将出售商品与服务收入的现金与生产中留出的现金进行比较，比值越大，越说明企业的销售利润丰厚。②投资现金流，当企业扩大投资规模时，投资活动产生的净现金流入量为负，数年之后此项投资可以创造收益，增加企业投资现金流，因此，做此项分析的时候，应结合企业目前的投资计划，不能简单地以现金净流入还是净流出来下定论。③融资现金流，一般来说，筹资活动产生的现金净流量越大，企业面临的偿债压力也越大，但如果现金净流入量主要来自于股权融资，则不仅不会面临偿债压力，资金实力反而增强。因此，在分析时，可将股权融资额与筹资活动现金总流入比较，所占比重大，说明企业资金实力增强，财务风险降低。④现金流量结构分析，分别计算经营现金流、投资现金流和融资现金流占现金总流入的比重，了解现金的主要来源。通常，经营现金流占现金总流入比重大的企业，经营状况较好，财务风险较低，现金流入结构较为合理；其次，分别计算经营现金支出、投资现金支出和融资现金支出占现金总流出的比重，能具体反映出企业的现金的支出结构。一般来说，经营活动现金支出比重大的企业，其生产经营状况正常，现金支出结构较为合理。

二、财务比率分析

公司财务报表的使用人群主要包含三类：公司管理层、公司的债权人、政府等监管部门和投资分析人员。投资者主要用财务报表传达的信息来了解公司的财务状况，计算各种财务比率是其中重要的一个环节，以此做出投资决策。进行投资分析时要结合整个行业，整个经济环境来进行。许多财务数据由于行业不同，经营性质不同，差异很大，企业内部指标和数据由于经济环境的变化，也会存在着一定差异，因此在分析过程中要剔除各项因素，把不可比或存在差异的地方纠正过来，使分析的数据真实可靠。在使用财务比率的时候，更多的要注意这些指标跟公司过去相比的变化情况，以及和行业内其他公司相比较，最好是知道一个行业的平均水平，这样更有利于分析公司的经营情况。财务比率的名目繁多，归为几个大类：偿债能力、营运能力、盈利能力和投资收益。

1. 偿债能力

偿债能力反映债务到期时，公司将资产转变为现金用于偿还债务的能力，又分为短期偿债能力和长期偿债能力。短期偿债能力包括流动比率、速动比率和现金比率；长期偿债能力包括资产负债率、产权比率和权益比率。

（1）流动比率

流动比率 = 流动资产/流动负债 (6.1)

从公式中可以一目了然地看到公司的可变现资产和短期内需要偿还的债务，流动资产和流动负债的差为营运资金数额，可以用来衡量公司的资金利用状况。流动资产既可以用于偿还流动负债，也可以用于支付日常经营所需要的资金。所以，流动比率高一般表明企业短期偿债能力较强，但如果过高，则会影响企业资金的使用效率和获利能力，一般认为流动比率为 2 对于公司来说较为安全。

（2）速动比率

速动比率 =（流动资产 - 存货）/流动负债 (6.2)

存货被认为是流动资产中最难以变现的部分，因此速动比率在判断公司短期偿债能力时更加准确。一般来说，速动比率为 1 被认为是安全的，低于 1 说明偿债能力不足，若公司应收账款数额较大，则认为公司需要有更大的速动比率；否则，被认为是偿债能力不足。

（3）现金比率

现金比率 =（现金 + 现金等价物）/流动负债 (6.3)

该指标直接反映公司的偿债能力。对于公司债权人来说，现金比率越大越好，但是该值越大越说明公司的现金利用不够充分，盈利能力没有得到最大限度发挥，影响公司的业绩。

（4）资产负债率

资产负债率 = 总负债 / 总资产 (6.4)

该比率反映公司资产中负债所占据的比例，若该值较大，说明公司净资产额相对不足，营运风险较大且主要由债权人承担，这样公司将很难再次举债融资，对于公司未来的流动性构成威胁。但就投资分析来看，只要公司的利润率超过借债成本，就应该尽最大可能去借债，以实现股东利益最大化。所以对资产负债率的分析不能过于片面，针对比率较高的公司，还要具体分析借款有没有投资于好的项目，如果新的项目可以在未来产生高额现金流，那么该公司很值得投资。

（5）产权比率

产权比率 = 总负债/所有者权益 (6.5)

这是衡量公司基本财务结构是否稳定的指标，一般认为股东出资额大于举债额（产权比率小于 1）是比较健康的财务结构，该比率过大表明公司的运营风险较高。

（6）权益比率

权益比率 = 总资产/所有者权益 (6.6)

该指标反映股东出资在多高的杠杆下运作，是判断公司运营风险的重要依据。除了这些比率指标，还要注意公司信用额度、或有负债发生的可能性以及公司的资产租赁行为等，它们都会影响偿债能力。表 6 - 5 为苏宁电器的偿债能力分析表，供大家分析。

表 6 - 5　　苏宁电器的偿债能力分析表

财务指标	期初	期末
流动比率	1.34	1.28
速动比率	1.12	0.95
现金比率	0.99	0.84
资产负债率	0.63	0.66
产权比率	1.75	2.00
权益比率	2.79	3.04

从表 6 - 5 中可看出，虽然公司的流动比率没有达到普遍认为的安全值，但是速动比率和现金比率基本稳定在安全值以上，公司的短期偿债能力不存在问题，且公司的流动资产存在形式多为现金和现金等价物，这对于公司债权人来说是个好消息；从分析长期偿债能力的几项指标来看，负债一项占资产的比例较大，产权比例也高于了 1 这个安全值，公司在较高的杠杆下经营，存在一定的风险，公司有必要降低负债的比例；但结合公司的经营方式和投资项目进行分析，苏宁电器在过去几年中保持了高速增长，与之相伴的高负债比率仍然在一个合理的范围之内，且公司的资产和净资产也在稳步增长，综合以上因素，我们认为苏宁电器拥有大量的货币资金，完全有能力偿还债务。

2. 营运能力

营运能力是指公司控制资产的能力，主要包括对资金的利用和对存货的管理能力。好的营运能力是公司业绩的保证，也是投资分析时需要参考的重要方面，和公司运营能力相关的指标有存货周转率、应收账款周转率、流动资产周转率、固定资产周转率和总资产周转率等。

（1）存货周转率

存货周转率 = 销售成本/平均存货　　(6.7)

存货周转天数 = 365 天/存货周转率　　(6.8)

其中平均存货是期初存货余额和期末存货余额的算术平均值。存货周转率是公司时期内存货周转次数，该值越大说明公司对于存货的管理能力越强，也说明公司存货的变现能力越强，这样公司的偿债能力也可相应提高。

（2）应收账款周转率

应收账款周转率 = 营业收入/平均应收账款　　(6.9)

应收账款周转天数 = 365 天/应收账款周转率　　(6.10)

其中平均应收账款是期初应收账款额和期末应收账款额的算术平均数。该指标反映公司时期内将应收账款变现的次数，应收账款周转天数表示公司平均需要多长时间将应收账款收回。收回应收账款的效率直接决定了公司的流动性，同时也要留意管理层借由控制应收账款的方式来操纵利润，虚高或者压低收益率都会增加投资风险。

(3) 流动资产周转率

流动资产周转率 = 营业收入/平均流动资产 (6.11)

其中平均流动资产为期初和期末流动资产的算术平均。该指标反映时期内公司流动资产的周转次数，用以衡量公司的流动性好坏，但该指标没有一个明确的判断标准。结合公司前期的流动资产周转率，以及行业内其他公司的该项指标进行比较分析，可以更好地了解公司流动性的变化情况。

(4) 固定资产周转率

固定资产周转率 = 营业收入/平均固定资产 (6.12)

其中平均固定资产为期初和期末固定资产额的算术平均。这项指标主要用于分析公司管理固定资产的能力，该值越高说明公司对固定资产的利用效率越高。但这项指标会随着公司固定资产的折旧情况变动而产生较大波动，特别是一些固定资产较多的行业（如钢铁、汽车行业），可能一家企业的设备已经经过长时间的折旧，而另外一家公司刚进行了新的固定资产投资，分析时要区别对待。

(5) 总资产周转率

总资产周转率 = 营业收入/平均总资产 (6.13)

其中平均总资产为期初和期末总资产的算术平均。该指标从整体角度反映公司对于资产的利用效率，总的来说，总资产收益率越高说明公司的资产管理能力越强。表 6-6 为苏宁电器营运能力分析表，供大家分析、参阅。

表 6-6 苏宁电器营运能力分析表

财务比率	计算结果
存货周转率	4.1
应收账款周转率	236.4
流动资产周转率	1
固定资产周转率	7.6
总资产周转率	0.8

分析表 6-6 中的财务比率，可以看出苏宁电器作为一家以电器零售为主营业务的企业，在存货周转率这一项上表现不错，确保了较低的存货占用水平；同样，公司保持了很高的收账款周转率，展示了较强的流动资产管理能力。在资产利用效率方面，受到苏宁电器扩张经营策略的影响，由于固定资产和总资产的不断扩大，致使这几项财务比率并不算理想，但我们还是结合公司总资产和净资产的逐年增长这一事实，断定公司的营运能力处于合理的水平。

3. 盈利能力

盈利能力是指公司运营获取利润的能力。公司给投资者带来回报的多少终究要归结到盈利能力上，好的投资对象必然有较高的盈利能力或者潜在盈利能力，才能给投资者带来稳定高额的投资收益。盈利能力指标包括销售毛利率、销售净利率、资产报酬率、净资产收益率等几项。

（1）销售毛利率

销售毛利率＝（营业收入－营业成本）／营业收入　　(4.14)

毛利率是公司的基本利润率，是净利率的基础，也体现了公司对成本的控制能力。

（2）销售净利率

销售净利率＝净利润/销售收入　　(4.15)

净利润是息税后利润，反映公司的最终受益水平，分析净利润的变化，有助于了解公司业务拓展能力和管理水平，拥有稳定增长的净利润的公司投资前景值得关注。

（3）资产报酬率

资产报酬率＝净利润/平均总资产　　(4.16)

该指标反映公司资产利用效率，是一个综合性的指标。公司如何运作债权人和股东的资金来产生效益，这是投资者和债权人共同关注的。资产总量和结构对资产报酬率有一定影响，稳定的资产报酬率还需要管理层的正确决策，包括产品定价、成本控制和市场占有率等因素都是判断公司资产报酬率变化的重要因素。

（4）净资产报酬率

净资产报酬率＝净利润/平均净资产　　(4.17)

该指标反映了股东资产的报酬水平，在判断公司获利能力的时候有很大的参考价值，也是投资分析时用到的主要指标之一。表6－7为苏宁电器的相关财务比率分析表，供大家分析、参阅。

表6－7　　苏宁电器的相关财务比率分析表

财务比率	期初	期末
销售毛利率	9.50%	10.20%
销售净利率	2.20%	2.90%
资产报酬率	1.20%	2.40%
净资产报酬率	3.40%	6.90%

从表6－7中的期初和期末的数据对比可以看出，苏宁电器的盈利能力呈现上升趋势，净资产报酬率增长幅度较大，得益于公司主营业务的快速增长，公司的扩张性经营策略效果明显。另外，从利润表（表6－3）中可以看到，公司盈利能力的增加也得益于非主营业务收益的增长，非主营业务的增长不具有主营业务那样的可持续性，在分析的时候要特别留意。对于投资者来说，净资产报酬率是一项重要的指标，公司在这一时期的经营中实现了该比率的大幅增长，投资者应该能够获得可观的收益。

4. 投资收益

投资者在做分析时可以用到的最直观的财务比率就是投资收益比率，包括每股收益、每股净资产、股利发放率、市盈率和市净率等。

（1）每股收益

每股收益＝(净利润－优先股股利)/(普通股股数－优先股股数)　　(4.18)

该指标反映股东投资的获利能力，也是公司经营状况的衡量指标，该比率越高，说明公司的增长能力越强，股东获得高收益的可能性越大。

（2）每股净资产

每股净资产 = 股东权益/普通股股数 （4.19）

每股净资产也称为每股账面价值，由于该指标并不能反映公司的盈利情况，所以分析时只做适当参考。

（3）股利发放率

股利发放率 = 每股股利/每股收益 （4.20）

该指标取决于公司的股利发放计划，通常来说该指标越高的公司股价也会越高，但不能一概而论，若公司有好的投资项目，管理层往往选择不发放或者少发放股利进而将资金用于再投资，以追求高速增长。美国微软公司长年没有发放股利，但是其股价依然节节攀升，正是因为股民看到了公司的增长性而选择暂时放弃获得股利的权利。

（4）市盈率

市盈率 = 每股市场价格/每股收益 （4.21）

市盈率是在股票投资时经常用到的财务比率。通常市盈率高的股票表明市场对公司的前景越看好，但是面临的风险也越大。每股收益率高的股票市盈率低，可以作为追求股利的投资者的考虑对象。高科技类股票的市盈率一般高于其他行业，这类股票的特点就是高成长性和高投资风险。

（5）市净率

市净率 = 每股市场价格/每股净资产 （4.22）

该指标表示股价在以净资产多少倍的溢价交易，若市净率过高，有可能该公司的股价被高估，应当考虑卖出；反之亦然。

投资收益类比率更多的需要在行业内进行横向比较，各个行业均有不同的标准，像苏宁电器以电器零售为主营业务，应该以其他的电器连锁零售企业（比如国美）为比较对象，下面给出一组苏宁电器与国美电器的投资收益比率的数据（见表6－8）：

表6－8 苏宁电器与国美电器的投资收益比率分析表

财务比率	苏宁	国美
每股收益率	1.02	0.46
每股净资产	3.21	3.13
股利发放率	0.196	0.065
市盈率	70.44	10.5
市净率	6.38	0.54

通过表6－8的数据，能够看出苏宁的投资收益和股利发放率均高于国美，这样就更加吸引投资者，但苏宁的市盈率和市净率均大幅度高于国美，在每股净资产差别不大的情况下，我们可以推断苏宁的每股股价大幅高于国美，这一方面说明投资者更加看好苏宁电器，另一方面也意味着苏宁较国美产生了更大的投资风险。

5. 财务比率分析的不足

财务比率分析的不足表现在：

（1）数据主要来源于过去所发生的会计核算资料，是企业过去经济活动的结果和总结，对于控制现在预测将来，使企业作出某种决策的财务分析来说，只有参考价值。

（2）数据不一定反映真实情况。财务报表是按会计准则和规范编制的，但不一定完全反映企业的客观实际，依据这些资料分析，容易产生“假报表真分析的情况”或包含人为因素，报表体现管理者某种意愿，不能真实的分析企业财务状况和经营成果。

（3）同行业内的会计数据存在着差异。不同企业可选择不同的会计核算程序，企业内部前期后期不同的操作人员存在着不同的计算方法，数据存在着不同的解释，数据本身也就存在着一定的差异。

（4）数据在信息传递上存在着缺陷。会计报表所反映的数据和会计信息是有限的，因此必然会影响分析结果的准确性。

（5）财务比率分析方法只能提供有限的信息，企业经营业务所形成的数据是复杂的，分析只能回答“是什么”，不能回答“为什么”。单凭分析的结果，很难准确地判断企业经营状况的好坏。

三、经营状况分析

1. 公司管理分析

公司管理分析包括：

（1）公司治理结构。公司治理结构又称公司内部管理体制，是现代企业制度的主要组织形式。治理结构分为四个层次：股东大会、董事会、监事会、经理，其中董事会是股东大会选举出来维护股东合法利益的股东，监事会负责对公司的管理者和财务部门进行监控，保证公司有序运营，经理是董事会聘任的公司管理者，受股东大会和董事会约束。治理结构主要以下几个方面发挥作用：

①公司治理结构框架应当维护股东的权利。

②公司治理结构框架应当确保包括小股东和外国股东在内的全体股东受到平等的待遇；如果股东的权利受到损害，他们应有机会得到补偿。

③公司治理结构框架应当确认利益相关者的合法权利，并且鼓励公司和利益相关者为创造财富和工作机会以及为保持企业财务健全而积极地进行合作。

④公司治理结构框架应当保证及时准确地披露与公司有关的任何重大问题，包括财务状况、经营状况、所有权状况和公司治理状况的信息。

⑤公司治理结构框架应确保董事会对公司的战略性指导和对管理人员的有效监督，并确保董事会对公司和股东负责。

（2）管理层素质。管理层素质包括公司经理人员的道德水平、专业知识、内部协调和沟通能力。管理人员的素质决定了企业的盈利能力和成长性。在道德方面，关注企业高层是否有过侵害股东利益的行为，是否任人唯亲，是否从事过违法活动；在企业管理方面，关注企业高层是否有明确的发展方向，是否专注于拓展主营业务等。管理高层的行事作风也会影响企业文化的形成。企业文化是指公司全体职工在长期的生产和经营活动中逐渐形成的共同遵循的规则、价值观、人生观和自身的行为规范准则。对企业文化的分析应着重了解公司文化对全体员工的指导作用、凝聚作用、激励功能和约束作用。

（3）企业员工素质。企业员工素质包括企业各层员工的专业知识能力、团队合作精神、主观能动性、忠诚度等。员工素质很大程度上由企业文化、企业运行制度和在职培训力度决定，这些因素表现出较大的行业性差异，但是在同行业中，拥有更高素质的员工无异于占得了先机。

（4）激励约束制度。激励约束制度指激发人的主观能动性和创造力，同时规范人的行为的制度。企业经营者激励与约束的不对称，既严重损害股东、公司和员工的合法权益，也助长经营者在企业投资决策方面的不负责任的短期性、投机性和盲目性等侥幸心理，使公司发展充满风险。激励约束制度的目的是让企业管理者的经营目标、绩效考核和激励约束有机结合起来，以实现投资者的利益最大化。

2. 公司产品分析

在我国市场经济的大背景下，绝大部分行业都处于一个竞争的状态，了解企业在行业中的竞争形势最直观的切入点就是对企业产品的分析，产品的市场占有率、成本控制能力、产品认知度等指标反映了企业在行业中的地位。

（1）产品的市场占有分析。产品的市场占有情况是判断企业竞争力的最直观因素，包括了两个方面的内容：①市场占有率，指该公司的产品在同类产品市场中所占有的份额；②市场覆盖率，指产品在各个地区的覆盖和分布。两者考虑的方向不同。若市场占有率高而市场覆盖率低，说明公司的产品在某个地区受欢迎，有竞争能力，但大面积推广缺乏销售网络；市场占有率低而市场覆盖率高，说明公司的销售网络强，但产品的竞争能力较弱。

（2）产品的类型。产品的类型，指把握好企业产品的市场生命周期和市场定位。产品和行业一样具有生命周期，例如电视行业，CRT 电视逐渐被等离子电视和液晶屏电视所取代，可以预见一家没有引入等离子和液晶电视生产线的企业会被市场淘汰。

（3）产品的品牌认知度。品牌是企业的旗帜，好的品牌就是值得信赖的象征，甚至有的消费者只会去购买某些固定的品牌，这就是所谓品牌忠诚度。在一个产业进入成熟阶段的时候，打造品牌通常是行业内企业提高竞争力的重要手段，拥有成功的品牌战略的企业可以给投资者带来丰厚回报。

（4）产品的销售能力。产品的销售能力主要考察上市公司的销售渠道、销售网络、销售人员、销售策略、销售成本和销售业绩。销售环节的成本极大地影响公司的利润。虽然上市公司在建立销售网络的初期将投入巨资，但在以后的经营中可减少中间环节的费用，从而增加企业的利润，但同时管理费用又将大大增加。如果借助另一个公司的网络销售产品，又必须让出一定的利润空间给销售公司、使管理费用大大降低。这两种销售方法各有利弊，要进行综合比较分析。

（5）产品的技术水平。产品的技术水平主要体现在生产的技术水平和产品的技术含量上，前者可以降低生产成本，扩大产量；后者可以提高产品质量，使其加大与替代产品的差异。企业技术水平和自主研发能力以及员工素质密切相关。在分析产品技术水平的时候要注意判断企业对所拥有的技术的独占性（是否足够尖端，并有专利保护），其次是判断该项技术的盈利前景，不能转化为利润的技术不值得投资。

❊ 本章小结

1. 基本分析是强调证券内在价值的分析方法，基于对经济形势、行业发展前景、公司经营环境及其对证券价格走势造成的影响加以研究，以做出投资决策的分析方法。研究对象包括经济、政治、法律、军事、突发事件等方面，一般用以判断长期价格变化的趋势。基本分析的内容主要包括宏观经济分析、行业分析和公司分析三部分。

2. 证券投资的宏观经济分析主要是分析各种宏观基本因素对证券投资的影响。这些宏观基本因素包括国际宏观经济环境、国内宏观经济环境、经济周期、经济政策等许多方面。国际宏观经济环境包括国际政治经济关系分析和国际金融市场环境分析；国内宏观经济环境分析包括对国内生产总值、失业率、通货膨胀率、利率等方面的分析。经济政策分析包括货币政策分析和财政政策分析等。

3. 行业分析的主要任务包括：解释行业本身所处的发展阶段及其在国民经济中的地位，分析影响行业发展的各种因素以及判断对行业影响的力度，预测并引导行业的未来发展趋势，判断行业投资价值，揭示行业投资风险，从而为政府部门、投资者及其他机构提供决策依据或投资依据。行业分析是对上市公司进行分析的前提，也是宏观的经济分析和微观的公司分析之间的桥梁，是基本分析的重要环节。

4. 行业特点分析包括行业的市场结构分析。经济周期与行业分析和行业生命周期分析。行业基本上可分为四种市场结构：完全竞争、垄断竞争、寡头垄断和垄断市场。根据行业生命周期理论，行业的发展阶段可分为四个阶段：①创业阶段；②成长阶段；③成熟阶段；④衰退阶段。

5. 公司分析又称企业分析，是基本分析的重点。公司分析侧重对公司的竞争能力、盈利能力、经营管理能力、财务状况、经营业绩以及潜在风险等进行分析，借此评估和预测证券的投资价值、价格及其未来变化的趋势。公司分析名目较多，大体可以分为财务分析和经营状况分析，其中财务分析是最重要的，财务报表中的信息是评断上市公司投资价值的主要依据，而经营状况分析就公司各项基本情况在行业内进行比较，便于发现公司的增长点。财务比率归为几个大类：偿债能力、营运能力、盈利能力和投资收益。

❊ 复习思考题：

1. 什么是基本分析？其理论基础是什么？主要内容包括哪几个方面？
2. 宏观经济形势如何影响证券市场？
3. 财政政策的工具有哪些？财政政策如何影响证券市场？
4. 货币政策的工具有哪些？货币政策如何影响证券市场？
5. 行业分析的主要内容包括哪些？
6. 行业的市场结构有哪些种类？其特征是什么？如何进行市场结构分析？
7. 公司财务分析从哪些方面进行？
8. 财务比率分析的指标归为几大类？如何进行财务比率分析？

第七章　证券投资技术分析

本章学习目标：

了解技术分析的概念、要素与假设条件；熟悉量价关系及变化规律，掌握量价关系的基本判断；熟悉K线分析、形态分析、趋势分析和指标分析的内容，掌握其技术要点及运用规则。

第一节　技术分析概述

1882年道琼斯指数的创始人之一，道（Dow）首次正式提出了技术分析理论。这一理论在长期观察和实践修正的基础上，以市场的交易量和历史价格作为依据，通过归纳总结对未来证券市场价格做出预测。技术分析和基本分析是证券投资分析的两大基本方法，基本分析法能比较全面地把握证券价格的基本走势，解决"买什么证券"的问题，但不能给出适合的买卖时点和价位，对短线投资者的指导作用较小。技术分析法对市场的反映比较直观，分析的结论时效性较强，能给出较好的买卖时点和价位，解决"什么时候买证券"的问题，因而在证券投资中，技术分析法广为机构投资者和个人投资者使用。

一、技术分析的假设条件

1. 技术分析的含义

技术分析是以证券市场过去和现在的行为为分析对象，应用数学和逻辑的方法，概括出一些典型的市场行为，并据此预测证券市场未来变化趋势的分析方法。其特征表现为：①运用历史资料进行分析；②大量采用统计指标和图形方法；③许多技术分析方法包含着对人们心理活动的定量分析。由于技术分析运用了广泛的数据资料，并采用了各种不同的处理方法，因此为投资者所接受。技术分析不但适用于证券市场，还广泛运用于外汇、期货和其他金融市场。

2. 投资分析的假设条件

技术分析的理论前提是市场是弱有效的，因此其主要包括三个假设：市场行为包容一切信息、价格变动有趋势性、历史会重演。

（1）市场行为包容一切信息

这一假设是技术分析的基础，其主要思想是影响证券的每一种因素都会通过证券的价格反映出来，这些因素包括了政策因素、经济因素、公司因素、投资者心理因素等各个方面。比如，中央银行公布调高准备金率，利率水平上升，证券价格下跌，那么中央银行调高准备金率就是利空消息；反之则为利好消息。A 公司公布的每股收益（EPS）高于 B 公司，且具有良好的市场前景，那么 A 公司的证券价格高于 B 公司；反之亦然。投资者使用技术分析时只需要考察这些因素对证券价格的影响效果，而没有必要具体研究导致这一变化的原因。

（2）价格变动有趋势性

这一假设是技术分析的前提，其主要思想是证券价格的上涨或者下跌是有一定趋势的，在未来一段时间内，如果没有足够的外力改变这一趋势，那么证券价格将沿袭这一趋势的变化。其暗含了一个思想即所有投资者的行为都是建立在理性基础之上的，从而在经过分析后如果投资者对证券市场持乐观态度，那么只要没有新的因素改变这一态度，投资者就不会大量抛售所持有证券，证券价格也就会延续前期的趋势；反之亦然。如果没有理性投资者的前提，这一假设不能成立。

（3）历史会重演

这一假设的基本思想是投资者在作出抉择时会参考其过去的经历和他人的经验。证券市场中参与交易的是每一个具体的人，因而证券价格会受到人类心理学中某些规律的影响。比如投资者在某种情况下按某一种方法取得了成功，那么以后遇到类似或者相同的情况，他也会采取同样的投资策略。因此，技术分析法认为投资者可以通过对历史资料和数据的分析，来概括证券市场中的某些心理规律，从而制定出有效的投资策略。

技术分析的有效性是基于三大假设而存立，针对三大假设市场上有颇多争议。针对假设之一——市场行为包容一切信息，但市场行为反映的信息同原始的信息存在差异，信息损失是必然的；针对假设之二——价格变动有趋势性，但什么时候涨、什么时候跌，却是没有规律可循的；针对假设之三——历史会重演，但证券市场的市场行为是千变万化的，不可能有完成相同的情况重复出现。总之，技术分析的假设与现实之间是存在差异的。因此，技术分析不是万能的，应结合基本分析进行，以弥补其不足。

3．技术分析的要素

证券市场中价格、成交量、时间和空间是进行技术分析的要素。技术分析实质上就是通过分析价格与成交量的时空关系，对价格未来的变动趋势进行预测。

（1）价格与成交量

量价关系是技术分析的基本要素，市场行为最基本的表现就是成交价和成交量。过去和现在的成交价和成交量涵盖了过去和现在的市场行为。通过分析证券价格的涨跌是否能得到成交量的认同，从而预测未来的证券价格趋势，为投资决策提供依据。

（2）时间与空间

时间分析是分析随着时间推移，价、量的变动趋势。当趋势已经形成后，在短时间内不会发生根本的改变，中途出现的反方向波动，不会改变原有的趋势；但已经形成的趋势也不可能永远不变，经过一段时间又会出现新的趋势。空间分析是分析某一时点上价、量变动的空间范围和极限。通过时间与空间的分析，以便于把握证券行情的运作周期和涨跌幅度。

技术分析方法和基本分析方法的主要区别是：①技术分析是对股票价格变动趋势的分析，其目的是预测股价变动的方向和幅度；基本分析是对股票价值的分析，其目的是判断股票价格相对于价值的高低。②技术分析是根据历史资料分析股票价格的未来变化；基本分析是根据预期股息和贴现率决定股票的价值。③技术分析侧重于短期分析和个股分析；基本分析着重于长期分析和大势分析。

二、技术分析的方法

1. 量价类

葛兰碧在长期分析成交量和证券价格趋势关系的基础上，提出了葛兰碧九大法则。法则通过对成交量和价格关系的总结，提出了九种比较经典的关系组合，进而在实务中加以应用，试图以成交量和价格关系作为工具，判断证券市场未来的发展趋势。

2. K 线类

K 线类是根据若干天的 K 线组合情况，推测证券市场中多空双方力量的对比，进而判断证券市场走势的方法。K 线图是进行各种技术分析的最重要的图形。人们经过不断总结经验，得到了一些对于证券交易有意义的 K 线组合。

3. 形态类

形态类是根据证券价格过去一段时间走过的轨迹形态来预测证券价格未来趋势的方法。价格走过的形态是市场行为的重要部分，从价格轨迹的形态中，我们可以推测出证券市场处在一个什么样的大方向中，由此对今后的投资给予一定的指导。常见的形态有 M 头、W 底、头肩顶、头肩底等。

4. 趋势类

趋势类是按一定方法和原则，在根据证券价格数据所绘制的 K 线图中做出一些直线，然后根据这些直线的情况预测证券价格的未来趋势，为投资者的操作行为提供参考。其包括了趋势线、轨道线、黄金分割线、甘式线、角度线等。

5. 指标类

指标类是根据收盘价、成交量的历史资料，通过建立一个数学模型，给出数学上的计算公式，得到一个体现证券市场的某个方面内的实质的数字指标。根据计算出的指标值，进一步分析得到这些具体数字值的相互关系，从而为投资者的操作行为提供指导。常见的指标有平滑异同移动平均线（MACD）、相对强弱指标（RSI）、随机指标（KDJ）、心理线（PSY）、乖离率（BIAS）等。

6. 波浪类

波浪理论是把股价的上下变动和不同时期的持续上涨、下跌看做是波浪的上下起伏，认为股票的价格变动遵循波浪起伏的规律，波浪的形态构成为五上三落，八浪循环。通过数浪规则对浪型进行分析判断，预计一轮行情的底和顶，为投资决策提供指导。波浪理论是一种神奇的、理想的、难以把握的技术分析方法。

第二节　量价分析

证券市场最基本的表现形式就是成交量和成交价格，它们也是量价分析的基本要素，是技术分析的基础。成交量和成交价格的历史数据涵盖了证券市场过去的所有信息。技术分析的量价分析就是利用成交量和成交价格的资料，通过图形和技术指标来分析预测未来证券市场的价格走势。在某一时点上的量价关系，反映的是买卖双方在这一时点上的市场行为，是该时点上的均衡点，随着时间的推移，均衡点也在不断地变化，这就形成了完整的量价关系趋势。一般来说，成交量是成交价格确认的认同度，成交量大则认同度高，成交量小则认同度低。

一、成交量和价格趋势的关系特性

技术分析在对成交量与股价趋势关系研究之后，总结出了以下几种常见的特性：

（1）证券价格上升，成交量放大。这种特性被简单地称为量价齐升，表明在成交量的认同下，证券价格将进一步的上升。

（2）证券价格持续上升，但成交量先上升后下降。这种特性表现为在上涨过程中，证券价格不断上涨突破了前一个高点，继续创出新高，此时的成交量在价格突破之前不断上升，但在突破之后出现回落。这一情形意味着上涨支持力度不足，是潜在的反转信号。

（3）证券价格上升，成交量下降。这一特性被称之为价升量减，表现为证券价格逐渐上升，然而成交量却在不断下降，意味着价格上升的动力不足，是潜在的反转信号。

（4）证券价格和成交量突然激增，之后又急剧下降。这一特性的具体变现是证券价格随着成交量的上升而上升，接着上升速率突然加快出现井喷行情，成交量和价格急速上升，但继之而来的是成交量的大幅萎缩和股价的迅速回落。这种现象表明此轮涨势已到末期，继续上涨乏力，是反转信号，反转力度视前一波价格上涨幅度和成交量增幅而定。

（5）在一个长期的下跌趋势并形成谷底后，证券价格回升，成交量却没有回升。这种特性表现为价格短暂上升后又回到谷底附近，如果再次回到谷底附近时的成交量明显小于前一底点的成交量，则形成价格将要上升的信号。

（6）证券价格下跌，同时成交量不断放大。这一特性被称为价跌量升，表现为证券价格下跌突破趋势线或者支撑线，同时成交量不断上升，这是证券价格将要继续下跌的信号。

（7）证券价格持平，成交量增加。这种情况应当具体分析。如果是经历了一段上涨期后，出现这一特性，则表明逢高减持的投资者增多，价格将会出现反转。如果是经历一段下跌期后，出现这一特性，则表明逢低吸纳的投资者增多，股价有可能在将来出现反弹，是潜在的上涨信号。

二、涨跌停板制度下的量价关系

由于涨跌停板制度限制了证券一天的涨跌幅度，使得多空的能量得不到彻底的释放，容易形成单边市场。很多投资者存在潜在的追涨杀跌意愿，而涨跌停板制度下的涨跌幅度比较明确，在证券价格接近涨跌幅限制时，很多投资者可能判断出现失误，盲目地追涨杀跌，形成涨时助涨，跌时助跌的趋势。并且，涨跌停板的限制幅度越小，这种情况就越是明显。比如我国股市中的 ST 股票，由于涨跌幅限制在5%，因而它的投机性特点就比其他股票要强得多。

在实行涨跌停板制度下，涨停和跌停的趋势继续下去，是以成交量大幅萎缩为条件的。比如在没有涨跌限制的情况下，价格和成交量大幅上升是后市继续上升的信号，价格上升成交量下降是后市上涨乏力的信号，但是在涨跌停板制度下，如果某种股票在涨停板时成交量放大，则表明想卖出的投资者增加，后市有可能出现反转；如果在涨停板时成交量缩小，则表明卖方认为股票价格依旧被低估，其会等到价格进一步上涨之后再做决定，而更多的买方因此无法在涨停价格购买到股票，这样的价升量减依旧是后市上涨的信号。

类似的，没有涨跌停板制度时，价跌量减说明了卖方惜售，是后市看好的信号；价跌量增是后市将要延续下跌的信号。但在涨跌停板制度下，如果跌停，市场认为其还有下跌的空间，将表现为成交量减少，则价跌量减是继续下跌的信号；如果跌停，市场认为其价格已经被低估，将表现为成交量放大，则价跌量增是后市反转上升的信号。

例：图 7－1 是西飞国际（000768）2009 年 10～12 月的 K 线图。由于我国的股票市场是有涨跌幅限制的，从图 7－1 中可以看出在 A 点处：12 月 10 日和 11 日该股票涨停，但是成交量很小，意味着卖方认为股票价格低估，而更多的买方无法买入，其后市依旧上升。12 月 14 日，该股开盘涨停，但是成交量不断放大，最终成了逆转的信号，股价开始下跌。

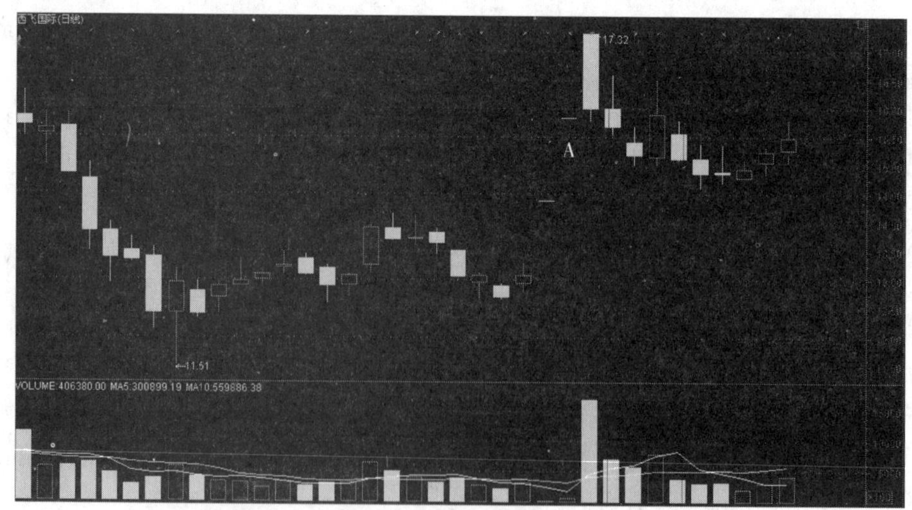

图 7－1　西飞国际 2009 年 10～12 月 K 线图

总而言之，在涨跌停板制度下，量价关系的基本判断如下：

（1）涨停量小，将继续上扬；跌停量小，将继续下跌。

（2）涨跌停途中被打开次数越多、时间越久、成交量越大，则趋势继续的可能性越大。

（3）涨跌停到达时间越早，次日继续保持原来趋势的可能性越大。

（4）封住涨停和跌停的数量越大，则继续原来趋势的可能性越大，并且幅度也会越大。

证券市场很多时候都是一个博弈的过程，加之证券市场又是一个零和游戏（Zero Game），因此在分析时也要考虑其他投资者是不是也在利用这一规律进行操作或是反向操作。在利用量价关系进行证券分析时，应当注意具体问题具体分析，不能盲目照搬理论。

第三节　K 线分析

K 线分析起源于200 多年前日本的米市，由于其记录了市场过去的信息，通过分析 K 线形态，可以得出过去市场的行为特点，因而其成为了技术分析的重要手段。经过上百年的运用和变更，K 线分析已经形成了一套完整的理论，得到了广泛的运用。

一、K 线的画法

证券价格一天的变动主要体现在四个价格上：开盘价、收盘价、最低价和最高价，因此利用这四个特殊的价格点，可以绘制出当天的证券价格波动特性。一根 K 线表示一天的价格变动状况，把每一天的 K 线连接起来就形成了完整的 K 线图。

首先，在图纸上标出开盘价、收盘价、最低价和最高价四者的位置；其次，用实体的长方形连接开盘价和收盘价；最后，用直线分别连接最高价与实体，以及最低价与实体，这样就形成了一根完整的 K 线，如图 7－2 所示。其中收盘价高于开盘价称之为阳线（白色），收盘价低于开盘价称之为阴线（黑色），实体的上下两条线段分别称之为上影线和下影线。

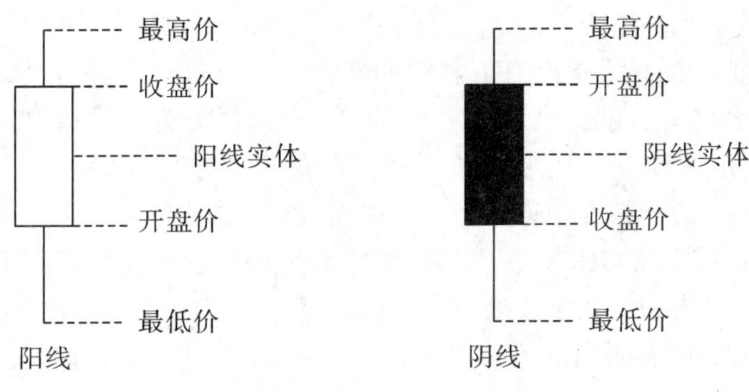

图 7－2

二、K线形状分析

K线由开盘价、收盘价、最低价和最高价四个价位组成，将买卖双方实际交战的结果用图表示出来，代表着多空双方力量对比。在K线图中，阳线实体的长短代表多方力量的强弱，阴线实体的长短代表空方力量的强弱，上影线表示上方抛压，影线的长短代表抛压的大小，下影线表示下方接盘，影线的长短代表承接力量的大小。在实际交易中，由于多空双方力量的较量，四个价格处于不同的位置，会产生多种形状的K线，反映市场行情的变化，可以用于对证券价格走势的分析预测。以下介绍六种典型的单根K线分析：

1. 光头光脚的大阳线和大阴线

光头光脚的大阳线和大阴线是没有上下影线的K线。当阳线收盘价或阴线开盘价正好与最高价相等，阳线开盘价或阴线收盘价正好与最低价相等时，就会出现这种K线。光头光脚大阳线表示，从开盘，买方就积极进攻，中间也可能出现买方与卖方的斗争，买方始终占优势，使价格一路上扬，直至收盘。表示强烈的涨势。光头光脚大阴线表示从一开始，卖方就占优势，握有股票者不限价疯狂抛出，造成恐慌心理。市场呈一面倒，直到收盘、价格始终下跌，表示强烈的跌势。光头光脚的大阳线和大阴线如图7-3（1）、图7-3（2）所示。

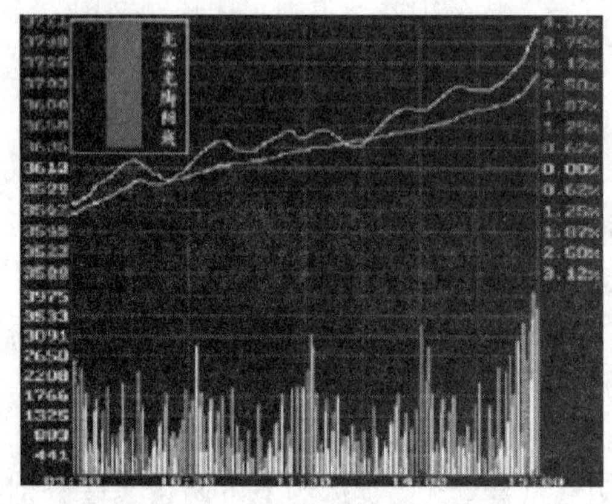

图7-3(1)　光头光脚大阳线图示

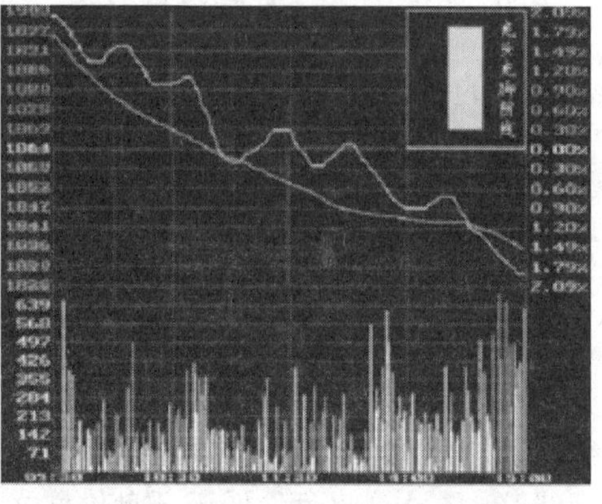

图7-3(2)　光头光脚大阴线图示

2. 光脚阳线和光脚阴线

光脚阳线和光脚阴线是指没有下影线的K线。当开盘价正好与最低价相等或收盘价正好与最低价相等时，就会出现这种K线。光脚阳线分为两种情况：一种（光脚阳线）是表示上升势头很强，但在高价位处多空双方有分歧，买进时应谨慎；另一种（上影阳线）表示多方上攻受阻回落，上档抛盘较重，能否继续上升局势尚不明朗。光脚阳线的出现，如果阳线实体越长，说明多方上攻力度越大；反之，则有见顶的可能。光脚阴线的含义与之相反，表示股价虽有反弹，但上档抛压沉重；空方趁势打压使股价以阴线报收。所以，光脚阴线的实体越大，则表明空方的势力越强，打压的动能越大，后市看淡的可能性越多。上影阳线与光脚阴线示意图如图7-4（1）、图7-4（2）所示。

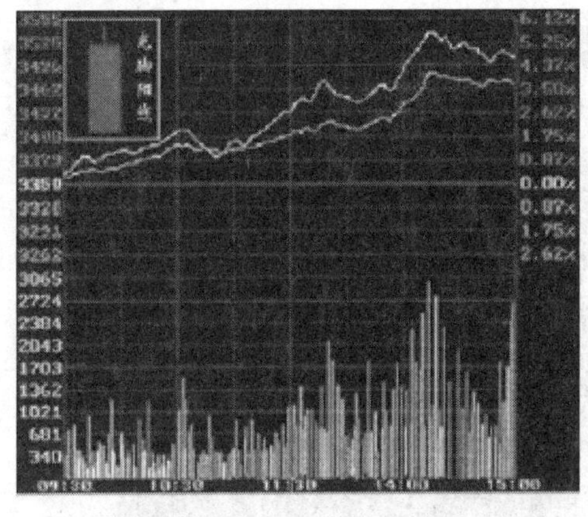

图 7-4(1)　上影阳线图示

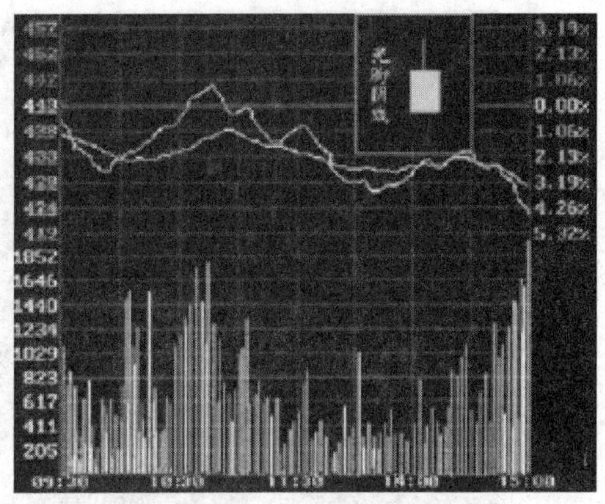

图 7-4(2)　光脚阴线图示

3. 光头的阳线和阴线

光头的阳线和阴线 K 线没有上影线。当开盘价与最高价相同或收盘价与最高价相同时，就会出现这种 K 线，如图 7-5（1）、图 7-5（2）所示。光头阳线是一种带下影线的红实体，最高价与收盘价相同，表示开盘后，出现先跌后涨，总体看来，买方力量较大，但实体部分与下影线长短不同，买方与卖方力量对比不同。光头阴线是一种带下影线的黑实体，属下跌抵抗型的 K 线，表示开盘价是最高价，开盘卖方力量就特别大，价位一直下跌，但在低价位上遇到买方的支撑，后市可能会反弹，实体部分与下影线的长短不同也反映了买方与卖方力量对比不同。

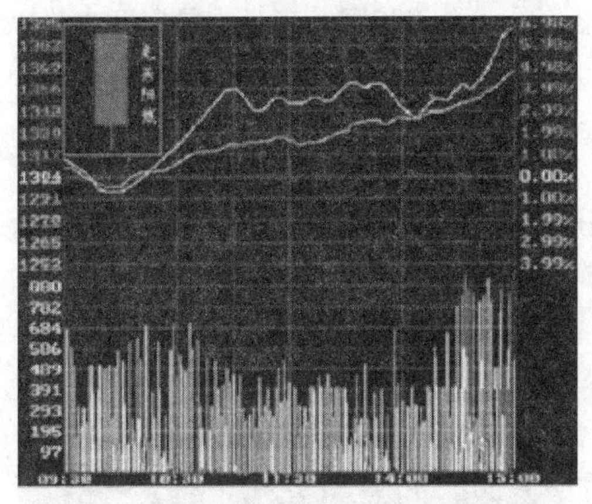

图 7-5(1)　光头阳线图示

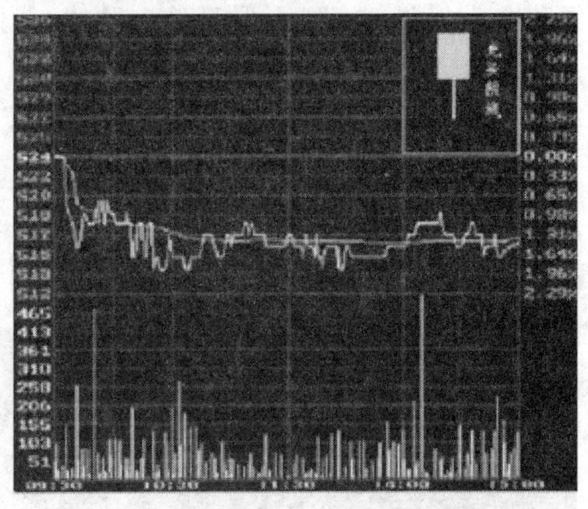

图 7-5(2)　光头阴线图示

4. 十字星

当收盘价与开盘价相同时，就会出现十字星型 K 线如图 7-6 所示，它的特点是没有实体。表示在交易中，股价出现高于或低于开盘价成交，但收盘价与开盘价相等。买方与卖方几乎势均力敌。其中：上影线越长，表示卖压越重；下影线越长，表示买方旺盛。上下影线看似等长的十字线，可称为转机线，在高价位或低价位，意味着出现反转。

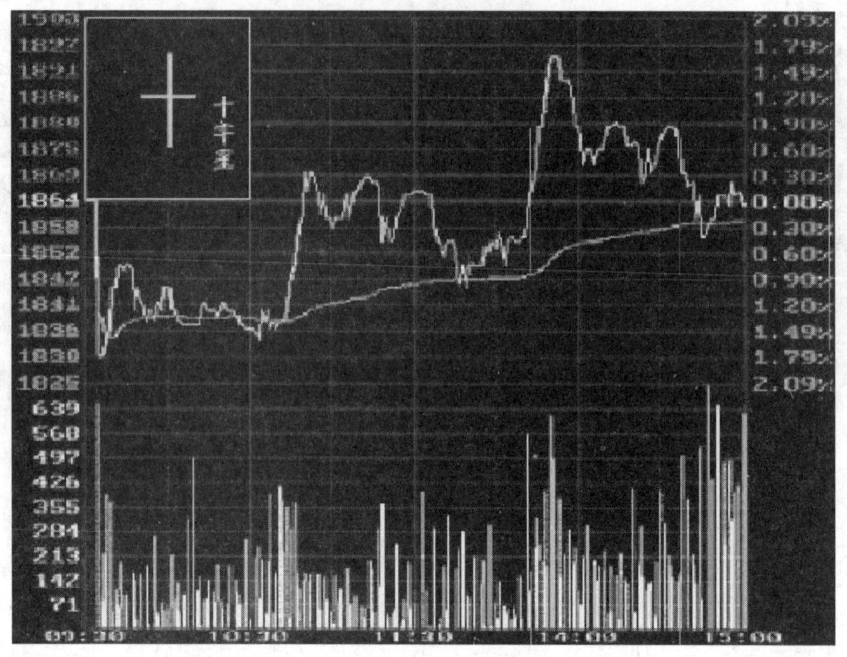

图 7-6　十字星图示

5. T 字形和倒 T 字形

在十字星的基础上，如果再加上光头和光脚的条件，就会出现这两种 K 线，如图 7-7（1）、图 7-7（2）所示。它们没有实体，而且没有上影线或者没有下影线，形状像英文字母 T。“T”图形又称多胜线，开盘价与收盘价相同，当日交易以开盘价以下之价位成交，又以当日最高价（即开盘价）收盘。卖方虽强，但买方实力更大，局势对买方有利，如在低价区，行情将会回升。

倒 T 字形又称空胜线，开盘价与收盘价相同。当日交易都在开盘价以上之价位成交，并以当日最低价（即开盘价）收盘，表示买方虽强，但卖方更强，买方无力再挺升，总体看卖方稍占优势，如在高价区，行情可能会下跌。

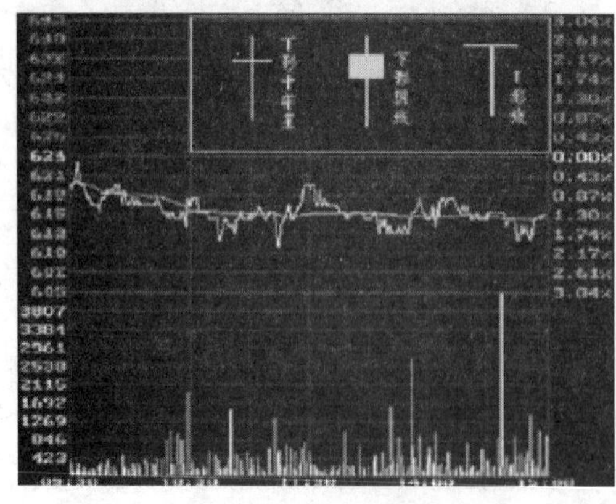

图 7-7(1)　T 字形 K 线图示

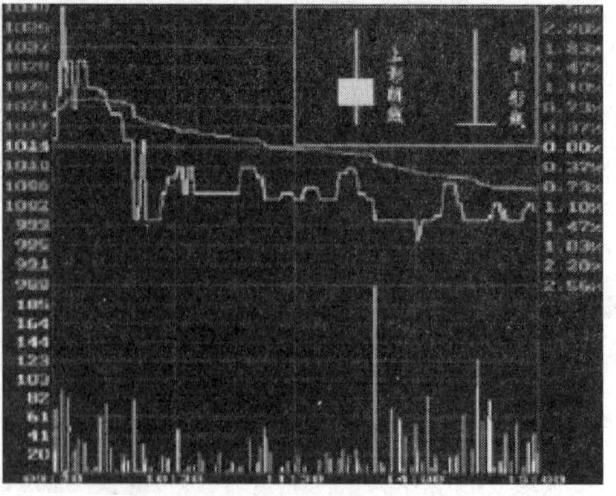

图 7-7(2)　倒 T 字形 K 线图示

6. 一字形

一字形是一种非常特别的K线形状（如图7－8所示），它的四个价格在同一价位上，无K线实体，无上下影线。这种情况在实行涨跌停板制度的股市存在，往往是由于突发性的利好（利空），而导致股价跳空高开（低开），直接打在涨停板（跌停板）上。对行情的研判如前面量价分析所述，应结合成交量的变化进行分析。

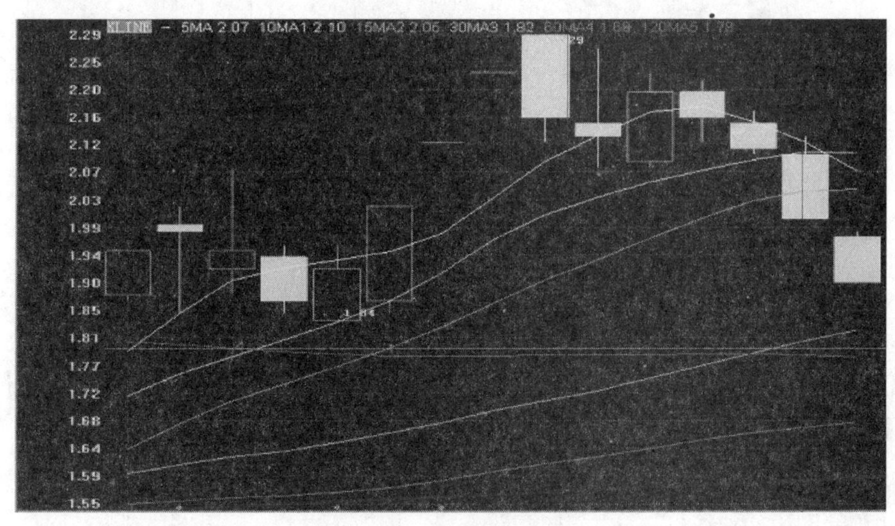

图7－8　一字形图示

三、K线组合分析

K线图是过去一段时间证券市场各种行为的记录，因而从各种不同的K线组合中可以总结出市场变动的规律。

K线的组合是千变万化的，尤其是在考察的K线数量不断增加的情况下，K线形成的组合种类也不断增加，但是掌握其中一些基本的规律，有利于投资者举一反三，最终熟练应用K线分析方法。就一个K线组合来说，时间上越靠后的K线其含义越大，并且后一根K线的相对位置越高，越有利于上涨行情；反之亦然。K线组合形态有许多种，以下介绍六种典型的K线组合分析：

1. 希望之星和黄昏之星

希望之星，也称早晨之星，为买进信号。它由三根K线组成：第一天在下跌过程中已形成一根阴线，第二天呈缺口下跌，K线实体较短，构成星的主体部分，阳线和阴线均可，上下影线也不重要，关键是第三天必须是阳线，且其长度至少要升至第一根阴线实体的二分之一处，若包容第一根阴线就更是明确无误的买进信号，见图7－9（1）。关于希望之星必须注意的是它预示着市场已见底，因此在其出现之前应该股价已经下跌一段时间，否则不能视为买进信号。黄昏之星的出现，意味着股价将回落，为卖出信号。黄昏之星也由三根K线组成，第一天股价继续上升，拉出一根阳线，第二天则波动较小，仅形成一根小阳线或小阴线，为星的主体部分，重要的是第三天拉出一根阴线并至少下跌到第一天阳线实体的二分之一处，见图7－9（2）。必须注意的是，黄昏之星的出现只有当股价已上升了较大幅度后才为卖出信号。若股价下跌时出现黄昏之星则无参考价值。

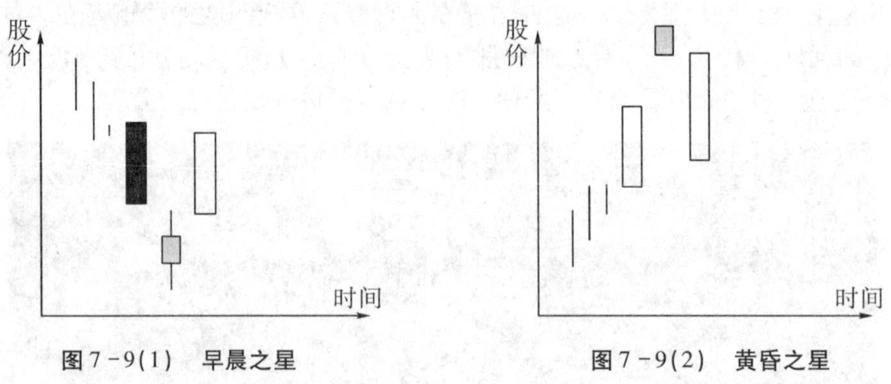

图7-9(1)　早晨之星　　　　图7-9(2)　黄昏之星

2. 射击之星和倒锤线

射击之星是一个实体较小的阳线或阴线，其上影线较长，至少是实体的三倍，表明开盘价较低，在开市后被买方将股价炒得较高，但最终又被卖方压回开盘价附近，因此，下影线可以短到可以认为不存在。它常出现于市场的顶部，预示着股价将反转，为卖出信号，见图7－10（1）。必须注意的是只有在股价已出现较大的升幅后，射击之星才为正确的卖出信号。

倒锤线的形态特点是，小实体在价格区域的较低部分形成，一般不要求有缺口，只要在一个趋势之后下降就可以。上影线的长度一般大于实体的两倍长，下影线短到可以认为不存在。对于倒锤线，当市场以跳空向下开盘时，已经有了下降趋势。当天上冲失败了，市场最后收盘在较低的位置。如果第二天开盘高于倒锤线实体，潜在的反转将引起对空头头寸的覆盖，它也是支持上升的。相似地倒锤线可能很容易成为早晨之星的中间一天。倒锤线如图7－10（2）所示。

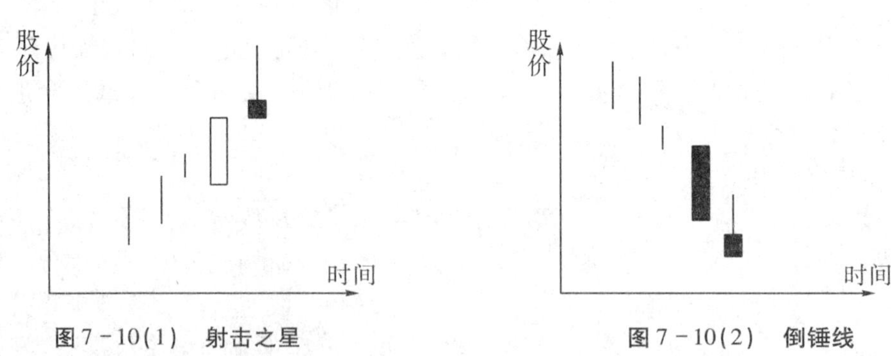

图7－10(1)　射击之星　　　　图7－10(2)　倒锤线

3. 包含线（鲸吞形）与被包含线（孕育形）

这两种图形形成之前，股价运行趋势已经确立了相当长一段时间。

包含线又称鲸吞形，是指第二天的K线实体完全包含了前一日的实体，前一日的实体反映了股价前期趋势。若前一日是阴线，则是下降趋势；若是阳线则是上涨趋势。包含线的颜色应与前一日的颜色相反。熊市包含线，表明上升趋势处在只有小成交量配合的小阳线实体发生的地方，第二天，以新的更高的价格开盘，之后是迅速的卖出狂潮。卖出狂潮被大成交量支持，最后以比前一天更低的价格收盘。从情绪上讲，上升的趋势已破坏，如果第二天的价格仍保持在较低位置，那么上升趋势的小反转已形成。牛市包含线与之正好相反，表明下降趋势得到了逆转。包含线如图 7－11（1）所示。

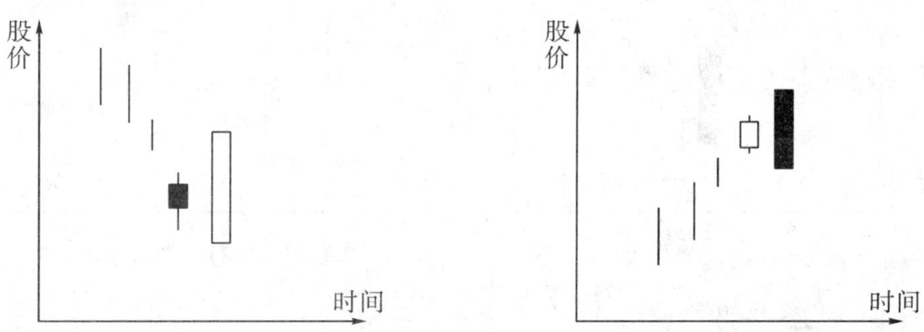

图 7－11(1) 包含线

被包含线又称孕育形，是指前一日 K 线实体的颜色是反映市场趋势的颜色，长实体之后是小实体，它的实体完全被前一日长实体所包含，小实体的颜色与长实体的颜色相反。牛市被包含线表示一个下降趋势已经展开了相当时日，一根伴随成交量出现的长阴出现了，它维持了熊市的含义。第二天，价格高开，动摇了空头。这一天的成交量如果超过前一日，这就强烈证明了多头将颠覆空头，第三日趋势反转须得到确认。熊市包含线与之正好相反，表示一个上升趋势已经展开了相当时日，一根伴随成交量出现的长阳线出现了，它维持了牛市的含义。第二天，价格低开，动摇了多头。这一天的成交量如果超过前一日，这就强烈证明了空头将颠覆多头，第三日趋势反转须得到确认。这种组合的特殊形态是十字胎，即第二天的实体为十字星，这种形态的反转意义更强烈。被包含线如图 7－11（2）所示。

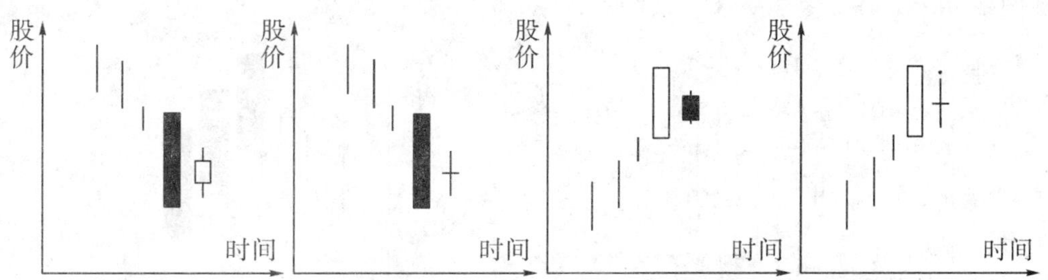

图 7－11(2) 被包含线

4. 刺穿线与乌云盖顶

刺穿线与乌云盖顶是对称的图形，是分别发生在下降与上升市场的两根 K 线组合形态。刺穿线发生在下降趋势中，在形态上第一天是反映继续下降的长阴实体。第二天市场反弹了，是阳线实体，开盘价低于前一日的最低价，收盘价在第一天的实体内，但高于第一天的乌云盖顶阴线实体中点，体现出价格反转的趋势。刺穿线的两根 K 线应该都是长实体线。乌云盖顶与刺穿线正好相对，发生在价格上升的趋势中，在形态上第一天是反映继续上涨的长阳实体。第二天市场回落了，是阴线实体，开盘价高于前一日阴线的最高价，收盘价在第一天的实体内，但低于第一天的阳线实体中点，体现出价格反转的趋势。刺穿线与乌云盖顶分别如图7－12（1）、图7－12（2）所示。

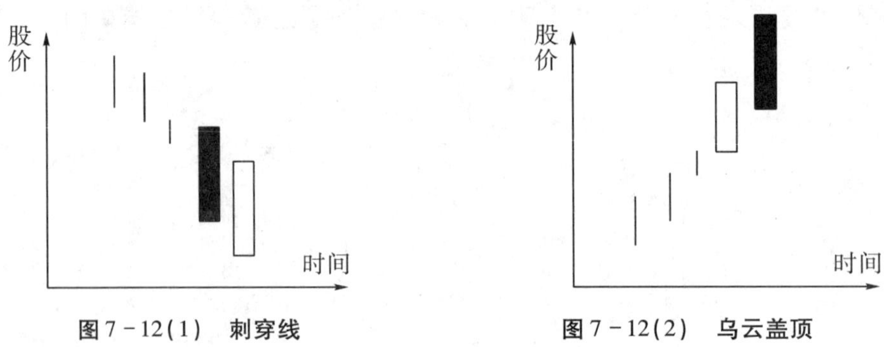

图7－12(1)　刺穿线　　图7－12(2)　乌云盖顶

5．三白兵与三乌鸦

三白兵与三乌鸦都是股价运动趋势反转的一个形态。三白兵是发生在股价下降趋势末期的一种形态，表明股价经过一段时间的下跌，人心思涨，在近日出现了连续三根的长阳线，每天出现了更高的收盘价，且每日开盘价都在前一日的K线实体的中点以上，而连续三日每日收盘价在当天的最高价或接近最高价。三白兵是股价止跌上涨的信号，但必须指出的是三白兵的形态必须是在价格下降趋势的末端才有指示意义。如果是在上升趋势进行到了一定时期之后出现，则有可能是下跌的信号了。而三乌鸦则与之相对，一般是指股价在上涨的末期出现的，是看跌的图形组合。三乌鸦的确立，必须是出现了连续三根的长阴线，每天收盘价出现了新低，且每日的开盘价在前一日实体之内，每日收盘价在当天的最低价或接近最低价。表明市场在经历一段时间的上涨之后，价格已有了一定的高度，出现了第一根长阴线，说明趋势走向了下降的一面，后边连续的阴线是卖方获利了结，引起市场进一步下跌的结果。三白兵与三乌鸦示意图如图7－13（1）、图7－13（2）所示。

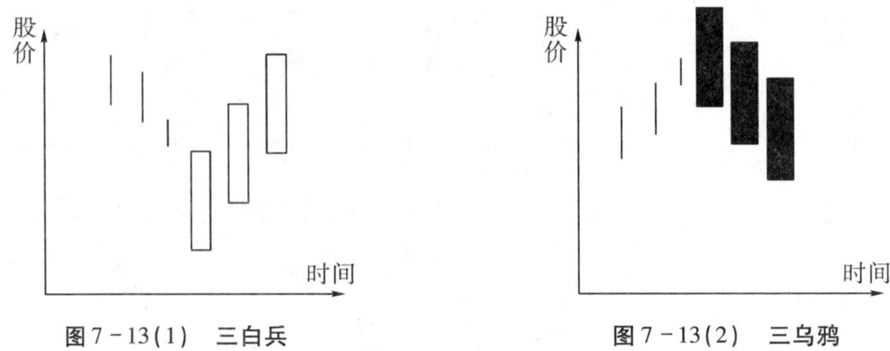

图7－13(1)　三白兵　　图7－13(2)　三乌鸦

6．大阳线三根型与大阴线三根型

当股价出现连续三次向上跳空上涨，说明买方势道已尽，是很强烈的卖出信号。典型的大阳线三根型，要求连续三日出现光头光脚阳线，次日的K线开盘价都高于前日的收盘价。买方虽然全力推进股价上涨，但在三次向上跳空之后，其力量已消耗殆尽，卖方会趁机入市，股价必将下降。反之，当股价出现连续三次跳空下降，说明卖方势道已尽，是很强烈的买进信号。卖方虽然全力使股价下跌，但在三次向下跳空之后，其力量已消耗殆尽，买方趁机入市，股价必将反弹。大阳线三根型与大阴线三根型示意图如图 7－14（1）、图 7－14（2）所示。

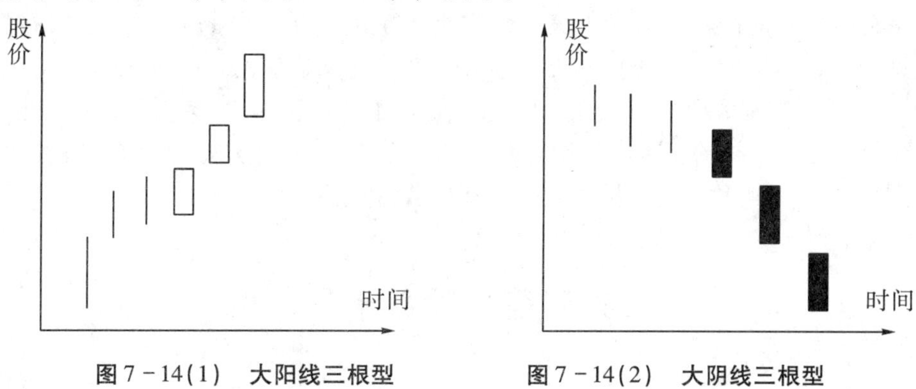

图 7－14(1)　大阳线三根型　　图 7－14(2)　大阴线三根型

K 线的典型组合在实际的证券市场分析中，还有许多种，各个不同的投资分析师还在不断地创新研究出多种不同的组合研判方法，在这里不能完全包含所有的内容，有待进一步分析研究。

四、应用 K 线组合应注意的问题

K 线分析法是一种常见的技术分析法，但在具体的分析中，如果把握不当，就有可能给投资者造成误判，从而影响 K 线分析的准确性与可信度。

1. K 线分析应遵循的四原则

K 线分析应遵循的四原则包括：

（1）K 线分析要与 K 线或 K 线组合中股价所处的相对位置相结合。同样的 K 线在股价的高位区与低位区出现，发出的信号可能完全相反，这一点在前面的 K 线分析中已作过具体说明。

（2）K 线分析一定要与股价趋势结合。无论进行单个 K 线还是 K 线组合分析，都应服从于股价趋势，比如，对于处在上升趋势中的股票来说，K 线组合的向下可能只是大趋势中的小波折。

（3）K 线分析一定要与股价所处阶段相结合。此处所谓阶段即大资金的进、洗、出三大阶段，同样的 K 线或 K 线组合在这三个阶段会有不同的含义。

（4）K 线分析一定要注意成交量这一重要的参数。

2. 应用 K 线理论应注意的问题

用 K 线描述市场有很强的视觉效果，是最能体现市场行为的图表之一。尽管如此，一些常见的 K 线组合形态只是根据经验总结了一些典型的形状，没有严格的科学逻辑，在应用 K 线的时候要记住以下几点：

（1）K 线分析的错误率是比较高的。市场的变动是复杂的，而实际的市场情况可能与我们的判断有距离。从 K 线的使用原理上看，K 线理论只涉及短时间的价格波动，容易为某些非市场行为提供条件。

（2）K 线分析只能作为战术手段，且要与其他分析方法相结合。K 线分析更多情况下是选时和选择价格的判断工具，而不是选股的工具。

（3）K 线分析中，要根据实际情况，不断“修改、创造和调整”组合形态。组合形态只是总结经验的产物，实际市场中，完全满足以上所介绍的 K 线组合形态的情况是不多见的。在运用中要根据实际情况适当地改变组合形态。

（4）为了更深刻地理解 K 线组合形态，应该了解每种组合形态的内在和外在的原理。K 线分析是靠人类的主观印象而建立的，并且是基于对历史的形态组合进行表达的分析方法之一，因此 K 线分析中人的因素也非常重要。

第四节　形态分析

K 线分析中已经说明了一些对市场进行研判的方法，通过对这些方法的总结和完善，技术分析理论进一步提出了形态分析方法。相比而言，形态分析更加注重对长期主要趋势的分析和研究。形态分析是通过对 K 线图的分析，找到 K 线轨迹的一些有特殊意义的点，连接这些特殊点，形成不同的形态，再进一步对这些形态予以区别和研究，从而得出更加可靠的分析结果。

一、反转突破形态

反转突破形态描述了价格轨迹方向的反转，是技术分析中要特别注意的形态变化，其主要包括了双重底（顶）、头肩底（顶）、圆弧底（顶）以及 V 字反转等多种形态。

1. 双重底（顶）

双重底（顶）因为酷似英文字母 W 和 M，因而又被称作 W 底和 M 顶。这两种形态在实际中出现的频率较高，由于双重底和双重顶在量价关系和形态上原理相同，只是方向相反，所以这里只介绍双重顶，双重底的形态以此反推。

双重顶图形的主要特点是两个最高点的高度相等，有时候股价在跌破颈线后出现回抽现象而产生平台，然后下降趋势才告形成，如图 7－15 所示。双顶形有时会继续延长而变成三顶形或多顶形，这表示下降的阻力较大，但一旦突破颈线下降，则显示多头退出市场，买气减少，股价的移动轨迹就像 M 字。这就是双重顶，又称 M 头走势。股价下降的幅度可能会较大。双重顶也是股市见顶的一种形态。当第二个高点形成后，即是卖出的信号，颈线的突破是卖出的强烈信号。

与双重顶相对，双重底是市场见底的一种形态，当第二个低点形成后，便是买进的信号，颈线的突破是买进的强烈信号，因此交易量会逐步增大，表示投资者纷纷进场吸纳股票。双重底的进一步延伸会形成三底形。

技术要点：一个真正双重顶的出现，除了必要的两个相同高度的高点以外，还应该向下突破 B 点的支撑线。双重顶反转形态一旦得到确认，还具有测算功能，即从突破点算起，证券价格至少要跌到与形态高度相同的距离。

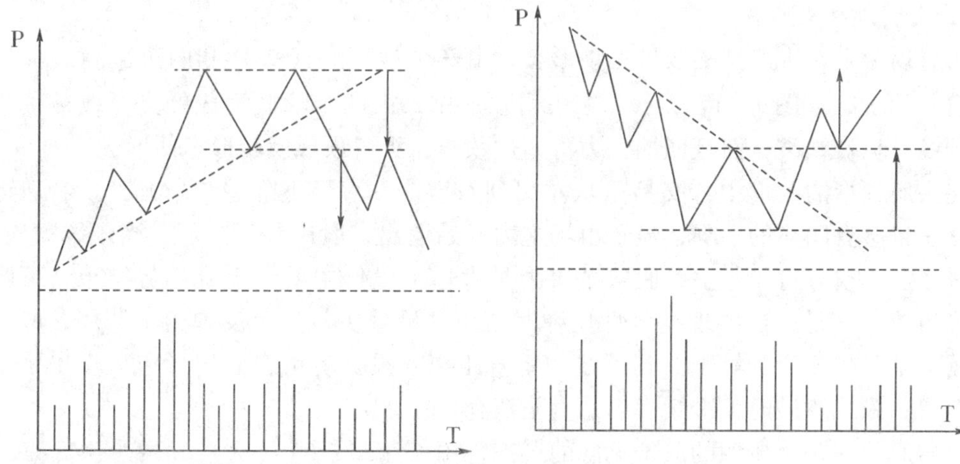

图 7－15 双重顶和双重底示意图

在应用双重顶时应当注意，如果双重顶的两个高点不在同一个高度，那么则不能判定为双重顶，经验数据显示，如果两个高点相差超过 3% 则不构成双重顶。此外，当价格向下突破颈线时，不一定会伴随有大的成交量，但是日后继续下跌时，成交量会逐步放大。最后，双重顶形态完成后的最小幅度度量方法是由颈线开始的，至少会跌颈线和高点的差价距离。

例：图 7－16 为 2009 年第三季度上证指数 K 线图。从图中可以看出：上证指数在 2009 年上半年的一波涨势中，于 2009 年 7 月 29 日到创出新高点 3454. 02 点后正常回落，7 月 29 日收盘下调至上升趋势线（黄色斜线）处之后开始回升，但由于动力不足在与前期高点相同的位置遇到压力（8 月 4 日高点 3478. 01，与上一高点 3454. 02 相差小于 3%），之后开始下跌，并突破了 A 点处的支撑线（过 A 点的水平黄色直线）。突破颈线时成交量不大，但是突破后成交量逐步放大。

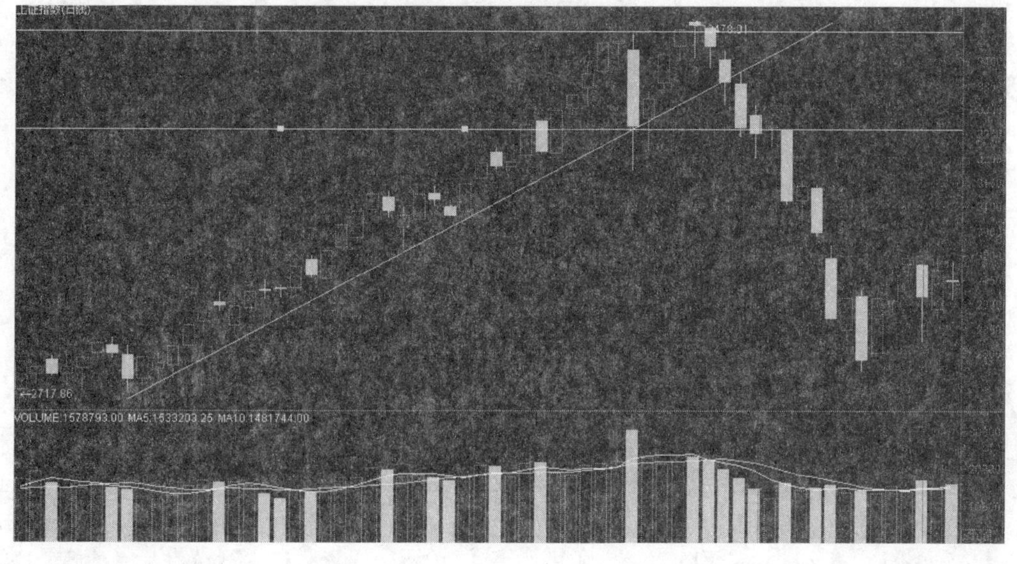

图 7－16

2. 头肩顶和头肩底

头肩顶形是一个典型的股价见顶形态，由一个最高点（头）和两个次高点（左肩和右肩）组成，如图 7－17 所示。在头肩顶形中，由两个峰底连成的支撑线被称为颈线。颈线一旦被跌破，而且回抽无力再超过颈线，头肩顶形反转形态便形成。

在头肩顶形的图形中，交易量从左肩到右肩，一直呈下降趋势。尤其是右肩形成后，交易量会有明显的下降，显示市场主力开始退出，股市买气减弱；当颈线跌破后，交易量增加，空方打压坚决，股票抛售力量大增，股价主要的上升趋势结束，下降趋势正式形成。这时，当出现技术性反弹时，交易量减少，显示反弹力量薄弱，股市一路下泻，下降幅度至少等于头到颈线的垂直距离。投资者可在右肩形成后卖出手中持有的股票；颈线跌破时，继续卖出，直至清仓。

头肩底形是一个典型的股价见底的形态，由一个最低点（头）和两个次底点（左肩和右肩）组成，是头肩顶形的倒转。在头肩底形图形中，由于市场见底回升，因此交易量逐步增加，显示从左肩到右肩，多头力量在增强；在突破颈线时，交易量骤增，走势则由熊市逐渐转为牛市；而未来的上升幅度至少等于头到颈线的垂直距离（CD＝AB）。所以，投资者可以在右肩形成以后，进行建仓，颈线突破以后，增加持仓量，进行全面投资。头肩顶和头肩底形示意图如图 7－17 所示。

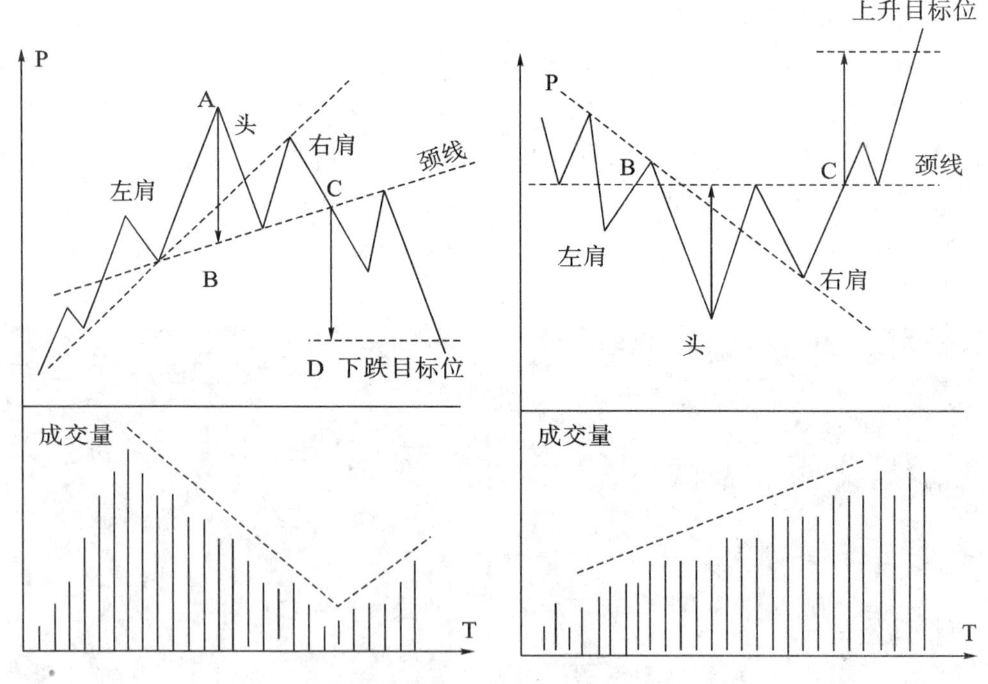

图 7－17　头肩顶和头肩底形示意图

3. 圆弧顶和圆弧底

圆弧顶和圆弧底在实际操作中比较少见，但是一旦出现则是绝好的机会。由于圆弧顶和圆弧底形态在原理上完全形同，故这里只对圆弧顶做出说明，圆弧底的情形请读者自行推敲。

将证券价格一段时期内的局部高点连接起来，就可以得到一个类似圆弧的曲线，如图 7－18 所示。

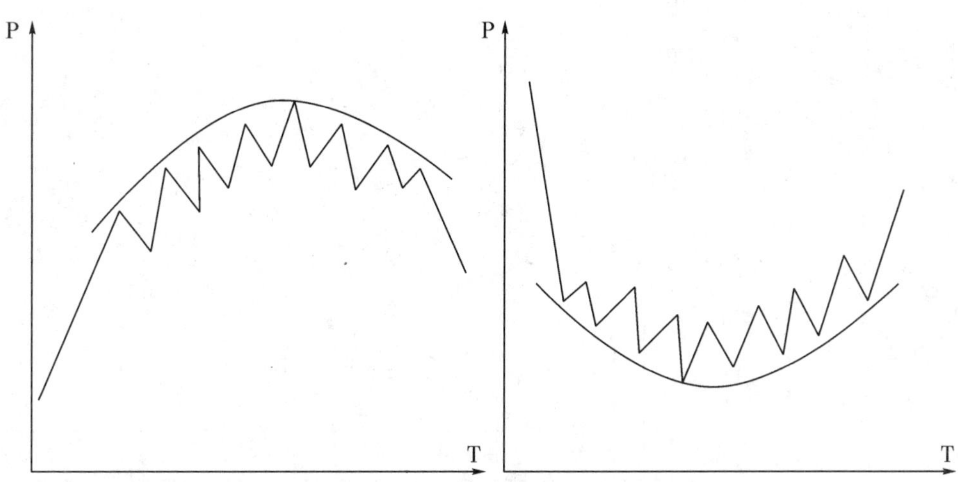

图 7－18　圆弧顶和圆弧底示意图

技术要点：首先，在圆弧顶形态完成后，行情多属于爆发性质的，跌速极快，持续时间较短，中间很少出现反弹和回调；其次，圆弧顶的形成过程中，一般会出现两头的成交量多而中间部分的成交量小，到达顶部时成交量最小，在突破的后一阶段会出现较大的放量；最后，圆弧顶形成所花费的时间比越长，其反转的力度就越大，可行度也就越强。

二、持续整理形态

与反转形态不同，持续整理形态反映的是在价格向一个方向经过一段时间的运行后，不再继续原有的趋势，而在一定的区域内上下震荡，之后再继续沿原有趋势运动的状态。其主要形态有三角形、矩形、旗形以及楔形等。

1. 三角形

三角形形态主要分为三种：对称三角形、上升三角形和下降三角形。

（1）对称三角形

对称三角形大多出现在一个大趋势中部，表示原有的趋势暂时处于调整期，之后还要继续延续原有趋势，如图 7－19 所示。

从图 7－19 中可以看出，对称三角形有两条聚拢的直线，上面的向下倾斜，起到压力线的作用，下面的向上倾斜，起到支撑线的作用。两条线的焦点称为顶点。一般来说，三角形的压力线和支撑线需要三个点来确认。

技术要点：对称三角形是原有趋势的调整状态，所以持续时间不会太长，如果持续时间过长，就会失去保持原有趋势的能力。一般来说，越靠近三角形的顶点，三角形的功能越弱，对分析的意义就越小。由经验可知，突破的位置一般在三角形的横向宽度的二分之一至三分之一处，三角形的宽度是指三角形顶点到底边的距离。与前面的方法类似，三角形的突破也有真假的问题，可以采用百分比法等原则确认，并且三角形

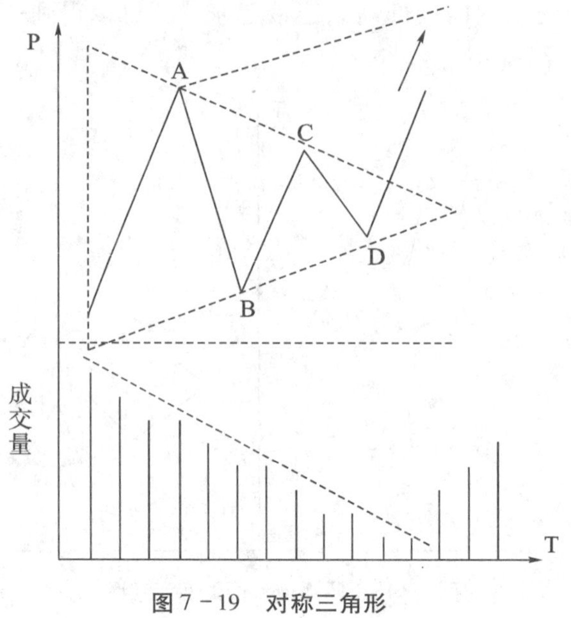

图 7－19　对称三角形

在突破的时候一般会伴随着大的成交量，没有成交量的确认，突破的真伪也很难判断。

对称三角形突破之后，具有测算功能，方法包括以下两种：第一种，从突破点开始，价格至少要达到和三角形底边长度相同的距离；第二种，如图 7－19 所示，过 A 点做平行于 BD 的直线（图中虚线），则虚线的位置就是未来价格能达到的高度。

例：图 7－20 是中国石油（601857）2008 年 3～8 月的 K 线图，图中三角形形态更接近后面要讲到的上升三角形。从图中可以看出，三角形形成之后起到了压力线和支撑线的作用，三角形突破之后继续延续了前期的下跌趋势，并且伴随了放大的成交量。

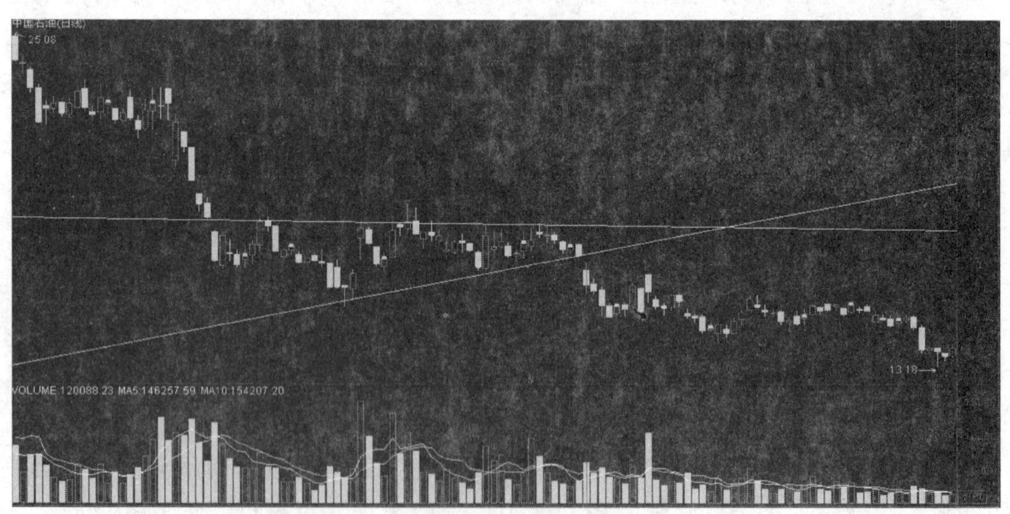

图 7－20

（2）上升三角形

上升三角形是对称三角形的变形，和对称三角形的区别在于其上边是水平的，如图 7 - 21 所示。

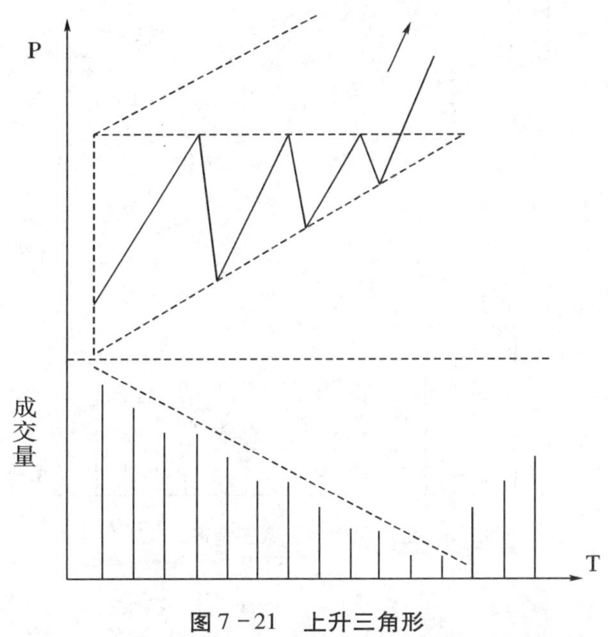

图 7 - 21 上升三角形

如前所述，三角形的上边线起压力线的作用，下边线起支撑作用。在上升三角形中，由于压力线是水平的，而支撑线的支撑位越来越高，从而上升三角形预示未来价格上升的概率很大，并且突破后价格逆转的可能性很小。其突破后的测算和对称三角形类似。

（3）下降三角形

下降三角形和上升三角形正好相反。其原理与上升三角形一样，唯一需要注意的是，下降三角形在突破时，成交量不一定会有明显的增加。下降三角形示意图如图 7 - 22 所示。

2. 旗形

在股价走势中，出现小幅度的方向相反的调整形态，类似于长方形，称为旗形。旗形有上升旗形和下降旗形两种。

（1）上升旗形是一种在股价上升的走势中出现向下调整的长方形，表示交易量由大变小，股价突破阻力线后，交易量大增；上升幅度是原突破点到旗杆最高点的垂直距离，即 CD = AB。上升旗形是后市展望良好的一种调整形态，因而当股价突破阻力线向上时，是买进的信号，如图 7 - 23（1）所示。

（2）下降旗形是一种在股价下降的走势中出现向上调整的长方形，表示交易量由大变小，股价突破支撑线以后，交易量大增；下降幅度是原突破点到旗杆最低点的垂直距离，即 CD = AB。下降旗形是后市展望不佳的一种调整形态，因而当股价突破支撑线向下时，是卖出的信号，如图 7 - 23（2）所示。

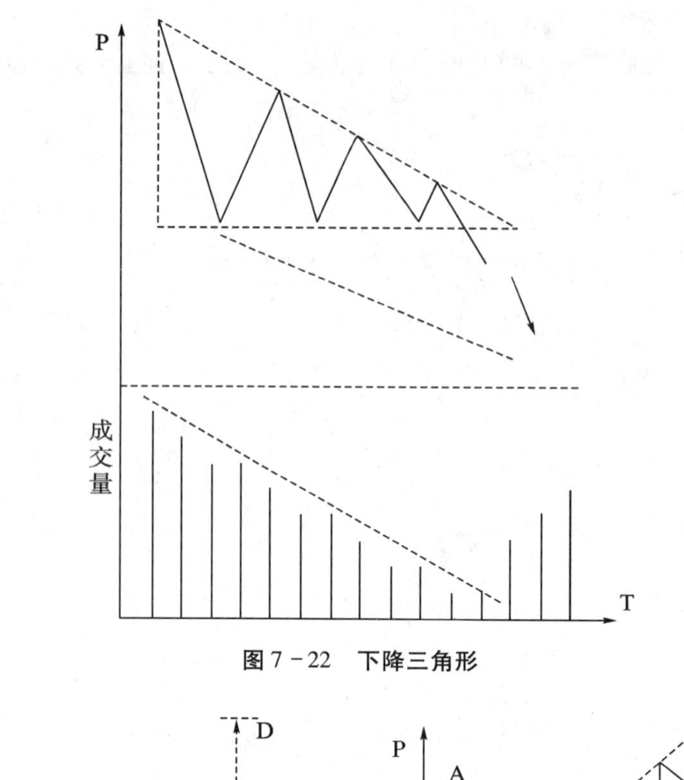

图 7-22　下降三角形

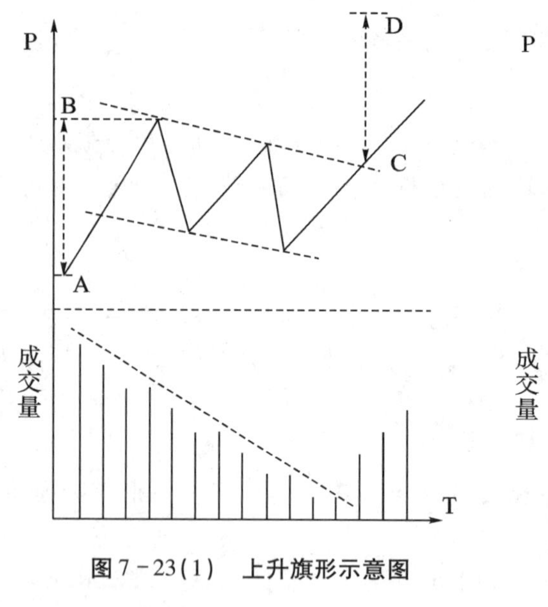

图 7-23(1)　上升旗形示意图

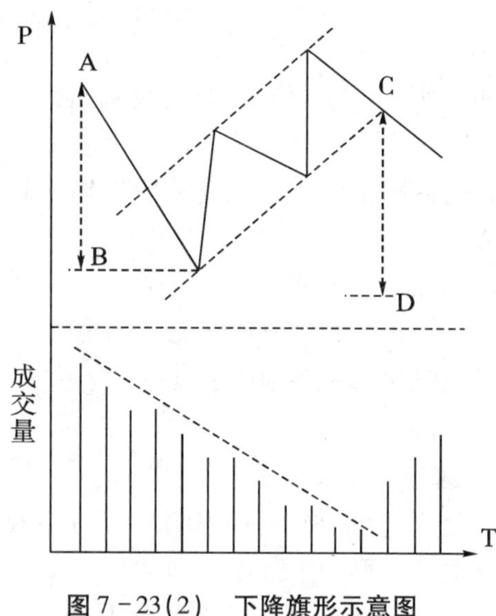

图 7-23(2)　下降旗形示意图

3. 楔形和菱形

（1）楔形。在股价走势中，出现一种类似楔形的整理形态，其外形类似既不对称也没有直角的三角形。楔形也可分成上升楔形和下降楔形两种。下降楔形是在股价上升走势中常出现的调整形态。这种形态展示后市走势良好，是一种表示可以买进的图形，如图 7-24（1）所示。上升楔形是在股价下降走势中常出现的一种调整形态。这种图形展示后市走势不乐观，是一种表示可以卖出的图形，如图 7-24（2）所示。

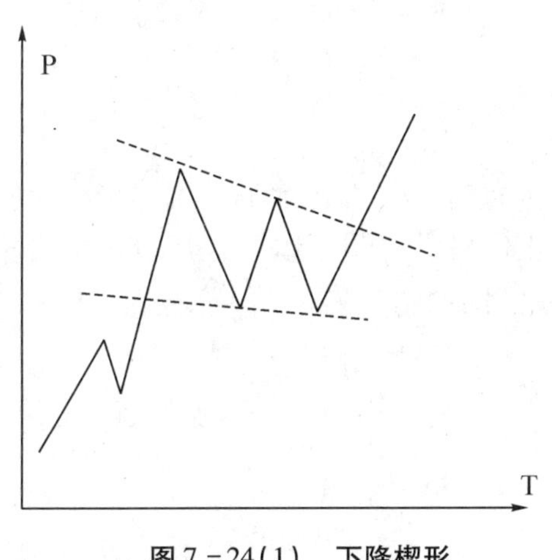

图 7-24(1) 下降楔形

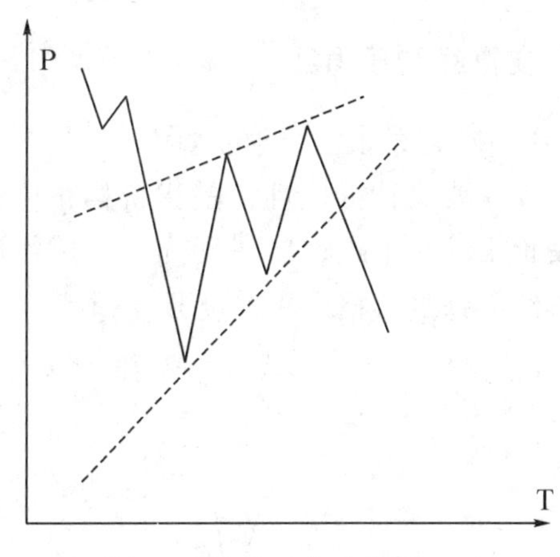

图 7-24(2) 上升楔形

（2）菱形。菱形也叫钻石形，是由两个对称三角形合并组成的一种调整形态。它是显示股价在调整期间变化很大，市场走势不稳定，因而后市展望不确定的一种图形调整形态。菱形的测算功能是以菱形的最宽处的高度为形态高度的。今后下跌的深度从突破点算起，至少有一个形态的高度，如图 7-25 所示。

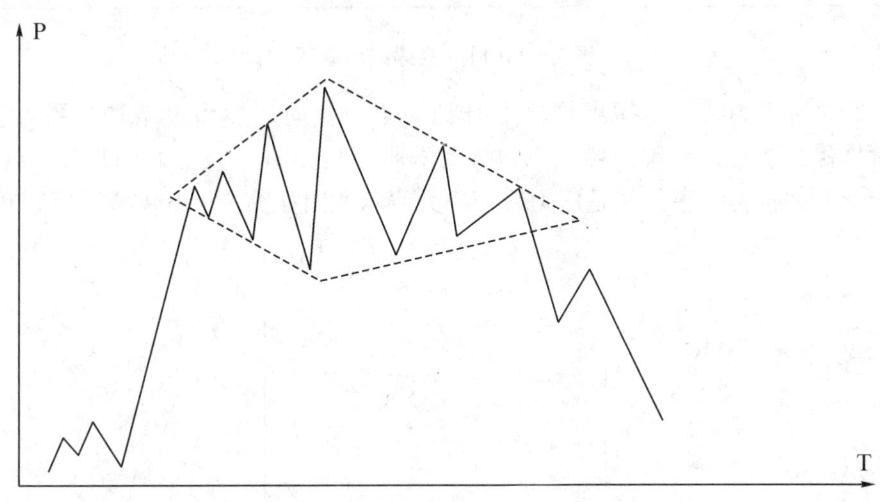

图 7-25 菱形（钻石形）示意图

第五节 趋势分析

趋势就是证券价格的主要运动方向，按照道氏理论，趋势可以分为主要趋势、次要趋势和短期趋势。按类型划分，趋势可以分为上升趋势、下降趋势和水平趋势。

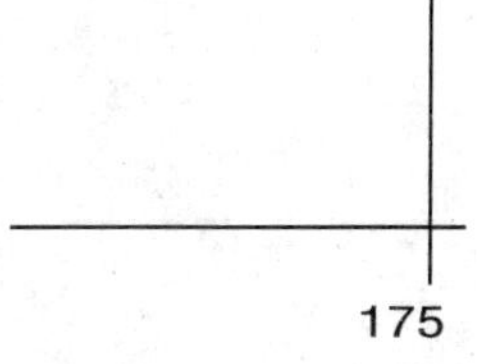

一、支撑线和压力线

1. 支撑线和压力线的含义

支撑线又称抵抗性，是指价格下降到某个位置时，买入量增加、卖出量减少，从而使价格停止下跌，出现反弹。支撑线起着阻止价格进一步下跌的作用，这个阻止价格继续下跌的价格水平，就是支撑线。支撑线示意图如图 7－26（1）所示。

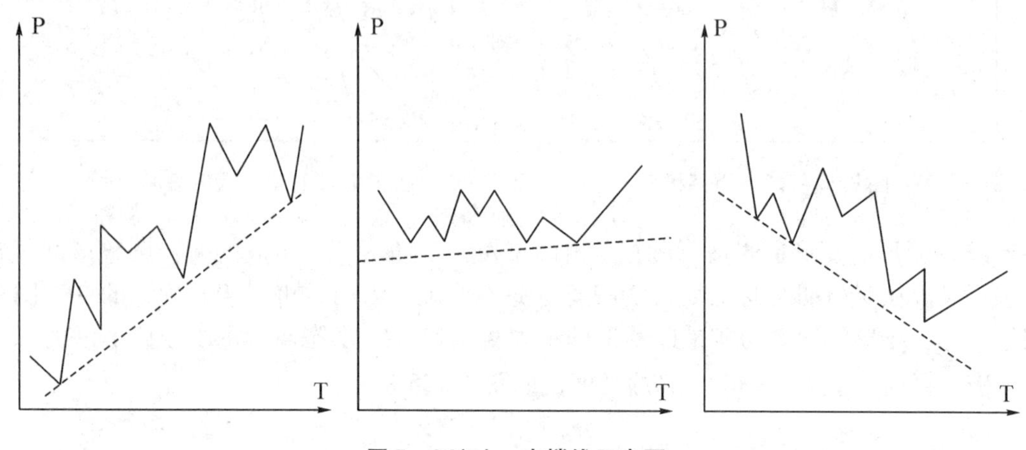

图 7－26(1) 支撑线示意图

压力线又称阻力线，是指当价格上升到某个位置时，卖出量增加、买入量减少，从而使价格停止上升，出现回调。压力线起着阻止价格进一步上升的作用，这个阻止价格继续上升的价格水平，就是压力线。压力线示意图如图 7－26（2）所示。

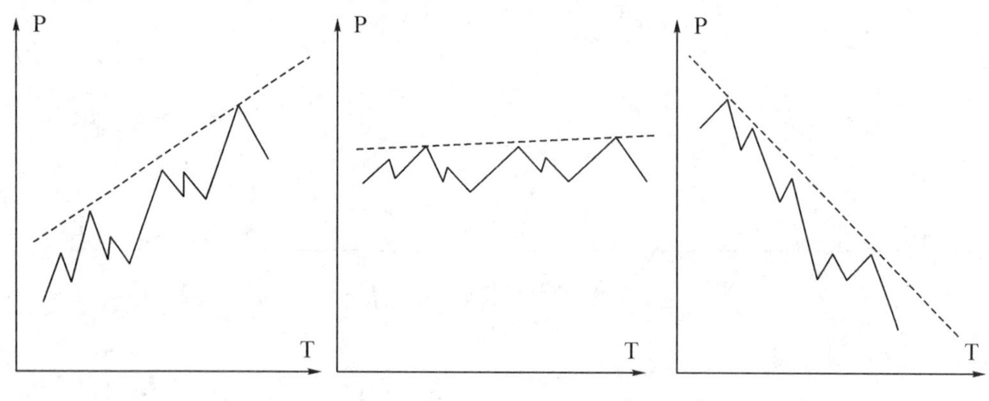

图 7－26(2) 压力线示意图

在某一价位处之所以会有压力线或支撑线，主要是由投资者的筹码分布、持有成本以及投资者的心理因素决定的。当价格下跌到投资者的持仓成本价位附近，或价格从较高的价位下跌一定比例，或价格变化到前期高点（低点）等情况出现时，都会导致价格由于买卖量的变化而停止前期的趋势，从而形成压力线或支撑线。

2. 支撑线和压力线的内涵

支撑线对一定时期内的行情起着支撑作用，即股价回落到此附近由于大量买方承接，使股价向上回升。一般而言，股价低点触及支撑线的次数越多，或者说行情下跌至支撑线后随即反弹的次数越多，则表明该支撑线对行情的支撑作用越强，该支撑线越不容易被跌破。因此，从投资研究角度分析，在没有跌破支撑线的情况下，股价回落到支撑线附近，就可以认为显示买入信号。但当行情跌破支撑线时，特别是配合了成交量的放大，则显示卖出信号。实际上，此时原有的支撑线便应成为新的一轮行情的阻力（或称压力）位。

同理，在压力线没有被突破的情况下，当股价上升到压力线附近，可以认为显示卖出信号，投资者可以考虑卖出股票。一旦行情冲破压力线，则表明升势有力，股市进入新的一轮上升行情，此时则显示买入信号，投资者可考虑买入股票。这里需要特别指出，行情冲破压力线，必须要配合明显的成交量增加，才可以确认显示买入信号，如果没有配合成交量的增大，买入信号不够可靠，甚至有可能是市场着手设置的“假突破”圈套。

3. 支撑线和压力线的相互转换

压力线和支撑线是相对而言，它们并非一成不变，随着行情的变化其趋势线的性质有可能发生变化。换句话说，对于相同的一条趋势线，在这一波行情中该线是支撑线，而在另一波行情中，该线可能成为压力线，即压力线与支撑线可以互相转化。如图 7－27（1）、图 7－27（2）所示。

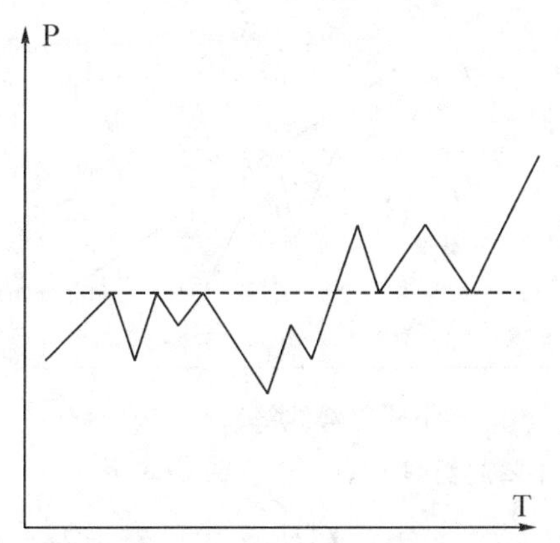

图 7－27(1) 压力线转换为支撑线

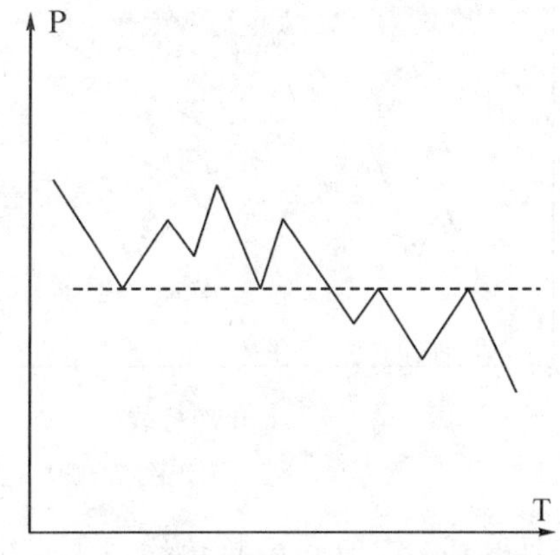

图 7－27(2) 支撑线转换为压力线

支撑线和压力线都是认为确定的，一般来说，其重要性主要由三方面的因素决定：

（1）价格在这个阻力位置停留时间的长短；

（2）价格在这个阻力位置停留期间，成交量的大小；

（3）阻力位置距离当前时间的远近，越近意义越大。

例：图 7－28 为上证指数 2009 年下半年 K 线图，图中的水平虚线均可以被看做支撑线或者是压力线，投资者可以结合实际并按照上述理论方法分析图中各支撑线或压力线是否具有重要意义。

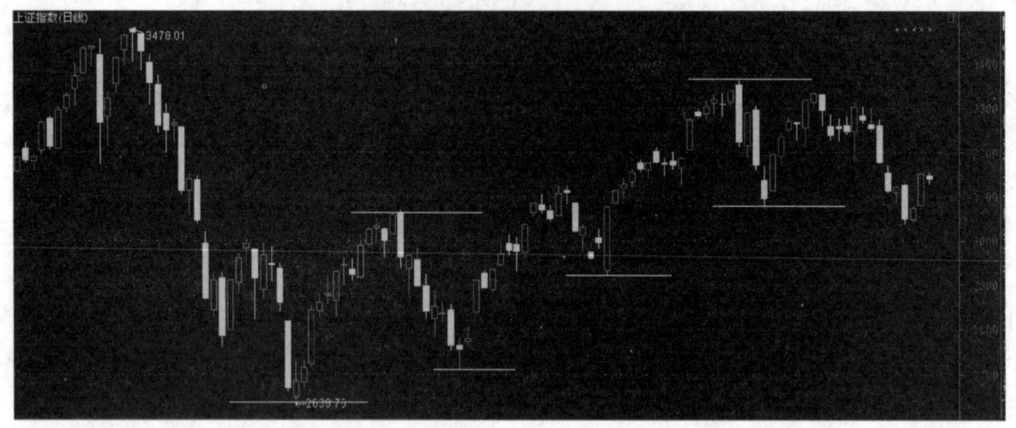

图 7－28　上证指数 2009 年下半年 K 线图

二、趋势线和轨道线

趋势线是衡量价格趋势的。趋势线的方向可以明确地看出价格的运动趋势。在上升趋势中，将两个低点连成一条直线，就得到上升趋势线，在下跌趋势中，将两个高点连成一条直线就得到下降趋势线，如图 7－29 所示。

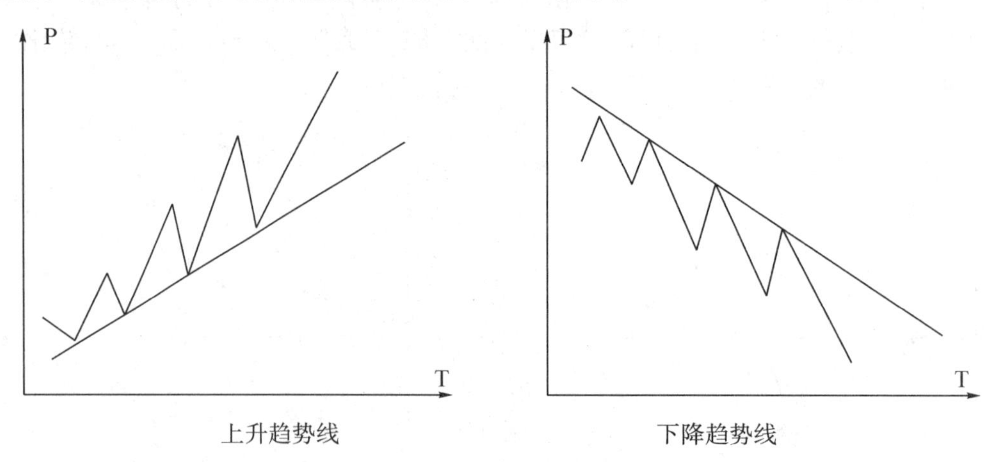

上升趋势线　　下降趋势线

图 7－29　上升趋势线和下降趋势线

要得到一条真正的趋势线，须经过多方面的检验。首先，趋势必须是客观存在的；其次，在连接两点做出趋势线后，还必须要有第三个点的确认才能判断趋势线是有效的。所做出的趋势线被触及的次数越多，其可信度就越高，从而其分析价值也就越大。另外，趋势线延续的时间越长，有效性也就越强。

一般来说，趋势线有两种作用：一是对今后的价格有约束作用，使价格保持在这条趋势线的上方（上升趋势线）或下方（下降趋势线），从而起到支撑线和压力线的作用；二是如果趋势线被突破，说明价格将要反转，越重要的趋势线被突破，其反转的信号就越强。

例：图7－30是青岛海尔（600690）2009年下半年的K线图。从图中连接9月29日和11月2日的低点可以得出一条斜线，这条斜线就形成了一条上升趋势线，在后来的走势中，股价一直沿趋势上升，并且多次触及，持续时间较长，因此可以说这是一条可信度比较高的趋势线。

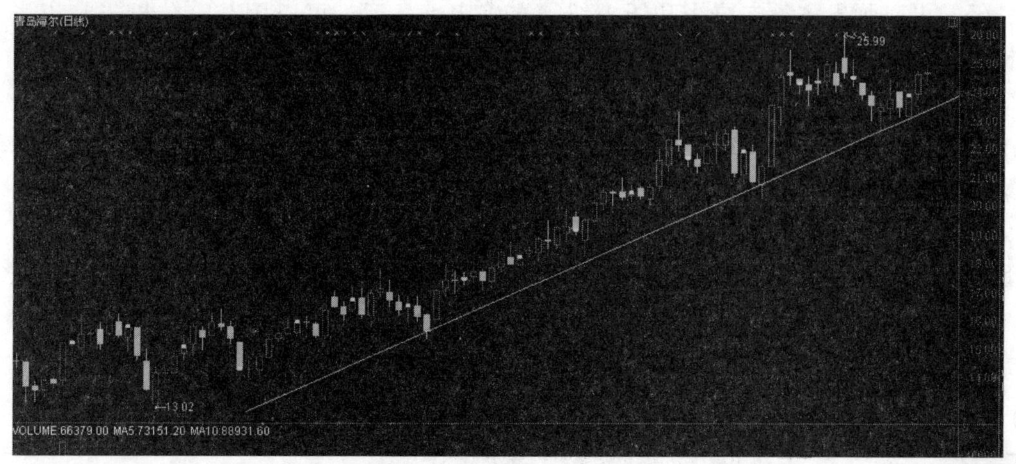

图7－30　青岛海尔（600690）2009年下半年K线图

轨道线又称通道线或者管道线，是基于趋势线的一种分析方法。在已经得到趋势线之后，通过第一个峰谷可以作出这条趋势线的平行线，这条平行线就是轨道线。两条平行线形成了一个轨道，其作用是限制价格的变动范围。如果轨道线被突破，则意味着价格将有一个大的变化，如图7－31所示。

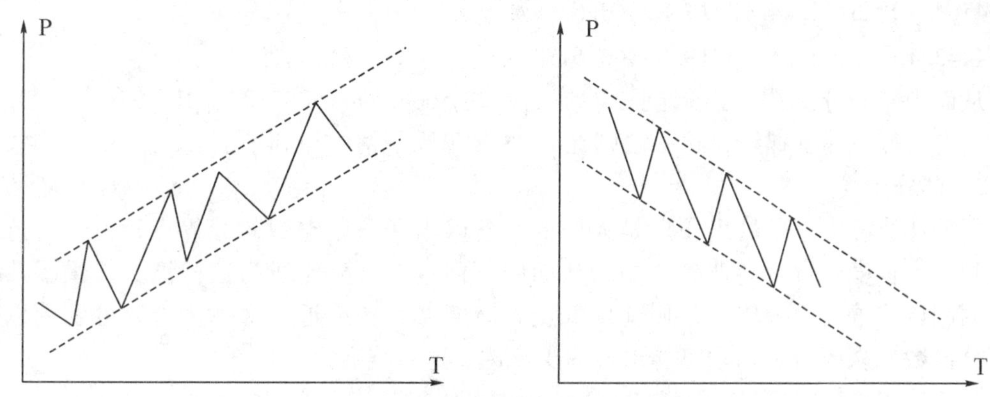

图7－31　上升轨道线和下降轨道线示意图

与趋势线一样，轨道线也有被确认的问题。轨道线被触及的次数越多，其认可度也就越高，延续时间越长，其分析的意义也就越大。与趋势线不同的是，如果轨道线被突破，并不是趋势反转的开始，而是趋势加速的开始，即原来的趋势线的斜率将会增加，趋势线的方向将会更加陡峭。轨道线的另一个作用，就是提供趋势变化逆转的信号，如果在一次波动中未触及到轨道线，离得很远就开始掉头，则要警惕趋势的转向，说明市场已经没有力量继续维持原有的上升或下降的趋势了。

三、黄金分割线和百分比线

黄金分割线和百分比线是两类重要的趋势线，往往在行情中起到支撑线和压力线的作用。它们的共同点是：都是水平的直线，它们的位置是相对固定的，并且在应用时，经常可以画出多条支撑线和压力线，在确定一条后，可以用其来分析未来市场的价格。

1. 黄金分割线

黄金分割线是一种将黄金分割率应用到证券研究中的方法，以此来探讨价格未来的支撑和压力位，进而预测价格未来的涨跌幅度。

判断黄金分割线的第一步是确定由黄金分割率（0.618 和 0.382）衍生出的一组重要数字（见表 7-1）。

表 7-1

0.191	0.382	0.5	0.618	0.809
1.191	1.382	1.618	1.809	2

第二步是找到上一波行情的结束点，从而画出黄金分割线。

例：上证指数上一波牛市行情的高点为 6124.04（2007 年 10 月 16 日），前一个低点为 3404.15（2007 年 6 月 5 日），上涨了 2719.89 点，则可以得到：

$5604.54 = 6124.04 - 2719.89 \times 0.191$

$5085.04 = 6124.04 - 2719.89 \times 0.382$

$4764.10 = 6124.04 - 2719.89 \times 0.5$

$4443.15 = 6124.04 - 2719.89 \times 0.618$

从而由黄金分割法可以得到，上证指数在 5604.54、5085.04、4764.10、4443.15 处均会有可能成为支撑线，这一法则在 2008 年下跌行情中得到了证实。

2. 百分比线

百分比线考虑问题的出发点是人们的心理因素和一些整数的分界点，当价格持续上涨到一定程度，肯定会遇到压力，从而向下回调。百分比线为这种情况提供了几个可能的回调位置。百分比法是用前期低点和前期高点（最近一次）的差，分别乘以一组百分比数，从而得到未来可能出现的支撑位。这一组数是：

0.125　0.25　0.375　0.5　0.625　0.75　0.825　1　0.33　0.67

其中，0.5、0.33 以及 0.67 是最重要的三条线，这主要是由于人们的心理预期所决定的。

应用此类方法，需要注意的问题是，用上述方法得到的支撑线和压力线均有被突破的可能，因而不能把它们当成万能的工具，只是能当做一种其他方法的辅助参考。

第六节　指标分析

指标分析是指按确定的方法对原始数据进行处理，将处理的结果制成图表，并用制成的图表对市场进行分析的方法。原始数据指的是开盘价、收盘价、最高价和最低价以及成交量相关信息。对原始数据的不同处理方法，产生了不同的技术指标，主要包括：趋势型指标、超买超卖型指标、人气型指标等。

技术指标的应用主要通过以下几个方面来体现：一是指标的背离；二是指标的交叉；三是指标的相对位置；四是指标的震荡；五是指标的转折。指标的背离是指指标与价格的发展方向不一样。指标的交叉是指指标图中两根线相交的情况。指标的相对位置是指指标的图形进入了敏感区域。指标的震荡是指指标在一个范围内徘徊，无法判断趋势。指标的转折是指标趋势逆转。

每一个技术指标都是从一个特定的方面来考察市场的行为，都是通过一定的数学公式来计算得到的。指标分析的特点是不仅提供了定性的分析，还具有定量分析的功能，是对前面几种分析方法的有效补充。技术指标由于种类繁多，涵盖面很广，且每一种指标都有自己的使用范围，机械地照搬理论是行不通的。因此，了解不同的技术指标是很有必要的，在具体应用时，要用不同的指标相互论证，提高预测的准确率。

一、趋势性指标

1. MA（移动平均线）

MA 是用统计分析的方法，将一定时期内的证券价格加以平均，并把不同时间的平均值连接起来，形成一根 MA，用以观察证券价格变动趋势的一种技术指标。作为趋势性指标，移动平均线与趋势线不同的是，MA 是用曲线来反映价格变动的趋势性，比趋势线更具有客观性和真实性。

（1）MA 的计算公式

根据对数据处理方式的不同，移动平均可以分为算术移动平均、加权移动平均和指数移动平均。

算术移动平均的计算公式是：

$$MA(N) = (C_1 + C_2 + C_3 + \cdots + C_n) \div N \tag{7.1}$$

指数移动平均的计算公式是：

$$MA_t(N) = C_t \times \frac{1}{N} + EMA_{t-1} \times \frac{N-1}{N} \tag{7.2}$$

其中：C_t 表示 t 日的收盘价，MA_t 表示 t 日的移动平均，N 代表移动平均天数。

天数 N 是参数，一般分析软件选用 5、10、20 等，即我们常说的 5 日均线、10 日均线、20 日均线等。

根据 N 的选择，MA 可以分为短期、中期和长期移动平均。通常以 5 日和 10 日线观察短期走势，以 30 日和 60 日观察中期走势，以 120 日和 200 日观察长期走势。

（2）MA 的特点

MA 的基本思想是消除价格波动的随机影响，从而找到价格发展的趋势。MA 具有如下特点：一是趋势性，MA 能够表示股价的趋势方向并追踪这个趋势，如果能从股价的图表中找到上升或者下跌的趋势，那么 MA 将与趋势的方向保持一致；二是滞后性，从 MA 的计算方法可以看出，其变化要滞后于实际股价的变化，这是 MA 的一个弱点；三是助涨助跌性，当股价突破 MA 时，无论是向上还是向下突破，股价都有继续向突破方向发展的愿望；四是支撑线和压力线的特性，MA 在股价的变化中起到支撑线和压力线的作用，MA 被突破实际上是支撑线和压力线被突破。

（3）葛兰维尔法则（Granvile）的应用

MA 在股价走势预测中的运用，经典的是葛氏法则。葛氏法则的内容可以分为买入信号和卖出信号两部分。

买入信号：平均线从下降开始走平，股价从下上穿平均线；股价连续上涨远离平均线，之后突然下跌，在平均线上方又调头向上；股价在平均线以下，并连续暴跌，不断远离平均线（如图 7 -32 所示）。

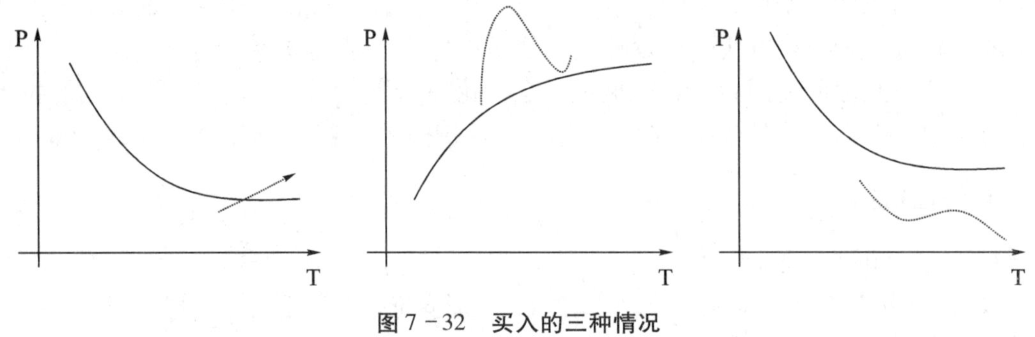

图 7 -32　买入的三种情况

卖出信号：平均线从上升平始走平，股价从上下穿平均线；股价连续下跌远离平均线，之后突然上升，在平均线下方又调头下跌；股价在平均线以上，并连续暴涨，不断远离平均线（如图 7 -33 所示）。

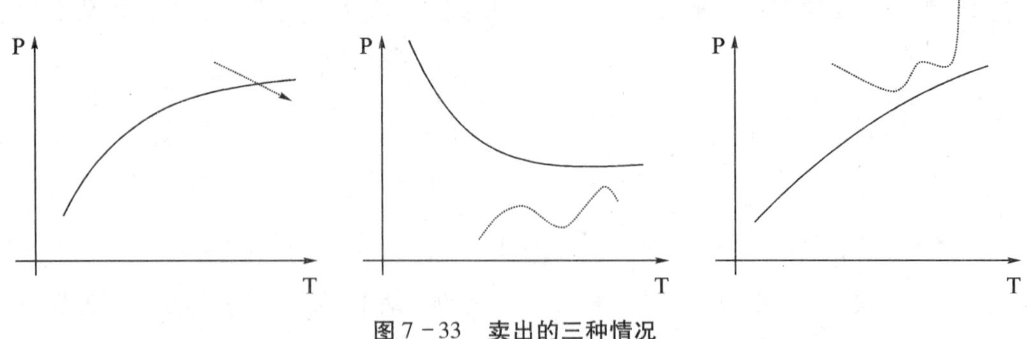

图 7 -33　卖出的三种情况

MA 的运用除了葛氏法则，以股价与 MA 的关系研判股价走势外，还可运用 MA 的组合，以短期 MA 与长期 MA 的交叉情况来决定买进时机和卖出的时机，即黄金交叉与死亡交叉，见图 7 -34。

黄金交叉：当现在股价站稳在长期与短期 MA 之上，短期 MA 又向上突破长期 MA 时，为买进信号。此种交叉称之为黄金交叉。

死亡交叉：当现在股价位于长期与短期 MA 之下，短期 MA 又向下突破长期 MA 时，为卖出信号。此种交叉称之为死亡交叉。

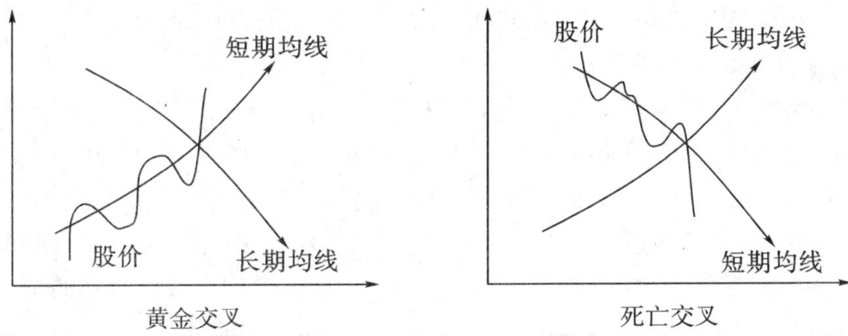

图 7-34　移动平均线的交叉

值得注意的是，MA 的使用是在趋势确实存在的前提下才成立的，在盘整阶段、趋势的休整阶段和局部反弹回调阶段，MA 往往容易发出错误的信号。

2. MACD（平滑异同移动平均）

平滑异同移动平均线是利用快速移动平均线与慢速移动平均线之间离差值的变化来预测股价走势，研判买卖时机的技术分析方法。MACD 与 MA 相比，具有相对稳定性，是判断中期趋势的技术指标。

（1）MACD 的计算公式

MACD 是由正负差（DIF）和异同平均数（DEA）两部分组成，其中 DIF 是核心，DEA 是辅助。DIF 和 DEA 的计算方法：

DIF 是快速移动平均数与慢速移动平均数之差，DIF 的正负差名称由此而来。快速和慢速是根据平滑时采用参数的大小进行区分的，快速是短期的 MA，慢速是长期的 MA。快速 MA 一般选用 N=12，慢速 MA 一般选用 N=26，带入公式（7.2）可以得到 MA（12）和 MA（26）。从而得到 DIF：

$$DIF = MA(12) - MA(26) \tag{7.3}$$

DIF 也能进行行情的预测，但为了使信号更加可靠，该指标又引入了 DEA。DEA 是 DIF 的移动平均，也就是连续数日的 DIF 的算术平均。这样，DEA 自己又有了一个参数，那就是进行算术平均的 DIF 的个数。对 DIF 作移动平均就像对收盘价作移动平均一样，是为了消除随机因素，使结论更加可靠。

（2）MACD 的应用

从 DIF 和 DEA 的取值以及这两者之间的相对取值可以对行情进行预测。其应用法则如下：一是 DIF 和 DEA 均为正值时，属于多头市场。DIF 向上突破 DEA 是买入信号，反之是卖出信号；二是 DIF 和 DEA 均为负值时，属于空头市场，DIF 的向下突破 DEA 是卖出信号，反之是买入信号。DIF 的上升和下降是价格上升和下降的信号，DIF 为正值，说明短期 MA 高于长期 MA，因而是多头市场。

利用 DIF 的形态也可进行分析，这里主要是用背离原则。如果 DIF 的走向与股价相背离，则是采取行动的信号，DIF 上升而股价下降，则是卖出信号，反之亦然。

MACD 的优点是去除了 MA 频繁出现的买入信号，避免了假信号的发出。其缺点和 MA 一样，在趋势不明显的时候失误很多。

例：图 7－35 为金风科技（002202）2008 年 11 月至 2009 年 5 月的 K 线图，其中图下半部分为 MACD 指标的形态。

从 2008 年十一月中旬开始，DIF 和 DEA 取值均大于 0，表示这一时期该股票处于上涨趋势中。在 A 点（2009 年 1 月 5 日）处，DIF 上穿 DEA 是买入信号，在 B 点处（2009 年 2 月 24 日）DIF 向下突破 DEA 是卖出信号。但是从 B 点开始之后的一段时间（2009 年 3 月期间），该股票进入了盘整阶段，从图中可以看出，这一时期 MACD 指标发出的信号并不准确，这也就是 MACD 指标的一大缺陷，即在股价盘整阶段失误较多。

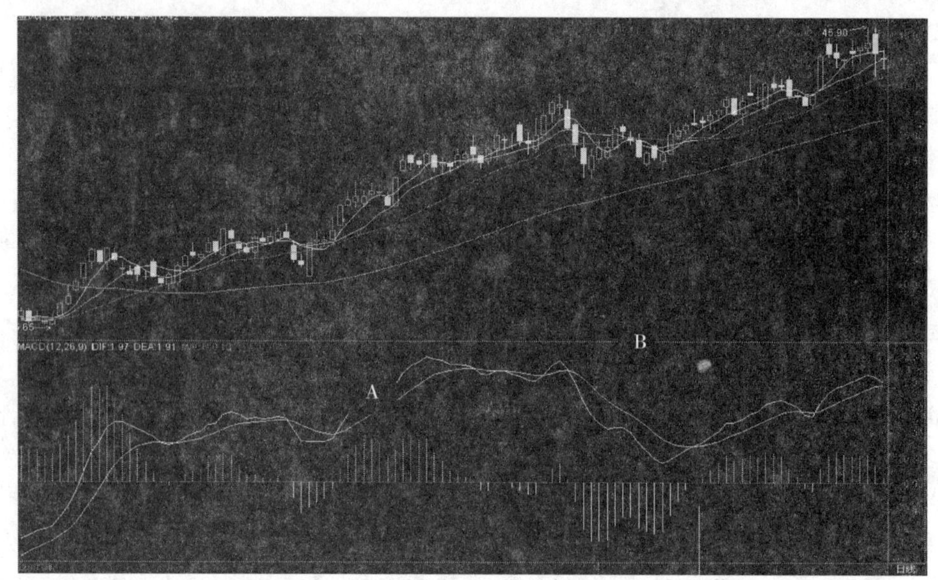

图 7－35　金风科技（002202）K 线图

二、超买超卖型指标

1. WMS（威廉指标）

威廉指标是威廉姆斯（Larry Williams）1973 年创立的，首先应用于期货市场。指标的含义是测算市场目前处于超买还是超卖状态。

（1）WMS 的计算

$$WMS(n) = \frac{H_n - C_n}{H_n - L_n} \times 100 \tag{7.4}$$

其中，n 为天数，C 表示当天的收盘价，H 表示 n 日内最高价，L 表示 n 日内最低价。

（2）WMS 的应用

最高价和最低价随着时间的推移在不断地变化，这就涉及参数选择的问题。在

WMS 出现的初期，人们认为期货市场出现一次周期循环大约是 4 周，那么取周期的全长或一半就一定能包含循环的最低点和最高点。这样 WMS 习惯上是取 10 或 20。

WMS 的运用可以从数值和形状两个方面来考虑：

一是数值。WMS 处于 80 以上时，是超卖状态，应当考虑买入；WMS 处于 20 以下时，是超买状态，应当考虑卖出。

二是形状。当 WMS 进入高位后一般要回头，如果这个时候股价继续下降，这就是顶背离，是买入信号；WMS 进入低位时一般要反弹，如果这个时候股价继续上升，这就是底背离，是卖出信号。

例：图 7－36 为中海发展（600026）2009 年下半年的 K 线图。图中下半部分为威廉指标的图形，从图中可以看出：8 月 3 日威廉指标已经小于 20 并且在 8 月 4 日出现顶背离，是卖出的信号，说明该股当前处于超买状态，应当卖出；8 月底，威廉指标高于 80，并且股价依旧持续下跌，出现顶背离，是买入信号，应当买入。

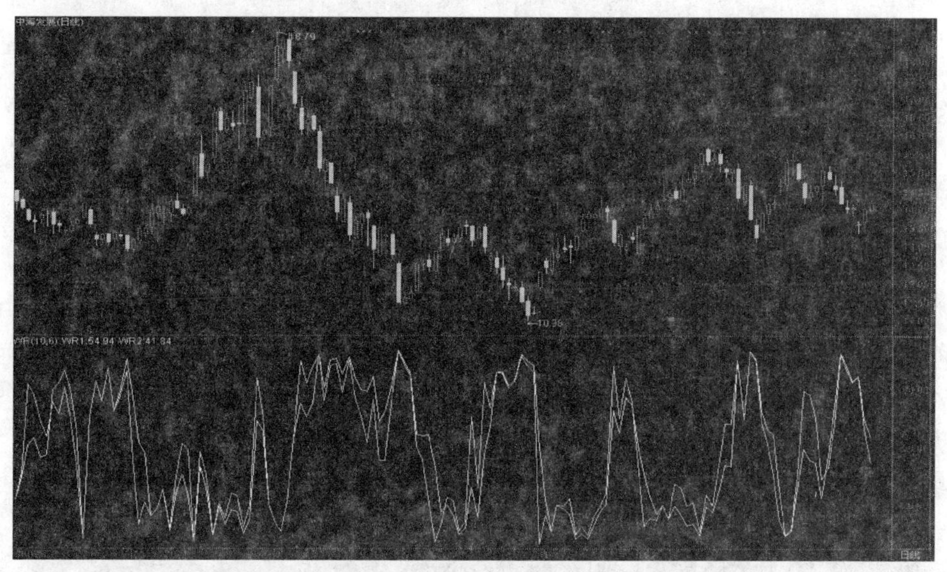

图 7－36　中海发展（600026）2009 年下半年的 K 线图

2. KDJ 随机指标

KDJ 指标由 George Lane 率先提出，和威廉指标一样最初在期货市场应用，其理论方法和威廉指标一样，只是在计算上略有不同。

（1）KDJ 的计算

首先计算未成熟随机值 RSV：

$$RSV(n)=\frac{C_n-L_n}{H_n-L_n}\times 100 \tag{7.5}$$

其中，n 表示天数，L 表示 n 日内最低价，H 表示 n 日内最高价，C 表示当天的收盘价。

利用 RSV 的计算结果计算 K 值和 D 值：

$$K_n=\frac{2}{3}K_{n-1}+\frac{1}{3}RSV(n) \tag{7.6}$$

$$D_n = \frac{2}{3}D_{n-1} + \frac{1}{3}K(n)$$

再用 K 值和 D 值计算 J：

$$J = 3D - 2K \tag{7.7}$$

KDJ 指标是在威廉指标的基础上发展起来的，其计算公式也就是威廉指数的倒数，因而其具有威廉指数的一些特性。在反映市场变化时，RSV 最快，K 其次，D 最慢，J 是 D 的一个修正值。

（2）KDJ 的应用

KDJ 的应用从四个方面进行考虑：

一是数值。按照一般的说法，当其取值高于 80 时，是卖出信号，低于 20 是买入信号，其余时间为徘徊期。但是仅仅依据数值应用极容易出错。

二是曲线形态。当指标的曲线在高位形成头肩形态或是多重顶形态时，是卖出信号，反之亦然。前面章节中提到形态分析的方法这里依旧适用。

三是指标的交叉。K 与 D 的关系与前面介绍的股价同 MA 的关系一样，只是在使用时要附加一些条件。比如 K 上穿 D 是买入信号，其附加条件是二者的交点应该在 20 以下，且越低越好，同时相交的次数应当大于两次，越多越好，第三个条件是 K 是在 D 已经上升才同 D 相交，即右侧相交。

四是指标的背离。当 KDJ 在高位时，如果股价继续上升，则出现顶背离，是卖出信号；当 KDJ 在低位时，如果股价继续下降，则出现底背离，是买入信号。

例：图 7－37 为万科 A（000002）2009 年 7～9 月的 K 线图，图中下半部分为 KDJ 指标图形。从图中可以看出，2009 年 9 月 1 日（图中 A 点出），KDJ 指标值均小于 20，并且在 KDJ 数值前期低于 20 后股票价格继续下跌，K 线在此处从右侧上穿 D 线，出现了买入信号，应当在此时买入。

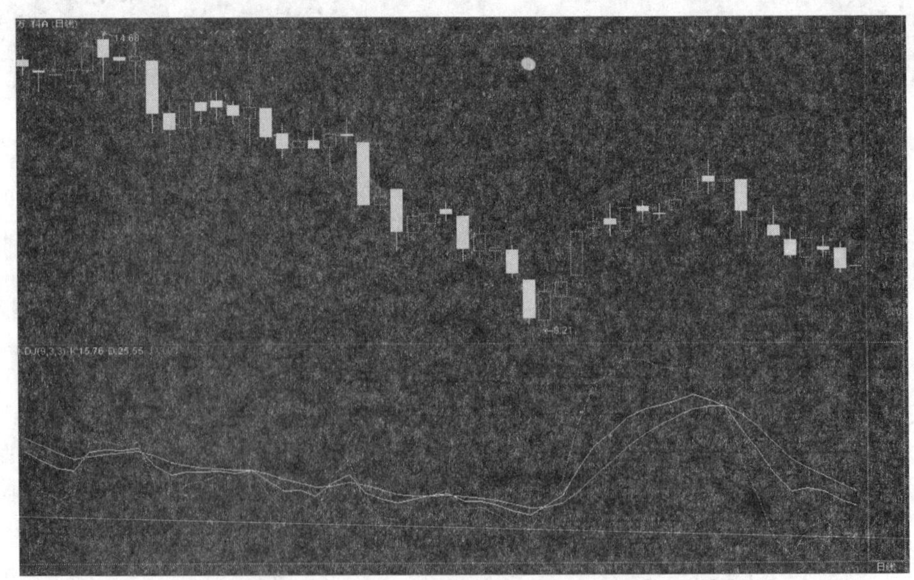

图 7－37　万科 A（000002）K 线图

3. RSI（相对强弱指数）

RSI 指标以特定时期内股价的变动情况推测价格未来的变动方向，并根据股价涨跌幅度显示市场的强弱。

（1）RIS 的计算

$$RSI(n) = \frac{A}{A+B} \times 100$$

$$RS = \frac{A}{B} \tag{7.8}$$

其中，RS 为相对强度，n 为参数。如果 n 去 14，则先找到连续 14 天的收盘价，用每一天的收盘价减去上一天的收盘价，得到 14 个。A 为正数的个数，B 为负数的个数，从而得到 RIS（14）。RIS 的计算只涉及收盘价，并可以选择不同的参数，其值在 0 ~ 100 之间。

（2）RIS 的应用

一是根据 RIS 的取值判断行情：可以根据投资者的偏好将 100 划分为四个区域，如表 7 - 2 所示：

表 7 - 2

RSI 的取值	市场特征	投资操作
80 ~ 100	极强	卖出
50 ~ 80	强	买入
20 ~ 50	弱	卖出
0 ~ 20	极弱	买入

二是根据长短期 RSI 的关系：如果短期 RIS 大于长期 RSI 则是多头市场，反之亦然。

三是根据曲线的形状：前面介绍的形态分析这里亦然适用，比如在高位 RSI 出现头肩形态则是卖出信号，出现的位置越高越可靠。

四是指标的背离：同前面几个指标一样，出现顶背离是卖出信号，出现底背离是买入信号。

三、人气型指标

1. PSY（心理线指标）

PSY 是从投资者的买卖趋向心理方面，将一定时期内投资者看多或看空的心理事实转换为数值，来研判股价未来走势的技术指标。

（1）PSY 的计算

$$PSY(n) = \frac{A}{N} \times 100 \tag{7.9}$$

其中，N 表示天数，A 表示 N 天中上涨的天数。

（2）PSY 的应用

①PSY 取值在 25 ~75 之间，说明市场处于平衡状态。如果 PSY 小于 10 则是买入信号，大于 90 是卖出信号。

②PSY 一般要在其取值多次进入行动区间后才能采取行动。

③PSY 同样适用形态分析和背离原则。

心理线所显示的买卖信号一般为事后显现，事前并不能十分确定的预测。同时由于市场中不确定因素较多，因此 PSY 的运用局限性很大。

❈ 本章小结

1. 技术分析理论的前提是市场是弱有效的，因此其主要包括三个假设：市场行为包容一切信息、价格变动有趋势性、历史会重演。一般说来，可以将技术分析方法分为以下六类：量价类、K 线类、切线类、形态类、指标类、波浪类。技术分析的重要理论有：道氏理论、波浪理论及循环周期分析、江恩理论。其他技术分析理论有：随机漫步理论、相反理论、混沌理论等。

2. 量价分析是利用成交量和成交价格的资料，通过图形和技术指标来分析预测未来证券市场的价格走势。一般来说，成交量是成交价格确认的认同度，成交量大则认同度高，成交量小则认同度低。在涨跌停板制度下，量价关系的基本判断如下：①涨停量小，将继续上扬；跌停量小，将继续下跌。②涨跌停途中被打开次数越多、时间越久、成交量越大，则趋势继续的可能性越大。③涨跌停到达时间越早，次日继续保持原来趋势的可能性越大。④封住涨停和跌停的数量越大，则继续原来趋势的可能性越大，并且幅度也会越大。

3. K 线分析是将证券价格的变动用开盘价、收盘价、最低价和最高价四个价位用图表示出来，直观、形象地反映多空双方力量对比。通过对 K 线形状的分析和 K 线组合的分析，对证券市场的价格走势进行分析预测。

4. 形态分析是在 K 线分析的基础上，根据历史总结的一些经典形态来分析多空双方力量对比，从而发现和预测证券价格运动的方向。形态分析包括反转突破形态分析和持续整理形态分析。反转突破形态描述了价格轨迹方向的反转，主要包括了双重底（顶）、头肩底（顶）、圆弧底（顶）以及 V 字反转等多种形态。持续整理形态反映的是价格在一定的区域内上下震荡，之后再继续沿原有趋势运动的状态。其主要形态有三角形、矩形、旗形以及楔形等。

5. 趋势分析是对证券价格的主要运动方向进行分析，按照道氏理论，趋势可以分为主要趋势、次要趋势和短期趋势。按类型划分，趋势可以分为上升趋势、下降趋势和水平趋势。

6. 指标分析是指按确定的方法对原始数据进行处理，将处理的结果制成图表，并用制成的图标对市场进行分析的方法。对原始数据的不同处理方法，产生了不同的技术指标，主要包括：趋势型指标、超买超卖型指标、人气型指标等。

❊ 复习思考题：

1. 什么是技术分析，其假设条件是什么？如何评价技术分析的有效性与局限性？
2. 技术分析方法包括哪些种类？技术分析与基本分析的区别表现在哪些方面？
3. 量价分析中常见的特性有哪些？
4. 如何根据 K 线形态来分析预测证券价格走势？
5. 反转突破形态包括哪些典型形态？分析的技术要点是什么？
6. 持续整理形态包括哪些典型形态？分析的技术要点是什么？
7. 趋势线和轨道线是如何形成的？研判的技术要点是什么？
8. 技术指标分析主要包括哪些大类？分析的技术要点是什么？

第八章　证券组合理论

本章学习目标：

了解证券组合理论的形成和发展；了解证券组合管理的基本步骤；掌握单个证券和证券组合收益、风险的计算；掌握马柯维茨证券组合理论，能够描述和应用该理论解决实际问题。

第一节　证券组合理论概述

现代证券组合理论最早是由美国著名经济学家马柯维茨（Markowitz）于 1952 年系统地提出的，开创了对投资进行整体管理的先河。在此之前，经济学家和投资管理者一般仅致力于对个别投资对象的研究和管理。20 世纪 30 年代，偶尔有人也曾在论文中提出过组合的概念，但缺乏系统的理论支持，没有引起人们注意。马柯维茨在创立组合理论的同时，也用数量化方法提出了确定最佳资产组合的基本模型。在以后的岁月中，经济学家们一直在利用数量化方法不断丰富和完善组合管理的理论和实际投资管理方法，并使之成为投资学中的主流理论。

目前，在西方发达国家，有三分之一投资管理者在利用数量化方法进行组合管理，利用传统的基本分析和技术分析进行投资管理的人也各占三分之一。这三种投资管理者的业务在总体上也不分胜负，只不过在科学化的投资管理时代，数量化方法更合乎时代的发展趋势。

一、证券组合的含义和类型

投资学中的组合一词通常是指个人或机构投资者所拥有的各种资产的总称。特别地，证券组合是指个人或机构投资者所持有的各种有价证券的总称，通常包括各种类型的债券、股票及存款单等。

证券组合的分类通常以组合的投资目标为标准。以美国为例，证券组合可以分为避税型、收入型、增长型、收入和增长混合型、货币市场型、国际型及指数化型等。

避税型证券组合通常投资于市政债券，这种债券免交联邦税，也常常免交州和地方税。

收入型证券组合追求基本收益（即利息、股息收益）的最大化。能够带来基本收益的证券有：附息债券、优先股及一些避税债券。

增长型证券组合以资本升值（即未来价格上升带来的价差收益）为目标。投资于此类证券组合的投资者往往愿意通过延迟获得基本收益来求得未来收益的增长。这类投资者会购买很少分红的普通股，投资风险较大。

收入和增长混合型证券组合试图在基本收入与资本增长之间达到某种均衡，因此也称为均衡组合。二者的均衡可以通过两种组合方式获得：一种是使组合中的收入型证券和增长型证券达到均衡；另一种是选择那些既能带来收益，又具有增长潜力的证券进行组合。

货币市场型证券组合是由各种货币市场工具构成的，如国库券、高信用等级的商业票据等，安全性很高。

国际型证券组合投资于海外不同国家，是组合管理的时代潮流。实证研究结果表明，这种证券组合的业绩总体上强于只在本土投资的组合。

指数化型证券组合模拟某种市场指数。信奉有效市场理论的机构投资者通常会倾向于这种组合，以求获得市场平均的收益水平。根据模拟指数的不同，指数化型证券组合可以分为两类：一类是模拟内涵广大的市场指数，这属于常见的被动投资管理；另一类是模拟某种专业化的指数，如道·琼斯公共事业指数，这种组合不属于被动管理之列。

二、证券组合的意义和特点

证券投资者构建证券组合的原因是为了降低风险。投资者通过组合投资可以在投资收益和投资风险中找到一个平衡点，即在风险一定的条件下实现收益的最大化，或在收益一定的条件下使风险尽可能地降低。

1. 降低风险

构建证券组合为什么可以降低证券投资风险呢？人们常常会用篮子装鸡蛋的例子来说明：如果我们把鸡蛋放在同一个篮子里，万一这个篮子不小心掉在地上，所有的鸡蛋就都可能被摔碎。如果我们把鸡蛋分放在不同的篮子里，一个篮子掉了，不会影响到其他篮子里的鸡蛋。证券组合理论证明，证券组合的风险随着组合所包含的证券数量的增加而降低，资产间关联性极低的多元化证券组合可以有效地降低非系统风险。

2. 实现收益最大化

理性投资者的基本行为特征是厌恶风险和追求收益最大化。投资者力求在这一对矛盾中达到可能的最佳平衡。如果投资者仅投资于单个资产，他只有有限的选择。当投资者将各种资产按不同比例进行组合时，其选择就会有无限多种。这为投资者在给定风险水平的条件下获取更高收益提供了机会。当投资者对证券组合的风险和收益作出权衡时，他能够得到比投资单个资产更为满意的收益与风险的平衡。

三、现代证券组合理论的形成与发展

现代证券投资组合理论，也有人将其称为证券组合理论或投资分散理论，由马柯维茨教授首开先河。1952 年，马柯维茨教授发表了一篇题为《证券组合选择》的论文，对充满风险的证券市场的最佳投资问题进行了开创性的研究，虽然在当时的条件下，由于建立在马柯维茨理论基础上的应用模型涉及大量而复杂的计算，应用成本高，时效性也差，极大地限制了该理论的应用，未在金融投资界引起很大反响。但马柯维茨的科学理论并没有因此而逊色；相反，随着时间的推移，马柯维茨理论的革命性意义在各方研究的推动和实践的检验下却日渐突显出来。

马柯维茨提出和建立的现代证券投资组合理论，核心思想是要解决长期困扰证券投资活动的两个根本性问题。

第一个问题是虽然证券市场上客观地存在着大量的证券组合投资，但为何要进行组合投资，组合投资究竟具有何种机制和效应，在现代证券投资组合理论提出之前，谁也无法作出令人信服的回答。

针对这一问题，现代证券投资组合理论给出了逻辑严密并能经得起实践检验的正确答案，即证券的组合投资是为了实现风险一定条件下的收益最大化或收益一定条件下的风险最小化，具有降低证券投资活动风险的机制。当然，人们用不着学习现代证券投资组合理论就知道“不要把所有鸡蛋放在一个篮子里”可以分散和降低风险，但此谓知其然而不知其所以然。现代证券投资组合理论不仅是要告诉人们“不要把所有鸡蛋放在一个篮子里”，更重要的是要告诉人们“不要把所有鸡蛋放在一个篮子里”为什么是真理而不是谬误。

第二个问题是证券市场的投资者除了通过证券组合来降低风险之外，将如何根据有关信息进一步实现证券市场投资的最优选择。对于这一问题，马柯维茨的现代证券投资组合理论运用数理统计方法全面细致地分析了何为最优的资产结构和如何选择最优的资产结构。

在马柯维茨所做研究的基础上，现代证券投资组合理论沿着三个方向发展，使自身的理论体系不断地得到丰富和完善。

1. 现代证券投资组合理论沿着实用化方向发展

马柯维茨虽然在理论上科学地阐明了组合投资能够分散风险的重要机制，但是，在实际运用中，证券组合的选择和确定面临大量繁重和复杂的计算，因为证券市场价格变动十分频繁，证券价格每变动一次，为了保持投资组合能够获得一个满意和稳定的收益与风险的关系，则整个计算程序又需要重复进行一次。这不仅使缺乏数学基础和计算技术的投资者深感困难，即便对具备良好数学基础和计算技术的投资者而言，也不胜其烦。基于这一情况，1963 年威廉·夏普（William F. Sharp）发表了《对于“证券组合”分析的简化模型》一文，提出简化证券组合分析的单指数模型和多指数模型，使现代证券投资组合理论的运用成本大大降低。夏普认为，只要投资者知道每种股票的年收益与市场年收益之间的关系，就可以得到与马柯维茨复杂模型相似的结果。夏普利用回归方程式 $Y=\alpha+\beta x+\varepsilon$ 来表示这种关系，并着重对其中的 β 作用进行了分析和说明。

2. 现代证券投资组合理论沿着资本资产定价方向发展

资本资产定价问题由美国三位经济学家威廉·夏普、约翰·林特耐（John Lintner）和简·摩辛（Jan Mossin）在各自对资本市场研究的基础上共同提出，并发展成为资本资产定价模型（Capital Assets Pricing Moder，简称 CAPM），它与马柯维茨的现代证券投资组合理论有着极其紧密的关系。马柯维茨的证券组合理论表明，资本市场上的投资者应该从自身的偏好出发，结合衡量收益和风险的期望收益率和标准差所组成的有效集，对证券组合的最优资产结构进行选择。资本资产定价模型正是在马柯维茨的证券组合理论基础上，进一步提出了一个极具现实意义的问题，即如果资本市场上的投资者人人都根据马柯维茨的证券组合理论进行投资决策，那么资本这种资产的价格将由什么决定以及如何决定。资本资产定价模型最终用资本市场线（CML）和证券市场线（SML）对上述问题进行了分析和解释。

3．现代证券投资组合理论沿着套利定价方向发展

套利定价理论（Arbitrage Pricing Theory，简称 APT）是由美国经济学家斯蒂芬·罗斯（Stephen Ross）于1976年首先提出，它从一个更广泛的角度来研究和说明风险资产的均衡定价问题。与资本资产定价模型一样，套利定价理论是以完全竞争和有效资本市场为前提，分析和探讨风险资产的收益发生过程。它与资本资产定价模型的不同之处在于，套利定价理论假定收益是由一个因素模型所产生，因而，用不着像资本资产定价模型那样对投资者偏好作出较强的假定，如将投资者假定为风险回避者，也用不着像资本资产定价模型那样依据预期收益率和标准差来寻找资产组合，它仅仅要求投资者是一个偏好拥有财富多多益善者即可，对风险资产组合的选择也仅依据收益率，即使该收益率跟风险有关系，风险也不过是影响资产组合收益率的众多因素中的一个因素。比较而言，套利定价模型较之资本资产定价模型在内涵和实用性上更具广泛意义，但在理论的严密性上却相对不足。

总之，现代证券投资组合理论通过以马柯维茨、夏普等为首的众多经济学家的努力，在基本概念的创新、理论体系的完善、重要结论的实证和理论应用的拓展上都取得了重大进展。

四、证券组合管理的基本步骤

1．确定组合管理目标

所谓组合管理目标，从大的方面讲，可以是以收入、增长或均衡为目标；从小的方面讲，可以是在大目标下具体设定收益率水平等。

组合管理目标对外是证券组合及其管理者特征的反应，在组合营销时为组合管理者吸引特定的投资者群体；反过来说，则是便于投资者根据自身的需要和情况选择基金。例如，养老基金因其定期有相对固定的货币支出的需要，因此，要求有稳定的资产收入，收入目标就是最基本的。

组合管理目标对内可以帮助组合管理者明确工作目标，以便为实现一定风险下的收益最大化而努力，也可为组合管理者的业绩评估提供一种依据。

2．制定组合管理政策

组合管理政策是为实现组合管理目标、指导投资活动而设立的原则和方针。证券组合的管理政策首先要规定的是投资范围，即确定证券组合所包含的证券种类。例如，是只包含股票，还是进行股票、债券等多种证券的混合投资。更具体一些，还要决定投资于哪些行业和板块的股票、哪些种类的债券，亦即资金在它们之间的分配。

确定投资政策还要考虑客户要求和市场监管机构限制，考虑税收因素等。

3. 构建证券组合

证券组合的构建首先取决于组合管理者的投资策略。投资策略大致可以分为积极进取型、消极保守型和混合型三种。采取积极进取型投资策略的组合管理者会在选择资产和买卖时机上下功夫，努力寻找价格偏离价值的资产；采取消极保守型投资策略的组合管理者则相反，只求获得市场平均的收益率水平，一般模拟某一种主要市场指数进行投资；混合型的组合管理者则介于两者之间。

选择哪一种投资策略主要取决于两个因素：一是组合管理者对市场效率的看法，相信市场是有效率的管理者就会选择消极保守型，反之就会选择积极进取型；二是组合负债的性质和特点，如养老基金就比较适合消极保守型的投资策略，因为其有定期的负债支付要求。

传统投资管理和组合管理的组合形成过程是不同的。现代组合管理构建证券组合的程序是：确定整体收益和风险目标→进行资源配置→确定个别证券投资比例。而传统证券投资管理则是：证券分析→资产选择→自发形成一种组合。进行证券分析可选择的方法主要是基本分析方法和技术分析方法。

4. 修订证券组合资产结构

证券组合的目标是相对稳定的，但是个别证券价格及收益风险特征是可以变动的。根据上述原则构建的证券组合，在一定时期内应该是符合组合的投资目标的，但是，随着时间的推移和市场条件的变化，证券组合中一些证券的市场情况与市场前景也可能发生变化，如某一企业可能出现重组并购事件，导致生产和经营策略发生变化等。当某种证券收益和风险特征的变化足以影响到组合整体发生不利的变动时，就应当对证券组合的资产结构进行修订，或剔除该证券，或增加有抵消作用的证券。

5. 证券组合资产的业绩评估

对证券组合资产的经济效果进行评价是组合管理的最后一环，也是十分关键的一环，它既涉及对过去一个时期组合管理业绩的评价，也关系下一个时期组合管理的方向。评价经济效果并不是仅仅比较一下收益率就行了，还要看资产组合所承担的风险。风险度不同，收益率也不同，在同一风险水平上的收益率数值才具有可比性。而资产组合风险水平的高低应取决于投资者的风险承受能力，超过投资者的风险承受能力进行投资，即使获得高收益也是不可取的。对于收益的获得也应区分哪些是组合管理者主要努力的结果，哪些是市场客观因素造成的。

第二节　单个证券的收益和风险

一、收益、风险及其度量

收益和风险是投资者进行投资时所时刻面临的问题，也是投资者最为关心的问题。投资者在处理收益率与风险的关系时，总是希望在风险既定的情况下，获得最大的收益率；或在收益率既定的条件下，使风险最小。由此，对收益率和风险的度量也就成为一个重要而现实的问题。

任何一项投资的结果都可用收益率来衡量，通常收益率的计算公式为：

收益率(%)=(收入-支出)/支出×100%

投资期限一般用年来表示，如果期限不是整数，则转换为年。在股票投资中，投资收益等于期内股票红利收益和价差收益之和，其收益率的计算公式为：

r=(红利+期末市价总值-期初市价总值)/期初市价总值×100%

在通常情况下，收益率受许多不确定因素的影响，因而是一个随机变量。我们可假定收益率服从某种概率分布，即已知每一收益率出现的概率，如表8-1所示。

表8-1

收益率 r_i（%）	r_1	r_2	r_3	r_4	…	r_n
概率 p_i	p_1	p_2	p_3	p_4	…	p_n

数学中求期望收益率或收益率平均数的公式如下：

$$E(r) = \sum_{i=1}^{n} r_i p_i$$

如果投资者以期望收益率为依据进行决策，那么他必须意识到他正冒着得不到期望收益率的风险，实际收益率与期望收益率会有偏差，期望收益率是使可能的实际值与预测值的平均偏差达到最小（最优）的点估计值。可能的收益率越分散，它们与期望收益率的偏离程度就越大，投资者承担的风险也就越大，因而风险的大小由未来可能收益率与期望收益率的偏离程度来反映。在数学上，这种偏离程度由收益率的方差来度量。如果偏离程度用$[r_i-E(r)]^2$来度量，则平均偏离程度被称为方差，记为δ^2。

$$\delta^2(r) = \sum_{i=1}^{n} [r_i - E(r)]^2 p_i$$

其平方根称为标准差，记为δ。

[例8-1] 假设国家经济政策可能有重大的调整，有关部门将根据政策变化采取重大措施。投资者认为这次政策调整可能涉及a、b、c、d、e、f、g、h 8个方面中的任何一个方面。涉及a、b、c、d、e、f、g、h的概率分别为10%、20%、10%、25%、15%、10%、5%、5%。对于证券Y来说，无论涉及其中的哪一方面，投资者都会改变对证券Y的未来前景的预期，从而引起证券Y的价格和投资收益率的变化。投资者经过认真分析以后预测：当政策调整涉及a时，证券Y的收益率为40%；当政策调整涉及b、c、d、e、f、g、h时，证券Y的投资收益率分别为42%、40.5%、41%、38%、40.5%、45%、40.5%。求证券Y的期望收益率和收益率的方差。

解：E_y=10%×40%+20%×42%+10%×40.5%+25%×41%+15%×38%+10%×40.5%+5%×45%+5%×40.5%=40.73%

即证券Y的期望收益率为40.73%。

$\delta = 10\% \times (40\% - 40.73\%)^2 + 20\% \times (42\% - 40.73\%)^2 + 10\% \times (40.5\% - 40.73\%)^2 + 25\% \times (41\% - 40.73\%)^2 + 15\% \times (38\% - 40.73\%)^2 + 10\% \times (40.5\% - 40.73\%)^2 + 5\% \times (45\% - 40.73\%)^2 + 5\% \times (40.5\% - 40.73\%)^2$

$= 0.053\% + 0.323\% + 0.005\% + 0.018\% + 1.118\% + 0.005\% + 0.912\% + 0.003\%$

$= 2.437\%$

即证券 Y 收益率的方差为 2.4368%。

二、风险的分类

不同的投资方式会带来不同的投资风险，风险产生的原因和程度也不尽相同，按风险产生的原因可将风险分为：

1. 市场风险

市场风险来自于市场买卖双方供求不平衡引起的价格波动，这种波动使得投资者在投资到期时可能得不到投资决策时所期望的收益率。

2. 偶然事件风险

偶然事件风险是突发性风险，其剧烈程度和时效性因事而异。如自然灾害、异常气候、战争危险的出现；法律诉讼、专利申请、高层改组、兼并谈判、产品未获批准、信用等级下降等意外事件的发生可能引起证券价格的急剧变化，这些都是投资者在进行投资决策时无法预料的。

3. 通货膨胀风险

投资收益可分为名义收益和实际收益，由于投资者所期望的是实际收益，因而名义收益和实际收益的差别亦至关重要。这种差别通过通货膨胀来反映。通货膨胀可分为"期望型"和"意外型"，前者是投资者根据以往的数据资料对未来通货膨胀的预计，也是他们对未来投资索求补偿的依据；后者则是他们始料不及的。短期债券和具有浮动利率的中长期债券由于考虑了通货膨胀补偿，因而可以降低期望型贬值风险；股票和固定利率的长期债券的投资者则同时承受这两种风险，期限越长，贬值风险越大。其关系为：

$$\frac{C_0(1+MS)}{C_1} = 1 + SS$$

式中：C_0 为年初通货膨胀水平；C_1 为年末通货膨胀水平；MS 为名义收益率；SS 为实际收益率。

$$\frac{C_0(1+MS)}{C_1} = \frac{1+MS}{1+TC} = 1 + SS$$

TC 为通货膨胀水平的变化率，即通货膨胀率。

$$TC = \frac{C_1 - C_0}{C_0}$$

为简便计算，也可以：

$SS \approx MS - TC$

4．破产风险

破产风险是股票、债券特别是中小型或新创公司的投资者必须面对的风险。当公司由于经营管理不善或其他原因导致负债累累，难以维持时，它可能申请破产法的保护，策划公司的重组，甚至宣布倒闭。因此破产风险表现为当公司宣布破产时，股票、债券价格急剧下跌，以及在公司真正倒闭时，投资者可能血本无归。

5．违约风险

违约风险是投资于“固定收入证券”的投资者所面临的风险。这类证券在发行时向投资者保证，可以在未来一段时间内得到确定金额的收入，金额可能是在证券到期时一次性发放，也可能在有效期内多次性发放。然而当公司现金周转不灵，财务出现危机时，这种事先承诺可能无法兑现。

6．利率风险

利率提高，债券的机会成本增加，因而债券的价格与利率成反向变动，利率升高，债券价格下降。相对而言，违约与破产风险仅是少数债券的不良表现，而利率风险比违约风险和破产风险涉及面更广，影响力更大，时效更长。债券价格更频繁、更强烈地受到利率变化的影响，从对利率变化的敏感度讲，长期债券要大于短期债券，无息债券要大于有息债券，低息债券要大于高息债券，一次性付息债券要大于分期付息债券。

7．政治风险

各国的金融市场都与其政治局面、经济运行、财政状况、外贸关系、投资环境等息息相关，因此投资于外国有价证券时，投资者除了承担汇率风险外还面临这种宏观风险。

按风险的性质以及应付的措施可以将总风险分为系统风险和非系统风险两个部分，在数量上风险等于这两者之和。

系统风险是与市场整体运动相关联的。通常表现为某个领域、某个金融市场或某个行业部门的整体变化。它涉及面广，往往使整个一类或一组证券产生价格波动。政治类风险因其来源于宏观因素变化对市场整体的影响，所以亦称为“宏观风险”。前面提及的市场风险、通货膨胀风险、利率风险和政治风险均属系统风险。

非系统风险只同某个具体的股票、债券相关联，而与其他有价证券无关，也就同整个市场无关。这种风险来自于企业内部的微观因素，所以亦称为“微观风险”。前面提到的偶然事件风险、破产风险、违约风险等均属此类。

应付这两类风险的措施是不同的，对于非系统风险，可采用分散投资来弱化甚至消除，令人遗憾的是分散投资丝毫不能改变系统风险，人们通常可以看到当股市剧烈波动时，只有极少数股票能幸免，即便是投资完全分散化的指数型证券投资基金也不例外。完全分散化可以消除非系统风险，同时系统风险趋于正常的平均水平——即市场整体水平。那么如何才能有效地降低系统风险呢？一种办法是将风险证券与无风险证券进行投资组合，当增加无风险证券的投资比例时，系统风险将降低，极端的情况是将全部资金投资于无风险证券上，这时风险便全部消除。但是绝对的无风险证券实际上是不存在的。另一种办法是套期保值，基本思想是在现货和衍生工具市场上进行数量相等、方向相反的操作，使它们互为消长。

第三节　证券组合的收益和风险

一、两种证券组合的收益率和方差

设有两种证券 A 和 B，某投资者将一笔资金以 x_A 的比例投资于证券 A，以 x_B 的比例投资于证券 B，且 $x_A+x_B=1$，称该投资者拥有一个证券组合 P。如果到期时，证券 A 的收益率为 r_A，证券 B 的收益率为 r_B，则证券组合 P 的收益率为：

$$r_P=x_Ar_A+x_Br_B$$

证券组合中的权数可以为负，比如 $x_A<0$，则表示该组合卖空了证券 A，并将所得的资金连同自有资金买入证券 B，因为 $x_A+x_B=1$，故有 $x_B=1-x_A>1$。

投资者在进行投资决策时并不知道 r_A 和 r_B 的确切值，因而 r_A、r_B 应为随机变量，对其分布的简化描述是它们的期望值和方差。为得到投资组合 P 的期望收益率和收益率的方差，我们除了要知道 A、B 两种证券各自的期望收益率和方差外，还须知道它们的收益率之间的关联性——相关系数或协方差，这是因为：

$$E(r_P)=x_AE(r_A)+x_BE(r_B) \tag{8.1}$$

$$\begin{aligned}\delta_P^2&=\mathrm{cov}(r_P,r_P)\\&=\mathrm{cov}(x_Ar_A+x_Br_B,x_Ar_A+x_Br_B)\\&=x_A^2\delta_A^2+x_B^2\delta_B^2+2x_Ax_B\mathrm{cov}(r_A,r_B)\\&=x_A^2\delta_A^2+x_B^2\delta_B^2+2x_Ax_B\delta_A\delta_B\rho_{AB}\end{aligned} \tag{8.2}$$

选择不同的组合权数，可以得到包含证券 A 和证券 B 的不同的证券组合，从而得到不同的期望收益率和方差，投资者可以根据自己对收益率和方差（风险的）的偏好，选择自己最满意的组合。

[例 8－2] 假设，某位投资者同时买下 A、B 两种证券。A、B 两种证券各占投资总额的比重为 $X_A=45\%$、$X_B=55\%$；而且，两种证券的期望收益率分别为：$E_A=10\%$，$E_B=20\%$。求该证券组合的期望收益率。

解：$E_p=X_A\,E_A+X_B\,E_B$

$=45\%\times10\%+55\%\times20\%$

$=15.5\%$

[例 8－3] 通过历史数据统计，已知证券 A 三年的收益率分别为 5%，15%，25%；证券 B 三年的收益率分别为 25%，15%，5%。求两者的协方差，相关系数。假设证券 A 投资 60%，证券 B 投资 40%，求投资组合的方差。

解：证券 A 的收益率均值 $=(0.05+0.15+0.25)/3=0.15$

证券 B 的收益率均值 $=(0.25+0.15+0.05)/3=0.15$

$\mathrm{Cov}(X_A,X_B)=[(0.05-0.15)(0.25-0.15)+0+(0.25-0.15)(0.05-0.15)]/3$

$=-0.0067$

$$\delta_A = \{[(0.25-0.15)^2+0+(0.05-0.15)^2]/3\}^{\frac{1}{2}}$$
$$=0.0816$$
$$\delta_B=0.0816$$
$$\rho_{AB}=\frac{Cov(X_A,X_B)}{\delta_A\delta_B}=\frac{-0.0067}{0.0816\times0.0816}=-1$$
$$\delta_p^2=0.6^2\times0.0816^2+2\times0.6\times0.4\times(-0.0067)+0.4^2\times0.0816^2$$
$$=0.000\,246$$

二、两种证券组合的图形

如果用前述两个数字特征——期望收益率和标准差来描述一种证券，那么任意一种证券可用以期望收益率为纵坐标和标准差为横坐标的坐标系中的一点来表示。相应地，任何一个证券组合也可以由组合的期望收益率和标准差确定出坐标系中的一点，这一点将随着组合的权数变化而变化，其轨迹将是经过 A 和 B 的一条连续曲线，称为证券 A 和证券 B 的结合线。可见，结合线实际上在期望收益率和标准差的坐标系中描述了证券 A 和证券 B 所有可能的组合。

根据式（8.1）和（8.2）及 $x_A+x_B=1$，A、B 的证券组合 P 的结合线由下述方程所确定：

$$E(r_P)=x_AE(r_A)+(1-x_A)E(r_B) \tag{8.3}$$
$$\delta_P{}^2=x_A^2\delta_A^2+(1-x_A)^2\delta_B^2+2x_A(1-x_A)\delta_A\delta_B\rho_{AB} \tag{8.4}$$

给定证券 A、证券 B 的期望收益率和方差，证券 A 与证券 B 的不同的关联性将决定 A、B 的不同的结合线。

1. 完全正相关下的结合线

在完全正相关下，$\rho_{AB}=1$，方程（8.3）和（8.4）变为：

$$E(r_P)=x_AE(r_A)+(1-x_A)E(r_B)$$
$$\delta_P{}^2=x_A^2\delta_A^2+(1-x_A)^2\delta_B^2+2x_A(1-x_A)\delta_A\delta_B$$
$$\delta_P=|x_A\delta_A+(1-x_A)\delta_B|$$

假定不允许卖空，即 $0\leqslant x_A,x_B\leqslant1$，则：

$$\delta_P=x_A\delta_A+(1-x_A)\delta_B \tag{8.5}$$

因为，$E(r_P)$与 x_A 是线性关系，而 δ_P 与 x_A 是线性关系，所以，δ_P 与 $E(r_P)$之间也是线性关系。为了得到该直线，令 $x_A=1$，则 $x_B=0$，$E(r_P)=E(r_A)$，$\delta_P=\delta_A$，得到直线上的一点；令 $x_B=1$，则 $x_A=0$，$E(r_P)=E(r_B)$，$\delta_P=\delta_B$，得到直线上的另一点，连接这两点得一直线（见图 8－1）。

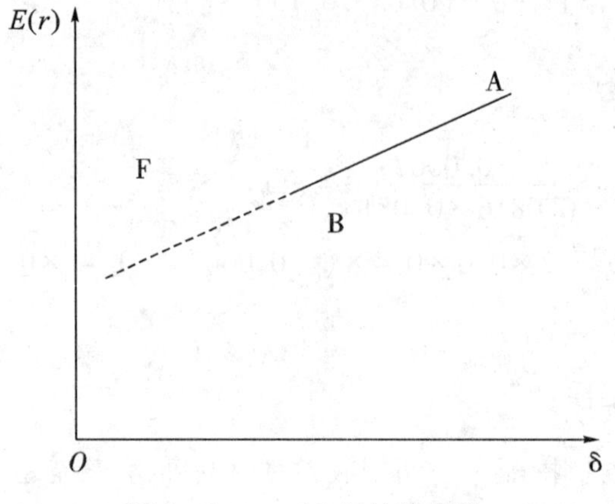

图 8-1 $\rho_{AB}=1$ 时的结合线

假设证券 A 与 B 风险状况不同，即 $\delta_A \neq \delta_B$（此时 A、B 不会落在一条垂直于横坐标的直线上），由式（8.5），令 $\delta_P=0$ 解得：

$$x_A=\frac{\delta_B}{\delta_B-\delta_A} \qquad x_B=1-x_A=\frac{-\delta_A}{\delta_B-\delta_A} \tag{8.6}$$

在图 8-1 中，$\delta_B<\delta_A$，故 $x_B<0$，为得到无风险组合，需卖空证券 B，卖空占自有资金的比例是 $x_B=\frac{-\delta_A}{\delta_B-\delta_A}$，无风险组合将落在自 A 到 B 连线的延长线的 F 点上。将式（8.6）代入式（8.3）得无风险收益率为：

$$E(r_P)=\frac{\delta_B E(r_A)-\delta_A E(r_B)}{\delta_B-\delta_A}$$

所以图 8-1 中，无风险组合的坐标为 $\left(0,\frac{\delta_B E(r_A)-\delta_A E(r_B)}{\delta_B-\delta_A}\right)$。

综上所述，在 A、B 完全正相关的情形下，只要 $\delta_A \neq \delta_B$，无论将来证券 A 和证券 B 的收益率状况如何，总可以选择组合得到一个恒定的无风险收益率，我们称该组合为一个无风险组合或 0 方差组合。为了得到这个无风险组合，要卖空方差较小的证券。因为证券 A 与证券 B 完全正相关时，它们完全同向变化，通过卖空一种证券，使得它们成为完全反向的证券，从而可以通过组合抵消风险。

2. 完全负相关下的结合线

在完全负相关情况下，$\rho_{AB}=-1$，方程（8.3）和（8.4）变为：

$$E(r_P)=x_A E(r_A)+(1-x_A)E(r_B)$$

$$\delta_P{}^2=x_A^2\delta_A^2+(1-x_A)^2\delta_B^2-2x_A(1-x_A)\,{}^{\delta}_{A}\delta_B$$

$$\delta_P=\left|x_A\delta_A-(1-x_A)\delta_B\right| \tag{8.7}$$

这时，δ_P 与 $E(r_P)$ 是分段线性关系，其结合线如图 8-2 所示。

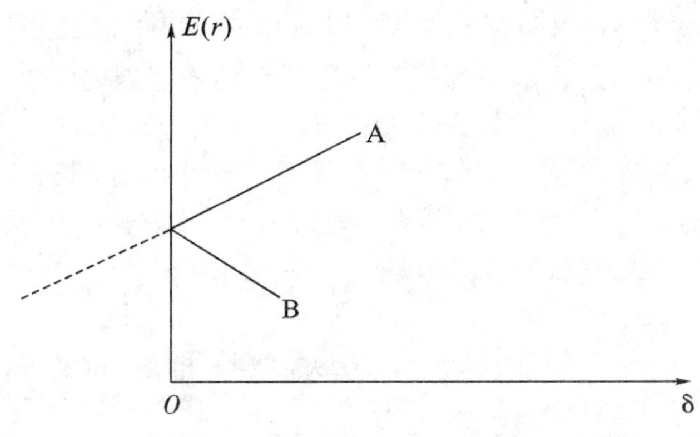

图 8-2　$\rho_{AB}=-1$ 时的结合线

从图 8-2 可以看出，在完全负相关的情况下，按适当比例买入证券 A 和证券 B 可以形成一个无风险组合，得到一个稳定的收益率。这个适当比例通过令式（8.7）中 $\delta_P=0$ 得到：

$$x_A=\frac{\delta_B}{\delta_A+\delta_B}\qquad x_B=\frac{\delta_A}{\delta_A+\delta_B}$$

因为 x_A，x_B 均大于 0，所以必须同时买入证券 A 和 B。这一点很容易理解，因为证券 A 和 B 完全负相关，二者完全反向变化，因而同时买入两种证券可抵消风险。所能得到的无风险收益率为：

$$E(r_P)=\frac{\delta_B E(r_A)+\delta_A E(r_B)}{\delta_B+\delta_A}$$

3. 不相关情形下的结合线

当证券 A 与证券 B 的收益率不相关时，$\rho_{AB}=0$，方程（8.3）和（8.4）变为：

$$E(r_P)=x_A E(r_A)+(1-x_A)E(r_B)$$

$$\delta_P{}^2=x_A^2\delta_A^2+(1-x_A)^2\delta_B^2 \tag{8.8}$$

该方程确定的 δ_P 与 $E(r_P)$ 的曲线是一条经过 A 和 B 的双曲线，如图 8-3 所示：

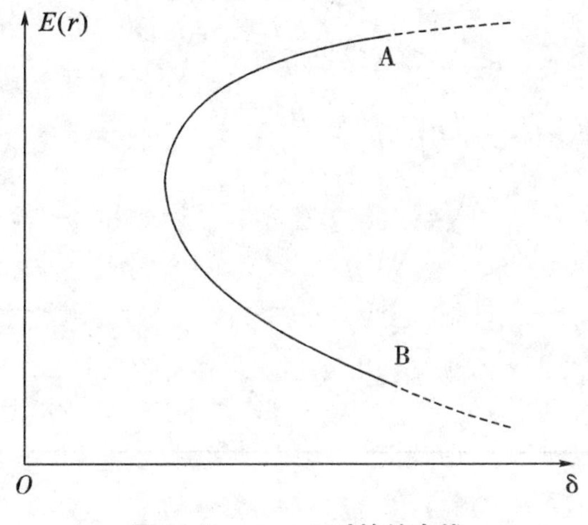

图 8-3　$\rho_{AB}=0$ 时的结合线

为了得到方差最小的证券组合，对（8.8）式求极小值：

$$\frac{d\delta_P^2}{dx_A}=2x_A\delta_A^2-2(1-x_A)\delta_B^2$$

令$\frac{d\delta_P^2}{dx_A}=0$，解出 x_A：

$$x_A=\frac{\delta_B^2}{\delta_A^2+\delta_B^2} \qquad x_B=\frac{\delta_A^2}{\delta_A^2+\delta_B^2}$$

显然有$0\leqslant x_A$，$x_B\leqslant 1$，分别以 x_A，x_B 买入证券 A 和 B，可获得最小方差$\frac{\delta_A^2\delta_B^2}{\delta_A^2+\delta_B^2}<\min(\delta_A^2, \delta_B^2)$，即可以通过按适当比例买入两种证券，获得比两种证券中任何一种风险都小的证券组合。

图 8－3 中，C 点为最小方差组合。结合线上介于 A 与 B 之间的点代表的组合由同时买入证券 A 和证券 B 构成，越靠近 A，买入 A 越多，买入 B 越少。而 A 点的东北部曲线上的点代表的组合由卖空 B，买入 A 形成，越向东北部移动，组合中卖空 B 越多；反之，B 的东南部曲线上的点代表的组合由卖空 A，买入 B 形成，越向东南部移动，组合中卖空 A 越多。

三、结合线的一般情形及性质

现在讨论一般的情况，在不完全相关的情形下，由于$0\leqslant|\rho_{AB}|\leqslant 1$，方程（8.3）、（8.4）不会有任何简化，方程（8.3）、（8.4）在一般情形下所确定的曲线是一条双曲线。相关系数决定结合线在 A 与 B 之间的弯曲程度，随着 ρ_{AB} 的增大，弯曲程度将降低。当 $\rho_{AB}=1$ 时，弯曲程度最小，呈直线；当 $\rho_{AB}=-1$ 时，弯曲程度最大，呈折线；不相关是一种中间状态，比正完全相关弯曲程度大，比负完全相关弯曲程度小（见图 8－4）。

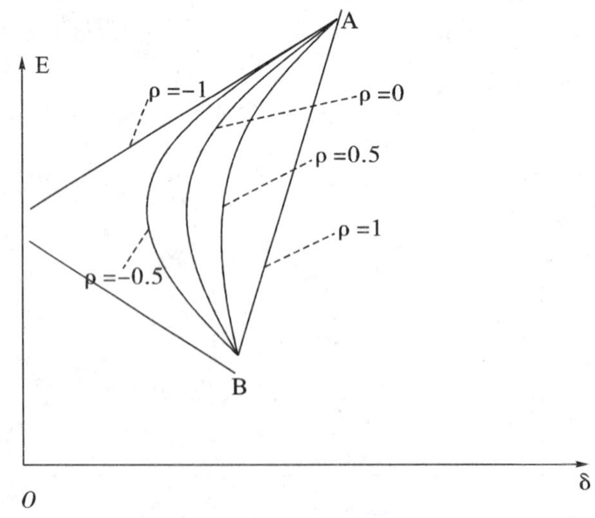

图 8－4 相关系数不同的证券组合

从图 8－4 的结合线的形状来看，相关系数越小，在不卖空的情况下，证券组合可获得越小的风险，特别是负完全相关的情况下，可获得无风险组合。在不相关的情况下，虽然得不到一个无风险组合，但可得到一个组合，其风险小于 A、B 中任何一个单个证券的风险。当 A 与 B 的收益率不完全负相关时，结合线在 A，B 之间比不相关时更弯曲，因而能找到一些组合（不卖空）使得风险小于 A 和 B 的风险，比如图 8－4 中 $\rho_{AB}=-0.5$ 的情形；但图中 $\rho_{AB}=0.5$ 时，则得不到一个不卖空的组合使得风险小于单个证券的风险。可见不卖空的情况下，组合降低风险的程度由证券间的关联程度决定。

实际上可以证明：设 $\delta_A>\delta_B$，当且仅当 $\rho_{AB}<\frac{\delta_B}{\delta_A}$时，才能在不卖空的情况下获得一些组合，使其风险小于单个证券的风险；当 $\rho_{AB}=\frac{\delta_A}{\delta_B}$时，将资金全部投资于单个证券 B（即 $x_B=1$，$x_A=0$）时风险最小；如果 $\rho_{AB}=\frac{\delta_B}{\delta_A}$，则必须卖空证券 B 才能获得某些组合，使得风险小于单个证券的风险。从整体上看，如果不允许卖空，ρ_{AB}越小，在同等风险的情况下，证券组合的期望收益率越大；或从另一个角度来说，在相同的期望收益率下，承担的风险越小。由此可见，证券间的相关性越小，证券组合创造的潜在收益率越大。

第四节　马柯威茨的均值方差模型

一、模型概述

1952 年，马柯威茨在一篇题为《证券组合选择》的论文中讨论了如下问题：投资者将一笔资金在给定时期（持有期）里进行投资。期初，他购买一些证券，然后在期末全部卖出。那么在期初他将决定购买哪些证券，资金在这些证券上如何分配。在现代投资理论中，将资金按一定比例投资于若干种证券上称为一个证券组合。因此投资者实际上需要在期初从所有可能的证券组合中选择一个最优的证券组合进行投资。这一问题被马柯威茨称为证券组合选择问题。在考虑这一问题时，马柯威茨指出，投资者的选择应该实现两个相互制约的目标——预期收益率最大化和收益率不确定性（风险）的最小化之间的某种平衡。

马柯威茨的投资组合理论基于一些基本的假设。下面对这些假设作以描述并予以简要评说。

（1）投资者事先就已知道投资证券的收益率的概率分布。这个假设蕴涵证券市场是有效的（有效市场假设（EMH）由 Eugence Fama 于 1965 年提出，后成为公司理财学说中的著名假设）。因为只有当证券市场是有效市场时，证券的价格才能反映证券的内在经济价值，每个投资者都掌握充分的信息，了解每种证券的期望收益率及其标准差。

（2）投资风险用证券收益率的方差或标准差来度量。影响投资决策的主要因素是期望收益率和方差（风险），即证券投资者以期望收益率和方差作为选择投资方案的依据，如果要他们选择风险（方差）较高的方案，他们都要求有额外的投资收益率作为补偿。

（3）投资者都遵守最优原则。同一风险水平下，选择收益率较高的证券；同一收益率水平下，选择风险较低的证券。这就是说投资者都是厌恶风险的。这个假设条件实际蕴涵着投资者是理性的，他会在有效边界上选择投资组合。具体选择有效边界上哪一个投资组合，依赖于其厌恶风险的程度。

（4）各种证券的收益率之间有一定的相关性，它们之间的相关程度可以用相关系数或收益率之间的协方差来表示。这个假设条件不仅要求每种证券收益率是相互关联的，它还要求这种关联的相对平稳性。马柯威茨是根据历史上各种证券之间的关联方式和关联程度来推测它们未来的关联情况。由于投资者之间博弈的影响，证券之间的关联情况常常会发生较大的变化，于是由历史数据计算出来的证券收益率的协方差矩阵未必能够代表未来的情况。

（5）每种证券的收益率都服从正态分布。这是一个隐含的假设，它与实际情况不符，至少存在两个缺陷。其一，大部分金融证券以有限的负债形式出现，所以投资者能够意识到的最大损失仅仅是他的全部投资，也就是说最大损失为投资的100%，即最小净收益率为-100%或-1。这显然与正态分布的定义范围（-∞，+∞）不符。其二，如果人们认为单期的收益率服从正态分布，那么多期的收益率就不可能服从正态分布，因为多期的收益率与所有单期收益率之间呈现乘积关系。

（6）每一个证券都是无限可分的。这意味着，如果投资者愿意的话，他可以购买一个股份的一部分。

（7）投资者可以以一个无风险利率贷出或借入资金。

这两个假设条件也与实际情况不符，例如我国股票的最小交易单位是一手（100股），因此无限可分之假定在实际中可能会产生较大的偏差，同时投资者可以无限制地以一个无风险利率贷出（即投资）或借入资金的假设不现实。

（8）税收和交易成本均忽略不计，即认为市场是一个无摩擦的市场。

以上假设条件中，（1）~（4）为马柯威茨的假设，（5）~（8）为其隐含的假设。

在上述假设和马柯威茨所提供的方法中牵涉两个最基本也是最核心的概念——期望收益率和收益率的方差。前面第二节对其已经进行了详细的介绍，这里不再赘述。下面，我们来看看马柯威茨所给的假设意味着什么。

根据假设1、2，证券或证券组合的特征完全由期望收益率和方差来描述。在图形上，以方差为横坐标、以期望收益率为纵坐标建立一个坐标系，那么每一种证券或证券组合由平面上的一点来表示。假设3、4则设定了判断点的“好”与“坏”的标准。由于投资者被假定偏好期望收益率而厌恶风险，因而在给定相同方差水平的那些组合中，投资者会选择期望收益率最高的组合。而在给定相同期望收益率水平的组合中，投资者会选择方差最小的组合。这些选择会导致产生一个所谓的有效边界。所谓马柯威茨均值方差模型，就是在上述假设下导出投资者只在有效边界上选择证券组合并提供确定有效边界的技术路径的一个数理模型。

马柯威茨的假设并没有对所有证券之间的比较作出限定。马柯威茨认为最终的比较依赖于每个投资者对收益和风险（方差）的偏好个性。也就是说，在通过马柯威茨方法确定出有效边界（相应地确定有效组合）之后，投资者须根据其个人对均值和方差的更具体、精细的偏好态度（用无差异曲线来描述）在有效边界上选择他看来最满意的点，即最满意的证券组合。该点是投资者的无差异曲线与有效边界的切点。

二、有效边界

在马柯威茨均值方差模型中，每一种证券或证券组合可由均值方差坐标系中的点来表示。那么所有存在的证券和合法的证券组合在平面上就构成一个区域，这个区域被称为可行区域。可行区域的图形看起来像什么呢？也就是说，它会具有一些什么特征呢？

首先应指出，在我们的讨论中通常将方差改为标准差作为横坐标，即方差 $\sigma^2(r)$ 的算术根 $\sigma(r)$。这时可行区域本身形状有些变化，但对应的组合并不改变，有效边界对应的有效组合也不改变，因而这种改变并不引起本质变化。

在允许卖空的情况下，如果只考虑投资于两种证券 A 和 B，投资者可以在结合线上获得任意自己满意的位置，即结合线上的组合均是可行的（合法的）。如果不允许卖空，则投资者只能在结合线上介于 A、B 之间（包括 A 和 B）获得一个组合，因而投资组合的可行域就是结合线上的 AB 曲线段。而当一个证券组合中有多种证券时，证券组合的可行域就会是平面上一个真正的区域。如图 8－5 所示，三种证券 A、B、C 在不允许卖空的情形下所有可能的组合布满了三条结合线（每两种证券形成）围成的区域。为什么会如此呢？很容易理解，区域内每一点可以通过三种证券的组合来得到。例如，F 点可通过 B 与某个 A 和 C 的组合 D 的再组合得到。

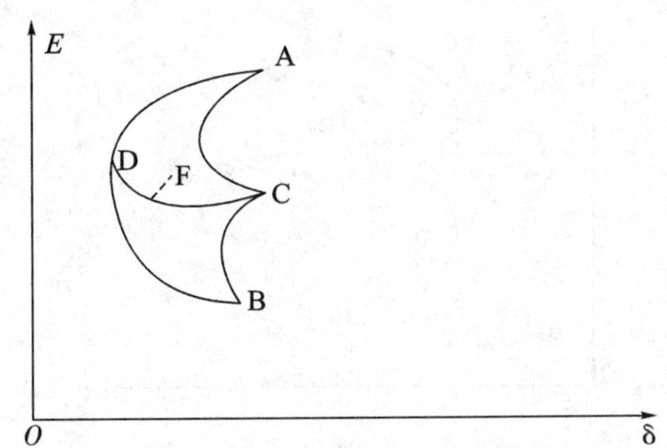

图 8－5 不允许卖空时三种证券组合的可行域

当允许卖空时，A、B、C 三种证券的组合的可行区域便不再是一个有限区域，而是一个包含该有限区域的无限区域，如图 8－6 所示。

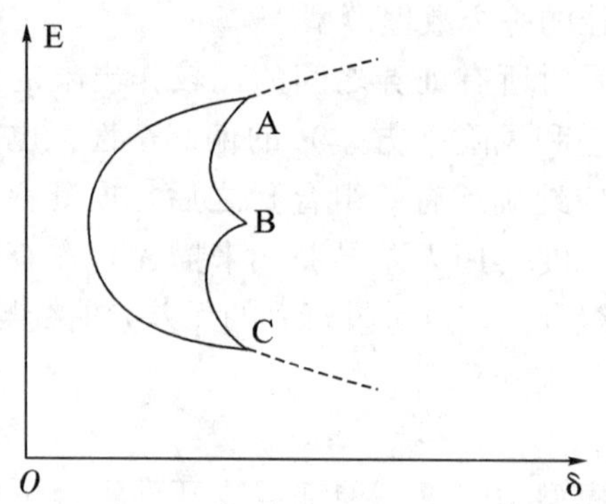

图 8-6　允许卖空时三种证券组合的可行域

证券组合的可行域是所有合法证券组合构成的 $E-\sigma$ 坐标系中的一个区域。这个区域的形状依赖于可供选择的单个证券的特征（$E(r_i)$ 和 δ_i）以及它们收益率之间的相互关系（ρ_{ij}），另外还依赖于投资组合中权数的约束，比如，权数除满足基本约束 $\sum_{i=1}^{N} x_i = 1$ 以外，还满足约束 $h_i \leqslant x_i \leqslant H_i$，$h_i$ 和 H_i 为投资比例的上、下限，约束表明（x_1，x_2，x_3，…，x_N）局限于 N 维空间的有限区域，这时可行组合将局限于 $E-\sigma$ 坐标系中的一个有限区域内，最常见的约束是不允许卖空，即要求权数（x_1，x_2，x_3，…，x_N）满足 $0 \leqslant x_i \leqslant 1$，最极端的情况是允许对任意证券无限制地卖空，也就是权数除满足基本约束之外没有其他约束。

可行域满足一个共同的特点：左边缘必然向外凸或呈线性，也就是说不会出现凹陷。图 8-7 左边缘自 W 到 V 之间出现凹陷，由于 W、V 是可行组合，W 与 V 的组合也是可行的，而 W、V 的结合线是连接 W、V 的直线段，或者是向外弯曲的曲线，W、V 的组合作为一个可行组合却落在图中区域的右面，因而该区域不可能是一个可行域。

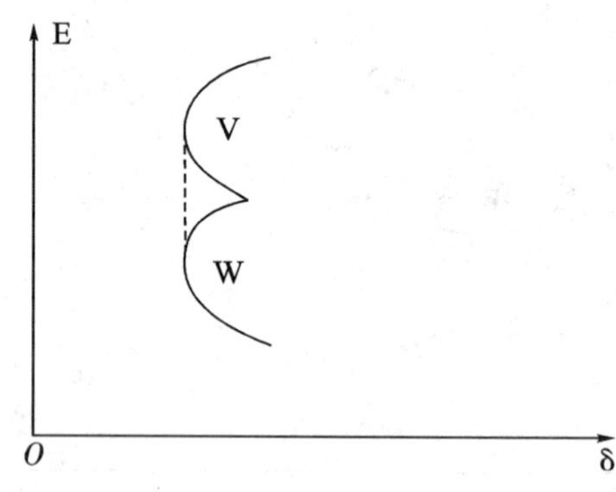

图 8-7　可行域外凸或线性

三、投资者的共同偏好与有效组合

证券组合的可行域表示了所有可能的证券组合，它为投资者提供了一切可行的投资组合机会，投资者需要做的是在其中选择自己最满意的证券组合进行投资，不同的投资者由于对期望收益率和风险的偏好有区别，因而他们所选择的最佳组合将不同。

但投资者的偏好具有某些共性，在这个共性下，某些证券组合将被所有投资者视为差的，因为按照偏好的共性总存在比它更好的证券组合，我们需要把大家都认为差的证券组合剔除掉。

大量事实表明，投资者普遍喜好期望收益率而厌恶风险，因而人们在投资决策时希望期望收益率越大越好，风险越小越好。这种态度反映在证券组合的选择上可由下述规则来描述：①如果两种证券组合具有相同的收益率方差和不同的期望收益率，即 $\delta_A^2=\delta_B^2$，而 $E(r_A)>E(r_B)$，那么投资者选择期望收益率高的组合，即 A，马柯维茨把它称为“不满足假设”；②如果两种证券组合具有相同的期望收益率和不同的收益率方差，即 $E(r_A)=E(r_B)$，而 $\delta_A^2<\delta_B^2$ 那么他选择方差较小的组合，即 A，马柯维茨把它称为“风险厌恶假设”。这种选择原则，我们称为投资者的共同偏好规则。

人们在所有可行的投资组合中进行选择，如果证券组合的特征由期望收益率和收益率标准差来表示，则投资者需要在 $E-\sigma$ 坐标系中的可行域中寻找最好的点，但不可能在可行域中找到一点被所有投资者都认为是最好的。按照投资者的共同偏好规则，可以排除那些被所有投资者都认为差的组合，我们把排除后余下的这些组合称为有效证券组合。简言之，有效证券组合是指这样一个证券组合，没有其他的证券组合在与之同样的风险水平下，给予更高的收益率；或在同样的收益率水平下，给予更小的风险。根据有效组合的定义，有效组合不止一个，描绘在可行域的图形中，如图 8－8 所示粗实线部分，它是可行域的上边缘部分，我们称它为有效边缘。对于可行域内部及下边缘上的任意可行组合，均可以在有效边缘上找到一个有效组合比它好。但有效边缘上的不同组合，比如 B 和 C，按共同偏好规则不能区分好差。因而有效组合相当于有可能被某位投资者选作最佳组合的候选组合，不同投资者可以在有效边缘上获得任一位置。作为一个理性投资者，且厌恶风险，则他不会选择有效边缘以外的点。此外，A 点是一个特殊的位置，它是上边缘和下边缘的交汇点，这一点所代表的组合在所有可行组合中方差最小，因而被称作最小方差组合。

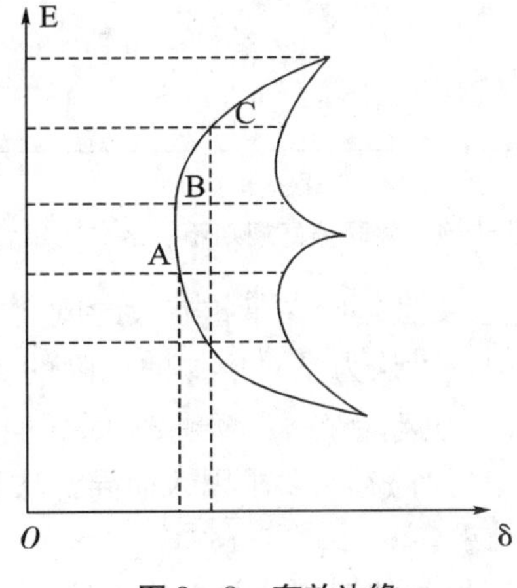

图 8－8 有效边缘

对于有效边缘的确定，有很多种方法，最简单的一种就是确定左边缘，左边缘的顶部即为有效边缘。左边缘上任何一点均对应于某个给定期望收益率下的最小方差组合，因而也称左边缘为最小方差集合。而从数学角度而言，求解最小方差集合就是求解优化问题：

$$\min_{x}\left(\sum_{i=1}^{N} x_i^2\delta_i^2 + 2\sum_{1\leqslant i\leqslant j\leqslant N} x_i x_j \delta_i \delta_j \rho_{ij}\right)$$

$$E(r_P) = \sum_{i=1}^{N} x_i E(r_i)$$

$$\sum_{i=1}^{N} x_i = 1$$

对每一个给定的期望收益率值 $E(r_P)$，求解上述问题得一组解（x_1，x_2，x_3，…，x_N），该组合为给定 $E(r_P)$下的最小方差组合。$E(r_P)$取遍所有可能值，则可得到最小方差集合。

四、最优证券组合

1. 投资者无差异曲线

按照投资者的共同偏好规则，有些证券组合之间不能区分好差，其根源在于投资者个人除遵循共同的偏好规则外，还有其特殊的偏好。那些不能被共同偏好规则区分的组合，不同投资者可能得出完全不同的比较结果。共同规则不能区分的是这样的两种证券组合 A 和 B，见图 8 -9。该组合中 $\delta_A^2 > \delta_B^2$，而 $E(r_A) > E(r_B)$。

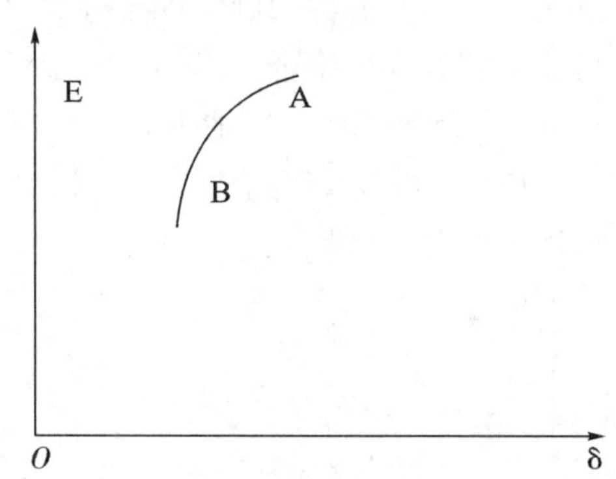

图 8 -9　共同偏好规则不能区分的组合

如图 8 -9 所示，证券组合 A 虽然比 B 承担着大的风险，但它同时带来更高的期望收益率，这种期望收益率的增量可认为是对增加的风险的补偿。由于不同投资者对期望收益率和风险的偏好不同，当风险从 δ_B 增到 δ_A 时，期望收益率将补偿 $E(r_A) - E(r_B)$，是否满足投资者个人的风险补偿要求因人而异，从而按照他们各自不同的偏好对两种证券作出不同的比较结果。

投资者甲（中庸）认为：增加的期望收益率恰好能补偿增加的风险，所以 A 与 B 两种证券组合的满意程度相同，证券 A 与证券 B 无差异。投资者乙（保守）认为：增加的期望收益率不足以补偿增加的风险，所以 A 不如 B 更令他满意。投资者丙（进取）认为：增加的期望收益率超过对增加风险的补偿，所以 A 更令人满意，即 A 比 B 好。在同样风险状态下，要求得到期望收益率补偿越高，说明该投资者对风险越厌恶。上述三位投资者中乙最厌恶风险，因而他最保守；甲次之；丙对风险厌恶程度最低，最具冒险精神。

一个特定的投资者，任意给定一个证券组合，根据他对风险的态度，按照期望收益率对风险补偿的要求，可以得到一系列满意程度相同（无差异）的证券组合。比如图 8－10 中，某投资者认为经过 A 的那一条曲线上的证券组合对他的满意程度相同，那么，我们称这条曲线为该投资者的一条无差异曲线。有了这条无差异曲线，任何证券组合均可与证券 A 进行比较。比如按该投资者的偏好，组合 B 与 A 无差异；C 比无差异曲线上的任何组合都好；相反，D 比 A 差，因为它落在无差异曲线的下方。

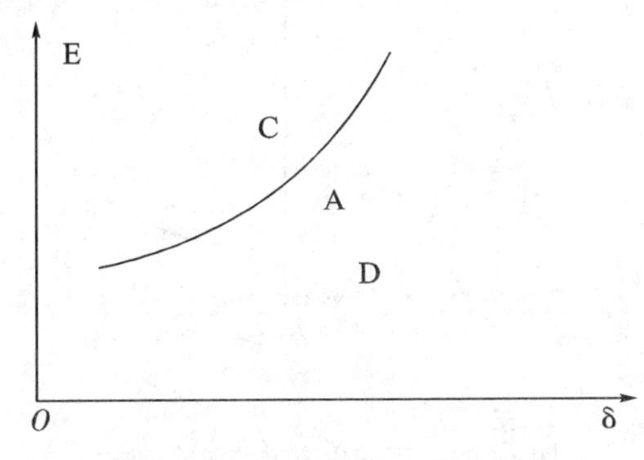

图 8－10　投资者的无差异曲线

无差异曲线具有如下特点：①落在同一条无差异曲线上的组合有相同的满意程度，而落在不同的无差异曲线上有不同的满意程度，因而一个组合不会同时落在两条不同的无差异曲线上，也就是说不同的无差异曲线不会相交（但也不必平行）。②无差异曲线的位置越高，带来的满意程度就越高。对一个特定的投资者，他的所有无差异曲线形成一个曲线族。③无差异曲线的条数是无限的而且密布整个平面。④无差异曲线是一族互不相交的向上倾斜的曲线。一般情况下曲线越来越陡，表明风险越大，要求的边际收益率补偿越高。

不同投资者因为偏好不同，会拥有不同的无差异曲线族。图 8－11 是几个不同偏好的投资者的无差异曲线。图 8－11（a）的投资者对风险毫不在意，只关心期望收益率；图 8－11（b）的投资者只关心风险，风险越小越好，对期望收益率毫不在意；图 8－11(c) 和图 8－11(d) 表明一般的风险态度，图 8－11(d) 的投资者比图 8－11(c) 的投资者相对保守一些，相同的风险状态下，前者对风险的增加更求更多的风险补偿，反映在无差异曲线上，前者的无差异曲线更陡峭一些。

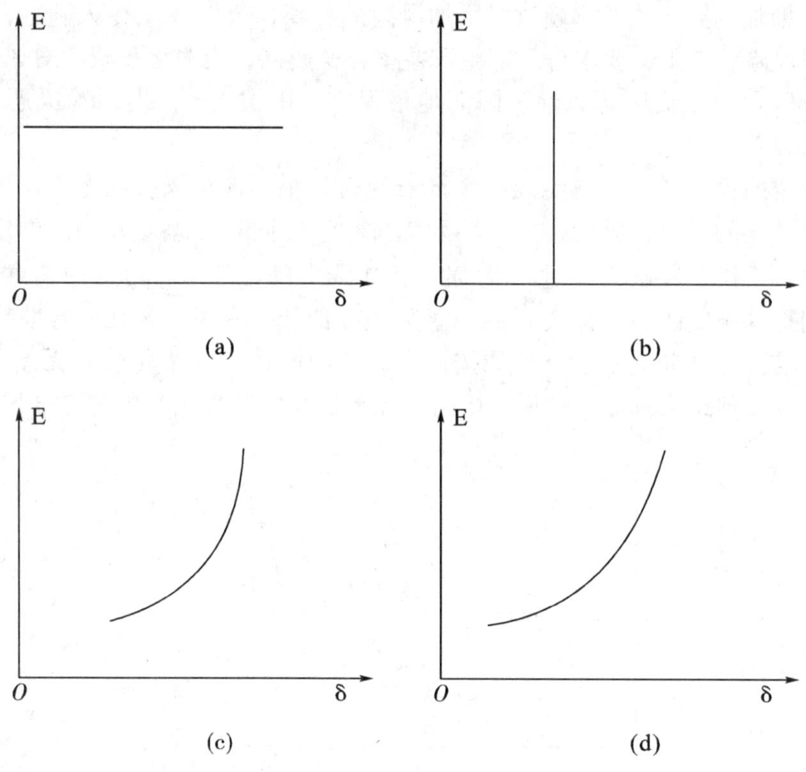

图 8－11　不同投资者的风险偏好

2. 最优证券组合的确定

投资者共同偏好规则可以确定哪些组合是有效的，哪些是无效的。特定投资者可以在有效组合中选择他自己最满意的组合，这种选择依赖于他的偏好，投资者的偏好通过他的无差异曲线来反映。无差异曲线位置越靠上，其满意程度越高，因而投资者需要在有效边缘上找到一个投资组合相对于其他有效组合处于最高位置的无差异曲线上，该组合便是他最满意的有效组合，这个组合是无差异曲线族与有效边缘的切点所在的组合，见图 8－12。

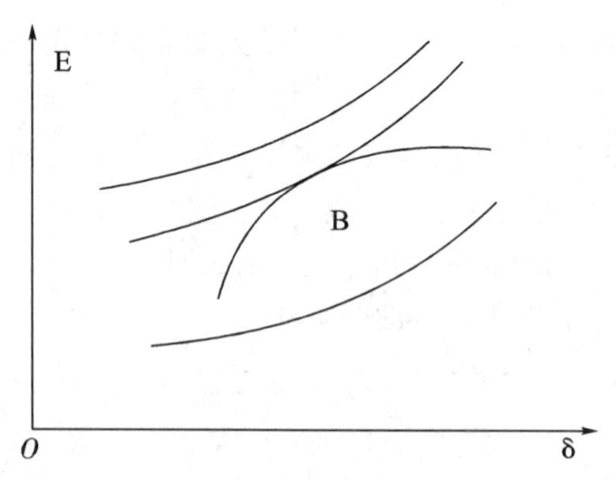

图 8－12　投资者的最优证券组合

从图 8－12 可知，投资者按照他的无差异曲线族将选择有效边缘上 B 点所在的证券组合作为他的最佳组合，因为 B 点在所有有效组合中获得最大的满意程度，其他有效边缘上的点都落在 B 下方的无差异曲线上。不同投资者的无差异曲线族可获得各自的最佳证券组合，一个只关心风险的投资者将选取最小方差组合作为最佳组合。

五、证券组合与风险分散

“不要把所有的鸡蛋放在一个篮子里”，如果将这句古老的谚语应用在投资决策中，就是说不要将所有的钱投资于同一证券上，通过分散投资可以降低投资风险，这是一个非常浅显易懂的道理。那么，应该将“鸡蛋”放在多少个“篮子”里最好呢？将“鸡蛋”放在什么样的不同篮子里最好呢？

如前所述，证券组合的风险不仅取决于单个证券的风险和投资比重，还取决于两个证券收益的协方差或相关系数，协方差或相关系数起着特别重要的作用。因此投资者建立的证券组合就不是一般的拼凑，而是要通过各证券收益波动的相关系数来分析。

当我们利用长时期的历史资料比较一个充分分散的证券组合和单一股票的收益和风险特征时，就会发现有个奇怪的现象。例如，在 1989 年 1 月至 1993 年 12 月间，IBM 股票的月平均收益率为 －0.61%，标准差为 7.65%。而同期标准普尔 500（S&P500）的月平均收益率和标准差分别为 1.2% 和 3.74%，即虽然 IBM 收益率的标准差大大高于标准普尔 500 指数的标准差，但是其月平均收益率却低于标准普尔 500 指数的月平均收益率。为什么会出现风险高的股票其收益率反而会低的现象呢？

原因在于每个证券的全部风险并非完全相关，构成一个证券组合时，单一证券收益率变化的一部分就可能被其他证券收益率反向变化所减弱或者完全抵消。事实上，可以发现证券组合的标准差一般都低于组合中单一证券的标准差，因为各组成证券的总风险已经分散化而大量抵消。只要通过分散化就可以使总风险大量抵消，我们就没有理由使预期收益率与总风险相对应；与投资预期收益率相对应的只能是通过分散投资不能相互抵消的那一部分风险，即系统性风险。

根据证券组合预期收益率和风险的计算公式可知，不管组合中证券的数量是多少，证券组合的收益率只是单个证券收益率的加权平均数，分散投资不会影响到组合的收益率。但是分散投资可以降低收益率变动的波动性。各个证券之间收益率变化的相关关系越弱，分散投资降低风险的效果就越明显。当然，在现实的证券市场上，大多数情况是各个证券收益之间存在一定的正相关关系，相关的程度有高有低。有效证券组合的任务就是要找出相关关系较弱的证券组合，以保证在一定的预期收益率水平上尽可能降低风险。

从理论上讲，一个证券组合只要包含了足够多的相关关系弱的证券，就完全有可能消除所有的风险，但是在现实的证券市场上，各证券收益率的正相关程度很高，因为各证券的收益率在一定程度上受同一因素影响（如经济周期、利率的变化等），因此，分散投资可以消除证券组合的非系统性风险，但是并不能消除系统性风险。

姜茂生、张雪丽（2001）在上海证券交易所随机选取 33 只股票，获取每只股票 1997 年 1 月到 2000 年 12 月四年间的月收盘价，共得到原始数据 1584 个，然后通过复权及必要的数据处理，计算出 33 只股票月收益率及其标准差。

首先随机选取一只股票，作为组合（1），计算其期望收益率和标准差；然后随机增加一种股票，作为组合（2），为使问题简化，按相等权重设定投资比例，计算出组合的标准差（风险测度指标）；依此类推，每增加一种股票，即确定一个投资组合，相应地得到组合的标准差。证券数目不断增加，组合风险指标也相应得出，直至所有的 33 种证券均被选取完毕，由此得到 33 种投资组合，也相应得到了由不同数量股票构成的组合期望收益和标准差。

不同股票数量构成的投资组合其相应的标准差之间的数量关系如表 8－2 所示：

表 8－2

股票数量	标准差	股票数量	标准差	股票数量	标准差
1	0.030 314	12	0.007 298	23	0.006 718
2	0.016 817	13	0.006 772	24	0.006 642
3	0.011 632	14	0.006 484	25	0.006 666
4	0.011 382	15	0.006 817	26	0.006 856
5	0.009 813	16	0.006 478	27	0.006 065
6	0.008 555	17	0.006 667	28	0.006 887
7	0.007 411	18	0.006 560	29	0.006 746
8	0.007 135	19	0.006 522	30	0.006 777
9	0.006 841	20	0.006 556	31	0.006 654
10	0.006 808	21	0.006 673	32	0.006 708
11	0.006 904	22	0.006 596	33	0.006 629

根据表 8－2 可以得到股票数量与组合风险之间的关系图，见图 8－13。

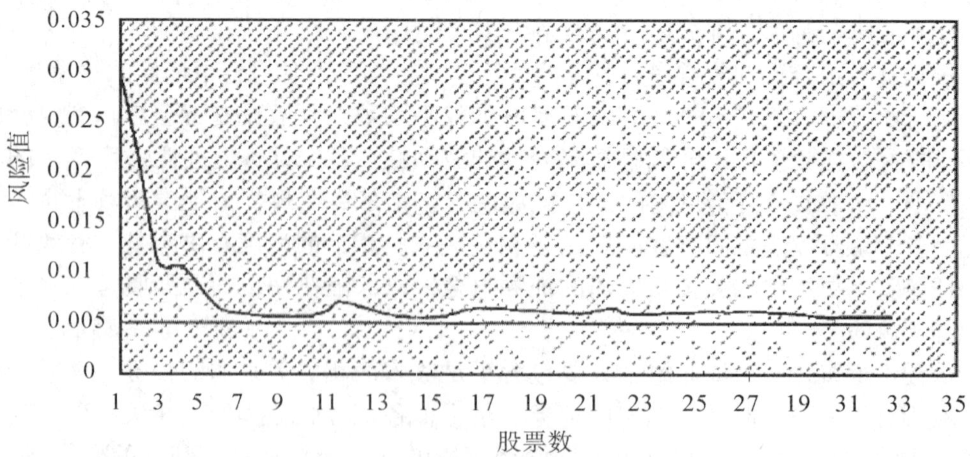

图 8－13

通过以上检验可以发现：

（1）随着投资组合中股票数量的增加，组合风险呈现逐步降低的趋势，并接近于图 8－13 中代表系统风险的水平直线，验证了资产数量与组合风险之间的理论学说。

（2）分散化投资降低风险的作用在最初几只证券加入组合时表现明显，组合股票数目为 5～10 只时已消除 9% 以上的非系统风险。

（3）一旦组合中股票数目超过 20 只，进一步分散化投资对降低风险的作用很小。

根据以上的分析，证券组合包含证券的数量和组合系统性和非系统性风险之间的关系，可用更一般的图 8－14 来表示。

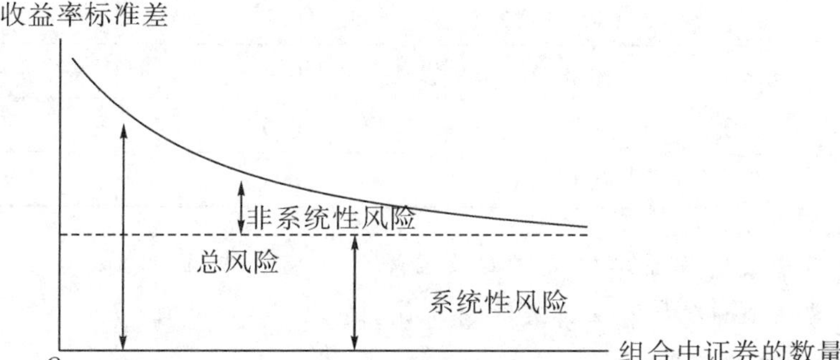

图 8－14　证券的数量和组合系统性和非系统性风险之间的关系

❊ 本章小结

1．马柯维茨 1952 年提出的证券投资组合理论开创了金融数理分析的先河，是现代金融经济学的一个重要理论基础，更是现代证券投资理论的基石。在本章中，我们首先对证券组合理论进行了一个概述，然后在对证券组合的期望收益率和收益率的方差进行简单介绍的基础上，较为完整地描述了马柯维茨证券组合理论的基本内容。

2．在马柯维茨的均值方差模型中，数学期望代表预期收益，方差或标准差代表风险，协方差代表不同证券之间的相互关系，进而证券组合的预期收益是证券组合中所有证券预期收益的简单加权平均值，而证券组合的方差则为不同证券各自方差与它们之间协方差的加权平均。利用马柯维茨模型确定最小方差证券组合首先要计算构成证券组合的单个证券的收益、风险及证券之间的相互关系，然后，计算证券组合的预期收益和风险。在此基础上，根据投资者的无差异曲线和理性投资者投资决策准则确定最小方差证券组合。

3．现代组合理论的主要贡献在于它阐明了组合的风险并不取决于各个个别证券风险的平均值，而是各证券的协方差—不同证券间的相互关系。运用马柯维茨关于证券组合投资的基本思想，我们可以看到在证券完全不相关的情况下，证券组合的风险会随着证券数量的增加而消失。由于在现实生活中，证券完全不相关或完全负相关的情况不多，大部分处于不完全正相关状态，所以证券之间的协方差就成了证券组合方差的决定因素，而协方差是不能靠证券组合多元化来降低的。

❀ 复习思考题：

1. Z 股票目前市价为 10 元，某投资咨询公司为该股票的红利和 1 年后的股价作了如下的情景分析：

情景	概率	现金红利（元）	期末股价（元）
1	0.1	0	0
2	0.2	0.2	2.00
3	0.3	0.4	12.00
4	0.25	0.6	16.00
5	0.15	0.8	25.00

请计算各情景的收益率以及这些收益率的均值、中位数、众数、标准差、三阶中心矩。该股票收益率的概率分布是否有正偏斜？

2. 什么是有效边界？

3. 对股票资产实施组合管理可分哪几个步骤进行？

4. 投资者无差异曲线的特点是什么？

第九章　资本资产定价理论

本章学习目标：

了解有效集和最优投资组合的概念及含义，理解无风险借贷对有效集的影响，熟悉资本资产定价模型的假设条件，掌握资本市场线和证券市场线的定义、图形及其经济意义，掌握证券β系数的含义及其应用，熟悉资本资产定价模型的应用效果。

第一节　有效集和最优投资组合

根据证券组合理论，投资者必须根据自己的风险—收益偏好和各种证券和证券组合的风险、收益特性来选择最优的投资组合。然而，现实生活中证券种类繁多，这些证券更可组成无数种证券组合，如果投资者必须对所有这些组合进行评估的话，那将是难以想象的。

幸运的是，根据马科维茨的有效集定理，投资者无须对所有组合进行一一评估。本节将按马科维茨的方法，由浅入深地介绍确定最优投资组合的方法。

一、可行集

为了说明有效集定理，我们有必要引入可行集的概念。可行集指的是由N种证券所形成的所有组合的集合，它包括了现实生活中所有可能的组合。也就是说，所有可能的组合将位于可行集的边界上或内部。

一般来说，可行集的形状像伞形，如图9－1中由A、N、B、H所围的区域所示。

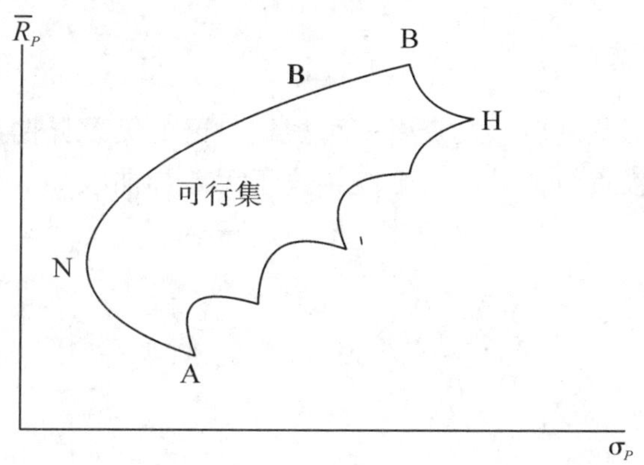

图9－1　可行集与有效集

在现实生活中，由于各种证券的特性千差万别，因此可行集的位置也许比图 9－1 中的更左或更右，更高或更低，更胖或更瘦，但它们的基本形状大多如此。

二、有效集

1. 有效集的定义

对于一个理性投资者而言，他们都是厌恶风险而偏好收益的。对于同样的风险水平，他们将会选择能提供最大预期收益率的组合；对于同样的预期收益率，他们将会选择风险最小的组合。而能同时满足这两个条件的投资组合的集合就是有效集。处于有效边界上的组合称为有效组合。

2. 有效集的位置

有效集是可行集的一个子集，它包含于可行集中。那么如何确定有效集的位置呢？我们先考虑第一个条件。在图 9－1 中，没有哪一个组合的风险小于组合 N，这是因为如果过 N 点画一条垂直线，则可行集都在这条线的右边。N 所代表的组合称为最小方差组合。同样，没有哪个组合的风险大于 H。由此可以看出，于各种风险水平而言，能提供最大预期收益率的组合集是可行集中介于 N 和 H 之间的上方边界上的组合集。

我们再考虑第二个条件，在图 9－1 中，各种组合的预期收益率都介于组合 A 和组合 B 之间。由此可见，对于各种预期收益率水平而言，能提供最小风险水平的组合集是可行集中介于 A、B 之间的左边边界上的组合集，我们把这个集合称为最小方差边界。

由于有效集必须同时满足上述两个条件，因此 N、B 两点之间上方边界上的可行集就是有效集。所有其他可行组合都是无效的组合，投资者可以忽略它们。这样，投资者的评估范围就大大缩小了。

3. 有效集的形状

从图 9－1 可以看出，有效集曲线具有如下特点：①有效集是一条向右上方倾斜的曲线，它反映了“高收益、高风险”的原则；②有效集是一条向上凸的曲线，这一特性可从图 9－2 推导得来；③有效集曲线上不可能有凹陷的地方，这一特性也可以从图 9－2 推导出来。

三、最优投资组合的选择

确定了有效集的形状之后，投资者就可根据自己的无差异曲线群选择能使自己投资效用最大化的最优投资组合了。这个组合位于无差异曲线与有效集的相切点 O，如图 9－2 所示。

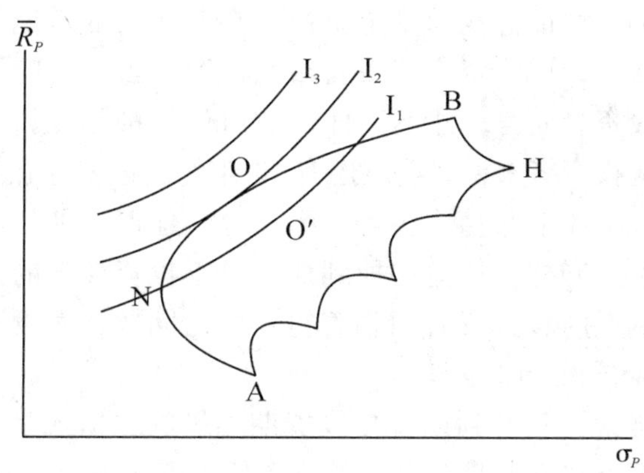

图 9 -2　最优投资组合

从图 9 -2 可以看出，虽然投资者更偏好 I_3 上的组合，然而可行集中找不到这样的组合，因而是不可实现的。至于 I_1 上的组合，虽然可以找得到，但由于 I_1 的位置位于 I_2 的东南方，即 I_1 所代表的效用低于 I_2，因此 I_1 上的组合都不是最优组合。而 I_2 代表了可以实现的最高投资效用，因此 O 点所代表的组合就是最优投资组合。

有效集向上凸的特性和无差异曲线向下凸的特性决定了有效集和无差异曲线的相切点只有一个，也就是说最优投资组合是唯一的。

对于投资者而言，有效集是客观存在的，它是由证券市场决定的。而无差异曲线则是主观的，它是由自己的风险——收益偏好决定的。从上一章的分析可知，厌恶风险程度越高的投资者，其无差异曲线的斜率越陡，因此其最优投资组合越接近 N 点。厌恶风险程度越低的投资者，其无差异曲线的斜率越小，因此其最优投资组合越接近 B 点。

第二节　无风险借贷对有效集的影响

在前一节中，我们假定所有证券及证券组合都是有风险的，而没有考虑到无风险资产的情况，也没有考虑到投资者按无风险利率借入资金投资于风险资产的情况。而在现实生活中，这两种情况都是存在的。为此，我们要分析在允许投资者进行无风险借贷的情况下，有效集将如何变化。

一、无风险贷款对有效集的影响

1. 无风险贷款或无风险资产的定义

无风险贷款相当于投资于无风险资产，其收益率是确定的。在单一投资期的情况下，这意味着如果投资者在期初购买了一种无风险资产，那他将准确地知道这笔资产在期末的准确价值。由于无风险资产的期末价值没有任何不确定性，因此，其标准差应为零。同样，无风险资产收益率与风险资产收益率之间的协方差也等于零。

在现实生活中，什么样的资产称为无风险资产呢？首先，无风险资产应没有任何违约可能。由于所有的公司证券从原则上讲都存在着违约的可能性，因此公司证券均不是无风险资产。其次，无风险资产应没有市场风险。虽然政府债券基本上没有违约风险，但对于特定的投资者而言，并不是任何政府债券都是无风险资产。例如，对于一个投资期限为1年的投资者来说，期限还有10年的国债就存在着风险。因为他不能确切地知道这种证券在一年后将值多少钱。事实上，任何一种到期日超过投资期限的证券都不是无风险资产。同样，任何一种到期日早于投资期限的证券也不是无风险资产，因为在这种证券到期时，投资者面临着再投资的问题，而投资者现在并不知道将来再投资时能获得多少再投资收益率。

综上所述，严格地说，只有到期日与投资期相等的国债才是无风险资产。但在现实中为方便起见，人们常将1年期的国库券或者货币市场基金当做无风险资产。

2. 允许无风险贷款下的投资组合

(1) 投资于一种无风险资产和一种风险资产的情形

为了考察无风险贷款对有效集的影响，我们首先要分析由一种无风险资产和一种风险资产组成的投资组合的预期收益率和风险。

假设风险资产和无风险资产在投资组合中的比例分别为 X_1 和 X_2，它们的预期收益率分别为 $\bar{R}_1$ 和它们的标准差分别等于 σ_1 和 σ_2，它们之间的协方差为 σ_{12}。根据 X_1 和 X_2 的定义，则有 $X_1+X_2=1$，且 X_1、$X_2>0$。根据无风险资产的定义，则有 σ_2 和 σ_{12} 都等于0。这样，根据式（9.12），可以算出该组合的预期收益率（$\bar{R}_p$）为：

$$\bar{R}_p = \sum_{i=1}^{n} X_i\bar{R}_i = X_1\bar{R}_1 + X_2 r_f \tag{9.1}$$

根据式（9.13），可以算出该组合的标准差（σ_p）为：

$$\sigma_p = \sqrt{\sum_{i=1}^{n}\sum_{j=1}^{n} X_iX_j\sigma_{ij}} = X_1\sigma_1 \tag{9.2}$$

由上式可得：

$$X_1 = \frac{\sigma_p}{\sigma_1},\ X_2 = 1 - \frac{\sigma_p}{\sigma_1} \tag{9.3}$$

将（9.3）代入（9.1）得：

$$\bar{R}_p = r_f + \frac{\bar{R}_1 - r_f}{\sigma_1}\cdot\sigma_p \tag{9.4}$$

由于 $\bar{R}_1$、r_f 和 σ_1 已知，式（9.4）是线性函数，其中$\frac{\bar{R}_1 - r_f}{\sigma_1}$为单位风险报酬，又称夏普比率。由于 X_1、$X_2>0$，因此式（9.4）所表示的只是一个线段，如图9－3所示。在图9－3中，A点表示无风险资产，B点表示风险资产，由这两种资产构成的投资组合的预期收益率和风险一定落在A、B这个线段上，因此AB连线可以称为资产配置线。由于A、B线段上的组合均是可行的，因此允许风险贷款将大大扩大可行集的范围。

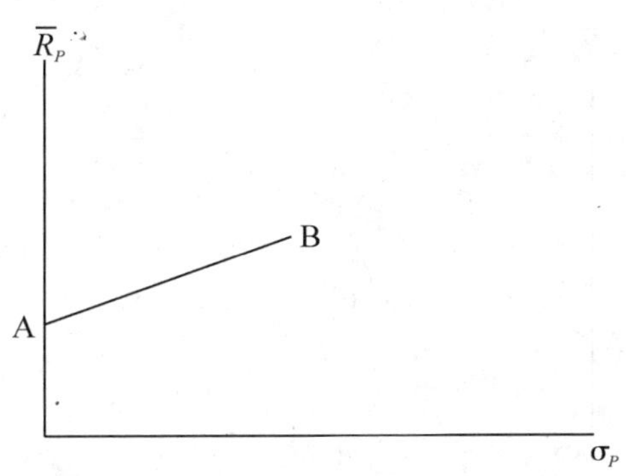

图 9-3　无风险资产和风险资产的组合

（2）投资于一种无风险资产和一个证券组合的情形

如果投资者投资于由一种无风险资产和一个风险资产组合组成的投资组合，情况又如何呢？假设风险资产组合 B 是由风险证券 C 和 D 组成的。B 位于经过 C、D 两点的向上凸出的弧线上，如图 9-4 所示。如果我们仍用 $\overline{R}_1$ 和 σ_1 代表风险资产组合的预期收益率和标准差，用 X_1 代表该组合在整个投资组合中所占的比重，则式（9.1）到式（9.4）的结论同样适用于由无风险资产和风险资产组合构成的投资组合的情形。在图 9-4 中，这种投资组合的预期收益率和标准差一定落在 A、B 线段上。

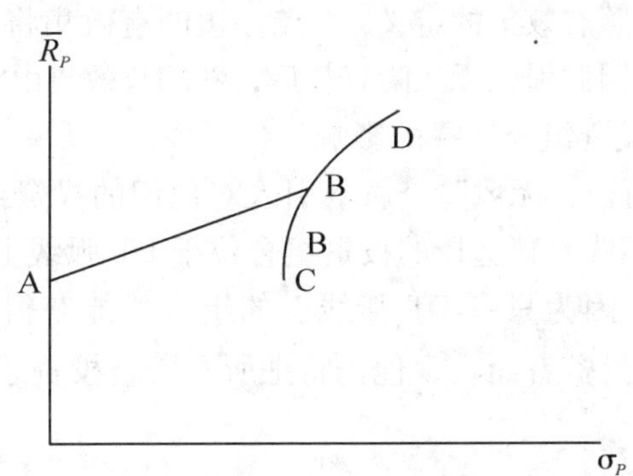

图 9-4　无风险资产和风险资产组合的组合

（3）无风险贷款对有效集的影响

引入无风险贷款后，有效集将发生重大变化。在图 9-5 中，弧线 CD 代表马科维茨有效集，A 点表示无风险资产。我们可以在马科维茨有效集中找到一点 T，使 AT 直线与弧线 CD 相切于 T 点。T 点所代表的组合称为切点处投资组合。

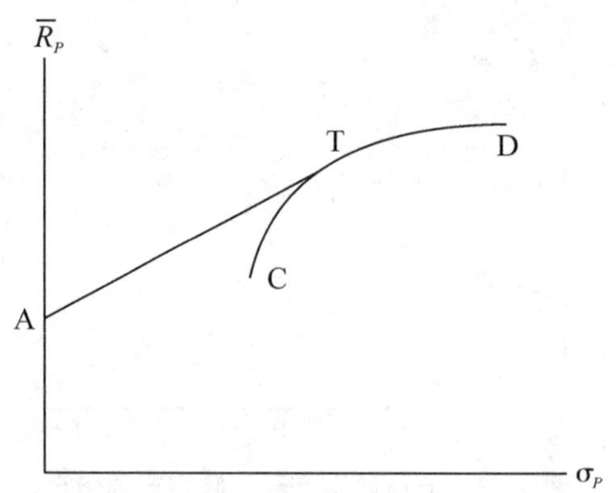

图 9-5 允许无风险贷款时的有效集

T 点代表马科维茨有效集中众多的有效组合中的一个，但它却是一个很特殊的组合。因为没有任何一种风险资产或风险资产组合与无风险资产构成的投资组合可以位于 AT 线段的左上方。换句话说，AT 线段的斜率最大，因此 T 点代表的组合被称为最优风险组合。从图 9-5 可以明显看出，引入 AT 线段后，CT 弧线将不再是有效集。因为对于 T 点左边的有效集而言，在预期收益率相等的情况下，AT 线段上风险均小于马科维茨有效集上组合的风险，而在风险相同的情况下，AT 线段上的预期收益率均大于马科维茨有效集上组合的预期收益率。按照有效集的定义，T 点左边的有效集将不再是有效集。由于 AT 线段上的组合是可行的，因此引入无风险贷款后，新的有效集由 AT 线段和 TD 弧线构成。

（4）无风险贷款对投资组合选择的影响

对于不同的投资者而言，无风险贷款的引入对他们的投资组合选择有不同的影响。对于厌恶风险程度较轻，从而其选择的投资组合位于 DT 弧线上的投资者而言，其投资组合的选择将不受影响。因为只有 DT 弧线上的组合才能获得最大的满足程度，如图 9-6（a）所示。对于该投资者而言，他仍将把所有资金投资于风险资产，而不会把部分资金投资于无风险资产。

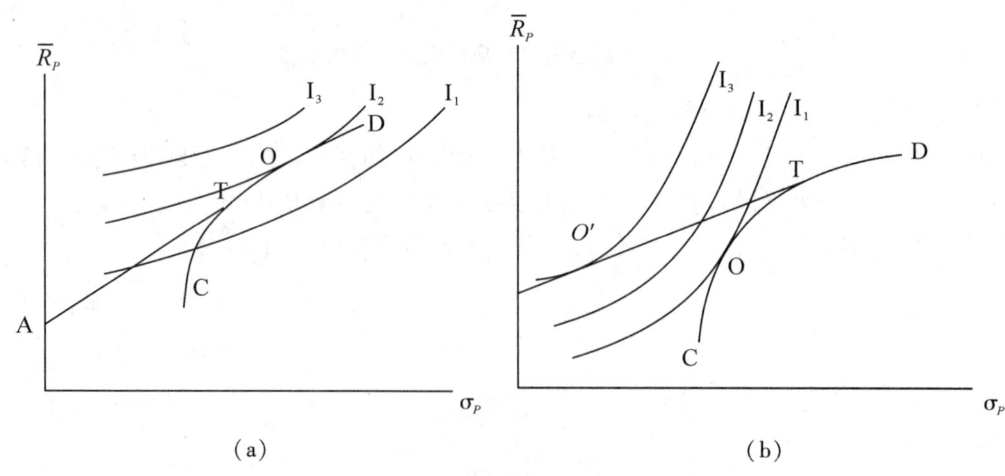

图 9-6 无风险贷款下的投资组合选择

对于较厌恶风险的投资者而言，由于代表其原来最大满足程度的无差异曲线 I_1 与 AT 线段相交，因此不再符合效用最大化的条件。因此该投资者将选择其无差异曲线与 AT 线段相切所代表的投资组合，如图 9－6（b）所示。对于该投资者而言，他将把部分资金投资于风险资产，而把另一部分资金投资于无风险资产。

二、无风险借款对有效集的影响

1. 允许无风险借款下的投资组合

在推导马科维茨有效集的过程中，我们假定投资者可以购买风险资产的金额仅限于他期初的财富。然而，在现实生活中，投资者可以借入资金并用于购买风险资产。由于借款必须支付利息，而利率是已知的。该借款在本息偿还上不存在不确定性。因此我们把这种借款称为无风险借款。

为了分析方便起见，我们假定投资者可按相同的利率进行无风险借贷。

（1）无风险借款并投资于一种风险资产的情形

为了考察无风险借款对有效集的影响，我们首先分析投资者进行无风险借款并投资于一种风险资产的情形。为此，只要对上一节的推导过程进行适当的扩展即可。我们可以把无风险借款看成负的投资，则投资组合中风险资产和无风险借款的比例也可用 X_1 和 X_2 表示，且 $X_1+X_2=1$，$X_1>1$，$X_2<0$。这样，式（9.1）到式（9.4）也完全适用于无风险借款的情形。由于 $X_1>1$，$X_2<0$，因此式（9.4）在图上表现为 AB 线段向右边的延长线上，如图 9－7 所示。这个延长线再次大大扩展了可行集的范围。

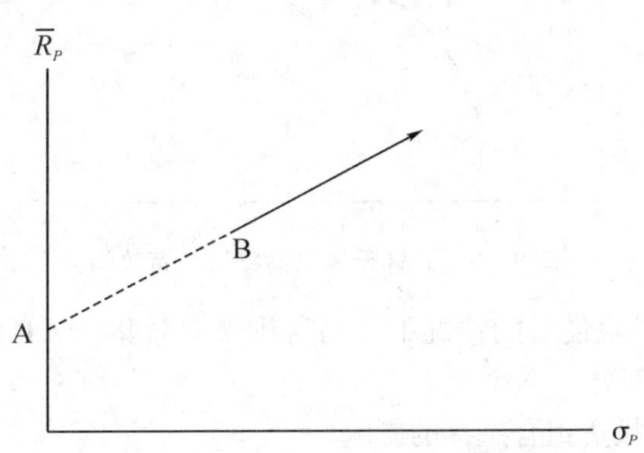

图 9－7 无风险借款和风险资产的组合

（2）无风险借款并投资于风险资产组合的情形

同样，由无风险借款和风险资产组合构成的投资组合，其预期收益率和风险的关系与由无风险借款和一种风险资产构成的投资组合相似。

我们仍假设风险资产组合 B 是由风险证券 C 和 D 组成的，则由风险资产组合 B 和无风险借款 A 构成的投资组合的预期收益率和标准差一定落在 AB 线段向右边的延长线上，如图 9－8 所示。

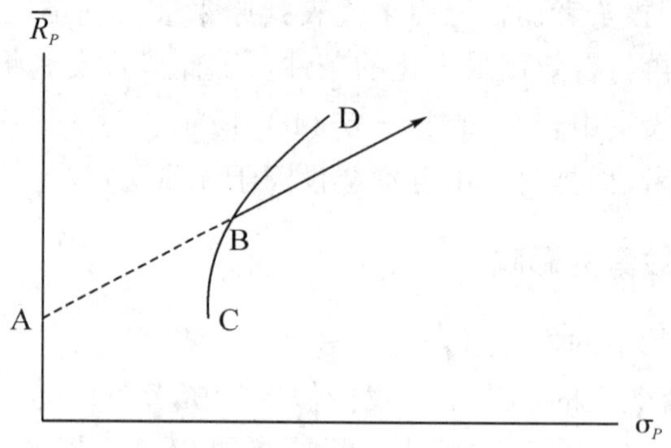

图 9－8　无风险借款和风险组合的组合

2. 无风险借款对有效集的影响

引入无风险借款后，有效集也将发生重大变化。在图 9－9 中，弧线 CD 仍代表马科维茨有效集，T 点仍表示 CD 弧线与过 A 点直线的相切点。在允许无风险借款的情形下，投资者可以通过无风险借款并投资于最优风险资产组合 T 使有效集由 TD 弧线变成 AT 线段向右边的延长线。

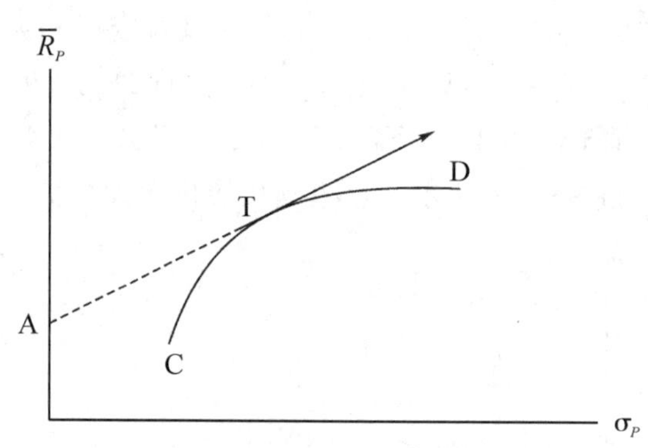

图 9－9　允许无风险借款时的有效集

这样，在允许无风险借贷的情况下，马科维茨有效集由 CTD 弧线变成过 A、T 点的直线在 A 点右边的部分。

3. 无风险借款对投资组合选择的影响

对于不同的投资者而言，允许无风险借款对他们的投资组合选择的影响也不同。

对于厌恶风险程度较轻，从而其选择的投资组合位于 DT 弧线上的投资者而言，由于代表其原来最大满足程度的无差异曲线 I_1 与 AT 直线相交，因此不再符合效用最大化的条件。因此该投资者将选择其无差异曲线与 AT 直线切点所代表的投资组合，如图 9－10（a）所示。对于该投资者而言，他将进行无风险借款并投资于风险资产。

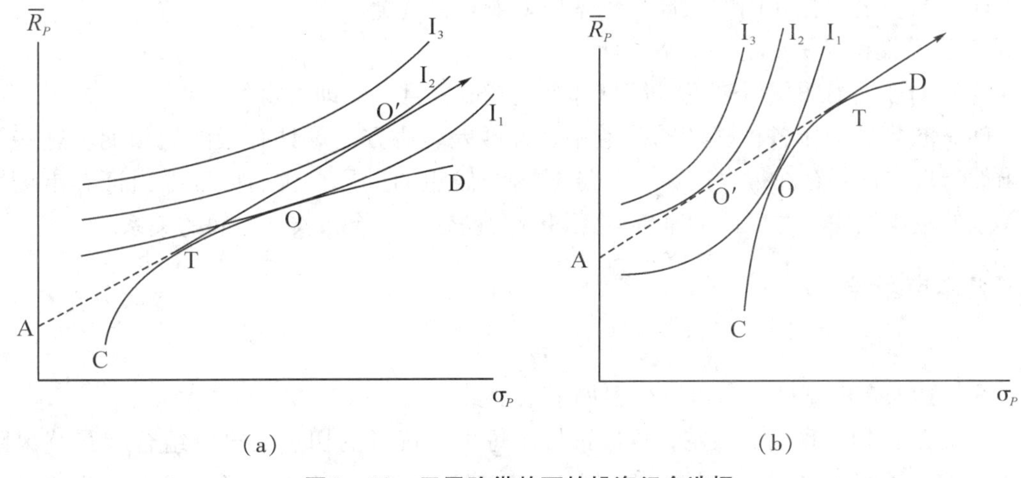

图 9 - 10　无风险借款下的投资组合选择

对于较厌恶风险从而其选择的投资组合位于 CT 弧线上的投资者而言，其投资组合的选择将不受影响。因为只有 CT 弧线上的组合才能获得最大的满足程度，如图 9 - 10（b）所示。对于该投资者而言，他只会用自有资产投资于风险资产，而不会进行无风险借款。综上所述，在允许无风险借贷的情况下，有效集变成一条直线，该直线经过无风险资产 A 点并与马科维茨有效集相切。

第三节　资本资产定价模型

在本节中，我们将在假定所有投资者均按上述方法投资的情况下，研究风险资产的定价问题，它属于实证经济学范畴。在这里，着重介绍资本定价模型（Capital Asset Pricing Model , CAPM）。该模型是由夏普、林特纳、特里诺和莫森等人在现代证券组合理论的基础上提出的，在投资学中占有很重要的地位，并在投资决策和公司理财中得到广泛的运用。

一、基本的假定

为了推导资本资产定价模型，假定：

（1）所有投资者的投资期限均相同。

（2）投资者根据投资组合在单一投资期内的预期收益率和标准差来评价这些投资组合。

（3）投资者永不满足，当面临其他条件相同的两种选择时，他们将选择具有较高预期收益率的那一种。

（4）投资者是厌恶风险的，当面临其他条件相同的两种选择时，他们将选择具有较小标准差的那一种。

（5）每种资产都是无限可分的。

（6）投资者可按相同的无风险利率借入或贷出资金。

（7）税收和交易费用均忽略不计。

（8）对于所有投资者来说，信息都是免费的并且是立即可得的。

（9）投资者对于各种资产的收益率、标准差、协方差等具有相同的预期。这些假定虽然与现实世界存在很大差距，但通过这个假想的世界，我们可以导出证券市场均衡关系的基本性质，并以此为基础，探讨现实世界中风险和收益之间的关系。

二、资本市场线

1．分离定理

在上述假定的基础上，可以得出如下结论：

（1）根据相同预期的假定，可以推导出每个投资者的切点处投资组合（最优风险组合）都是相同的（如图 9－10 的 T 点），从而每个投资者的线性有效集都是一样的。

（2）由于投资者风险——收益偏好不同，其无差异曲线的斜率不同，因此他们的最优投资组合也不同。

由此我们可以导出著名的分离定理：投资者对风险和收益的偏好状况与该投资者风险资产组合的最优构成是无关的。

分离定理可从图 9－11 中看出。在图 9－11 中，I_1 代表厌恶风险程度较轻的投资者的无差异曲线，该投资者的最优投资组合位于 O_1 点，表明他将借入资金投资于风险资产组合上，I_2 代表较厌恶风险的投资者的无差异曲线，该投资者的最优投资组合位于 O_2 点，表明他将部分资金投资于无风险资产，将另一部分资金投资于风险资产组合。虽然 O_1 和 O_2 位置不同，但它们都是由无风险资产（A）和相同的最优风险组合（T）组成，因此他们的风险资产组合中各种风险资产的构成比例自然是相同的。

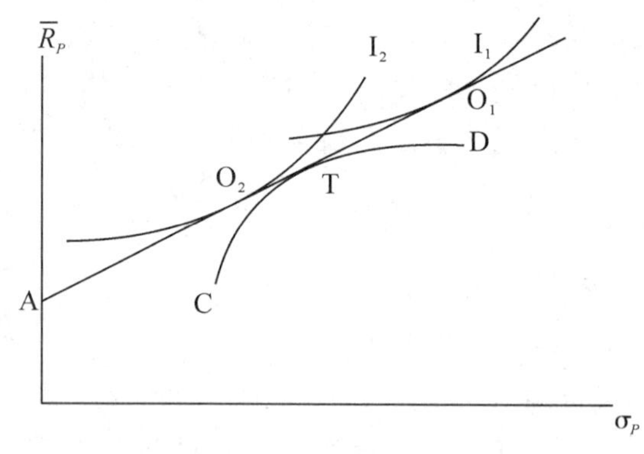

图 9－11　分离定理

2．市场组合

根据分离定理，还可以得到另一个重要结论：在均衡状态下，每种证券在均点处投资组合中都有一个非零的比例。

这是因为，根据分离定理，每个投资者都持有相同的最优风险组合（T）。如果某种证券在 T 组合中的比例为零，那么就没有人购买该证券，该证券的价格就会下降，从而使该证券预期收益率上升，一直到在最终的最优风险组合 T 中，该证券的比例非零为止。

同样，如果投资者对某种证券的需要量超过其供给量，则该证券的价格将上升，导致其预期收益率下降，从而降低其吸引力，它在最优风险组合中的比例也将下降直至对其需求量等于其供给量为止。

因此，在均衡状态下，每一个投资者对每一种证券都愿意持有一定的数量，市场上各种证券的价格都处于使该证券的供求相等的水平上，无风险利率的水平也正好使得借入资金的总量等于贷出资金的总量。这样，在均衡时，最优风险组合中各证券的构成比例等于市场组合中各证券的构成比例。所谓市场组合，是指由所有证券构成的组合，在这个组合中，每一种证券的构成比例等于该证券的相对市值。一种证券的相对市值等于该证券总市值除以所有证券的市值的总和。

习惯上，人们将切点处组合叫做市场组合，并用 M 代替 T 来表示。从理论上说，M 不仅由普通股构成，还包括优先股、债券、房地产等其他资产。但在现实中，人们常将 M 局限于普通股。

3. 共同基金定理

如果投资者的投资范围仅限于资本市场，而且市场是有效的，那么市场组合就大致等于最优风险组合。于是单个投资者就不必费那么多劲进行复杂的分析和计算，只要持有指数基金和无风险资产就可以了。（当然，如果所有投资者都这么做，那么这个结论就不成立。因为指数基金本身并不进行证券分析，它只是简单地根据各种股票的市值在市场总市值中的比重来分配其投资。因此，如果每个投资者都不进行证券分析，证券市场就会失去建立风险收益均衡关系的基础。）如果我们把货币市场基金看做无风险资产，那么投资者所要做的事情只是根据自己的风险厌恶系数，将资金合理地分配于货币市场基金和指数基金，这就是共同基金定理。

共同基金定理将证券选择问题分解成两个不同的问题：一个是技术问题，即由专业的基金经理人创立指数基金；二是个人问题，即根据投资者个人的风险厌恶系数将资金在指数基金与货币市场基金之间进行合理配置。

4. 有效集

按资本资产定价模型的假设，我们就可以很容易地找出有效组合风险和收益之间的关系。如果用 M 代表市场组合，用 R_f 代表无风险利率，从 R_f 出发画一条经过 M 的直线，这条线就是在允许无风险借贷情况下的线性有效集，在此称为资本市场线，如图 9-12 所示。任何不利用市场组合以及不进行无风险借贷的其他所有组合都将位于资本市场线的下方。

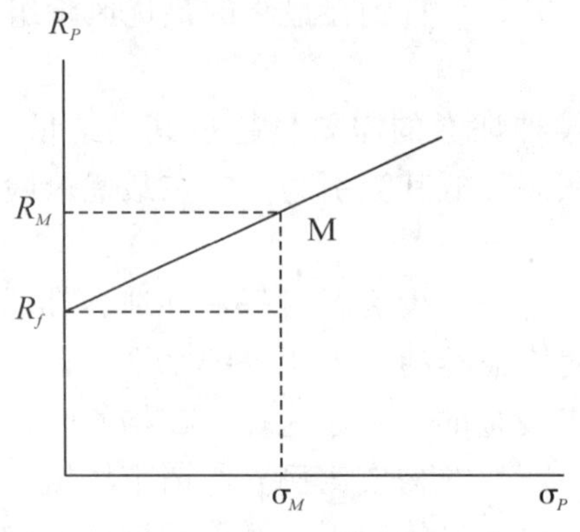

图 9－12　资本市场线

从图 9－12 可以看出，资本市场线的斜率等于市场组合预期收益率与无风险证券收益率之差（$\bar{R}_M - R_f$）除以它们的风险之差（$\sigma_M - o$），即（$\bar{R}_M - R_f$）$/\sigma_M$，由于资本市场线与纵轴的截距为 R_f，因此其表达式为：

$$\bar{R}_p = R_f + (\frac{\bar{R}_M - R_f}{\sigma_M})\sigma_p \tag{9.8}$$

其中 $\bar{R}_p$ 和 σ_p 分别代表最优投资组合的预期收益率和标准差。

从式（9.8）可以看出，证券市场的均衡可用两个关键数字来表示：一是无风险利率（R_f）；二是单位风险报酬（$\bar{R}_M - R_f/\sigma_M$），它们分别代表时间报酬和风险报酬。因此，从本质上说，证券市场提供了时间和风险进行交易的场所，其价格则由供求双方的力量来决定。

三、证券市场线

资本市场线反映的是有效组合的预期收益率和标准差之间的关系，任何单个风险证券由于均不是有效组合而一定位于该直线的下方。因此资本市场线并不能告诉我们单个证券的预期收益与标准差（即总风险）之间应存在怎样的关系。为此，我们有必要作进一步的分析。根据式（9.13）可以得出市场组合标准差的计算公式为：

$$\sigma_M = (\sum_{i=1}^{n}\sum_{j=1}^{n} X_{iM}X_{jM}\sigma_{ij})^{1/2} \tag{9.9}$$

其中 X_{iM} 和 X_{jM} 分别表示证券 i 和 j 在市场组合中的比例。式（9.9）可以展开为：

$$\sigma_M = (X_{1M}\sum_{j=1}^{n} X_{jM}\sigma_{1j} + X_{2M}\sum_{j=1}^{n} X_{jM}\sigma_{2j} + X_{3M}\sum_{j=1}^{n} X_{jM}\sigma_{3j} + \cdots + X_{NM}\sum_{j=1}^{n} X_{jM}\sigma_{nj})^{1/2} \tag{9.10}$$

根据协方差的性质可知，证券 i 跟市场组合的协方差（σ_{iM}）等于证券 i 跟市场组合中每种证券协方差的加权平均数：

$$\sigma_{iM} = \sum_{j=1}^{n} X_{jM}\sigma_{ij} \tag{9.11}$$

如果我们把协方差的这个性质运用到市场组合中的每一个风险证券，并代入式(9.10)，可得：

$$\sigma_M = (X_{1M}\sigma_{1M} + X_{2M}\sigma_{2M} + X_{3M}\sigma_{3M} + \cdots + X_{nM}\sigma_{nM})^{1/2} \tag{9.12}$$

其中，σ_{1M}表示证券1与市场组合的协方差；σ_{2M}表示证券2与市场组合的协方差，依此类推。式(9.12)表明，市场组合的标准差等于所有证券与市场组合协方差的加权平均数的平方根，其权数等于各种证券在市场组合中的比例。

由此可见，在考虑市场组合风险时，重要的不是各种证券自身的整体风险，而是其与市场组合的协方差。这就是说，自身风险较高的证券，并不意味着其预期收益率也应较高；同样，自身风险较低的证券，也并不意味着其预期收益率也就较低。单个证券的预期收益率水平应取决于其与市场组合的协方差。

由此我们可以得出如下结论：具有较大σ_{iM}值的证券必须按比例提供较大的预期收益率以吸引投资者。由于市场组合的预期收益率和标准差分别是各种证券预期收益和各种证券与市场组合的协方差（σ_{iM}）的加权平均数，其权数均等于各种证券在市场组合中的比例，因此如果某种证券的预期收益率相对于其σ_{iM}值太低的话，投资者只要把这种证券从其投资组合中剔除就可提高其投资组合的预期收益率，从而导致证券市场失衡。同样，如果某种证券的预期收益率相对于其σ_{iM}值太高的话，投资者只要增持这种证券就可提高其投资组合的预期收益率，从而也将导致证券市场失衡。在均衡状态下，单个证券风险和收益的关系可以写为：

$$\bar{R}_i = R_f + \left(\frac{\bar{R}_M - R_f}{\sigma_M^2}\right)\sigma_{iM} \tag{9.13}$$

式(9.13)所表达的就是著名的证券市场线（*Security Market Line*），它反映了单个证券与市场组合的协方差和其预期收益率之间的均衡关系，如果我们用$\bar{R}_i$作纵坐标，用σ_{iM}作横坐标，则证券市场线在图上就是一条截距为R_f、斜率为$[(\bar{R}_M - R_f)/\sigma_M^2]$的直线，如图9-13(a)所示。

从式(9.13)可以发现，对于σ_{iM}等于0的风险证券而言，其预期收益率应等于无风险利率，因为这个风险证券跟无风险证券一样，对市场组合的风险没有任何影响。同时，当某种证券的$\sigma_{iM}<0$时，该证券的预期收益率甚至将低于R_f。

把式(9.12)代入式(9.13)，则有：

$$\bar{R}_i = R_f + (\bar{R}_M - R_f)\beta_{iM} \tag{9.14}$$

其中，β_{iM}称为证券i的β系数，它是表示证券i与市场组合协方差的另一种方式。式(9.14)是证券市场线的另一种表达方式。如果我们用$\bar{R}_i$为纵轴，用β_{iM}为横轴，则证券市场线也可表示为截距为R_f，斜率为$(\bar{R}_M - R_f)$的直线，如图9-13(b)所示。

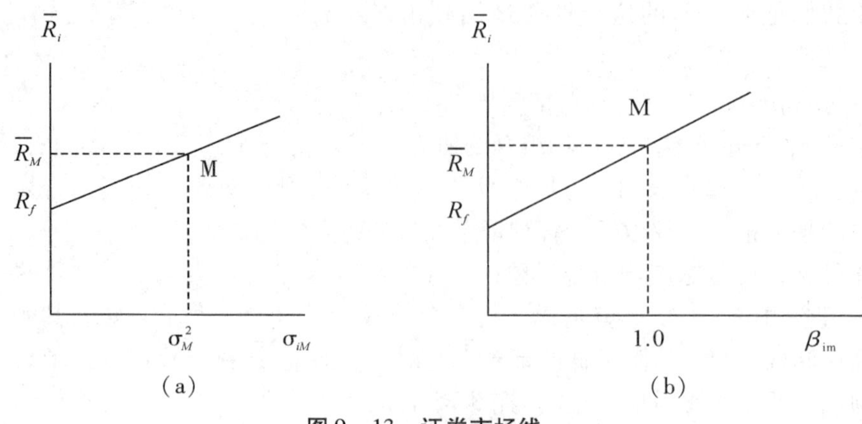

图 9-13　证券市场线

β 系数的一个重要特征是，一个证券组合的 β 值等于该组合中各种证券 β 值的加权平均数，权数为各种证券在该组合中所占的比例，即

$$\beta_{pM} = \sum_{i=1}^{n} X_i \beta_{iM} \tag{9.15}$$

其中 β_{pM} 表示组合 P 的 β 值。

由于任何组合的预期收益率和 β 值都等于该组合中各个证券预期收益率和 β 值的加权平均数，其权数也都等于各个证券在该组合中所占比例，因此，既然每一种证券都落在证券市场线上，那么由这些证券构成的证券组合也一定落在证券市场线上。

比较资本市场线和证券市场线可以看出，只有最优投资组合才落在资本市场线上，其他组合和证券则落在资本市场线下方。而对于证券市场线来说，无论是有效组合还是非有效组合，它们都落在证券市场线上。

既然证券市场线包括了所有证券和所有组合，因此也一定包含市场组合和无风险资产。在市场组合那一点，β 值为 1，预期收益率为 $\bar{R}_M$，因此其坐标为（1，$\bar{R}_M$）。在无风险资产那一点，β 值为 0，预期收益率为 R_f，因此其坐标为（0，R_f）。证券市场线反映了在不同的 β 值水平下，各种证券及证券组合应有的预期收益率水平，从而反映了各种证券和证券组合系统性风险与预期收益率的均衡关系。由于预期收益率与证券价格反比，因此证券市场线实际上也给出了风险资产的定价公式。

资本资产定价模型所揭示的投资收益与风险的函数关系，是通过投资者对持有证券数量的调整并引起证券价格的变化而达到的。根据每一证券的收益和风险特征，给定一证券组合，如果投资者愿意持有的某一证券的数量不等于已拥有的数量，投资者就会通过买进或卖出证券进行调整，并因此对这种证券价格产生涨或跌的压力。在得到一组新的价格后，投资者将重新估计对各种证券的需求，这一过程将持续到投资者对每一种证券愿意持有的数量等于已持有的数量，证券市场达到均衡。

四、β 值的估算

β 值的估算有单因素模型和多因素模型。在本节中，我们仅介绍单因素模型的情形。

β 系数的估计是 CAPM 模型实际运用时最为重要的环节之一。在实际运用中，人们常用单因素模型来估计 β 值。单因素模型一般可以表示为：

$$R_{it} = \alpha_i + \beta_i R_{mt} + \varepsilon_{it} \tag{9.16}$$

在这里，R_{it}为证券 i 在 t 时刻的实际收益率，R_{mt}为市场指数在 t 时刻的收益率，α_i为截距项，β_i 为证券 i 收益率变化对市场指数收益率变化的敏感度指标，它衡量的是系统性风险，ε_{it}为随机误差项，该随机误差项的期望值为零。公式（9.16）也常被称为市场模型。

虽然从严格意义上讲，资本资产定价模型中的 β 值和单因素模型中的 β 值是有区别的，前者相对于整个市场组合而言，而后者相于某个市场指数而言，但是在实际操作中，由于我们不能确切知道市场组合的构成，所以一般用市场指数来代替，因此我们可以用单因素模型测算的 β 值来代替资本资产定价模型中的 β 值。另外，*CAPM* 模型中的 β 值是预期值，而我们无法知道投资者的预测值是多少，我们只能根据历史数据估计过去一段样本期内的 β 值，并把它当做预测值使用。这里的差距是显而易见的，读者应注意。

单因素模型可以用图 9－14 中的特征线表示，特征线是从对应于市场指数收益率的证券收益率的散点图拟合而成的，根据单因素模型的公式，β 值可以看作特征线的斜率，它表示市场指数收益率变动 1% 时，证券收益率的变动幅度。

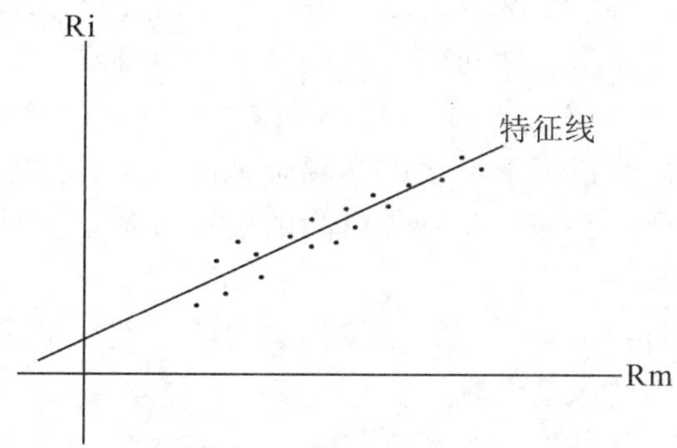

图 9－14　β 值和特征线

我们可以运用对历史数据的回归分析估计出单因素模型中的参数，从而得出 β 值。例如，可以计算出过去 9 年内的月收益率，这样市场指数和某一证券的收益率就分别有 108 个观察值，然后对这些观察值进行回归分析。β 值的观察值越多，β 值的估算就越准确。

第四节 资本资产定价模型的进一步讨论

资本资产定价模型是建立在严格的假设前提下的，这些严格的假设条件在现实的世界中很难满足。那么，该理论有多大的应用价值呢？我们可以从两方面来回答这个问题：一是放宽不符合实际的假设前提后，看该理论本身或者经过适当修改后能否基本上成立；二是通过实证检验看这一理论是否能较好地解释证券市场价格运动规律。

一、不一致性预期

如果投资者对未来收益的分布不具有相同的预期，那么他们将持有不同的有效集和选择不同的市场组合。林特耐（Lintner）1967 年的研究表明，不一致性预期的存在并不会给资本资产定价模型造成致命影响，只是资本资产定价模型中的预期收益率和协方差需使用投资者预期的一个复杂的加权平均数。尽管如此，如果投资者存在不一致性预期，市场组合就不一定是有效组合，其结果是资本资产定价模型不可检验。

二、多要素资本资产定价模型

传统的资本资产定价模型假设投资者只关心的唯一风险是证券未来价格变化的不确定性，然而投资者通常还会关心其他的一些风险，这些风险将影响投资者未来的消费能力，比如与未来的收入水平变化、未来商品和劳务价格的变化和未来投资机会的变化等相关的风险都是投资者可能关心的风险。

就传统的资本资产定价模型而言，投资者可以通过持有市场组合而规避非系统性风险，市场组合可以看做是根据相对投资额投资于所有证券的共同基金。在多要素资本资产定价模型中，投资者除了要投资于市场组合以规避市场上的非系统性风险外，还要投资于其他的基金以规避某一特定的市场外风险。虽然并不是每个投资者都关心相同的市场外风险，但是关心同一市场外风险的投资者基本上是按照相同的办法来预防风险的。

多要素资本资产定价模型承认了非市场性风险的存在，市场对风险资产的定价必须反映出补偿市场外风险的风险溢酬。但是，多要素资本资产定价模型的一个问题是，投资者很难确认所有的市场外风险并经验地估计每一个风险。

三、借款受限制的情形

CAPM 假定所有投资者都能按相同的利率进行借贷。但在现实生活中，借款常受到限制（中国的大多数投资者常面临这种局面），或者借款利率高于放款利率（或者说存款利率），甚至在一些极端的情形下根本就不存在无风险资产。在这种情况下，预期收益率与 β 系数之间的关系会怎样呢？Black 对此作了专门的研究。Black 的模型充满了数学，限于篇幅，我们只介绍他的主要观点和结论。

Black 指出在不存在无风险利率的情形下，均值方差的有效组合具有如下三个特性：

（1）由有效组合构成的任何组合一定位于有效边界上。

（2）有效边界上的每一组合在最小方差边界的下半部（无效部分）都有一个与之不相关的“伴随”组合。由于“伴随”组合与有效组合是不相关的，因此被称为该有效组合的零贝塔组合（注意，这里的“零贝塔组合”不是指该组合的贝塔系数为0，而是指它跟与之相伴随的有效组合之间的相关系数为0）。

（3）任何资产的预期收益率都可以表示为任何两个有效组合预期收益率的线性函数。例如，任何证券i的预期收益率（R_i）都可以表示为A、B两个有效组合的预期收益率的线性函数。

四、流动性问题

流动性指的是出售资产的难易程度和成本。传统的CAPM理论假定，证券交易是没有成本的。但在现实生活中，几乎所有证券交易都是有成本的，因而也不具有完美的流动性。投资者自然喜欢流动性好、交易成本低的证券，流动性差的股票收益率自然也就应较高。很多经验证据也表明流动性差会大大降低资产的价格。

❀ 本章小结

1. 投资者首先可以通过计算各个证券预期收益率、方差及各证券间协方差得出证券投资的有效集，然后找出有效集与该投资者等效用曲线族相切的切点，该切点代表的组合就是获得最大投资效用的组合，即最优投资组合。这就是以马柯维茨为代表的现代证券组合理论（Modern Portfolio Theory）的主要内容。

2. 为方便起见，人们常将1年期的国库券或者货币市场基金当做无风险资产。

3. 单位风险报酬（或称夏普比率）是风险资产组合的重要特征，它是无风险资产与风险资产组合连线的斜率。无风险资产与该风险资产组合的任何组合都位于该连线（资产配置线）上。在其他条件相同时，投资者总是喜欢单位风险报酬较高（或者说斜率较高）的资产配置线。

4. 引入无风险资产和按无风险资产收益率自由借贷后，对于规避风险的投资者来说，不论该投资者主观风险承受能力如何，投资者持有的最优证券组合总是市场组合，而不是有效边界上任何其他点所代表的证券组合，更不是可行集内其他的点代表的证券组合。最优投资组合与投资者的收益风险偏好是无关的。

5. 投资者投资于最优风险组合的比例与风险溢价成正比而与方差和投资者的风险厌恶度成反比，它是由资本市场线与投资者无差异曲线的相切点决定的。

6. 资本资产定价模型表明，当证券市场处于均衡状态时，资产的预期收益率等于市场对无风险投资所要求的收益率加上风险溢价。给定无风险收益率Rf为一常数，投资收益率是系统性风险β值的正的线性函数，而风险溢价决定于下面两个因素：①市场组合的预期收益率减去无风险收益率$R_i - R_f$，这是每单位风险的风险溢价；②用β系数表示的风险值，用公式表示：$R_i = R_f + [(R_m - R_f)]\beta_i$。

7. 对 CAPM 的实证检验即使不是完全不可能的，也是极其困难和复杂的，会遇到难以找到真正的市场组合、用实际收益率替代预期收益率、数据挖掘倾向、幸存者偏差、样本误、相关变量是否随时间变化等诸多难题，因此理论界还远未形成定论。但这并不影响 CAPM 和 APT 在实践中发挥着重要的作用。

❊ 复习思考题：

1. 你拥有一个风险组合，期望收益率为 15%，无风险收益率为 5%。如果你按下列比例投资于风险组合并将其余部分投资于无风险资产，你的总投资组合的期望收益率是多少？

（1）120%　　（2）90%　　（3）75%

2. 考虑一个期望收益率为 18% 的风险组合，无风险收益率为 5%。你如何创造一个期望收益率为 24% 的投资组合。

3. 你拥有一个标准差为 20% 的风险组合。如果你将下述比例投资于无风险资产，其余投资于风险组合，则你的总投资组合的标准差是多少？

（1）－30%　　（2）10%　　（3）30%

4. 你的投资组合由一个风险投资组合（12% 的期望收益率和 25% 的标准差）以及一个无风险资产（7% 的收益率）组成。如果你的总投资组合的标准差为 20%，它的期望收益率是多少？

5. 某风险组合到年末时要么值 50 000 元，要么值 150 000 元，其概率都是 50%。无风险年利率为 5%。

（1）如果你要求获得 7% 的风险溢价，你愿意付多少钱来买这个风险组合？

（2）假设你要求获得 10% 的风险溢价，你愿意付多少钱来买这个风险组合？

6. 什么是可行集？什么是有效集？如何确定最优投资组合？

7. 无风险贷款对投资组合选择的影响？如何描述？

8. 无风险借款对投资组合选择的影响？如何描述？

9. 资本市场线与证券市场线有何区别？

10. β 系数的含义？

第十章　证券市场信息披露与监管

本章学习目标：

了解信息披露的重要性，掌握信息披露的基本原则，熟悉我国上市公司信息披露的主要内容；了解证券监管的概念及必要性，掌握证券监管的原则，理解证券监管的不同模式。

第一节　信息披露概述

随着市场经济和股份公司的不断发展，上市公司的信息披露已显得越来越重要。上市公司的信息披露一方面是为了对投资者负责，另一方面也有助于促进其自身发展。具体而言其重要性体现在以下几个方面：

1. 信息披露有助于公司的筹资和降低筹资成本

股票发行和上市的核心是通过股票的发行和在证券交易所的流通、转让，实现公司股权的公开化和社会化。有的投资者在证券交易所购买了公司的股票，成了公司的新股东；有的投资者预计购买公司的股票，将成为公司潜在的股东。公司为争取更多的资金，势必千方百计赢得这些潜在股东。那么，潜在的股东怎样成为公司真正的股东，除了他们要有购买公司股票所需的资金外，还要充分了解预投资公司的财务和经营情况，根据各种资料作出是否购买该公司的股票，是否成为股东的决策。而投资者了解该公司情况的主要途径就是公司的信息披露。若没有公司披露的信息，潜在的股东就无法对自己的投资方向和数量作出决策。因此，公司及时、准确地披露信息正满足了潜在股东的要求，起到了将其投资愿望变为现实的促进作用，从而使公司能更快、更有效地进行筹资。

此外，上市公司的信息披露，还可以有效地提高对本公司证券（包括各种股票和债券）期望报酬的评价，或是降低投资者对公司证券风险程度的估计。其结果，可以把这种评价和估计的信息传输给市场，通过市场机制的调整，能较为公正的计量公司证券的价值。一些经营能力优于同行业水平的公司，借助于信息披露能显示出本公司所处的有利地位，使投资者通过资料的比较分析，作出倾向性的选择——即以较高的价格购买公司的有价证券。于是公司就可以用较低的成本筹集到所需的资金。

2. 信息披露有助于促进公司自身的发展

上市公司要生存与发展，必须与外界保持信息交流，打破自我封闭状态。通过信息披露使其经营状况和经济效益受到公众的监督和市场的检验。公司还能通过与其他公司披露的信息进行比较、分析，了解自己公司资本结构和资产结构是否合理，生产经营是否理想，给公司以鞭策和压力，进而促使其加强内部管理、改进生产技术，不断超越自我。

上市公司的信息披露还能帮助公司在社会上树立起公司形象，提高公司自我知名度。一些业绩优良的公司通过信息披露还可以增加公司的商誉，使公司的无形资产大大提高，而公司的发展前景也将更加光明。

3. 信息披露是保护投资者的重要手段

保护投资者的利益是证券市场监管的主要目标。上市公司的全部注册资本由全体股东共同出资，每个股东以其入股资本对公司承担有限责任，同时也享受相应的权利。由于所有权与经营权的分离，在公司外部已形成了投资者、债权人组成的与公司有经济利益关系的集团，就投资者而言，它的投资就是投资公司的未来。然而，未来存在很大的不确定性，信息披露的价值就在于降低投资风险，它可使投资者在接受信息后，经过仔细分析、研究再作出最佳选择，让投资者冒最小的风险，获取最大的报酬。因此，信息披露能有效保障投资者的利益。

4. 信息披露有助于社会资源的优化配置

人类社会的一个共同矛盾是可供消费资源的稀缺性和人们需要的无限性之间的矛盾。经济学的根本任务就在于解决这个矛盾。在市场经济中，市场机制是资源配置的主要手段。资本总是流向高效益有发展前途的企业。而上市公司的信息披露正促进了这一点。因为投资者在投资前总会对不同公司的财务实力、经营业绩和与投资相关的财务状况作出比较、分析、预测。从而选择那些资信程度好、偿债能力强、获利水平高的公司进行投资。其结果便是促使社会资源流向高速成长、有发展前景的行业或企业，以达到社会资源的最佳配置。

5. 信息披露有助于证券市场的规范与发展

判断一个证券市场是否成熟、规范的一个重要标志就是上市股份公司的信息披露情况，它也是证券市场实行规范化管理的一个重要组成部分。通过信息披露、分析、利用，不仅有利于维护投资者之间的公平交易，还能有效地防止公司的欺诈行为，从而促进证券市场健康、规范的发展。

上市公司信息披露正确、及时与否无论对公司的主管部门、公司内部管理者，还是公司的股东和潜在股东都有着重要意义。因此，必须保证信息披露具有高度的准确性和可靠性。

第二节　信息披露制度的基本原则

由于信息披露是一种贯穿证券监管全过程的核心制度，因此体现该制度最基本要求的基本原则深受立法者及学者们的关注。在确定信息披露制度基本原则中，选择标准应当包括：

第一，所确立的原则相互之间应当是互相独立地阐述某个方面的要求，而不是互相重叠或者呈现出从属关系；

第二，所确定的基本原则应该是与证券市场信息披露与传播紧密相关的原则，而不是缺乏针对性的笼统原则；

第三，信息披露的要求应当细分为关于内容方面实质性的要求和关于形式方面技术性的要求，而不应将两者混合在一起论述；

第四，信息披露基本原则的确立必须与违规行为的类型化划分具有一定程度上的对应性，使得对每一项基本要求的违反均构成一种类型的违规形态。

根据上述标准可将基本原则划分为实质性基本原则，包括真实性原则、完整性原则、准确性原则、及时性原则和公平披露原则；形式性基本原则，包括规范原则和易解与易得原则。

一、信息披露实质性基本原则

1．真实性原则

信息公开披露的基本目的在于使投资者获得可以依靠的投资信息，真实性原则是信息披露最根本最重要的要求。但由于证券市场上的投资者对信息的敏感性及由此做出投资决策的反应，使得不实陈述或虚假陈述成为证券市场信息披露主要违规类型之一，并直接危害证券市场的信心。真实原则要求无论是通过书面文件还是通过口头陈述，也无论是借用语言形式还是借用行动方式，也无论采取明示还是默示，披露的信息应当是以客观事实或具有事实基础的判断与意见为基础的。正因为真实原则的重要性和内在困难，所以对该原则的实现是自愿性披露制度所无法胜任的。强制性信息披露制度在此的作用主要体现为：

第一，证券发行申报材料的审核制度。各国证券监管机构，无论在监管模式及发行审核模式上有什么差别，均对发行申报资料与文件的真实性进行实质性或形式上的审核。

第二，证券信息公开的担保制度。公司的全体发起人或者董事必须保证公开披露文件内容的真实性。通过证券法规直接规定信息披露有关特定主体必须依法明示保证信息披露公开文件内容的真实性，并且在有虚假陈述、严重误导或重大遗漏的情况下承担连带法律责任。如果是初次发行，要求公司在招股说明书中声明：公司全体董事、监事、高级管理人员承诺该招股说明书及其摘要不存在虚假记载、误导性陈述或重大遗漏，并对其真实性、准确性、完整性承担个别和连带的法律责任。

第三，证券中介机构对披露文件真实性的尽职调查。首先，在公司融资中承担保荐人（主承销商）要对公司进行尽职调查，以本行业公认的业务标准和道德规范，对股票发行人及市场的有关情况及有关文件的真实性、准确性、完整性进行核查、验证等专业调查。保证或有充分理由确信向监管部门提交的相关文件不存在虚假记载、误导性陈述或重大遗漏。在推荐文件中对发行人的信息披露质量、发行人的独立性和持续经营能力等作出必要的承诺，并承担相应的法律责任。其次，公开披露文件涉及财务会计、法律、资产评估等事项的，应当由具有从事证券业务资格的会计师事务所、律师事务所和资产评估机构等专业性中介机构审查验证，并出具意见。专业性中介机构及人员必须保证其审查验证文件的内容没有虚假、严重误导性陈述或者重大遗漏，并对此承担相应法律责任。

第四，证券交易所对公开信息真实性的审查，不同证券交易所通过各自信息披露政策与程序，要求上市公司承诺真实地披露所有法律要求或自愿披露的信息，并且要求上市公司遵守交易所的持续性披露义务。包括对新闻报道中的非正式公开信息作出反应；纠正选择性披露；去除含有广告效应的披露语言；要求公司澄清不完整或者含糊不清的陈述以及要求对公司事先做出的信息披露的发展状态进行跟踪说明。通过以上措施，使投资者能够接触最大程度的真实的信息。

第五，法律责任制度的存在。违反真实原则的发行申报材料将被拒绝发行许可。法律对于虚假不实陈述的当事人，处以刑事的、行政的或民事的处罚。对于未尽职审查或为证券发行出具不真实文件的专业机构和人员将处以停止营业、撤销从业资格或市场禁入等处分，严重者将受到刑事处罚。

2. 完整性原则

完整性原则要求将所有可能影响投资者决策的信息均应得到披露。在披露某一具体信息时，必须对该信息的所有方面进行周密、全面、充分的揭示；不仅要披露对公司股价有利的信息，更要披露对公司股价不利的诸种潜在或现实风险因素，不能有所遗漏。毕竟投资者判断是基于公司公开披露的全部信息的综合反应，这便要求上市公司应当把公司完整的形象呈现在投资者面前，如果上市公司在公开披露时有所侧重、有所隐瞒、有所遗漏，则会导致投资者无法获得有关投资决策的全面信息。那么，即使已经公开的各个信息具有个别的真实性，也会在已公开信息总体上造成整体的虚假性。

完整性原则表明：由于没有完整披露某些信息而使披露部分信息具有虚假和误导成分，其严重程度与直接不实陈述是一样的，尤其在所遗漏信息对作出正确投资判断如此重要和如此敏感的时候更是如此。因此必须要求发行公司平衡地、全面地将投资信息呈现在投资者面前。完整披露包括披露信息内容上达到实质性的完整，即对投资者做出投资决策有重大影响的信息，不论披露准则有无规定，均应予以披露，发行人认为有助于投资者做出投资决策的信息，如果披露准则没有规定，发行人也可以增加这部分内容。

3. 准确性原则

准确性原则要求上市公司披露信息时必须用精确不含糊的语言表达其含义，在内容与表达方式上不得使人产生误解。理论上说，判断一种表述是否具有含糊不清和误导的标准应当来自于信息的接受者，而不是信息的提供者。然而在实践中，由于上市公司和投资者在认知水平、投资经验、语言理解能力、表达方式上具有各种差异，导致对语言理解具有选择性和多样性。为了避免信息发布人利用语言的多解性从而把误解的责任推卸给投资人，在对公开披露信息的准确性理解与解释上，应当以一般投资者的判断能力作为标准。

当市场上出现各种消息可能影响公司信息准确性的时候，事实上是将投资者置于一种不知所措的两难境地。如果没有及时的改正，澄清这些传言，必然会动摇已经公开消息在投资者心目中的准确性，因此证券法规必须规定：在任何公共传播媒介中出现的消息可能对上市公司股票的市场价格产生误导性影响时，公司在知悉后应当立即对该消息作出公开澄清。

4．及时性原则

及时性原则要求公司应以最快的速度公开其信息，即一旦公司经营和财务状况发生变化，应当立即向社会公众公开其变化细节；公司应当保证所公开披露信息的最新状态，不能给社会公众过时的和陈旧的信息。可见，公开披露及时原则是一个持续性义务，即公开发行证券的公司从证券发行到上市的持续经营活动期间，向投资者披露的资料应当始终是最新的、及时的。各国证券法对信息产生与公开之间的时间差都有法律规定，要求每个时间差不能超过法定期限。信息及时披露的意义在于使市场行情可以根据最新信息及时作出调整，投资者也可以根据最新信息以及行情变化作出理性选择，并且可以通过缩短信息发生与公布之间的时间差来减少内幕交易的可能性，降低监管难度。

5．公平披露原则

公平披露原则是针对选择性披露问题提出的。选择性披露是指将重大的未公开信息仅仅向证券分析师、机构性投资者或其他人披露，而不是向所有市场上的投资者披露，选择性披露将直接造成信息获得不平等，并与利用内幕信息交易有深刻的联系。

无论是在讨论股票分析报告中，或者在与证券分析师和机构投资者的定期会议中的选择性披露已经成为信息披露不公平的重要问题，当证券分析师或机构投资人被事先告知未披露的定期或临时报告，而这些报告一旦被公开将对证券价格产生正面或负面影响时，这一问题便尤为突出。那些从选择性披露中获得信息的人将不公平地产生信息优势，而一般投资者只能等发行人事后将此披露后才能获悉这些信息。公平披露原则要求上市公司向所有投资者平等地公开重要信息，即公司向证券分析师或机构投资者披露的有关利润或收入等敏感的非公开资料，必须通过在证券交易委员会备案或发布新闻的方式向公众公布。

二、信息披露形式性基本原则

1．规范性原则

规范性原则要求信息披露必须按照统一的内容和格式标准公开。公开文件的类型、每种文件的内容和应当包括的事项、信息披露的格式等都由法律统一规定并作为一项法定义务要求信息披露义务人遵照执行，如果披露文件内容与形式违反规范性原则，可能导致文件不被接受或者要求重新披露。

规范性原则主要是为了使信息披露具有统一的要求，保证披露信息内容的可比较性，并且使任何可能出现规避某些披露事项的企图变得不现实。简言之，规范性原则是法律通过确定相应准则明确必须披露什么和如何披露这两个问题，使上市公司对于披露的内容和格式不存在因可选择性而导致的混乱和缺乏可比性，同时也保证了披露的信息具有相类似的广度和深度，这是自愿披露所无法达到的，也恰恰反映了信息披露的强制性原则。各国法律对信息公开的内容和格式都有明确规定，不得随意改动，其目的也正在于此。

2. 易解性原则

易解性原则要求公开披露信息从陈述方式到使用术语上都应当尽量做到浅显易懂，用语不要过于专业化，避免阻碍了一般投资者的有效理解。因此，法定公开资料应以鲜明的形式，简洁明了的语言，易于为普通投资者理解的术语，向投资者平实地陈述信息，应当避免使用难解、冗长的技术性用语。

信息披露制度的目的在于传达信息，而不仅仅在于公开信息。如果信息没有被投资者理解，那么事实上这与没有公开信息无太大差别。如今，由于证券监管者希望在披露文件中纳入越来越多的信息，然而却由于文件的冗长与复杂遮盖了有助于投资者作出投资决策的基本性信息，因此向证券监管者提出了这样一个问题：更多的信息披露并不必然意味着更好的信息披露，太多过分堆积的、更为复杂难懂的信息有时也意味着没有充分的信息。

3. 易得性原则

易得性原则要求公开披露信息容易为一般公众投资者所获取。从信息披露的方式来看，信息披露的方式主要有三种：通过公众新闻媒介，如报纸、电视等进行公开；将有价证券发行招股说明书、上市公告书等文件备置于证券监管机构、证券交易所、证券公司等指定场所供公众阅览；证券发行者或出售者将有关信息资料直接交给投资者。三种方式各有利弊，实践中一般采取三种相结合的办法。指定新闻媒介公开传播有关信息材料，并且结合直接交付和固定地点备置等方式加以公开。

第三节 我国上市公司信息披露的主要内容

根据2007年颁布的《上市公司信息披露管理办法》第五条规定，我国上市公司信息披露包括招股说明书、募集说明书、上市公告书、定期报告和临时报告等。其中前三种为公司公开发行股票前的信息披露内容，帮助投资者对股票发行人的经营状况及发展潜力进行细致评估；后两种为公司上市后的持续性信息披露内容，以确保迅速披露那些可能对上市股票的价格动向产生实质性影响的信息。

一、招股说明书、募集说明书与上市公告书

发行人编制招股说明书应当符合中国证监会的相关规定。凡是对投资者作出投资决策有重大影响的信息，均应当在招股说明书中披露。公开发行证券的申请经中国证监会核准后，发行人应当在证券发行前公告招股说明书。

发行人申请首次公开发行股票的，中国证监会受理申请文件后，发行审核委员会审核前，发行人应当将招股说明书申报稿在中国证监会网站预先披露。

预先披露的招股说明书申报稿不是发行人发行股票的正式文件，不能含有价格信息，发行人不得据此发行股票。证券发行申请经中国证监会核准后至发行结束前，发

生重要事项的，发行人应当向中国证监会书面说明，并经中国证监会同意后，修改招股说明书或者作相应的补充公告。

申请证券上市交易，应当按照证券交易所的规定编制上市公告书，并经证券交易所审核同意后公告。发行人的董事、监事、高级管理人员，应当对上市公告书签署书面确认意见，保证所披露的信息真实、准确、完整。招股说明书、上市公告书引用保荐人、证券服务机构的专业意见或者报告的，相关内容应当与保荐人、证券服务机构出具的文件内容一致，确保引用保荐人、证券服务机构的意见不会产生误导。同样，此类规定也适用于公司债券募集说明书。上市公司在非公开发行新股后，应当依法披露发行情况报告书。

二、定期报告

上市公司应当披露的定期报告包括年度报告、中期报告和季度报告。凡是对投资者作出投资决策有重大影响的信息，均应当披露。

年度报告中的财务会计报告应当经具有证券、期货相关业务资格的会计师事务所审计。年度报告应当在每个会计年度结束之日起 4 个月内，中期报告应当在每个会计年度的上半年结束之日起 2 个月内，季度报告应当在每个会计年度第 3 个月、第 9 个月结束后的 1 个月内编制完成并披露。第一季度季度报告的披露时间不得早于上一年度年度报告的披露时间。

1. 年度报告

年度报告应当记载以下内容：

（1）公司基本情况；

（2）主要会计数据和财务指标；

（3）公司股票、债券发行及变动情况，报告期末股票、债券总额、股东总数，公司前 10 大股东持股情况；

（4）持股 5% 以上股东、控股股东及实际控制人情况；

（5）董事、监事、高级管理人员的任职情况、持股变动情况、年度报酬情况；

（6）董事会报告；

（7）管理层讨论与分析；

（8）报告期内重大事件及对公司的影响；

（9）财务会计报告和审计报告全文；

（10）中国证监会规定的其他事项。

2. 中期报告

中期报告应当记载以下内容：

（1）公司基本情况；

（2）主要会计数据和财务指标；

（3）公司股票、债券发行及变动情况、股东总数、公司前 10 大股东持股情况，控股股东及实际控制人发生变化的情况；

（4）管理层讨论与分析；

（5）报告期内重大诉讼、仲裁等重大事件及对公司的影响；

（6）财务会计报告；

（7）中国证监会规定的其他事项。

3. 季度报告

季度报告应当记载以下内容：

（1）公司基本情况；

（2）主要会计数据和财务指标；

（3）中国证监会规定的其他事项。

三、临时报告

发生可能对上市公司证券及其衍生品种交易价格产生较大影响的重大事件，投资者尚未得知时，上市公司应当立即披露，说明事件的起因、目前的状态和可能产生的影响。

重大事件包括的内容：

（1）公司的经营方针和经营范围的重大变化；

（2）公司的重大投资行为和重大的购置财产的决定；

（3）公司订立重要合同，可能对公司的资产、负债、权益和经营成果产生重要影响；

（4）公司发生重大债务和未能清偿到期重大债务的违约情况，或者发生大额赔偿责任；

（5）公司发生重大亏损或者重大损失；

（6）公司生产经营的外部条件发生的重大变化；

（7）公司的董事、1/3 以上监事或者经理发生变动，董事长或者经理无法履行职责；

（8）持有公司 5% 以上股份的股东或者实际控制人，其持有股份或者控制公司的情况发生较大变化；

（9）公司减资、合并、分立、解散及申请破产的决定，或者依法进入破产程序、被责令关闭；

（10）涉及公司的重大诉讼、仲裁，股东大会、董事会决议被依法撤销或者宣告无效；

（11）公司涉嫌违法违规被有权机关调查，或者受到刑事处罚、重大行政处罚，公司董事、监事、高级管理人员涉嫌违法违纪被有权机关调查或者采取强制措施；

（12）新公布的法律、法规、规章、行业政策可能对公司产生重大影响；

（13）董事会就发行新股或者其他再融资方案、股权激励方案形成相关决议；

（14）法院裁决禁止控股股东转让其所持股份，任一股东所持公司 5% 以上股份被质押、冻结、司法拍卖、托管、设定信托或者被依法限制表决权；

（15）主要资产被查封、扣押、冻结或者被抵押、质押；

（16）主要或者全部业务陷入停顿；

（17）对外提供重大担保；

（18）获得大额政府补贴等可能对公司资产、负债、权益或者经营成果产生重大影响的额外收益；

（19）变更会计政策、会计估计；

（20）因前期已披露的信息存在差错、未按规定披露或者虚假记载，被有关机关责令改正或者经董事会决定进行更正；

（21）中国证监会规定的其他情形。

上市公司应当在最先发生的以下任一时点，及时履行重大事件的信息披露义务：

（1）董事会或者监事会就该重大事件形成决议时；

（2）有关各方就该重大事件签署意向书或者协议时；

（3）董事、监事或者高级管理人员知悉该重大事件发生并报告时。

在前款规定的时点之前出现下列情形之一的，上市公司应当及时披露相关事项的现状、可能影响事件进展的风险因素：

（1）该重大事件难以保密；

（2）该重大事件已经泄露或者市场出现传闻；

（3）公司证券及其衍生品种出现异常交易情况。

上市公司披露重大事件后，已披露的重大事件出现可能对上市公司证券及其衍生品种交易价格产生较大影响的进展或者变化的，应当及时披露进展或者变化情况、可能产生的影响。涉及上市公司的收购、合并、分立、发行股份、回购股份等行为导致上市公司股本总额、股东、实际控制人等发生重大变化的，信息披露义务人应当依法履行报告、公告义务，披露权益变动情况。

第四节　证券监管

一、证券监管概述

1．证券监管的概念

证券市场是一个复杂的市场，由多方不同的利益主体（包括上市公司、投资者、中介机构、自我管理机构和政府监管部门等）共同构成。另外，由于证券业带有强烈的资本参与、资本扩张色彩，其影响渗透到经济社会生活的各个方面，证券投资又带有广泛的大众性、社会性，因而证券市场的运行及其变动会敏感地触及整个国民经济的每一根神经末梢，对整个经济、金融、政治乃至社会（包括国际社会）产生普通产品市场不可企及的影响力。

“证券监管”的概念比一般意义上的“公共管制”或“公共规制”概念具有更为丰富的内涵和更为广阔的外延，证券市场上的政府干预具有全方位性和多层次性。证券监管的范畴表现出显著的广泛性和特殊性。尤其是在发展中国家和经济转轨期国家的新兴证券市场上，证券监管的制度和行为呈现出更多的复杂性和多样性，同成熟市场相比具有更为明显的政府行政干预特征。

本书对证券监管的定义为：证券监管是以证券投资者利益保护为目标，政府及其监管部门制定并执行的直接或间接干预证券市场机制或证券市场活动的规则和行为。证券监管的过程是证券市场机制与政府行政制约的博弈，监管的结果是决定哪些管制政策施加于证券市场以及证券市场上的资源配置方式。

2. 证券监管的必要性

虽然目前还没有形成一致的结论，但是大部分经济学家都认为证券业属于资本和知识密集型行业，容易造成自然垄断。统计数据也表明，证券业的垄断程度是相当高的，这种高垄断很有可能导致证券产品和金融服务的消费者付出额外的代价。因此，政府从证券产品的定价和金融业的利润水平方面对证券业实施监管应该是必要的。

作为整个市场体系的一部分，与商品市场一样，证券市场也无法避免市场失灵的影响，也存在垄断、经济外部性、信息不对称、过度竞争等造成市场失灵、导致价格扭曲的共同因素。因此，证券市场本身并不能自发实现高效、平稳、有序运行。证券市场的资本有效配置功能并不能完全实现。不仅如此，由于证券产品所特有的性质和证券市场自身的结构特点，市场失灵的负面效应在证券市场上会获得更加明显的体现。与商品市场相比，证券市场价格的不确定性更大，价格变化的幅度和额度更大，出现价格扭曲的可能性也更大，从而使得证券市场具有内在的高投机性和高风险性。证券市场所固有的高投机性和高风险性，不仅不利于证券市场本身运行效率的正常发挥和市场总体功能的实现，而且如果风险突然爆发，还有可能出现市场崩溃，使投资者蒙受巨大损失，使国民经济遭受严重创伤。

因此，通过政府干预，包括监管等手段，对证券市场实施必要的组织、规划、协调、管理、监督和控制，以消除或尽可能地减少因市场机制失灵而带来的证券产品和证券服务价格扭曲以及由此引起的资本配置效率下降，实现证券市场的高效、平稳、有序运行，是一个不可避免的现实选择。证券监管就是指证券监管部门为了消除因市场机制失灵而带来的证券产品和证券服务价格扭曲以及由此引起的资本配置效率下降，确保证券市场的高效、平稳、有序运行，通过法律、行政和经济的手段，而对证券市场运行的各个环节和各个方面所进行的组织、规划、协调、监督和控制的活动和过程。

对证券市场实施必要的监管，首先是实现证券市场各项功能的需要。一个良好的证券市场除了具有充当资本供求双方之间的桥梁、发挥融资媒介这一基本功能之外，还具有进行产权复合与重组、引导资金流向、优化资源配置、配合宏观调控的实施等一系列重要的为国民经济服务的功能。如果证券市场能够健康发展，则它的融资功能和国民经济服务功能就能得到正常的发挥，就能促进资本的有效配置，促进整个国民经济的健康发展；相反，如果证券市场由于缺乏监管而混乱无序，则不仅不能发挥它的融资功能和国民经济服务功能，而且可能会对国民经济发展起相反的作用，造成资源配置失误、信息传递误导及整个宏观经济的混乱甚至崩溃。

其次，证券监管是保护证券市场所有参与者正当权益的需要。证券市场的参与者包括证券筹资者、投资者及中介机构。他们之所以参与证券市场的发行、交易和投资活动，其目的是为了获得经济利益。如果证券市场因缺乏监管而混乱无序、投机过度、价格信号严重扭曲，则参与者的正当权益就得不到保障。例如，如果不加强对收购控股的监管则发行公司的正常利益得不到保障；如果没有一定的佣金制度和保证金制度，则证券商的利益就缺乏保障。

再次，证券监管是防范证券市场所特有的高风险的需要。由于证券产品本身的价格波动性和预期性，使得证券产品具有内在的高投机性和高风险性，再加上证券交易中普遍使用的信用手段，使得证券市场的投机性更加强烈，证券市场的风险性也进一步提高，其投机性和风险性都远远超过了商品市场。如果不对其实施必要的监管，由投机所导致的风险就会迅速积累并快速向外扩散，从而酿成危机。因此，对证券市场实施必要的监管，可以及时发现风险因素并将其控制在可以承受的范围内，以避免证券市场发生危机。

最后，证券监管是证券市场自身健康发展的需要。证券监管遵循“公开、公平、公正”的原则。公开原则保证证券行情信息及发行者有关信息及时、全面地公开，减少内幕交易和防止舞弊行为；公平原则保证大小投资者在投资竞争中的公平环境，能够尽量减少操纵、欺诈行为；公正原则使得在证券领域的一些违纪行为能得到及时的制止和公正处理。“公开、公平、公正”原则能为整个证券市场的发展提供一个良好的环境，以促进证券市场的健康发展。

二、证券监管的目标、原则和模式

1. 证券监管目标：国际比较

美国1993年的《证券法》包含两个基本目的：①向投资者提供有关证券公开发行的实质性的（Material）信息；②禁止证券售卖过程中的误导、虚假和其他欺诈行为。显然，投资者利益的保护是美国证券立法的宗旨或目的。在《1986年政府证券立法》中此目标更为突出，“国会决定政府证券交易受公众利益的影响，为此必须使：①为这种交易和与有关的事宜和活动提供统一性、稳定性和效率；②对证券中间商和证券交易商普遍实行适当的管理；③规定相应的金融责任、账务纪录、报告及有关的管理办法；从而保护投资者并保证这些证券的公平、正当和流动性的市场。”

日本1948年的《证券交易法》规定：“为使有价证券的发行、买卖及其他交易能够公正进行，并使有价证券顺利流通，以保证国民经济的正常运行及保护投资者利益，特制定本法律”。韩国1962年的《证券和交易法》写明“本法旨在通过维护证券广泛的和有条不紊的流通，通过保护投资者进行公平的保险、购买、销售或其他证券交易，促进国民经济的发展”。我国香港1989年颁布的《证券及期货事务监察委员会条例》表明证券监管的目标是“使市场有足够的流通量，并公平、有秩序和有效率地运作；控制和减低交易系统风险，避免市场失灵和适当地管理风险，以确保一个市场的危机不致影响其他的金融范畴；保护投资者；促进一个有利于投资和经济增长的经济环境的设立”。我国《证券法》则规定：“为了规范证券发行和交易行为，保护投资者的合法权益，维护社会经济秩序和社会公共利益，促进社会主义市场经济的发展，制定本法”。

1998年，国际证券监督管理委员会组织（IOSCO）因应形势的发展，将证券监管目标从1992年报告中的两个扩大为三个。这种改变反映了近年来全球资本市场发生的深刻变化。这三个目标是：第一，保护投资者；第二，保证市场的公平、效率和透明；第三，降低系统风险。

2. 证券监管的原则

为了实现证券监管的目标，证券市场的有效监管必须确立以下原则：

（1）公开、公平、公正原则。“三公”原则是证券监管的最基本原则，它奠定了证券立法的基础，是各国证券监管的核心和灵魂所在。公开，要求任何证券的发行和交易都必须真实、准确和完整地披露与证券发行和交易有关的各种重要信息，避免任何信息披露中的虚假陈述、重大误导和遗漏，以保证证券投资者对所投资证券有充分、全面和准确的了解。公开原则要求证券市场上的各种信息向市场参与者公开披露，任何市场参与者不得利用内幕信息从事市场活动，以有效地防止各种证券违法行为，切实保护证券投资者的合法权益。信息的公开性和透明度直接关系到证券市场的效率，是市场效率和证券市场监管的微观结合点，也是证券立法的精髓所在。公平可以分为“社会公平”和“市场公平”。证券市场上的公平主要是指“市场公平”，要求证券市场上的参与者一律平等，拥有平等的机会，不存在任何歧视或特殊待遇。机会平等和平等竞争是证券市场正常运行的前提。在证券市场上，证券投资者千差万别，有机构投资者，有个人投资者，有资金和信息上的强者和弱者。证券市场是各类不同投资者及其利益的结合，如何平等地保护各种投资者利益实现公平，是证券监管的重要目标。公正原则是有效监管的生命，是监管者以法律框架实现市场所有参与者之间的平等与秩序的关键，包括立法公正、执法公正、仲裁公正。公正原则是针对证券管理层行为而言，它要求证券监督管理机构及其工作人员行为必须公正，禁止欺诈、操纵以及内幕交易等一切证券违法行为。

（2）诚信原则。诚信原则在民商法中是指“民事主体在从事民事活动时，应当诚实守信，以善意的方式履行其义务，不得滥用权力及规避法律或合同规定的义务”、“不仅具有指导社会行为之功能，而且具有法律解释、法律补充和司法依据之功效”。证券监管者在制定和实施法律及规章制度时，要求证券市场的各类参与者必须遵守诚信原则，它要求：市场筹资者应当真实、完整、及时、准确的进行信息披露，同等对待包括承销商在内的各中介机构；中介机构应当严格履行审慎调查义务，全面了解并提供有关信息，从对发行者和投资者负责的角度开展业务活动，不得有误导和欺诈行为，以公平竞争方式参与证券发行，不得用非正常手段进行不正当竞争活动；市场投资者不能为谋取私利或损害他人利益，操纵市场或散布虚假信息，破坏正常的市场秩序。

（3）证券监管政策的一致性原则。证券监管政策的一致性（连贯性）原则是一项重要的原则，在不成熟的新兴证券市场上尤为重要。证券监管政策应保持自身的连续性，不能“朝令夕改”。证券监管机构应当有体现监管核心的纲领性文件作为指导，对监管的指导原则、监管的主要内容等重大事项做出规定，并制定监管机构自身发展的中、长期规划。因此，证券监管政策应与《证券法》、《公司法》等法律的基本原则相一致，避免冲突。其次，证券监管应与宏观经济政策及行业专门政策保持一致，服从国民经济稳定与发展的总体需要的原则。证券市场由各行业的上市公司组成，是组成整个经济运行体系的一个元素，因此监管政策的出发点应当与宏观经济政策和行业政策相一致。这对于强调经济增长和经济发展的发展中国家政府来说尤为重要。证券监管的根本宗旨是促进社会经济的稳定和发展，使证券市场运行同与之相联系的各个经济方面达到协调和一致。这就需要监管者从社会经济和政治的全局着眼制定和执行各种监管制度。保持证券监管政策的一致性还有利于增强监管政策的透明度，增加政策的可预见性，有利于参与者学习和掌握政策，避免市场参与者因政策的不确定性无所适从，最终导致市场的混乱。

（4）政府监管与自律监管相结合的原则。证券监管机构要注重政府监管、自律管理和社会监督的有机结合，由此建立完整的证券市场监督管理系统。证券监管既包含政府行政机构所实施的监管，也包括证券交易所、证券业协会等自我管理机构所担负的一线监管。证券市场自身的复杂性使许多问题，如职业道德问题，非政府监管所能解决，并且在政府监管难以发挥作用的领域，需要自律监管发挥独特的作用。自律组织通过自身的组织机构与行业管理，将国家制定的有关证券管理的法律、法规、方针、政策等，落实到每个证券公司及其从业人员中去，通过其媒介作用，使证券监管机构与对证券市场的管理有机地结合起来。即使在实行集中型证券监管的美国，自律监管也发挥着巨大的积极作用，甚至被视为证券监管的基石——监管金字塔的基础是政府监督之下的自律。而在自律型监管的英国，政府监管也正成为整个证券监管框架中不可缺少的旋律。对于像中国这样的新兴证券市场更应在强调政府集中、统一监管的同时加强自律组织的建设，充分发挥自律监管的功能。

3. 证券监管模式

现在世界各国对证券市场监管的模式，由于历史的原因和各国的具体情况不同而不同。依据监管主体的不同，可将这些监管模式归纳为三种，即集中监管模式、自律监管模式和分级监管模式。

（1）集中监管模式。集中监管模式是指政府依据国家法律积极参与证券市场的监督管理。美国是采用这种模式的典型国家，该种监管模式具有以下特点：

① 有完善的证券法规体系。实行集中立法监管模式的国家或地区都有专门的证券法规体系。这些专门的证券法规涉及证券市场的方方面面，使得所有证券市场的活动都有法可依。如美国对证券和证券市场的管理就比较规范，着重立法，强调公开、公平、公正的原则，并有一套较为完整的法规体系。其法规体系可分为三级：一是由联邦政府规定并经国会通过的法令。这主要是指 1933 年的《联邦文易法》和 1934 年的《证券交易法》，之后又陆续颁布了《公开专业控股公司法》、《马尼洛法》、《信托条款法》、《投资公司法》、《投资顾问法》和《证券投资保护法》等。二是各州制定的证券管理法令。这些地方州政府颁布的有关证券发行与交易方面的立法，统称为《蓝天法》（它源于美国州议员提出的要把证券立法矛头指向那些“要在蓝色的天空里出售大批建筑物”的欺诈活动）。1956 年全国各州的银行监督官会议通过并经过证券交易委员会批准产生了《统一证券法》，属地方性统一法规，各州均以此法为标准修改《蓝天法》。三是自律机构制定的有关章程。如联邦证券交易所和全国证券交易商协会所规定

的有关章程，这些章程对其会员有一定的约束力。联邦证券交易所具有管理（管理机构）与经营（独立核算的经济实体）双重性质，体现了自我管理的特点，全国证券交易商协会是场外交易自我管理的组织机构。这些自律机构在政府的监督下具有一定的自由权。

② 高度权威的证券管理机构。实行集中立法监管模式的国家都设有唯一负责监管全国证券市场的高度权威的政府机构。如美国根据1934年《证券交易法》规定，创立了证券管理委员会（Securities & LExchange Commission，简称SEC），是统一管理证券活动的最高管理机构。证券管理委员会的5名成员是由总统提名，参议院审查批准。委员任期5年，不得兼任其他公职，也不能直接或间接从事证券交易。委员会独立行使职权，对全国和各州的证券发行、证券交易所、证券商、投资公司等拥有根据法律行使全国管理和监督的权力，不受总统干涉，但其预算、立法等事项应同有关主管部门协调。委员会直属总统，推选出主席1人负责与总统联系。委员会设于华盛顿，第二次世界大战期间曾一度迁往费城，并在其他10个城市设有办事处。各州还设有公司专员（Corporation Commissioner），负责监督地方性的证券发行和证券商以及公司法的执行。

（2）自律监管模式。自律监管模式是指政府对证券市场干预较少，除了国家立法中有某些必要规定外，对证券市场的监管完全由证券交易所及交易商协会等自律性组织机构实行自我管理的模式。传统上，采取自律监管模式的典型国家是英国，但从1986年开始，英国的自律监管模式也发生了重要变化。

该种模式具有以下特点：

① 证券立法采用综合性金融法律形式。实行自律监管模式的国家没有关于证券监管的专门法规体系，与证券有关的法规散见于各种金融法规之中。

② 没有专门的政府证券监管机构。在机构设置上，自律监管模式的国家没有专门的政府监管机构。政府机构中相关部门只对涉及其管理范围的内容实行监管，日常事务主要由一些非政府管理机构对证券市场及其交易的参加者进行自我管理。在英国，证券交易所的规章远比公司法等证券法重要，伦敦证券交易所由于制定了比较严格的规章制度，积累了比较丰富的管理经验，在证券监管上富有成效。采取自我管理模式的还有新加坡、荷兰、马来西亚、中国香港等国家和地区。

（3）分级监管模式。分级监管模式是指通过若干层次机构与组织的监督，形成各层次监管权力的分配与相互制衡。分级监管依照监管层次的差异，可分为二级监管与三级监管两种模式。二级监管模式是指政府监管与自律组织自我监管相结合的一种监管模式；三级监管是指中央政府监管、地方政府监管与自律组织自我监管相结合的一种监管模式。

分级监管模式的出现是证券市场实践与发展的需要，通过分级监管可以充分调动各方优势和积极性，既防止权力过分集中而导致政策的偏差和监管的空白点，又可发挥自律组织熟悉市场、监管成本低、效率高的优势。

目前，实行集中立法监管模式和自律监管模式的国家都在吸收对方的优点，有相互融合而采用分级监管模式的趋向。

三、我国证券监管模式的演变

中国证券市场监管的历史是伴随中国证券市场的成长与变化，在摸索中逐步发展的一个从无到有的制度创新过程。随着市场的发展变化，我国证券市场监管模式经历了一个从地方监管到中央监管，由分散监管到集中监管的过程，大致可以分为三个阶段。

第一阶段，20 世纪 80 年代中期到 90 年代初期。这是我国证券市场的起步阶段，股票发行仅限于少数地区的试点企业。1990 年，国务院决定分别设立上海、深圳证券交易所，两地的一些股份公司开始进行股票公开发行和上市交易的试点。1992 年，又选择少数上海、深圳以外的股份公司到上海、深圳两家交易所上市。这一时期证券市场的监管主要是由上海、深圳地方政府负责。此时，两地分别颁布了一些有关股份公司证券交易的地方性法规，建立了地方的证券市场监管机构。中央政府只是进行宏观指导和协调，这时的证券监管处于初始萌芽阶段。

第二阶段，1992 年至 1998 年 8 月。国务院在总结区域性证券市场试点经验教训的基础上，决定成立国务院证券委员会和中国证券监督管理委员会，负责对全国证券市场进行统一监管，同时开始在全国范围内进行股票发行和上市试点。从此，证券市场开始成为全国性市场。此时，证券市场监管是一种多部门监管组织系统，由国务院证券委统管全国证券市场有关事务。证券委由人民银行、计委、体改委、财政部等 16 个国务院直属部委相关的副部长级官员组成，采取例会形式办公，是一个比较松散的机构，在其下面设立了中国证券监督管理委员会作为具体执行机构，负责日常管理活动。管理过程中国家计委、中国人民银行、财政部参与较多，其中每年由国家计委和证监会编制本年度股票发行规模，主要由证监会负责各省（市）计划额度的分配、审批发行上市公司资格、审批证券经营机构的主承销商资格，对证券交易所进行管理；证监会会同国务院有关机关审定从事证券业的会计师事务所、律师事务所、资产评估机构的资格，审定有关股票交易方式的开发事宜，负责中国企业到境外上市及国际监管合作事宜，负责日常检查处罚事宜；中国人民银行对证券公司、信托投资公司、财务公司等从事证券经营业的专营与兼营金融机构的确立、变更、破产和日常督查予以负责，监管这些机构的市场进出资格标准。中国证监会同时授权部分省（市）成立了证券监管机构。在授权范围内履行监管职责。这样便形成了证监委、各部委、地方政府等共同参与监管的多部门监管组织系统。

第三阶段，1998 年 8 月至今。国务院在第二阶段多部门监管的基础上撤销了国务院证券委员会，其职能并入中国证券监督管理委员会，决定中国证券监督管理委员会对地方证券监管部门实行垂直领导，以摆脱地方政府对地方证券监管的行政干预，形成直接受证监会领导，独立行使监管权力的管理体系。逐步收回了各个中央部委对证券中介机构的行政、业务管理权限，统一交由中国证券监督管理委员会管理，初步实现了中央集中统一的监管组织系统。

❊ 本章小结

1. 证券市场信息披露的重要性体现在：①信息披露有助于公司的筹资和降低筹资成本；②信息披露有助于促进公司自身的发展；③信息披露是保护投资者的重要手段；④信息披露有助于社会资源的优化配置；⑤信息披露有助于证券市场的规范与发展。

2. 证券市场信息披露的基本原则划分为实质性基本原则和形式性基本原则。其中实质性基本原则包括：①真实性原则；②完整性原则；③准确性原则；④及时性原则；⑤公平披露原则。形式性基本原则包括：①规范性原则；②易解性原则；③易得性原则。

3. 我国上市公司信息披露的主要内容有：招股说明书、募集说明书与上市公告书；定期报告，包括年报、中报和季报；临时报告，主要是对可能影响公司股价的重大事件的披露。

4. "证券监管"的概念比一般意义上的"公共管制"或"公共规制"概念具有更为丰富的内涵和更为广阔的外延，证券监管是以证券投资者利益保护为目标，政府及其监管部门制定并执行的直接或间接干预证券市场机制或证券市场活动的规则和行为。证券监管的过程是证券市场机制与政府行政制约的博弈，监管的结果是决定哪些管制政策施加于证券市场以及证券市场上的资源配置方式。

5. 证券监管的必要性：首先是实现证券市场各项功能的需要；其次，证券监管是保护证券市场所有参与者正当权益的需要；再次，证券监管是防范证券市场所特有的高风险的需要；最后，证券监管是证券市场自身健康发展的需要。

6. 为了实现证券监管的目标，证券市场的有效监管必须确立以下原则：①公开、公平、公正原则；②诚信原则；③证券监管政策的一致性原则；④政府监管与自律监管相结合的原则。

7. 监管模式依据监管主体的不向，可归纳为三种，即集中监管模式、自律监管模式和分级监管模式。①集中监管模式。集中监管模式是指政府依据国家法律积极参与证券市场的监督管理。②自律监管模式。自律监管模式是指政府对证券市场干预较少，除了国家立法中有某些必要规定外，对证券市场的监管完全由证券交易所及交易商协会等自律性组织机构实行自我管理的模式。③分级监管模式。分级监管模式是指通过若干层次机构与组织的监督，形成各层次监管权力的分配与相互制衡。分级监管依照监管层次的差异，可分为二级监管与三级监管两种模式。

❊ 复习思考题：

1. 证券市场信息披露的基本原则是什么？
2. 上市公司信息披露的内容包括哪些方面？
3. 什么是证券监管？为什么要实行证券监管？
4. 证券监管的原则有哪些？
5. 证券监管的主要模式有哪些？各自的特点是什么？

参考文献

［1］中国证券业协会．证券市场基础知识［M］．北京：中国财政经济出版社，2009.

［2］中国证券业协会．证券投资分析［M］．北京：中国财政经济出版社，2009.

［3］曹凤岐，等．证券投资学［M］．北京：北京大学出版社，2000.

［4］王明涛．证券投资分析［M］．上海：上海财经大学出版社，2004.

［5］吴晓求．证券投资学［M］．北京：中国人民大学出版社，2004.

［6］黄磊，姚铮．证券投资学［M］．北京：中国财政经济出版社，2005.

［7］张元萍．投资学［M］．北京：中国金融出版社，2007.

［8］滋维·博迪，亚历克斯．凯恩．投资学［M］．北京：机械工业出版社，2008.

［9］章劼，艾正家．证券投资学［M］．上海：复旦大学出版社，2006.

［10］葛正良．证券投资学［M］．上海：立信会计出版社，2001.

［11］兹维·博迪，亚历山大·凯恩，艾伦·J. 马柯斯．投资学精要［M］．北京：中国人民大学出版社，1998.

［12］威廉·夏普，戈登·亚历山大，杰弗里·贝利．投资学［M］．5 版．北京：中国人民大学出版社，2003.

［13］本杰明·格雷厄姆，戴维·多德．证券分析［M］．海口：海南出版社，1999.

［14］威廉·F. 夏普，戈登·J. 亚历山大．投资学［M］．北京：中国人民大学出版社，1998.

［15］滋维·博迪，等．投资学［M］．北京：机械工业出版社，1999.

［16］中国证券监督管理委员会．http：//www. csrc. gov. cn.

［17］上海证券交易所．http：//www. sse. com. cn/sseportal/ps/zhs/home. html.

［18］深圳证券交易所．http：//www. szse. cn/.

［19］上海期货交易所．http：//www. shfe. com. cn/.

［20］华夏基金网站．http：//www. chinaamc. com/portal/cn/index. html.

［21］华安基金网站．http：//www. huaan. com. cn/index. html.

［22］东方财富网——权证报价中心．http：//quote. eastmoney. com/quanzhengbj. html.

［23］证券之星网站．http：//www. stockstar. com. cn.

［24］人大经济论坛．http：//www. pinggu. org/bbs/index. asp.

［25］中国经济学教育科研网．http：//www. cenet. org. cn.

［26］金融界网站．http：//www. jrj. com. cn/.

［27］中国证券报，《财经》杂志，《资本市场》杂志，等.

图书在版编目(CIP)数据

投资学/卢岚主编.—2版.—成都:西南财经大学出版社,2015.1
(2020.7重印)
ISBN 978-7-5504-1693-2

Ⅰ.①投…　Ⅱ.①卢…　Ⅲ.①投资学　Ⅳ.①F830.59

中国版本图书馆CIP数据核字(2014)第287640号

投资学(第二版)

卢　岚　主编

责任编辑:向小英
助理编辑:李　才
封面设计:何东琳设计工作室
责任印制:朱曼丽

出版发行	西南财经大学出版社(四川省成都市光华村街55号)
网　　址	http://www.bookcj.com
电子邮件	bookcj@foxmail.com
邮政编码	610074
电　　话	028-87353785
印　　刷	郫县犀浦印刷厂
成品尺寸	185mm×260mm
印　　张	16.25
字　　数	380千字
版　　次	2015年1月第2版
印　　次	2020年7月第8次印刷
印　　数	13001— 14000册
书　　号	ISBN 978-7-5504-1693-2
定　　价	29.80元